光华中国史学研究丛刊
华东师范大学历史学系 主编

靳帅 著

耆绅政治
苏社集团与江苏省治运动
（1920—1927）

上海古籍出版社

项目名称：华东师范大学历史学系优质研究生培养计划

项目编号：40600-30302-515100/006（子项目）

光华中国史学、世界史学研究丛刊缘起

学位论文是历史学研究生多年求学的成果，也是他们多年求学质量的检验，代表着一个历史学系的培养水准。

华东师范大学历史学系自1951年建系伊始就重视学位论文的撰写与相关各环节的把控，以此为抓手全方位提升研究生培养质量。为将此项工作深入推进，在2021年历史学系建系70周年之际，经过系学术委员会讨论，决定在每年的优秀学位论文（特别是硕士学位论文）中进一步遴选选题独到、问题意识明确、篇幅充盈的作品，给予资助，进入光华中国史学、世界史学研究丛刊。

此套丛书的设立意在展示华东师范大学历史学系研究生培养的成果；培育中国史、世界史两个一级学科的卓越后备人才；塑造不以量的发表为依归，而是要出精品力作，出传世作品的学术氛围。

我们要求入选的作品需要经过至少一年以上的继续打磨和持续修改，完成从学位论文到成熟书稿的跨越，以能经受住学界同行和社会读者的批评与考验。望丛书推出后，各界能不吝赐教，给予意见，让我们把这套丛书越办越好。

华东师范大学历史学系
2022年10月

目 录

光华中国史学、世界史学研究丛刊缘起 ………………… 1

绪 论 …………………………………………………………… 1
    一、北洋江苏的政治构造 ………………………………… 6
    二、"似无形而有形"的团体 ……………………………… 12
    三、研究旨趣与框架安排 ………………………………… 17

第一章 "一省之内中心人物":苏社集团的形成 ………… 23
    一、苏社成立的时代思潮 ………………………………… 24
    二、组织结构与群体构成 ………………………………… 31
    三、乡国之间的旅京苏人 ………………………………… 45
    小结 ………………………………………………………… 60

第二章 "苏人治苏"的确立:1920年易长废督运动 ……… 66
    一、"驱齐"与"拒王":"苏人治苏"的提出 …………… 67
    二、"苏人治苏"与"贤人治苏"的方案竞逐 ……………… 76
    三、李纯猝死后督军的继替与存废之争 ………………… 83
    小结 ………………………………………………………… 95

第三章　苏社集团的分野：1921年省议长之争 ⋯⋯⋯ 99
  一、张謇父子的对手 ⋯⋯⋯⋯⋯⋯⋯⋯⋯⋯⋯⋯ 100
  二、议长选举前两派的布置 ⋯⋯⋯⋯⋯⋯⋯⋯⋯ 109
  三、"金陵俱乐部"发覆 ⋯⋯⋯⋯⋯⋯⋯⋯⋯⋯ 115
  四、议会开幕后的选举之争 ⋯⋯⋯⋯⋯⋯⋯⋯⋯ 124
  小结 ⋯⋯⋯⋯⋯⋯⋯⋯⋯⋯⋯⋯⋯⋯⋯⋯⋯ 131

第四章　韩国钧与京地互动下的省治场域（1922—1923） ⋯⋯⋯⋯⋯⋯⋯⋯⋯⋯⋯⋯⋯⋯⋯⋯⋯⋯⋯ 136
  一、韩国钧长苏：省际士绅与旅京同乡的联动 ⋯⋯ 138
  二、"无事不掣肘"：韩国钧长苏后的省县人事 ⋯ 148
  三、七百万公债案：旅京同乡与省政府之纠葛 ⋯⋯ 156
  四、议教之争：省际、省域士绅及其业界对立 ⋯⋯ 165
  五、恢复县自治：县域士绅与倒韩运动之消长 ⋯⋯ 176
  小结 ⋯⋯⋯⋯⋯⋯⋯⋯⋯⋯⋯⋯⋯⋯⋯⋯⋯ 189

第五章　"仿照庚子互保"：江浙战争与绅军分裂（1923—1924） ⋯⋯⋯⋯⋯⋯⋯⋯⋯⋯⋯⋯⋯⋯⋯⋯⋯⋯⋯ 195
  一、江浙战争起源的诸因素 ⋯⋯⋯⋯⋯⋯⋯⋯⋯ 198
  二、"国会移沪"与江浙和约 ⋯⋯⋯⋯⋯⋯⋯⋯ 207
  三、"恐非苏浙人士所能调解" ⋯⋯⋯⋯⋯⋯⋯⋯ 214
  四、"四省围浙"与战和分歧 ⋯⋯⋯⋯⋯⋯⋯⋯ 224
  五、北京政变与"驱齐"暗潮 ⋯⋯⋯⋯⋯⋯⋯⋯ 232
  小结 ⋯⋯⋯⋯⋯⋯⋯⋯⋯⋯⋯⋯⋯⋯⋯⋯⋯ 240

第六章 "打破江苏旧局面"：1925年奉系入苏与省政重组 ………… 245
    一、奉军南下与督军、省长更迭 ……………………… 246
    二、东大易长与苏社集团之抵制 ……………………… 256
    三、郑、韩交替与旅京苏人回流 ……………………… 261
    四、郑谦莅苏与"苏人治苏"易质 ……………………… 268
    小结 …………………………………………………… 274

第七章 再造辛亥：北伐大变局中的东南和平运动 ……… 280
    一、"吴越一家" ………………………………………… 282
    二、"使民国十五年成为第二辛亥" …………………… 292
    三、"奉军不南下，党军不北上" ……………………… 303
    四、"宁欢迎赤化而不欢迎绿化" ……………………… 315
    小结 …………………………………………………… 323

第八章 以民为国：江苏省治运动的侧面 ……………… 330
    一、制定省自治法的进程 ……………………………… 331
    二、救济议会政治的尝试 ……………………………… 343
    三、主义时代的公民教育 ……………………………… 353
    小结 …………………………………………………… 367

余音 走向"中间党派" ………………………………… 372

结　语 ·················· 385
一、绅军政权 ·············· 386
二、省治场域 ·············· 390
三、耆绅政治 ·············· 396

附录1　1920—1927年江苏军政人物更迭表 ·········· 404
附录2　苏社历届理事（候补理事）一览表（1920—1924年）
　　·················· 409
附录3　苏社集团核心人物小传 ············ 411
参考文献 ·················· 430
后　记 ·················· 447

表 目 录

表1 苏社第一届理事、候补理事简历表 …………………………… 33

表2 1920年代初期部分重要旅京苏人简历表 …………………… 48

表3 部分苏籍国会议员简历表 …………………………………… 53

表4 1920年代江苏部分镇守使简历表 …………………………… 85

表5 金陵俱乐部主要成员简历表 ………………………………… 121

表6 部分仁社议员简历表 ………………………………………… 170

表7 1922年江苏省县议会联合会干事简历表 …………………… 180

表8 1925年江苏省政重要职位更迭表 …………………………… 267

表9 三省联合会浙江省委员简历表 ……………………………… 309

近世的中华,以外力冲决之故,促成内部变革,思潮之浩荡,挽之于前;物力之艰难,推之于后;劈头大工事,实将揭开五千年古国的新幕,俾与世界相见,徒以四顾微芒,孤身落伍,心急足违,跋胡嚏尾,其间物质上,精神上,生命上,曾不惜其多少牺牲,则皆挟与世界相见之赞品而已矣。因追逐于全人类之演进,舍无量数血汗,以争生死于俄顷,此血此汗,一涓一滴,可纪也。其幸而获厕于新世纪有国者之林,痛定焉,弥复思痛,此血此汗,一涓一滴,尤可纪已。

——《人文创刊词》(《人文》第 1 卷第 1 期,1930 年 5 月 15 日)

回到我们的乡土社会来,在它的权力结构中,虽则有着不民主的横暴权力,也有着民主的同意权力,但是在这两者之外还有教化权力,后者既非民主又异于不民主的专制,是另有一工的。所以用民主和不民主的尺度来衡量中国社会,都是也都不是,都有些像,但都不确当。一定要给它一个名词的话,我一时想不出比长老统治更好的说法了。

——费孝通:《乡土中国·长老统治》
(北京大学出版社,2012年,第112页)

绪 论

　　欲解决全世界的问题，先从一国做起，欲解决一国的问题，先从一省做起。

　　——黄炎培：《第九届全国教育会联合会演说词》(1923年)①

　　宣统元年(1909)季春，上海西门外万生桥南的林荫路对面，一栋坐西朝东、规模阔大的洋楼落成。洋楼共三层，上层为可容纳百人议事的大会场，中下层主要为藏书所和日常办公地。洋楼开工于光绪三十四年(1908)秋天，建造者是江苏教育总会诸人。洋楼建成之后，一直是江苏教育总会的会所。②1911年底江苏光复后，洋楼大门上悬挂的牌匾也换成了"江苏省教育会"。直至1927年，国民党军队北伐至上海，它也改换门庭，成为国民党上海特别市党部的驻地。③从1909年至1927年，十八年间，江苏省教育会诸人在这所洋楼里谋

---

① 中华职业教育社编：《黄炎培教育文集》，中国文史出版社，1994年，第397—398页。
② 洋楼建成当年，沈恩孚撰写《会所落成记》曰："上海者，吾国第一商埠也，风气开通为全国最，而周览南北市，求一能容纳数百人之会场，为吾国所建筑者，则犹以江苏教育总会会所为最早。"沈恩孚：《会所落成记》，江苏教育史总会编：《江苏教育总会文牍四编》(丙)，中国图书公司，1909年，第7页。
③ 《江苏省教育会的末劫年》，《上海画报》第218期，1927年3月30日。

划过辛亥江苏光复,召开过全国共和联合大会,商讨过南北议和,动员过五四学潮,更发起过全国商教联席的国是会议,应对江浙战争与国民革命的危机。是故对于江苏教育总会诸人而言,建造这所宏伟的大楼,并非仅仅用来商讨全省教育,更兼怀会商天下国是的雄图。①

江苏教育总会成立于1905年。它的成立与清末兴学堂、废科举后全国教育体系的大变动密切相关。有清一代的江苏,一省之内向来有宁属与苏属的行政官制之分。宁属主辖江北,苏属主辖江南。1905年中央设立学部,各省设提学使,江苏全省分设江宁与江苏两提学使,学务也分为宁、苏两区,两区彼此在职权上引发诸多纷争。②故是年9月,江苏召开全省教育会议,恽祖祁、王清穆等江苏士绅倡议建立全省统一的学务组织。时张謇等人力主将教育总会设于上海,以融合宁属与苏属之分,遂有"江苏学会"之发起。是年冬天,学会更名为"江苏学务总会";次年依照学部所定章程,又改为"江苏教育总会"。1908年江苏教育总会第二次修订的章程指出,发起教育总会的目的,首要是注重政治教育,以养成议院、本省谘议局及地方议事会之人才;其次是注重实业教育,使农、工、商三业足以助力各种机关之发达,而立富国之基本;最后的目的,才是辅助本省教育行政机关。③因此,对于江苏士绅而言,教育总会绝非仅为"教育"。在当时人看来,"自治为立宪之基础,教育为自治之萌芽"。江苏教育总

---

① 黄炎培在1925年江苏省教育会成立二十周年纪念会上即直言,"本会成立之初,并未注意教育本身,不过借此团体与官厅对抗而已"。《本会二十周年纪念会纪》,《江苏省教育会月报》1925年第12期。
② 黄炎培:《八十年来》,文史资料出版社,1982年,第54、63页。
③ 《江苏教育总会章程》,江苏教育史总会编:《江苏教育总会文牍四编》(丁),中国图书公司,1909年,第1—2页。

会虽着手于教育,但着眼在自治与立宪。①彼时,在各省谘议局尚未成立之前,江苏教育总会(学会总会)兼有省议会的功能。②

江苏省教育会的首任会长是张謇,1914年黄炎培出任副会长后,张謇遂淡出,黄炎培成为该会的灵魂人物。张、黄二人在中国近代史上均极具传奇色彩,作为江苏人,他们在北洋时期不仅致力于世人所熟知的实业与教育事业,更致力于江苏"一省之政治"。在江苏教育总会会所竣工的这年,江苏省谘议局成立,张謇当选议长、黄炎培为议员。在谘议局首次会议中张謇称,"凡是没有世界眼光的,不能讨论解决一国的问题;没有一国的眼光,不能讨论解决一省的问题";坐在席下的黄炎培终生铭记此言。③数十年后,黄炎培在云南昆明召开的全国教育联合会第九届年会上追述此往事,进而又补充道:"欲解决全世界的问题,先从一国做起,欲解决一国的问题,先从一省做起",不但教育如此,"政治问题,亦复如是"。④

1920年,张謇与黄炎培等江苏士绅组建了一个以"省"命名,整合全省教育、实业、交通、水利等自治事业的"连合策进之机关"——

---

① 《本处附设自治研究所毕业纪事》,江苏苏属地方自治筹办处编:《江苏自治公报类编》(卷一·纪事类),沈云龙主编:《近代中国史料丛刊三编》(第53辑),文海出版社,1988年,第48页。江苏省教育会驻会干事沈同芳亦称,"学会者,地方自治之雏形,江苏学会者,尤为全国社会之雏形也"。《沈同芳叙》,《江苏学务总会文牍初编》,江苏学务总会,1906年。
② 1909年沈恩孚指出,江苏教育总会"含有地方之性质","籍是以养成士绅会议之惯习"。江苏教育史总会编:《江苏教育总会文牍四编》(丁),中国图书公司,1909年。陈昀秀也指出,"江苏教育总会自成立以来,即以地方的'立法者'自居","其运作的形式,又隐然具有地方议会的规模","虽无省议会之名,却有议会之实"。参见陈昀秀:《清末江苏教育总会研究(1905—1911)》,台湾大学硕士学位论文,2015年,第137页。
③ 《追悼张季直先生大会纪》,《江苏省教育会月报》1926年第9期。
④ 黄炎培也批评道,民国十二年来,"所以纷乱若是者,皆为大多数人的眼光不见本省,只见全国"。黄炎培:《第九届全国教育会联合会演说词》,中华职业教育社编:《黄炎培教育文集》,中国文史出版社,1994年,第397—398页。晚年黄炎培仍记得张謇这一番话。参见黄炎培:《八十年来》,文史资料出版社,1982年,第56页。

"苏社"。其成员有数百人之多,均是"一省之内中心人物"。成立后的苏社,在省宪自治的思潮下,揭橥"苏人治苏"这一标的,与旅京同乡一道,深度参与苏省督军、省长、议长、厅长等省政人事更迭,隐然操控着苏省政局。他们竭力争取"苏人治苏"的背后,旨在以"省"为单位建构民族国家。这一点,黄炎培在苏社会刊的序言中即有明白表示,其言曰:

> 我尝深思之:中华当清季罹外侮屡矣,而不至覆,辛亥革命仓促而能有成。洪宪也,复辟也,安福也,十年以来,变乱间作,而国屹然不可摇,此何故欤?……其间盖有一物焉,当国事万急之际,往往跳踉突出,本其地位,以运其权能。苟用是物者,善察民意,有所盾于其后,则其力将足以左右中央,寝不可抗之局势,而其影响遂及于国家之兴也。此何物乎?则"省"是也。

黄炎培所言的"当清季罹外侮屡矣,而不至覆",主要是指1900年张謇、赵凤昌等江苏士绅在幕后参与的东南互保运动;"辛亥革命仓促而能有成",即指武昌起义后,各省独立,张謇、赵凤昌等江浙立宪派谋划建立全国的临时政府,推动南北和谈,民国由此肇建;"洪宪也,复辟也,安福也",即指在袁世凯复辟、张勋复辟与段祺瑞的安福系主导中央时,各省军绅的抵制运动。①

正是相信"中华之不亡",源于"省","民国之告成",亦源于"省",因此在辛亥革命之后,他们致力于江苏"一省之政治"。此后十五六年,他们始终操纵着江苏省政。1965年黄炎培去世后,报人曹

---

① 故他进一步申论道:"谓中华之不亡以'省'可也。谓民国之告成以'省'亦可也。"黄炎培:《省宪特刊导言》,《苏社特刊》第1期,1922年3月初版,1922年9月再版。

聚仁在《悼念黄任之(炎培)先生》一文中称:

> 那位南通王张季直在江苏是太上皇,北洋军阀任何势力,非张氏点头不可。孙传芳所以能做五省统帅在江南立定脚跟,就是他们所支持的。地方割据,不管谁来称王,教育、财政、实业这几个部门,总是转在他们手中;黄氏便是那一派的吴用。①

上述回忆最值注意的是"不管谁来称王,教育、财政、实业这几个部门,总是转在他们手中"一语。此言揭示张謇、黄炎培等江苏省教育会诸人在北洋江苏地方政治中的操控力。作为亲历者与局中人,曹聚仁所述自非虚言。1920年代,熟知江苏省教育会的时人,有许多和曹聚仁类似的看法。②不过,这些看法仍然有待于在剥除"时代意

---

① 曹聚仁:《天一阁人物谭》,上海人民出版社,2000年,第246页。
② 1924年,共产党人邓中夏即指出:"他们的眼光颇不低,野心颇不小。他们知道要造成实力,非拉拢有势力的人不可。于是大官僚如张謇,大资本家如聂云台、穆藕初。美国派教育家如郭秉文、陶行知都给他们联成一气。他们有报纸,便是《申报》;有银行,便是中南银行(其余投资的银行还不少);有教育机关,便是江苏省教育会、东南大学、南京高等师范(其余职业及中小学校还不少)和全国的中华教育改进社。上海商会、银行公会,亦几乎完全在他们支配之中。"参见邓中夏:《北游杂记》(1924年),《邓中夏全集》,人民出版社,2014年,第358—359页。1925年,东南大学易长风潮愈演愈烈之际,东南大学"倒郭派"教授疆仁学、陈雪尘通电斥责黄炎培等人,"以垄断教育之手腕,进而垄断政治,本省行政长官,无不受其包围"。参见《学阀祸苏之反响》,《民国日报》(上海)1925年3月11日,第2张第6版。东南大学"倒郭派"主将柳诒徵通电亦称:"苟属有心人,默察江苏之政局、财政、军事、实业以及各学校、各官厅相互之关系,当无不知其为一系一会所主持。"参见柳诒徵:《东南大学留长拒长之真谛》,《民国日报》(上海)1925年3月21日,第2张第7版。1925年8月,共产党人萧楚女在《中国青年》上撰文亦称:"黄炎培、沈恩孚、史量才、袁希涛、蒋维乔、郭秉文等苏社一派,以老而不死之张謇为遥上尊号之表面首领。……其散兵线虽较研究系展开之幅面小;而其组织之严密,战斗力之集中,战略上步步为营得一阵地而后始再前进之规划,则较之研究系胜百倍。"参见初遇:《蒋维乔长东大之由来》,《中国青年》1925年第86期。1959年,黄炎培亦坦言北洋时期的江苏教育会"二十多年名义上做学务、教育,实际上是搞政治活动的"。"搞政治活动,教育界不够,(转下页)

见"的基础上具体描摹、论证；事实上，唯有重访江苏省教育会诸人致力于江苏"一省之政治"的具体过程，重绘北洋时期江苏一省之政治的整体面貌，才能重审近代中国民族国家建构中的士绅社会与地方性问题。

一、北洋江苏的政治构造

北洋时期的江苏省，北面徐州、海州与河南、山东接壤。淮河、运河与黄河在此交叉汇集。津浦铁路起于天津、过徐州到南京对岸的浦口，这是当时北京通往苏沪的交通大动脉。西面与西南毗邻安徽，南面与东南接壤浙江。太湖犹如一面玉璧，镶嵌在江、浙两省的怀抱中。这也就形成了环太湖流域的广义上的八府一县的"江南地区"。其中上海一县在清末民初早已"独立"于江浙之外，成为两省的荟萃之地，更是长江流域的龙首，北京至广东的中点，而沪宁与沪杭铁路将江、浙、沪三地紧密地联结在一起。沪宁铁路将南京—镇江—丹阳—常州—无锡—苏州—昆山—上海等江南重要府县联为一体。就人文地域环境而言，苏南、江宁、苏北和淮北的气候、风俗、方言均有差别，常与邻省接近。

清末，江苏省设有苏州、松江、常州、镇江、太仓州、江宁、淮安、扬州、徐州、海州、通州，共计八府三州、十一府属，六十余县。两江总督驻江宁，江苏巡抚驻苏州。同时，省内分设"江苏""江宁"两布政

（接上页）要跟工商界联合起来，力量就大。"《上海市工商业联合会为编写上海工商界接受改造十年，黄炎培、严谔声等提供上海民族工商业者爱国行动历史资料》（1959年5月），上海市档案馆：C48—2—2146，转引自萧小红：《黄炎培与30年代民国政治——兼论民间精英的社会动员方式（1927～1937）》，朱宗震、徐汇言主编：《黄炎培研究文集》（3），四川人民出版社，2009年，第36—37页。

使,此乃全国所独有。其中,江宁布政使司管辖江、淮、扬、徐、海、通等府、直隶州厅,上述各府多在长江以北;江苏布政使司管辖苏、松、常、镇、太等府、直隶州,上述各府均在江南。由此,江苏省形成了"宁属"与"苏属"二元对立结构,直至清末。① 这也使得清代江苏,名为一省,制同两省。清末,随着新政的展开,两江师范、两江法政、南菁书院、龙门书院等学堂的创办;江苏省教育会、上海商务总会、江苏谘议局、南洋劝业会等自治团体机构相继成立,使得省内交通、信息、人际网络不断繁复,江苏省内部的统一性和外部的独立性均逐渐增强。②

---

① 乾隆二十六年(1761),清廷决定新设"江南江淮扬徐海通等处承宣布政使司",驻江宁,管辖江苏境内江宁、淮安、扬州、徐州、海州、通州等府州;将原江苏布政使司改称"江南苏松常镇太等处承宣布政使司",仍驻苏州,管辖苏州、松江、常州、镇江、太仓州等府州。而江苏也由此成为全国唯一设有两个布政使的省份,驻江宁的布政使一般习称为"江宁布政使",驻苏州者则仍习称为"江苏布政使"。参见傅林祥、郑宝恒:《中国行政区划通史·中华民国卷》,复旦大学出版社,2007年。宁属与苏属之分是江苏近百年来的地域结构。江苏省厘金,即有宁属、苏属之分,税制亦有宁章、苏章之分。光绪三十二年(1906)各省设提学使,江苏省又分设江苏提学使与江宁提学使,所辖区与布政使同。这也强化了宁属与苏属的对立。张謇即称"江苏本一省也,督抚分驻宁苏,乃有两提学使,遂使一省团体,判而为二,此二十一行省所无"。《辞江苏教育总会会长意见书》(1907年10月26日),李明勋、尤世玮主编:《张謇全集》(第4卷),上海辞书出版社,2012年,第138—139页。以下出版信息从略。
② 民国初年,扬州、武进、南汇、无锡等处均设有电话,有民营电话用户2 200余户。清末江苏因为地处南北枢纽,在镇江、上海、南京、无锡等地架设电线,民国初年,江苏电报线路共计有万余里,电报局数量占全国的13%,至民初亦占7%。有邮政、民信局百余处,占全国总数的近30%。就航运而言,清末江苏的航道有通州—扬州、清江浦—镇江、镇江—苏州、苏州—上海等线路。长江航运亦可达中上游内省腹地,民初有航运、水运公司35家左右。至1921年,江苏全省共办有报纸200余种,其中苏属有170余种,宁属有20余种。1920年前后,江苏共有大型的图书馆近10处,主要在松江、无锡、南京等地,阅报所近200处。参见王树槐:《中国现代化的区域研究:江苏省(1860—1916)》,"中央研究院"近代史研究所专刊,"中央研究院"近代史研究所,1991年。19世纪初,全国市场已经形成,而苏州属于全国市场的中心。参见李伯重:《十九世纪初期中国全国市场:规模与空间结构》,《浙江学刊》2010年第4期。

北洋时期，"省"的独立性与辛亥革命密切相关。① 强调中国革命内发性的沟口雄三反复指出，辛亥革命的重要特质就在于"采取了各省独立的形态"。各省独立，乃拜成熟达至独立的"各省之力"所赐。② 各省之力源自晚明以来"乡治空间"的扩大，中经太平天国，在清末的日渐成熟，也使得"省人治省"的意识逐渐强化。③ "各省之力"在推动辛亥革命爆发的同时，也使得清代的回避制无形消解，各地普遍出现本省为官现象。辛亥革命后的政局呈现出较为普遍的"省人治省"特质，从而开启了辛亥后"省人治省"的模式。此后，各省士绅已开始产生"省权"意识，且要将"省权"制度化。④ 但辛亥革

---

① 谢诺即认为"联治运动似乎试图于某一省区内重新发动1911—1912年的独立运动"。谢诺：《联省自治运动（1920—1923）》，张玉法主编：《中国现代史论集·军阀政治》（第五辑），联经出版事业公司，1980年，第351页。李达嘉也指出，联省自治运动是"辛亥革命寻求政体变革未能完全成功后，而产生的另一个寻求政制变革的行动"。李达嘉：《民国初年的联省自治运动·序言》，弘文馆出版社，1986年。两场运动除了领导者大体一致外，联省自治期间各省制定的省宪法与1911年辛亥时期的临时约法亦有承接之处。如《浙江省约法》《江西省临时约法》《江苏省临时约法》《广西省临时约法》《贵州宪法大纲》《蜀军政府政纲》《鄂州约法》，均可看出此时各省的独立性。李国祁即称"浙江于辛亥革命后至民元初年，短短数月间"，所制定出的临时约法"在全国各省中居于前导的地位"。这"对日后浙江议会政治的推行颇产生有相当重要的影响"。李国祁：《辛亥革命后至二次革命期间闽浙两省之议会政治》，《台湾师大历史学报》1981年第9期。
② 沟口指出，"所谓省，是贯通乡、镇、县、府，在同一平面上同心圆式或放射线状地交错的网络流，是一省之乡村空间的政治社会空间。在这个空间里，有行会网络，善堂善会的网络，或者清末林立的学会的网络等省内纵横交叉的各种网络"。此一乡治空间的规模由明末的县一级扩至清末的省，到太平天国之际，乡治空间的力量已"在省这一层面蓄积已久"。同治以后，军政财权向地方下移，洋务派官僚带来工商业的振兴，以及与之联动的绅士阶层兴起，谘议局的设置使省一级的行政机构得以运作，各省之力日趋成熟。[日]沟口雄三著，乔志航等译：《中国的历史脉动》，生活·读书·新知三联书店，2014年，第266、297—298页。
③ 1905年，湖南士绅曾鉴吾在致江苏学会函电中即称"夫地方自治之谓何，即本省人办本省事是也"。《长沙曾鉴吾致江苏学会书》，《申报》1905年12月8日，第10版。
④ 洗心：《辟省权》，《独立周报》1913年第2卷第12期。

命所造就的普遍而又强韧的"省人治省"局面被袁世凯政府遏制。袁世凯就任临时大总统后,开始扭转省自为政的隐形"联邦制"局面。不过,1916年袁世凯去世后,辛亥前后"省人治省"再度回潮。省权意识再度提起。1918年威尔逊主义、民族自决思潮等新思想的涌入,五四运动之后,因南北议和无形停顿,南北对峙加剧,且南北内部又纷争不已,全国统一无望。地方士人渐将目力转移到地方。《新湖北》《新安徽》《新浙江》《新江西》《新四川》《新山东》等清末以省名兴办的杂志又纷纷出现。①各省的自治运动在新思想的带动下此起彼伏,从而造就了1920年代的"省人治省"运动。

1920年代,主导江苏省政的有三大权力机构:省督军、省政府与省议会。此三大机构大致均起源于辛亥时期,而定型于袁世凯去世之后。1912年4月,南京临时政府北迁,江苏都督府亦从苏州迁至南京。年底,全国范围内开始实行"军民分治"制度,军政、民政悉归都督府统治的局面被打破,此后都督府主管军政;另立省行政公署主管民政,行政长官为民政长,亦即后来的省长。自此之后,"军民分治"成为北洋政治的基本制度。②尽管袁世凯时期为强化中央集权,

---

① 如欧榘甲的《新广东》、杨笃生的《新湖南》等。相关讨论可参见程美宝:《地域文化与国家认同:晚清以来"广东文化"观的形成》,生活·读书·新知三联书店,2006年,第15页。艾立德:《晚清民族主义中的省籍意识——以新知识分子关于湘、粤的论述为例》,台湾大学硕士学位论文,2011年。[美]裴士锋著,黄中宪译:《湖南人与现代中国》,社会科学文献出版社,2015年,第119—148页。省人治省观念有着"门罗主义"这一西方资源的推动。参见章永乐:《此疆尔界:"门罗主义"与近代空间政治》,生活·读书·新知三联书店,2021年,第311—343页。
② 辛亥时期,黎元洪首倡军民分治,后袁世凯"以此制厉行各省"。军民分治制度起初是袁世凯为削弱各省督军的权力。1912年3月袁世凯掌权后,试图扭转各省与中央的离心力。一方面推行回避制度,一方面又推行军民分治制度,试图遏制地方士绅的权力,同时也分解各省都督的权力。但袁世凯去世后,这一制度成为地方士绅争权的渠道。对军民分治制度的研究,参见陈明:《集权与分权:民国元年的军民分治之争》,《学术研究》2011年第9期。

曾改都督为将军，改民政长为巡按使，但仍保持"军民分治"的基本省制结构。1916年袁世凯去世后，段祺瑞政府更新官制，将军又改为督军，巡按使改为省长。此后督军署与省政府的职官制度基本定型，直至1927年。

在省督军的下一级，设有淞沪、江宁、苏常、徐海、海州、通海、淮扬七个镇守使。1920年齐燮元就任督军后，何丰林为淞沪护军使、宫邦铎为江宁镇守使、朱熙为苏常镇守使、张仁奎为通海镇守使、马玉仁为淮扬镇守使、陈调元为徐海镇守使、白宝山为海州镇守使。这一局面在江浙战争前，没有太大改变。上述七镇守使中，前三使驻军江南，后四使驻军江北，江南驻军多是江苏新军，江北驻军多出自盐枭徐宝山的扬州民军，青帮色彩极为浓厚。省政府官制，至1920年设有政务厅、教育厅、实业厅、财政厅四大厅和警务处。省下，县的长官为"知事"。各县设有劝学所和税务所等机构。1914年袁世凯政府在各省设置"道"，长官为"道尹"。当时江苏分五道，分别为金陵道、苏常道、沪海道、淮扬道、徐海道，每道下辖有十余县。此外，江苏境内还设有江海、金陵、苏州、镇江、淮安、扬由六个海关监督和两淮盐运使。①

江苏省在晚清数十年，"政出湘人"，"入民国来，直人一系相承，势专且久"，在北洋时期具有深厚的直系色彩。② 1920年之前，江苏历任督军为程德全（1911.11—1911.12；1912.5—1913.9）、庄蕴宽（1912.1—1912.4）、张勋（1913.9—1913.12）、冯国璋（1913.12—1917）、

---

① 督军署，当时下设有参谋处、副官处、秘书处、机要处、军务课、军需课、军法课、军医课等机构，约有一百八十余人；省署四厅一处，下又分设各科室，总计有四百余人。其中政务厅直属省长，内设科室最繁。参见曹金濂编著：《民国江苏权力机关史略》（江苏文史资料第67辑），江苏文史资料编辑部，1994年，第1—9页。
② 章士钊：《论上海自治学院无端兴废事》，《章士钊全集》（第4卷），文汇出版社，2000年，第394页。以下出版信息从略。对于"湘人江督"现象的探讨，参见韩策：《清季"湘人江督格局"的终结与"北洋下南洋"的形成》，《史学月刊》2021年第8期。

李纯(1917—1920)。历任省长(民政长/巡按使)为韩国钧(1913.9—1914.7)、齐耀琳(1914.7—1920)。民国肇建,国府北迁后,黄兴担任江苏留守。1913年国民党人发动二次革命,江苏独立,袁世凯派北洋军张勋与冯国璋南下攻苏。南京攻陷后,张勋出任江苏都督,韩国钧任民政长。但张勋遭到张謇等江苏地方士绅的极力抵制。袁世凯遂调张勋至徐州,冯国璋任督军。如此形成张勋、冯国璋与淞沪护军使杨善德三角互制之局。冯国璋与张謇等江苏立宪派关系较为融洽。不久,袁世凯又改韩国钧为安徽巡按使,调齐耀琳为江苏巡按使。1916年袁世凯称帝失败,冯国璋北上出任副总统,遂调时任江西督军的心腹李纯出任江苏督军。至此,李纯督苏,齐耀琳长苏的局面一直维持到1920年。

督军与省署之外,另有省议会这一全省民意代表机关。辛亥革命后,江苏省谘议局改为江苏省临时议会。1912年9月,北京政府颁布省议会选举法,规定省议会三年一届,此后正式的江苏省议会开始选举组建,江苏省议员名额为160人,众议员40名。省议员为间接选举,分为初选和复选两步,初选区为各县,复选区第一届省议会选举划分为四区,第二届省议会时改为旧有的十一府属,初选当选人才可参选省议员与国会众议员。① 省议会设有正议长一名,副议长两名,基本上是江南、江北各一名。北洋时期共三届省议会,其中第一届省议会未及期满,1914年袁世凯下令停办,直至1916年袁世凯去世后才恢复。故恢复之后的第一届省议会会期为1916年10月至1918年7月,第二届为

---

① "有清一代之府制垂二百余年,各府因考试文童关系,府与府之界限本极分明,而各属之旅省团体又多以府为团结,且旅居省外之会馆,悉有一府之集合。"因此府属观念因利益因素已然成为一种极为稳定的地方社会结构,极难消除。即使民初府制取消,"然各以地方公产及种种之关系仍称为某某几县同乡会以结合之"。《赣党社竞争议长之新主义》,《申报》1918年9月24日,第7版。

1918年9月至1921年6月,第三届为1921年10月至1924年6月。①

二、"似无形而有形"的团体

晚清时期,依赖省治空间的繁复和上海这一全国资本市场网络中心的形成,江苏士绅力量逐渐兴起,这其中尤以张謇为代表。清末立宪运动中,以张謇为核心的江苏耆绅,其活动舞台是江苏教育总会、预备立宪公会以及江苏谘议局。此三者在职能上虽各有分殊,发展上各有先后,但大致是同一批人,这也构成了江苏立宪派的主体力量。②1911年武昌起义爆发后,江苏立宪派闻讯展开行动。上海光复之后,江苏江南五府苏、松、常、太、镇五属即是在江苏教育总会召开会议,黄炎培亲赴苏州劝说巡抚程德全独立,张一麐时在程德全幕府,程德全起义后,"苏沪始告粗安"。③江苏都督府成立之后,马相伯为外务司长,张一麐、马士杰先后为内务司长,沈恩孚为次长,王清穆为财政司长,姚文枏为财政次长,黄炎培为教育司长,黄以霖为实业司长,魏家骅为民政司长。④从中可以看出江苏立宪派基本上掌控了江苏新政权。而南京临时政府的成立,张謇、赵凤昌等江苏立宪派出力尤巨。

20世纪八九十年代,学界已注意到张謇、黄炎培等江苏省教育会、立宪派在晚清民初的重大作用。陈志让即指出,辛亥后中国大部

---

① 1908年江苏分别成立宁属与苏属两个谘议局,次年在张謇等人的斡旋下合并为一,称江苏谘议局,驻地为江宁府。参见曹金濂编著:《民国江苏权力机关史略》(江苏文史资料第67辑),江苏文史资料编辑部,1994年,第94—105页。
② "江苏教育总会、预备立宪公会与江苏谘议局在人员上近乎'三位一体'的局面。"徐佳贵:《组织演变与文教革新——晚清与五四之间的江苏省教育会》,《史林》2021年第3期。
③ 《陈陶遗先生分年事略》,《苏讯》第69期,1946年7月10日。
④ 《江苏民政府之新人物》,《申报》1912年12月17日,第7版。

都已是"军绅政权"模式,但江浙反呈现出"绅军政权"形态。①张朋园在研究立宪运动与辛亥革命时,将"江浙立宪派"称为一个"似无形而有形"的团体。②而章开沅等学者将其称为"江浙商绅集团"或"东南精英"。章开沅指出"东南精英作为一个集团,是以私谊、经济利益、政治主张等因素所组成的联盟"。他们在生意上相互投资、互为股东,联手创办一系列企业,在经济上资金互相流动,彼此互济。他们是"实业、教育救国的热诚信奉者,也有着共同的政治抱负"。庚子后他们"一方面投身实业,一方面致力于中国社会的改造,成立预备立宪公会、江苏谘议局,领导三次国会请愿运动,参与沪鄂之争,调和南北,扶持袁世凯上台,以致圈定北京民国政府各部人选,规划甚至改写了晚清政局"。③辛亥以后这一集团内部张謇逐渐淡出,"但新一代领导人袁希涛、蒋维乔、黄炎培、沈恩孚、郭秉文迅速登上历史舞台,在民初政治中叱咤风云"。④

不过整体而言,对于这一集团的研究侧重甲午至辛亥。辛亥以后的北洋时期,原本在民国肇建中发挥过重大作用的江浙立宪派似乎消失了,取而代之的"主角"或是直、皖、奉系等各路军阀,或是五四新文化运动的巨子。⑤近些年随着陈以爱等学者的研究,张謇、

---

① 陈志让:《军绅政权——近代中国的军阀时期》,生活·读书·新知三联书店,1980年,第19、23页。
② 张朋园:《立宪派与辛亥革命》,上海三联书店,2013年,第174页。
③ 章开沅、田彤:《东南精英与辛亥前后的政局》,《史林》2005年第4期。
④ 许纪霖:《近代上海城市"权力的文化网络"中的文化精英(1900—1937年)》,《复旦学报》2012年第6期。
⑤ 近十年来,学界开始反思北洋军阀与北洋史的研究。祛除被军阀史的遮蔽,恢复北洋史的多重面相,成为学界的共识。相关研究有罗志田:《民国史研究的"倒放电影倾向"》,《近代中国史学述论》,北京师范大学出版社,2013年。唐启华:《北洋视角与近代史研究》,《南京大学学报》2014年第3期。桑兵:《"北洋军阀"词语再检讨与民国北京政府》,《学术研究》2014年第9期。杨天宏:《政治史在民国史研究中的位置》,《南京大学学报》2013年第1期。杨天宏:《日薄虞渊:"北洋军阀史"研究之两面观》,《暨南学报》2022年第1期。

黄炎培这一群体在五四运动与南北议和中的重大活动逐渐得以揭开。①陈以爱将这一"似有形而无形"的团体命名为"东南集团"。她打破专史研究的局限，采用"整体史的书写"，转换研究的角度，拓宽研究的时间、地域与人群尺度，将张謇、黄炎培这一东南集团放置在以上海为中心，以江浙为主体的东南社会中统合考察，探讨这一集团在政界、实业界、教育界、银行金融界、报刊出版界、中美外交界、基督教界等领域融会贯通的内在机理、过程结构与组织模式，发覆出此集团在五四运动中的主导性作用。陈以爱进一步指出："他们致力于共同目标，推动建设中国为一个现代国家，摆脱日本压迫和国内武人统治。从晚清到五四，他们通过互相支持而长期积累的实力，形成一个仿佛'深层政府'的系统。"②"欧战结束的五四前后正是这一集团的黄金时代。他们享有传统士绅的社会声望，兼具经营实业累积的财力资本，积极吸收日本、欧美的新知识、新技术，尤获美国朝野支持

---

① 学界对这一团体中的核心人物、主要机构均有讨论，关注预备立宪公会、江苏省教育会、江苏谘议局、中华教育改进社、东南大学等机构与组织。对于江苏省教育会的研究，择其要者有谷秀青：《清末民初江苏省教育会研究》，广西师范大学出版社，2009年；何树远：《在激进与保守之间：中华教育改进社与1920年代的三次学潮》，郑大华等主编：《中国近代史上的激进与保守》，社会科学文献出版社，2011年；肖小红：《新文化运动时期的中国省际精英——江苏省教育会的案例研究》，《国际汉学》(第18辑)，大象出版社，2009年；Ernst P. Schwintzer. *Education to Save the Nation: Huang Yanpei and the Educational Reform Movement in Early Twentieth Century China*, Ph. D. diss, University of Washington, 1992；［日］高田幸男：《江苏教育総会の誕生—教育界に見る清末中国の地方政治と地域エリート》，《駿台史学》1998年3月，第103号；［日］高田幸男：《近代中国地域社会と教育団体—江蘇教育会の会員構成分析》，《明治大学人文科学研究所紀要》第73册，2013年3月31日；牛力：《分裂的校园：1920—1927年东南大学治理结构的演变》，《中山大学学报》2017年第1期；牛力：《江苏省教育会与东南大学权力格局的兴替(1914—1927)》，《史林》2019年第2期；徐佳贵：《组织演变与文教革新——晚清与五四之间的江苏省教育会》，《史林》2021年第3期；陈昀秀：《清末江苏教育总会研究(1905—1911)》，台湾大学硕士学位论文，2015年。
② 陈以爱：《动员的力量：上海学潮的起源》，民国历史文化学社，2021年，第246—247页。

合作,成为北洋政府不敢轻忽,广州政府难与相抗,地方军阀(尤其是长江流域直系军人)积极拉拢的一大势力。"①

本书聚焦于张謇、黄炎培诸人成立于1920年的省治团体——"苏社",主要探讨苏社中的核心人物与江苏政局之间的互动过程。苏社这一省治同人团体与"东南集团"之间虽有重合交错之处,但仍有不小差异。②苏社成立于1920年,有社员数百人,几乎囊括了全省士绅名流,且每年都有变动。苏社设有理事会这一领导机构,理事十九名,候选理事九名。苏社自成立之后举办有1920年南通、1921年无锡、1922年上海、1923年苏州、1924年扬州五届年会,每年年会改选理事,商议省政。年会虽在1924年江浙战争后停办,但理事会和同人网络至少在北伐之前仍在运行。本书探讨的"苏社集团"并非苏社全体成员,而是指发起和主导苏社的核心领导层。此一圈层网络自清末以来就逐渐形塑凝聚,至1930年代仍时隐时现。这一理事群体以及围绕在众理事群体周围的关系人员就构成了苏社的主要成员,亦即本书所指的"苏社集团"。③他们可以说是由个体间通过广泛的私人联系而形成的联结体或聚合体,这些可能既是横向又是

---

① 陈以爱:《五四时期东南集团"商战"舆论和抵制运动》,《中山大学学报》2019年第5期。亦参见陈以爱:《五四运动初期江苏省教育会的南北策略》,《国史馆馆刊》2015年总第43期。
② 对苏社的初步研究,参见[日]田中比吕志:《北京政府期の江苏省における地方自治运动と地域エリート:苏社に关する觉书》,东京学艺大学纪要出版委员会:《东京学艺大学纪要·人文社会科学系》,2009年1月30日,Ⅱ60:85—97。陈明胜对江苏地方自治亦有专论探讨,参见陈明胜:《民初地方士绅与军阀政府的矛盾共生——以江苏"省自治"运动为中心》,《民国档案》2018年第4期。陈明胜、申晓云:《江苏省废督运动与省自治》,《江苏社会科学》2009年第6期。
③ 杜鲁门研究美国政治集团时认为,"集团是具有共同特征的人群集合,如果他们基于共同特征进行一定频率的交往,就可以称之为真正意义上的集团"。在杜鲁门研究中,"集团"概念不免有些宽泛,但仍具有启发意义。参见[美]戴维·杜鲁门著,陈尧译:《政治过程:政治利益与公共舆论》,天津人民出版社,2005年,第27页。

纵向的联系随之又组成社会关系和社会关系网。①此一关系结构因时因事而不断形塑、变动。②大致而言,核心成员主要有:张謇、张孝若、仇继恒、段书云、韩国钧、黄以霖、王清穆、魏家骅、马士杰、袁希涛、沈恩孚、张一麐、方还、庄蕴宽、董康、赵椿年、刘厚生、于宝轩、黄炎培、徐鼎康、史量才、卢殿虎、陈陶遗、冷遹、蒋维乔、张轶欧、严家炽。

上述成员大多曾在清末民初担任省级及以上的重要官职,具有超越全省的声望和调动资源的能力,又深度影响1920年代的江苏政局,因此可谓苏社集团中的核心成员。不过,还有许多人围绕在这些人周围,或是密友,或是亲属,形成苏社集团的次要成员或外围成员,如冯煦、姚文枬、荣宗铨、钱崇固、吴兆曾、朱绍文、张福增等。

此处需阐明"东南集团"与"苏社集团"之关系。大体而言,苏社集团属于1920年代东南集团的分支。苏社集团核心成员与东南集团有相当重合之处。但苏社核心群体以苏人为主,鲜有外省人,群体网络与社会影响小于东南集团。如陈以爱所揭示的"东南集团"有老、中、青三代群体,五四时期的此一集团涵盖江苏省教育会、青年会、寰球中国学会、华商纱厂联合会、上海银行公会、《时报》《申报》《时事新报》等团体要人。③但苏社集团中,青年会、寰球中国学会等团体较少参与,银行公会与华商纱厂联合会于苏社集团而言亦属外围。此外,苏社集团许多核心成员,在陈以爱所论的"东南集团"中似较少展现,如两度出任江苏省长的韩国钧,长期致力于水利事业的

---

① 参见[美]萧邦奇著,周武彪译:《血路:革命中国中的沈定一(玄庐)传奇》,江苏人民出版社,2010年,第22—23页。
② 此点与晚清的清流派类似。林文仁在讨论晚清清流派时,亦指出"有关清流党成员的界定,向来学者间缺乏完全一致的共识,但各家之差异,其实也只是在成员中次要人物的增减而已,至于其核心成员,大体皆有共见"。参见林文仁:《南北之争与晚清政局(1861—1884)——以军机处汉大臣为核心的探讨》,中国社会科学出版社,2005年,第106页。
③ 陈以爱:《动员的力量:上海学潮的起源》,民国历史文化学社,2021年,第31页。

黄以霖、马士杰、徐鼎康,南京士绅系统中的魏家骅、仇继恒,拥有军警履历的冷遹,长期游宦京城的庄蕴宽、赵椿年、董康、于宝轩等。除核心成员略有出入外,在具体着力点上,两集团之间亦有差别,苏社集团目力所在是江苏"省宪自治",核心诉求是"苏人治苏",而"东南集团"视野更宏阔,组织与建构民族国家的能力更强劲。

三、研究旨趣与框架安排

本书将苏社集团称之为"耆绅"。耆绅者,士绅之领袖也。苏社集团大多是出身于1850—1880年代之间,在科举改制前后仍然获得较高的科举功名,是科举制度的最后几代士子;但同时亦拥有留学经历,属于科举、学堂与留学新旧制度杂糅并进中的受益者;他们在晚清的历次政治运动中担任要职,无役不与,深度参与了清末立宪运动与辛亥革命,因而积储了丰厚的政治、文化与社会资本,拥有一般士绅所不及的声望与权威。及至1920年代,北洋江苏省政相当程度上是在他们的主导之下。此时无论是外人还是他们彼此之间,都以字尊称为"某老""某公",[①]时人多将他们称之为全省"耆宿""耆硕"。故"耆绅"本即是时人对他们的定位。[②]将苏社集团称之为

---

① "职教社有个习惯传统,就是年过六十都尊称为'××老',六十岁以下的称'公'。"参见江苏省政协文史资料委员会编:《冷遹先生纪念文集》(江苏文史资料第27辑),江苏文史资料编辑部,1989年,第86页。如张謇被称为"啬老",韩国钧被称为"紫老""止老"等。
② 梳理"耆绅"一词的使用频次与语境(陈以爱教授提醒笔者注意此点,特致谢忱),则会发现"耆绅"一词在1920年代使用最为密集,且最为东南地区所使用。如用"全国报刊索引数据库"检索,则会发现"耆绅"一词在1900年代使用频次骤然增加,这似与科举制的废除有关。在1920年代使用频次最高,达两百余项,是1910年代的近三倍,这似与省治运动的兴起有关。在1930、1940年代又大幅度减少,这与这批耆绅退出权力中心且年老力衰(转下页)

"耆绅",旨在区分苏社集团与省内其他士绅。从横向看,省内与苏社集团的同时代士绅,其功名、履历、声望远逊于苏社诸理事;从纵向看,他们"在前清末年以至民国十七年中的政治界或教育界,握着最高的权柄"。①出生于1890年代的新生代士绅群体在1920年代虽已兴起,但这一代士绅年纪较轻,资望较浅,影响力与话语权远不及苏社诸理事。将其称之为"耆绅",亦是充分展现活跃于晚清政坛中人在北洋的种种事功,弥合晚清与北洋史之间的断裂。因此,本书将苏社集团主导北洋江苏省政的种种过程,称之为"耆绅政治"。

目前学界在讨论地方史时,往往采用更加西式的"地方精英"这一概念而替代"士绅"的称谓。许多学者认为,"它更切合20世纪初期中国地方社会实际"。②但与此同时,学界对"地方精英"这一概念一直有反思和批评。如果说以往学者对"地方精英"这一概念反思集中在"精英"上,那么也需反思"地方"这一指称。③20世纪七八十年

(接上页)有关。就"耆绅"的使用语境来看,在1920年代之前多指涉县域士绅,如"本邑耆绅"、某县耆绅等。迨至1920年省治运动兴起后,"耆绅"一词逐渐升扩到省层面,往以"某省耆绅"的名义出现,而且主要集中在江浙地区。1923年夏江浙和平运动兴起后,东南报刊对"耆绅"的使用更为密集,并且常常以"江浙耆绅""两省耆绅"的名义出现,这或是东南集团的有意措置。即以《申报》为例,1923年夏秋密集报道江浙和平运动时,8月8日在《江浙人士和平运动之昨闻》中即称"现正征求两省耆绅同意";在8月13日《苏浙时局之紧张讯》中即称张一麐、方惟一"与江浙诸耆绅共筹挽救时局办法"。

① 李璜:《国家主义者的生活态度》,《醒狮》第191期,1928年,第14页。对于此一群体与新文化新思潮之间的关系探讨,参见瞿骏:《老新党与新文化:五四大风笼罩下的地方读书人》,《南京大学学报》2017年第1期。
② [美]张信著,岳谦厚、张玮译:《二十世纪初期中国社会之演变——国家与河南地方精英1900—1937》,中华书局,2004年,第8页。
③ "精英"与"士绅"之间的异同,"精英"是否可以替代"士绅",采用"精英"这一概念是否消解掉了中国历史的特性,都一直是争论不休的问题。对"地方精英"的反思,参见李猛:《从"士绅"到"地方精英"》,邓正来编:《中国书评选集一九九四——一九九六》,辽宁大学出版社,1998年。王先明:《士绅构成要素的变异与乡村权力——以20世纪三四十年代的晋西北、晋中为例》,《近代史研究》2005年第2期。季剑青:《地方精英、学生与新文化的再生产——以(转下页)

代,以孔飞力(Philip A. Kuhn)、周锡瑞(J. W. Esherick)、冉玫铄(Mary Backus Rankin)为代表的一批西方历史学者逐渐使用"地方精英"这一概念,以替代"士绅"称谓。他们即指出,这里的"地方","乃指县一级或县一级以下的社会"。①但中国学者的"地方"常与"中央"相对应,常界定在"省一级或省级以下"。②因此中西学者在使用地方精英这一概念时,对"地方"的认知是不同的。这一差异导致在讨论许多共同问题时存在诸多出入。在中国学者的语境中,"地方"有可能是省、府、县,也有可能是更为基层的市、乡。③因此在具体研究时,若以"地方精英"笼统指称,则势必难以区分不同层级的士绅之间的差异性。④早在20世纪中期,社会学家周荣德在考察云南昆阳县士绅时指出,"士绅作为一个阶层群体,内部又是有层次的,它的层次是与政府的行政等级平行的",即村绅、乡绅、县绅和省绅四个层次。⑤ 20世

（接上页）"五四"前后的山东为例》,《现代中国文化与文学》2009年第2期。对"士大夫""士绅"与"地方精英"的学术史梳理,参见黄克武:《从"士大夫""士绅"到"地方精英":二十世纪西方汉学界对清末民初中国社会领导阶层之研究》,《反思现代:近代中国历史书写的重构》,四川人民出版社,2020年,第70—84页。

① 在"地方精英"这一概念之外,周锡瑞等学者在讨论辛亥革命时还提出"省级精英"这一概念以做补充。[美]周锡瑞(J. W. Esherick)、兰京(Mary Backus Rankin):《中国地方精英与支配模式导论》,《中国社会科学季刊》(香港)1998年夏季卷,第154页。

② 参见关晓红:《清季外官改制的"地方"困扰》,《近代史研究》2010年第5期;徐佳贵:《乡国之际:晚清温州府士人与地方知识转型》,复旦大学出版社,2018年,第7—8、12页。

③ "省"与"地方"在彼时有明显差异。彭剑即指出,清末设计议会体系时并不是"国家议会"与"地方议会"的两分,而是国家议会、省议会与地方议会三分。参见彭剑:《一省之议会:谘议局性质发微》,《安徽史学》2015年第6期。

④ 柳立言即指出,"应把权力斡旋的参与者区分成不同的群体,例如不同层级的政府单位和不同身分和阶级的社会群体等,并对权力斡旋的具体过程进行更深入的分析,以凸显更细致也更有趣的议题"。柳立言:"Negotiated Power: The State, Elites, and Local Governance in Twelfth- to Fourteenth-Century China",《中国文化研究所学报》第62期,2016年1月1日。

⑤ 周荣德:《中国社会的阶层与流动:一个社区中士绅身份的研究》,学林出版社,2000年,第153页。

纪70年代,孔飞力亦将"精英"划分为"全国""省级"和"地方"三个层级。①如此划分对于厘清地方社会问题无疑有极大帮助。不过,周荣德与孔飞力的士绅/精英的分层讨论并不能涵盖"地方精英"的全部。

实际上,在省、县、村之外,"地方精英"还有可能在"中央"。传统中国社会,在京乡人与本籍本乡之间存在着极为复杂的权力关系。近代以来,地方主义与旅外同乡势力的兴起,更加剧了这一现象,致使呈现出"地方在中央"的局面。②尤其是近代以来诸多中心城市中均具有大大小小的同乡组织。清末民初,"各省的政治化同时伴随着政治的省籍化:政治的组织和结构,特别是革命政治和动员民众的政治,均以同乡会路线为指导"。③此时期,旅外同乡越来越"名正言顺""光明正大"地参与政治活动。④到民初,新型同乡团体、同乡会,摒弃了清末会馆的宗教和寡头集团的仪式,采用了更加民主和更加现代的方式,因此也比原本的会馆更加具有包容性和能动性。⑤这成为北洋时期同乡组织能够操纵地方政治的一大要因。而在所有旅外

---

① 孔飞力将"全国性名流"定义为:"其影响超越了他们出身的地区、其社会关系达于国家政治生活顶层的那一部分人。""省区名流"和前一部分有密切联系,但其势力和影响限制在较窄的范围内。相比之下,"地方名流"缺乏前两部人的社会特权和有力的社会关系,但仍然可以在乡村和集镇的社会中行使不可忽视的权力。[美]孔飞力著,谢亮生等译:《中华帝国晚期的叛乱及其敌人:1796—1864年的军事化与社会结构》(修订版),中国社会科学出版社,1990年,第4页。李世众对士绅分层的学术史有很好的梳理,参见李世众:《晚清士绅与地方政治——以温州为中心的考察》,上海人民出版社,2006年,第37—44页。亦参见徐茂明:《江南士绅与江南社会(1368—1911年)》,商务印书馆,2004年,第19页。王先明:《近代士绅阶层的分化与基层政权的蜕化》,《浙江社会科学》1998年第4期。
② [美]白思奇(Richrad Belsky)著,秦兰珺、李新德译:《地方在中央:晚期帝国内的同乡会馆、空间和权力》,中国社会科学出版社,2018年。
③ [美]杜赞奇著,王宪明等译:《从民族国家拯救历史:民族主义话语与中国现代史研究》,江苏人民出版社,2009年,第176页。
④ 唐仕春:《近代中国的乡谊与政治》,四川人民出版社,2020年,第340页。
⑤ [美]顾德曼著,宋钻友译:《家乡、城市和国家——上海的地缘网络和认同》,上海古籍出版社,2004年,第163页。

同乡势力中，尤以旅京同乡对本省政治的影响最大。这些旅京同乡组织与本乡事务之间的关系对流，成为考察地方社会时的一大要素。

因此，在反思"地方精英"这一概念的基础上，本书借鉴周荣德、孔飞力、周锡瑞、杜赞奇等人的研究，将地方士绅从纵向层面粗略划分为省际、省域、县域和旅京同乡四类。和孔飞力所提出的"省级精英"不同，本书将"省级"又分为省际与省域两类。"省际士绅"是指其所能够调动的资源（包括象征资本）以及影响力超越本省，甚至在全国层面，在本书中主要是以苏社集团为主体；而省域士绅是指其所能够调动的资源及影响力在本省层面，本书中主要以省议员、省立校长以及省教育会、江苏运河工程局等省级机构任职的士绅，县域士绅主要是指县议员以及在县署、县教育会、县商会任职的士绅。旅京苏人的身份虽不固定，但也有迹可循，主要以长期在京任职的苏籍京官与苏籍国会议员为主。

科举制的废除深刻影响了北洋时期地方士绅的流动。科举制废除后，地方士绅的上升途径变得非常多元，这些途径往往"带有横向动员、组织的特质"。许多有科考经历、留日经历，就读过法政学堂、师范学堂，参加过地方自治研究所，办理过慈善义赈，或当选议会议员，或在商业实业领域稍有成就之人都可以因缘际会成为某一层级、某一领域的士绅名流。在1920年代，这些出身不同，但却各具身手的士绅均投身于江苏省政建设，在"苏人治苏"的外衣下，谋求自我权益的最大化，由此形成了围绕"苏人治苏"的"场域"。本书尝试提出"省治场域"这一概念，来综括1920年代省际、省域、县域和旅京士绅围绕"省权"展开的一系列权力互动的对流图景。①

---

① 此中的"场域"是指"精英及其他人涉入其间的环境、社会舞台、周围的社会空间，通常也包括地点。场域可以是地理上的（村庄、县、国家），也可能是功能上的（军事的、教育的、政治的）"，场域"也包含了构成此一场域成员的（转下页）

北洋时期的省治运动，有"对内"和"对外"两个面相。以往研究较多关注省宪自治、联省自治等"对外"的一面，对于省治运动的内部图景，较少揭示。本书旨在贯通这两个层面。对外的一面，全书重点关注易长废督与苏人治苏运动、江浙战争、反直三角联盟入主中央与奉系入苏、北伐前后的东南和平运动等全国性大事件对江苏政局的影响，兼及邻省浙江省治运动；对内的一面，关注省议员的阶层流动，省议会的选举运行与党派结构的形塑过程，中央、省、县三级行政系统与议会系统的互动，县域基层政治与省域政治之间的往复对流。尤其注重考察旅京苏人与江苏本省各方之间的互动关系，以揭示出"京地互动"这一模式对北洋地方政治的影响。在研究取向上，本书采用"新叙事史"①的写法，注重政治史与社会史的交汇考察，揭示政治参与者的人际关系与社会网络，尽可能展现出北洋这张大网中"枝蔓繁多的人事联系"。注重"政治过程"中不同政治利益群体及其与政府之间的交互变动关系。②此外，本书力图祛除"国民党史观"对北洋史的偏蔽影响，对北洋军绅这一"失败的一方"以发言权。③

（接上页）价值观念、文化象征和资源的集合"。参见[美]周锡瑞(J. W. Esherick)、兰京(Mary Backus Rankin)：《中国地方精英与支配模式导论》，《中国社会科学季刊》(香港)1998年夏季卷，第154页。

① [英]劳伦・斯通：《历史叙述的复兴：对一种新的老历史的反省》，陈恒等主编：《新史学》(第四辑)，大象出版社，2005年，第8—9页。亦参见王东杰：《国家与学术的地方互动：四川大学国立化进程(1925—1939)》，生活・读书・新知三联书店，2005年，第16页。

② 参见[美]哈罗德・D.拉斯韦尔著，杨昌裕译：《政治学：谁得到什么？何时和如何得到？》，商务印书馆，1992年。[美]戴维・杜鲁门著，陈尧译：《政治过程：政治利益与公共舆论》，天津人民出版社，2005年。刘志伟：《地域社会与文化的结构过程——珠江三角洲研究的历史学与人类学对话》，《历史研究》2003年第1期。

③ 对"国民党史观"的反思，参见罗志田：《民国史研究的"倒放电影"倾向》《历史记忆与五四新文化运动》，《近代中国史学述论》，北京师范大学出版社，2015年，第221—225、239—261页。

第一章 "一省之内中心人物"：
苏社集团的形成

> 苏社之组织，集苏社区域内之有力分子为一团，无党无私，不偏不倚，正可趁此国家腐旧之时季，作一新发。
>
> ——无用：《所希望于苏社者》(1922年)①

1920年5月12日，南通更俗剧场召开了盛大的苏社成立大会。在张謇、张詧、张孝若的主持下，来自江北水利工程局、江苏省议会、江苏省教育会、江苏省政府等系统的全省耆绅名流百余人，"济济锵锵，群聚一堂"。②起初，加入苏社者有一百五十余人，江苏全省六十县中，四十四县均有会员，"会员中以省议员最占多数"。当时恰逢江苏省议会召开第二次临时会，但由于省议会一百二十余名议员中，"隶属苏社之议员，有八九十人之多"，这些议员的到来一度使省议会不能开议。苏社吸引力之大，由此可见一斑。5月13日，《申报》等各报发布了张謇以江苏运河工程局名义的通电，宣告苏社正式成立。③苏社成立之日，有报人即称："江苏各项事业之不发达，固有种种原

---

① "无用"疑为瞿钺。《申报》1922年3月13日，第15版。
② 《苏社成立会纪事》，《申报》1920年5月14日，第14版。
③ 《公电》，《申报》1920年5月12日，第3版。

因,而大要则在地方有力分子各自为谋,不能结合大团体以进行故也。""今者苏社之设,其为江苏自治发展之起点乎?"①

一、苏社成立的时代思潮

苏社虽成立于1920年5月,但筹议、酝酿是在这年3月江苏运河工程局的组建过程中。江苏运河工程局是直属于北洋政府的运河治理机构,成立之初,中央任命张謇为督办、韩国钧为会办、马士杰为总办、徐鼎康为参赞。张謇、韩国钧莅扬接事后,"各方要人来扬者颇多",省议会副议长鲍贵藻、省议员朱绍文、张福增、陈大猷、蔡钧枢,江苏教育会黄炎培、沈恩孚,江苏省水利协会黄以霖、王宝槐、武同举、董冠吾,筹浚江北运河工程局督办马士杰,及北京女子高等师范学校前校长方还、江苏省农会会长奚九如等十八人。他们齐集扬州,多数同人相晤,"咸谓地方自治,不可无连合策进之机关",因此"集商分函各地同志",准备"组织苏社,专谋自治事业"。他们宣称苏社"以谋发展江苏地方自治为宗旨,以实业、教育、水利、交通四者为应首谋发展之自治事业"。有此组织,可"置苏省于最完全、最稳固之地位"。②

苏社何以酝酿、动议于江苏运河工程局的组建过程中?这必须要从张謇、韩国钧等江苏耆绅的治水事业谈起。江苏运河工程局的前身是成立于1914年8月的江北运河工程局。它是由时任全国水利总裁的张謇与时任江苏巡按使的韩国钧组织筹建。张謇与韩国钧素来注重江苏运河、水利事业的发展,在清末就多次建言疏导苏北运

---

① 默(张蕴和):《说苏社》,《申报》1920年5月12日,第10版。
② 《苏社开幕宣言》(1920年5月12日),李明勋、尤世玮主编:《张謇全集》(第4卷),第460—461页。

河、淮河。1913年张謇出任全国水利总裁,"此次出山,其最重要之目的,即为治淮"。①韩国钧巡按江苏后亦"拟大兴水利"。②1914年苏北发生旱灾,但江北运河淤塞。韩国钧与张謇联名向中央建议成立"筹浚江北运河工程局",局所驻地扬州,督办由江北耆绅马士杰担任。这一水利机构由省署直辖,经费由属地自筹,颇有"官督绅办"的意味。1916年12月,江苏士绅在省议会上动议成立江苏水利协会,以统合江南江北的水利事业,水利协会与省教育会、省农会等性质相同。③1917年9月江苏水利协会选举正副会长,当时有报人称"韩国钧与魏家骅最有希望,其次曾朴、马士杰二人呼声亦高"。最终韩国钧被选为会长,黄以霖、沈惟贤④为副会长。江苏水利协会是对省议会、省署负责的省级自治团体,入会要求颇高,其组织章程中明确规定入会资格为:国会、省议会议员,县议会正副议长,省、县农会正副,及总商会、县商会会长等,这实际上是汇聚了致力于水利事业的省级士绅,亦即江苏的耆绅群体。⑤

苏北运河、淮河水利事业常常与邻省山东、安徽在治水地域、方略、经费问题上发生争端。故水利协会成立后,江北耆绅马士杰、黄以霖、王宝槐、武同举、朱绍文、张相文与张謇、韩国钧等多次筹划,反复上书中央,请求设立中央层面的江苏全省的治水机构。1920年,徐

---

① 刘厚生:《张謇传记》,上海书店出版社,1985年,第274页。
② 《江苏运河工程沿革小引》,《督办江苏运河工程局季刊》第1期,1920年4—6月。
③ 《江苏省水利协会迟办之原因》,《新闻报》1917年3月13日,第2张第2版。
④ 沈惟贤(1866—1940),字思齐,江苏松江人,举人。历任石门、嘉兴、钱塘知县。辛亥时佐钮永建成立松江军政分府,任副司令兼司法部长。1912年当选江苏省议员,1916年当选省长,后又当选国会参议员。善理财,1925年出任江苏清理财政委员会主席,主持清理江苏财政事宜。著有《逋居士集》等。
⑤ 《江苏省水利协会条例》,《江苏省政府公报》第1087期,1916年12月16日。参见《本会职员及研究员姓名录》,《江苏水利协会杂志》第8期,1920年8月。《江苏水利协会开会记》,《申报》1919年9月24日,第7版。江苏水利协会的会所在南京淮属议员公寓内,可见主要由淮属议员主导。

世昌政府同意设立"督办江苏运河工程局","级别与江苏省政府平行",其性质仍属"官督绅办"。①黄以霖即称,"以地方人办地方事,需用经费至数百万元之巨,实从前所未有,吾苏乃先天下有此伟举,此自治发展之见端也"。②这一组织强化了此前江苏水利协会的职能,也进一步网罗了江苏水利、实业界耆绅。远离政坛多年的张謇、韩国钧出任督办、会办,颇有重新出山的气象,也因此激发了江苏耆绅希图谋建一个能够统合全省自治的组织。③

张謇、黄炎培等江苏耆绅之所以要在1920年发起苏社这一"全省联合策进之自治机关",更有深厚的时代思潮的影响。首先,苏社的成立源自江苏诸耆绅对江苏地方自治事业的反思和省际间自治事业的竞争。江苏地方自治事业自清末以来就已展开,但民国之后,江苏士绅在教育、实业与政治等领域往往各自为谋,难以互通互济,未能形成蔚为大观的合力。此时湖南、山西的自治事业却颇为可观。1920年,湖南在熊希龄、梁启超、章太炎等名流鼓动下开始制定省宪法,实行较为独立的省宪自治。山西在阎锡山的治理下亦别具一格,自成体系。山西自1917年起大力推行一系列政治革新,引起各界关注。1918年后,阎锡山邀请国内外名士名流访晋参观,山西"模范省"的美誉得到进一步传播。④

1919年第五届全国教育联合会在山西举办,黄炎培、沈恩孚、庄俞等江苏省教育会主要人物均与会。阎锡山治理下的山西新政给他们留下了深刻印象。沈恩孚、庄俞还特别撰写《山西之政治与教育调查

---

① 崔建利:《北洋政府时期的苏北运河治理》,《运河学研究》2018年第2期。
② 《黄伯雨先生(以霖)演说词》,《督办江苏运河工程局季刊》第1期,1920年4—6月。
③ 夏林:《省际矛盾、治运分歧与制度演进——民初督办江苏运河工程总局的成立》,《档案与建设》2021年第2期。
④ 常嵩涛:《"请客政治"与民国山西教育"模范省"打造》,《现代大学教育》2022年第1期。

录》发表在《新教育》杂志上。在文中沈恩孚称"山西政治实可谓之教育的政治"。在阎锡山治理下,"山西一省为极大之学校",阎锡山"自为校长以教导全省人民"。在沈恩孚看来,阎锡山强调官吏"原为人民服务,且其设施处处为人民设想";"以阳明先生知行合一之精神灌输于全省";"培养国民知识道德及发展其生计";倡导"知识求之世界,应用切于地方"等省治理念极为特别。在省政组织上,沈恩孚特别注意阎锡山设立的六政考核处、各县政治实察所等新官制。山西省内各县署的设置周密、县政运行通畅灵活,让沈恩孚感到"省中所定政策,官治自治两方面有身使臂,臂使指之气象"。此外,阎锡山禁烟土、禁缠足、兴办教育、植树筑路、疏浚水道、创办洗心社、举办各类宣教讲演活动,都令沈恩孚感到赞叹。最令沈恩孚钦慕的是,在山西"全省文武一致,官厅与社会一致"。他直言"我苏省要当急起直追"。[①]

1919年10月,张一麐在山西太原洗心社演讲时,赞誉阎锡山治理山西,"使吾国古代之文明与四千年前唐虞禅让建都之大地,及西洋共和先进国之民主精神成一结晶"。[②]王清穆亦在日记中摘录时人对山西新政的评价称,"近年山西政治蒸蒸日上,非各省所能望"。11月他在沪宁途中偶遇袁希涛,谈及江苏省教育会诸人数月前的山西之行时,袁希涛对山西"政治具有一种清明气象"仍念兹在兹,王清穆亦称"闻之令人神往"。12月王清穆与沈恩孚聚会,席间沈恩孚亦详述山西之行的感受,认为山西"一切政治具有精神,并言各省长官均能如阎公,中国可以立致太平"。[③]

---

① 为此他列出三项要求:人人唤起良心;人人培养实力;每办一事,必讨论精密,然后下手。沈恩孚:《山西之政治与教育调查录:(一)山西之政治》,《新教育》第2卷第4期,1919年12月。
② 《张仲仁先生莅洗心社演讲词》(续),《来复》第81期,1919年10月26日。
③ 王清穆研究会编注:《农隐庐日记》(2),己未年九月初三日、九月二十九日、十月十八日,东洋文库近代中国研究委员会:《近代中国研究汇报》第35期,东洋文库,2013年,第50、55、58页。以下出版信息从略。

因此江苏诸耆绅深恐"本省各项事业渐落他省之后"。他们认为江苏自治事业之所以不如山西、湖南,乃是因为"此通彼塞,甲进乙退,未能一致进行",没有整合全省资源的"连合策进之机关"。① 早在1911年,沈恩孚即指出教育、实业与政治三者之间的紧密关系,他称:

> 无政治,则教育与实业犹网无纲而裘无领也;无实业,则政治与教育犹鱼无水而牛羊无刍也;无教育,则政治与实业犹夜行无灯、涉大海渡沙漠而无指针也。三者循环,废其一而无以为国。②

在沈恩孚的构想中,只有将教育、实业与政治三者融会贯通,才能形成合力,才能使地方自治事业有所建树。张謇亦称,"盱衡世界潮流之趋向,斟酌地方事业之适宜,乃以实业、教育,互相孳乳"。③要真正整合全省实业、教育、政治资源促进地方自治,必须要有强有力的组织推动。④

---

① 张謇也认为,"惟山西一省,民生无扰,自治渐即于理"。《组织苏社志闻》,《新闻报》1920年4月7日,第2张第2版。苏社集团一直注重其他各省的发展状况。1920年底孙中山与陈炯明驱逐桂系,重新入主广州,并实施了一系列新政。1921年第七次全国教育联合会在广州召开,江苏省教育会黄炎培、沈恩孚、袁希涛等均参加。在参加年会之余,他们也考察了广州新政。黄炎培就称"广州试办市政情形,有计划,有精神,我们应该注意"。对此沈恩孚喟叹称"江苏教育,现在不免稍有暮气"。《黄炎培演讲广州市政》,《新建设的中国》1922年1月20日。《沈恩孚讲演广州教育》,《新建设的中国》1922年1月20日。袁希涛1923年在云南昆明参加全国教育联合会,对于云南政治亦有观察。他看到云南以省长兼绾军民两政,省署设八司,另聘省务员五名与八司长共同组成省务会议委员,与省长一道"解决一切省务,极为便利"。其县政也正在改革试行。袁希涛讲演:《云南旅行状况及其政治与教育》,《寰球中国学生会周刊》第140期,1924年3月29日,第1版。
② 《〈江苏省教育总会文牍六编〉叙》(1911年7月),沈恩孚著,薛冰整理:《沈信卿先生文集》,凤凰出版社,2015年,第321页。
③ 《为南通地方自治二十五年报告会呈政府文》(1921年),李明勋、尤世玮主编:《张謇全集》(第1卷),第524页。
④ 《国内特约电》,《时报》1920年2月12日,第1张第2版。

无论是清末还是民初的地方自治，地方自治事业往往都是借助于中央政府。对于中央政府而言，地方"自治"实是中央"官治"的辅助和工具。但1919年南北议和无果，国人对中央政府颇感失望，"在失望之余，乃不得不把希望重心由中央渐渐移向地方"。①黄炎培即称"前数年所谓自治，大都皆仰仗于政府，政府遂得逞其专断，乃有洪宪纪元之发作"。对中央政府感到失望的同时，五四运动所带来的"民治主义"与"民族自决"思潮让他们对从个人自治到地方自治的思路充满信心。他们开始"转向了融地方自治与民权于一体的话语"，开始倡导"省自治与个人自治的民主意识形态的结合"。②张謇、黄炎培认为此时的"自治"已不再是"官治"的辅助，而是"关于个人"，"人人能自治，则一县也，一省也，一国也，不难指日而待也"。③

因此五四运动与南北议和对江苏耆绅的地方自治思路产生了相当大的影响。江苏耆绅开始放弃对中央政府的依赖心理。张謇在就职运河工程局督办演说上即直言，"走本近十年之经验，不觉将依赖政府之心逐渐消灭，但不依赖政府可，不集合同人不可"。④"不依赖政府"，"集合同人"开展地方自治事业是此时江苏耆绅的基本共识。张謇直言：

> 求援于政府，政府顽固如此；求援于社会，社会腐败如彼。然则直接解救人民之痛苦，舍自治岂有他哉！窃尝谓国不亡而日

---

① 胡春惠：《民初的地方主义与联省自治》，中国社会科学出版社，2011年，第119页。李达嘉：《民国初年的联省自治运动》，弘文馆出版社，1986年，第60页。
② ［美］杜赞奇著，王宪明等译：《从民族国家拯救历史：民族主义话语与中国现代史研究》，江苏人民出版社，2010年，第179—180页。
③ 《黄任之（炎培）先生演说词》，《督办江苏运河工程局季刊》第1期，1920年4—6月。
④ 《运河工程局就职演说》（1920年1月），李明勋、尤世玮主编：《张謇全集》（第4卷），第447页。

演亡国之事,不亡亦亡;国亡而自治精神不变,虽亡犹不亡。①

可以说,"张謇心目中的'救亡',越来越从'救国'向'救天下'倾斜,即越来越侧重民间的努力"。②

从更深层面上讲,张謇等人认为,民国以来之所以"常呈不巩固之险象",问题出在只知"治标"不知"治本"。在张謇看来,真正治本之策在于"各人抱村落主义,自治其地方"。张謇是想将南通实行二十年的自治模式进行放大、拓展至全省,在全省范围内发展这种"村落主义"式的自治事业。他以南通二十年、日本五十年、美国近百年的自治成绩为例,认为"功不必期其速,事不可遗其小","惟事贵有恒"。在他看来,江苏六十县的自治事业,要"养其实力,毋暴其虚论。量而后进,知而必为,不为威慑,不为利诱,终有达目的之一日"。③张謇、黄炎培等人虽钦羡于山西地方自治的发展模式,但亦察觉到山西的危机。黄炎培即指出:"山西近日进取之气象虽好,恐将来山西人之推诿心更甚于他省。何则山西有阎督军,举凡应办之事业,次第施行。人皆集其目的于阎督军一人之身,他日如阎督军其人则败矣。"④因此,黄炎培主张"地方事业应各负责任,群策群力",成立机构,形成制度,前仆后继,而不应该寄托于某一个人的身上。正是在这种背景下,张謇等江苏耆绅决定成立江苏全省联合策进之自治机关,希求一省治进而天下治,一省安而天下安。

---

① 《苏社开幕宣言》(1920年5月12日),李明勋、尤世玮主编:《张謇全集》(第4卷),第460—461页。
② 罗志田:《过渡时代的天下士:张謇与辛亥革命》,《社会科学战线》2017年第4期。罗志田指出"需要特别注意的是,张謇虽然侧重工商,却是希望农工商三业兼顾的,其他人(后之研究者尤甚)似较少注意及此"。
③ 《苏社开幕宣言》(1920年5月12日),李明勋、尤世玮主编:《张謇全集》(第4卷),第460—461页。
④ 《黄任之(炎培)先生演说词》,《督办江苏运河工程局季刊》第1期,1920年4—6月。

二、组织结构与群体构成

1920年5月最初加入苏社的成员有183名（亦有145人之说）。其中社员来自江北有20县，江南有24县。①5月12日苏社成立大会当日，诸社员议决通过了由朱绍文起草的《苏社简章》，简章明确了苏社的组织架构和运行规则。其规定苏社的领导机构为理事会，由社员互选理事十九人组成，议决社务，并由理事会互举主任一人。社章规定每年三月、六月、九月、十二月的十五号为苏社理事会常会期；如要召开临时理事会，则须由主任理事征得其他理事三人以上之同意；理事会常会须有过半数理事到会方得开议，其临时会须有三分之一以上到会方得开议；开理事会时如理事因事不能到会，得委托到会理事代表，但到会理事代表其他理事至多以一人为限；凡对外用苏社名义之文件，如不在开会期内，由主任理事决定施行，但主任理事认为必要时，得召集临时理事会解决；凡由主任理事决定施行之文件，由主任理事署名盖章执行，其由理事会议决施行者，由到会理事共同署名，由主任理事盖章执行；凡以苏社名义发表的文件，以社章第三条所规定之地方自治事业为限。②

最终选举出的苏社理事19人，分别为张謇、黄炎培、王清穆、沈恩孚、黄以霖、韩国钧、张孝若、唐文治、马士杰、张一麐、孙儆、仇继

---

① 彼时，扬中、溧阳、江浦、高淳、六合、句容、淮安、盐城、宝应、东海、丰县、沛县、沭阳、睢宁、金山、青浦十六县尚无社员。《苏社社员抵通时之情形》，《申报》1920年5月13日，第10版。不过1920年5月19日《申报》中所公布的社员名263名。此后苏社出版部又出版了更为详实的《苏社社员录》。《苏社社员录》，《申报》1920年5月19日，第11版。苏社出版部：《苏社社员录》，1924年，第1—50页。
② 《苏社在南通开成立会之沪闻》，《申报》1920年5月15日，第10版。第一次理事会到会仅有13人。参见王清穆研究会编注：《农隐庐日记》(2)，庚申年三月二十四日，东洋文库近代中国研究委员会：《近代中国研究汇报》第35期，第87页。

恒、方还、穆湘瑶(穆藕初之兄)、钱崇固、吴兆曾、荣宗铨、刘垣、张謇。此外亦有预备理事9人,分别为武同举、朱绍文、沙元炳、储南强、鲍贵藻、孟森、王宝槐、段书云、于振声。5月13日,在南通狼山召开的苏社第一届理事会上,公推张謇为主任理事(即理事长),黄以霖为驻社办事,方还为调查部主任驻社办事。在各项自治事业中,他们决定议定拟从交通入手,以发展交通事业为本年度重要社务。①

1920年6月15日、16日,苏社第二次理事会在上海江苏省教育会所召开,这显现出江苏省教育会在苏社中的核心作用。此次会议最重要的是确定苏社理事会内部的职权职能分配。会议决定租用上海西门外中华路西区救火会为苏社总事务所。会议决定设置两个分事务所,一在南通,张謇为主任;一在扬州,韩国钧为主任。韩国钧离扬时由马士杰署理。理事会还设置调查、演讲、研究、出版各股。方还为调查股主任,黄炎培为演讲股主任,张一麐为研究股主任,沈恩孚为出版股主任。各股各有职守,如调查股主要是征集各县地图及志书,实地调查全省各地交通、水利、教育、实业等情况,以为研究开展自治事业提供详实资料。出版股负责编辑社刊,并商定第一期主题为"省宪",第二期拟定为"裁兵运动",第三期为"财政",第四期为"水利",第五期为"交通",第六期为"市政"。各股主任共同推选朱绍文为总书记,张孝若、马士杰、吴兆曾、荣宗铨、穆湘瑶为理事会管理员。②苏社成立初期,张孝若长期在救火会楼上的总事务所处理苏社日常事务。③

---

① 《苏社理事会今日在沪开会》,《申报》1920年6月15日,第10版。
② 《苏社纪事》,《申报》1920年6月17日,第10版。
③ 《苏社总事务所启》(1920年8月5日),《吴寄尘所收有关苏社等社团之文件》,南通市档案馆,大生档,档案号B403—111—0018—0001。当时大生纱厂的沪账房也参与了苏社成立事宜。杨寿楣等人均托沪账房加入苏社。《杨寿楣为入苏社事致吴寄尘函》(1920年3月21日),南通市档案馆,大生档,档案号B403—111—18。对于沪账房的研究,参见白进伟《中枢:大生沪账房研究》,《南通市海门区张謇研究会第四届青年学者研讨会论文集》,2022年8月,第125—137页。

表1　苏社第一届理事、候补理事简历表

姓名	字号	生卒	籍贯	常住	功名/学历	苏社成立前履历（至1920年）	苏社职务
张謇	季直	1853—1926	南通	南通	状元	1906年任预备立宪公会副会长 1909年任江苏咨议局议长 1913年任北京农商部总长 1916年任中国银行联合会会长	理事长
黄炎培	任之	1877—1965	川沙	上海	举人	1912年任江苏省教育司司长 1914年任江苏省教育副会长	演讲股主任
王清穆	丹揆	1861—1941	崇明	崇明	进士	1907年任江苏铁路公司总经理 1912年任江苏省财政司司长 1919年任太湖水利局督办	
沈恩孚	信卿	1864—1944	吴县	上海	举人	1905年任龙门师范学堂首任监督 1912年任江苏省行政公署秘书长 1917年任湖南省教育厅厅长（未就）	出版股主任
黄以霖	伯雨	1856—1932	宿迁	上海	举人	1912年任江苏省实业司司长 1914年任江北运河工程局督办	驻所理事
韩国钧	紫石	1857—1942	泰州	泰州	举人	1913年任江苏民政长 1914年任安徽省巡按使	
张孝若	怡祖	1898—1935	南通	南通	留美	1919年任淮海实业银行总经理 1919年任南通县自治会会长	

续　表

姓名	字号	生卒	籍贯	常住	功名/学历	苏社成立前履历（至1920年）	苏社职务
唐文治	号蔚芝	1865—1954	太仓	无锡	进士	1906年任农工商部尚书 1911年任江苏省教育会会长	
马士杰	隽卿	1863—1946	高邮	上海	举人	1912年任江苏都督府内务司长 1920年任江苏运河工程局总办	演讲股主任
张一麐	仲仁	1867—1943	吴县	北京	举人	1912年任苏军都督府民政司长 1914年任北京政事堂机要局局长 1915年任北京教育部总长 1917年任冯国璋总统府秘书长	研究股主任
孙 儆	谨臣	1866—1952	南通		举人	1913年任江苏省议会副议长	
仇继恒	涞之	1855—1935	上元	南京	进士	1909年任江苏省谘议局副议长	
方 还	唯一	1867—1932	昆山	昆山		1909年任江苏省谘议局议员 1912年任昆山县民政长 1917年任北京女子师范学校校长	
穆湘瑶	抒斋	1874—1937	上海	上海	举人	1909年任江苏省谘议局议员 1911年任沪军都督府警察厅厅长	
钱崇固	强斋	?—1928	吴江	苏州	留日	1912年任南京临时政府内务科长 1917年任江苏省议会第二届议长	调查股主任

续表

姓名	字号	生卒	籍贯	常住	功名/学历	苏社成立前履历（至1920年）	苏社职务
吴兆曾	寄尘	1873—1935	丹徒	上海	秀才	1913年任大生驻沪事务所所长	
荣宗铨	德生	1875—1952	无锡			1909年任预备公会会员	
刘垣	厚生	1873—1965	武进			1909年任大生第二纺织公司经理 1914年任北京农商部次长	
张謇	叔俨	1851—1939	南通	南通		1912年任南通民政长，民军总司令	
以下为九名候补理事							
武同举	霞峰	1871—1943	海州		举人	海州通判，劝学所主任 1913年任省议会议员	
朱绍文	德轩	1878—1951	淮阴	上海		1912年任江江公立法政专门学校校长 1913年任江苏省议会议员	总书记
沙元炳	健庵	1864—1927	如皋		进士	1904年任如皋县民政长 1911年任如皋县商会会长 1912年任江苏省议会议长	
储南强	铸农	1876—1959	宜兴		贡生	1911年任宜兴县民政长 1913年任江苏省议会议员 1914年任南通县知事	

续 表

姓名	字号	生卒	籍贯	常任	功名/学历	苏社成立前履历（至1920年）	苏社职务
鲍贵藻	芹士	1867—1952	仪征		贡生留日	1917年任江苏省议会副议长	
孟森	莼孙	1869—1938	武进		廪生留日	1906年任预备立宪公会会员 1909年任江苏谘议局议员 1913年任国会议员	
王宝槐	叔相	1868—1952	淮阴		贡生	1912年任淮阴县议长 1913年任江苏省议会议员 1918年任江北运河工程局会办	
段书云	少沧	1856—？	萧县		贡生	1910年任津浦铁路督办 1911年任徐州军政府政务总长 1914年任湖北省民政长 1916年任徐州商埠督办 1918年任安福国会议员	
于振声	香谷		南通			1913年任南通县议会会长	

此表资料主要来源于苏社社员出版部：《苏社社员录》，1924年，第1—50页；江苏省档案局编：《韩国钧朋僚函札史料选编》，江苏人民出版社，2012年，第760—809页；李盛平主编：《中国近现代人名大辞典》，中国国际广播出版社，1989年；昆山市政协编：《昆山文史选辑》（上），古吴轩出版社，2008年，第256—258页；等等。

1920年选出的二十八名理事构成了当年苏社的核心成员与领导层,如前所述,这些耆绅能够在数百人中当选理事,表明他们大多拥有辐射全省的声望与动员省级资源的能力,因此可将其称之为省际士绅。从年龄结构上来看,这些苏社集团的核心成员主要以1850年代、1860年代和1870年代为主。① 其中1850年代有6人,分别为张謇、张詧、韩国钧、黄以霖、段书云、仇继恒,此六人基本上是同辈,且大都出任过省级层面的官职,在苏社集团中深孚众望。1860年代有11人,1870年代有7人。可以说,1860年代的理事构成了苏社理事的核心力量。从功名学历来看,苏社的二十八名理事有18人拥有贡生、举人及其以上的科举功名,这批耆绅大部分是受益于科举制,大体上也是最后的一批科举士人。②

　　若纵览此后的1921年无锡年会、1922年上海年会、1923年苏州年会、1924年扬州年会,所当选理事虽有变动,但首届理事中相当一部分能够连选连任,可说明其影响力。其中五次皆当选者有张謇、黄炎培、王清穆、沈恩孚、黄以霖、韩国钧、张孝若、马士杰、张一麐、钱崇固、荣

---

① 哥伦比亚大学政治学学者内森(A. J. Nathan)指出,活跃在清末民初政治舞台上的人物,大致可以分为三个年龄组。其中,19世纪60年代的人,接受的是科举制度,读的是儒家经典;其中也有少数人受的是外国新式专门技术教育。他们大部分在1895年甲午战争和1900年义和团运动前后,才勉强接受宪政,或者在1911年,宪政作为既成事实才予以接受;故"其对共和的拥护是有保留的"。19世纪70年代的人,既接受儒家经典与科考制度,又普遍受过新式教育,他们中的许多人在政治上普遍具有与上一代人的保守倾向;但另一方面,因受到日本和西方的技术、政治、文化影响,他们较多掌握共和政体的政治形式,对于铁路经营、金融和对外关系具有领导能力,"这一年龄组为早期民国政府输送了大量内阁阁员"。参见[美]费正清编,杨品泉等译:《剑桥中华民国史(1912—1949年)》(上卷),中国社会科学出版社,1994年,第252页。
② 关晓红、韩策等学者均指出,清末废科举后,大批受益于科举、有功名的士绅成为清末至北伐前地方政治舞台的主体力量。参见关晓红:《科举停废与近代中国社会》(修订版),社会科学文献出版社,2017年,第203—208页。韩策:《科举改制与最后的进士》,社会科学文献出版社,2017年,第246—293页。

宗铨十一人；当选四次者，有方还、穆湘瑶、吴兆曾、段书云等；当选三次者有卢殿虎等；当选两次者有武同举等；当选一次者有仇继恒、刘垣（厚生）、王宝槐、张福增、贾丰臻①等。不过当选次数的多少与其在苏社集团中的地位，并不具有必然关系。成员在苏社集团的地位，也并不能以当选次数作为唯一衡量标准。如五次皆当选为理事的钱崇固、荣宗铨，四次当选者唐文治在苏社核心决策中参与较少。而仅当选一次的刘厚生、贾丰臻、张福增等在苏社集团中的作用反而更大。而当选苏社理事者亦未必就是苏社集团的核心成员，如当选仅一次的第三届省议长徐果人、省议员蔡钧枢等，皆属于张謇南通系统，与江苏省教育会系统较疏远，甚至与韩国钧等省政府系统渐形对立。

　　此外，苏社集团中还有一些相当重要的"非正式成员"②。这些人丛聚在苏社诸理事周围，隐隐然发挥着重要作用。如较长时间在江苏省政府任职的张轶欧、严家炽、蒋维乔等，长期旅居北京的苏人庄蕴宽、赵椿年、董康、于宝轩。他们对江苏政局有着重要影响。还如在江浙战争前后的史量才、奉系入苏前后的冷遹、孙传芳入苏后的陈陶遗与徐鼎康，他们在江苏政局中的一些紧急又特殊的关头，作用愈加凸显。因此，本书综合当选苏社理事的次数，以及在苏社发起的江苏省治运动中的作用等因素，将五次皆当选苏社理事的张謇、黄炎培、王清穆、沈恩孚、黄以霖、韩国钧、张孝若、马士杰、张一麐，与仇继恒、段书云、魏家骅、袁希涛、方还、庄蕴宽、董康、赵椿年、刘厚生、于

---

① 贾丰臻（1880—？），字季英，秀才。曾与沈恩孚、袁希涛等人被选派赴日本学习考察师范教育，长期担任上海县教育会会长、副会长，江苏省立第二师范学校校长等职，是江苏省教育会重要成员。
② 杜鲁门对政治集团中的"非正式成员"亦有讨论。他指出，"组织仅仅只是集团政治过程的一方面。""所有的利益集团都有一些同路人（fellow travelers），他们可能适宜也可能不适宜成为正式成员，但他们的行动或与正式成员的互动，在某些正式情况下具有重要意义。"参见［美］戴维·杜鲁门著，陈尧译：《政治过程：政治利益与公共舆论》，天津人民出版社，2005年，第122页。

宝轩、徐鼎康、史量才、卢殿虎、陈陶遗、冷遹、张轶欧、严家炽、蒋维乔等近三十人视作苏社集团的核心成员。

苏社集团核心成员大多各有主业，可以说分属不同系统。本书大致将苏社集团划分为五个系统和四个群体，即江北水利系统（以黄以霖、马士杰为中心）、南通实业系统（以张謇、张孝若为中心）、省教育会系统（以黄炎培、沈恩孚为中心）、省议会系统（以朱绍文为中心）、省政府系统（以韩国钧为中心）。此外苏社集团还有四大群体，即旅京苏人群体（以庄蕴宽、赵椿年为代表）、江南耆绅群体（以张一麐、王清穆、荣宗铨为代表）、南京耆绅群体（以冯煦、魏家骅、仇继恒为代表）、上海耆绅群体（以姚文枬、穆湘瑶、史量才为代表）。不过也需要指出的是，苏社集团核心成员之间关系错综复杂，成员在各系统之间交错纵横，并非完全独立。

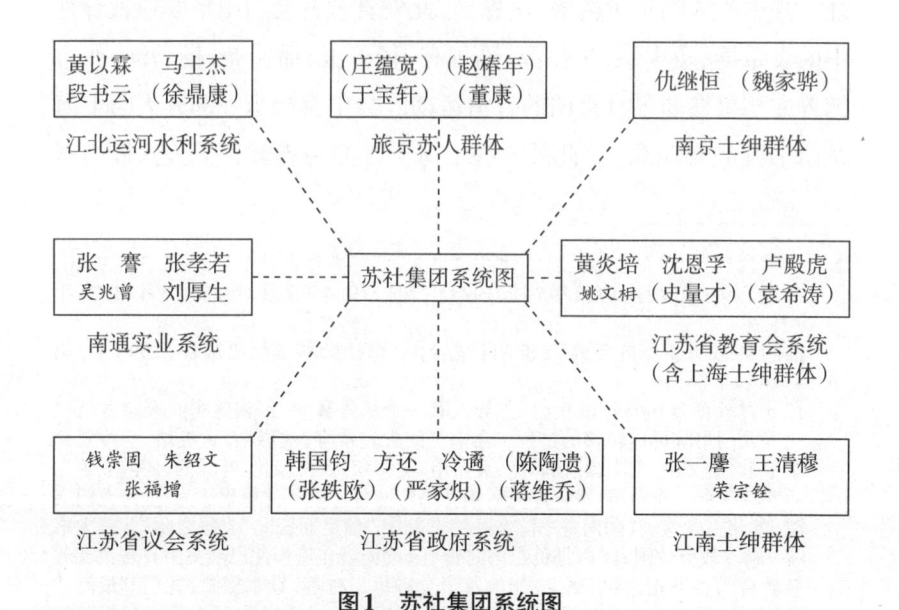

```
┌─────────────────┐      ┌─────────────────┐      ┌─────────────────┐
│ 黄以霖   马士杰  │      │ （庄蕴宽）（赵椿年）│      │ 仇继恒  （魏家骅）│
│ 段书云  （徐鼎康）│      │ （于宝轩）  董康  │      │                 │
└─────────────────┘      └─────────────────┘      └─────────────────┘
  江北运河水利系统            旅京苏人群体              南京士绅群体

┌─────────────────┐      ┌─────────────────┐      ┌─────────────────┐
│ 张  謇   张孝若  │      │                 │      │ 黄炎培  沈恩孚   卢殿虎 │
│ 吴兆曾   刘厚生  │──────│  苏社集团系统图  │──────│ 姚文枬 （史量才）（袁希涛）│
└─────────────────┘      └─────────────────┘      └─────────────────┘
    南通实业系统                                    江苏省教育会系统
                                                  （含上海士绅群体）

┌─────────────────┐      ┌─────────────────┐      ┌─────────────────┐
│ 钱崇固   朱绍文  │      │ 韩国钧  方还  冷遹（陈陶遗）│      │ 张一麐   王清穆 │
│      张福增      │      │（张轶欧）（严家炽）蒋维乔  │      │      荣宗铨     │
└─────────────────┘      └─────────────────┘      └─────────────────┘
  江苏省议会系统            江苏省政府系统              江南士绅群体
```

图1　苏社集团系统图

注：加括号者为未当选理事的集团核心成员；楷体小字号者为集团次一级成员。

这其中，江北水利系统、省教育会系统、省议会系统是苏社的主要发起方。就江北水利系统而言，主要以黄以霖、马士杰为代表，也包含韩国钧、徐鼎康、王宝槐、武同举等人。这其中，黄以霖、马士杰常驻上海。他们双栖于江北与上海之间，对这两地事务皆有影响。王宝槐在民初先后被举为淮阴县（时称清河）副议长、议长，后担任江苏运河工程局会办（时总办为马士杰）。在省议会系统中，除第二届省议长钱崇固外，核心人物还有省议员朱绍文、张福增（朱绍文是连任三届的省议员，张福增是第二、三届省议员）。两人不仅多次当选省议员，还同时是江苏省教育会的干事员与评议员。① 他们又与江北水利系统中的王宝槐三人是淮阴同乡。②

江苏省教育会在苏社发起过程中扮演了重要的组织协调作用。江苏省教育会驻地上海，时苏社发起的通信处即为江苏省教育会会址。其中心人物是黄炎培、沈恩孚，此外省教育会与中华职业教育社中的袁希涛、贾丰臻、朱叔源、陆规亮、杨卫玉、潘仰尧、杨聘渔、张志鹤等亦积极参与苏社集团的省治运动。会中有相当一部分人与上海龙门书院颇有渊源。③ 此外一些上海士绅亦与省教育会关系极为密

---

① 详见《江苏省教育会现任职员（姓氏）录》，《江苏省教育会年鉴》第5、7、8、9、10、11期，1920年7月、1922年7月、1923年7月、1924年7月、1925年7月、1926年7月。
② 淮阴县志编纂委员会编：《淮阴县志》，上海社会科学院出版社，1996年，第471页。
③ 江苏省教育会1905年成立后，主导人有一个从张謇、王清穆等实业家向袁、黄、沈等龙门书院群体转移的过程。会中三巨头袁希涛、沈恩孚、黄炎培，会中要角李平书、姚文枏、贾丰臻、杨聘渔、袁希洛、沈彭年、及张焕伦、叶景沄、潘鸿鼎等先后就读于此。袁希涛、贾丰臻先后担任书院监督。晚年沈恩孚认为，上海龙门书院、苏州古学堂、江阴南菁书院在晚清书院中"鼎足而三"。光宣之际，此三大书院"志以教育救国者，以是负东南时誉"。黄炎培在追悼沈恩孚文中直言："江苏新教育为各省先，蕃衍孳生，影响及于全省每一村落，饮水探源，龙门其最高。"辛亥后龙门书院改为江苏省立第二师范学校。参见沈恩孚：《上海龙门书院纪略》，《人文》第8卷第9、10期合刊，1937年12月15日。

切。如穆湘瑶、姚文枏、史量才亦深度参与江苏政局的演变。①大致自五四时期以后,江苏省教育会常常与上海县商会、上海县教育会、上海救火联合会,以及会址在上海的中华职业教育社、寰球中国学生会、基督教救国会、华侨联合会等组成"八团体"联名发表意见。②曾在东南大学任职多年的杨杏佛即称"江苏省教育会在江浙战争以前,执上海各团体之牛耳。吾人犹忆数年前中国政治上社会上教育上有一事发生,上海所谓九团体者必发表一公电,此九团体中,除闸北救火联合会及寰球学生联合会外,大抵为省教育会之化身,虑一身之不足号召也,化身至五、六,乃至十余之多"。③

南通实业系统中心人物是张謇与其子张孝若。此外,张謇之兄张詧、张謇心腹助手吴兆曾及刘厚生属这一系统中核心人物。刘厚生曾长期追随张謇,是张謇"生平最爱重的一人"。张孝若曾追忆称"我父遇到大事,或疑难之事,得其一言,无不立决。民国后我父凡到政治舞台,彼必偕出相助"。④南通实业系统人物颇为复杂,除上述诸人外,还有曾为第二届省议会副议长的孙儆、南通县议长于振声、省议员蔡钧枢,及张謇的重要助手沈燕谋、陈琛等。

江苏省政府系统的中心人物有较长时间担任省长的韩国钧、实

---

① 刘正伟亦指出,1923年江苏省教育会全省会员中,沪海道有173人之多,为全省各道之最,而江北的淮海、徐海道人数最少。参见刘正伟:《督抚与士绅:江苏教育近代化研究》,河北教育出版社,2002年,第326页。
② 有时还加有上海欧美同学会,为九团体。有时九团体为:上海总商会、江苏省教育会、上海县商会、上海县教育会、上海银行公会、上海钱业公会、基督教青年会、寰球中国学生会、华商纱厂联合会。对此详论,参见陈以爱:《动员的力量:上海学潮的起源》第3章,民国历史文化学社,2021年。
③ 杨铨:《民国丛书·第3编·84·杨杏佛文存》,上海书店出版社,1991年,第233页。
④ 张孝若:《南通张季直先生传记》,中华书局,1930年,第474页。对于刘厚生的家世,详见陆志濂:《屡仆屡起的实业家刘柏生》,上海市政协文史资料委员会编:《上海文史资料选辑》(第74辑),上海政协文史资料编辑部,1993年,第122页。

业厅长张轶欧与财政厅长严家炽。韩国钧1913年即担任江苏巡按使，在江苏省政府中旧僚众多。张轶欧，江苏无锡人，早年曾在江苏耆绅马相伯创办的上海震旦学院就读，后获比利时探矿冶金科硕士。他曾受教于张謇的心腹刘厚生，1917年北京中央在各省设立教育、实业厅，他即从北京农商部矿政司长一职转任江苏实业厅长。由于既是苏人，又有专长，其在江苏根基颇为深厚。财政厅长严家炽（1885—？），字孟繁，江苏吴县人。清末曾任广州知府。辛亥后，历任广东财政司长，广东、湖南省财政厅长，1920年任江苏省财政厅长。①

江南耆绅主要指苏州、常州府等地，有唐文治、张一麐、钱崇固、荣宗铨等人，另外王清穆虽隶籍崇明，但他在较长时间内担任太湖水利工程局督办，且多寓居苏州，故亦可视作江南耆绅；此四人中张、钱、荣三人在苏社历次选举中均当选理事。这其中，钱崇固曾为第二届省议长，颇负声望。当时张一麐与金松岑、李根源、费树蔚等寓居苏州的耆绅关系颇密。钱崇固与黄炎培、钮永建、陈陶遗、沈惟贤、黄守孚、陈大猷、朱绍文等又为江苏省旧国民党领袖。1928年钱崇固病故，黄炎培曾撰诗悼念。此外苏社诸理事一有大事通电，常常推举清末耆绅汪凤瀛领衔，故汪凤瀛之于苏社亦极为重要。

南京耆绅系代表人物是仇继恒。此外还有冯煦、魏家骅、段书云、邓邦述（其弟邓邦造）等人。1913年"二次革命"，冯煦、魏家骅被任命为筹办赈抚专使，其与仇继恒等耆绅组织"南京救恤会"，善后最力。此后他们又组织成立南京义农会，仇继恒长期出任会长，魏家骅为副会长。

苏社虽成立于1920年，但江苏耆绅的集团网络与政治理念的形

---

① 参见《洞庭安仁里严氏》，薛利华：《洞庭东山掌故》（内部出版），1997年，第174—180页。

塑则是在辛亥前后十年间的一系列重大运动中。1905年江苏教育总会成立以后，这一组织中人在涉及沪杭铁路、抵制洋货、地方自治、国会请愿运动等诸多大事中多深度参与其间。抵制美货风潮，"既有官民协作之底蕴，也有伸张绅权之作用"。① 亲历者俞子夷即称许多组织"虽不用会的名义，但主要发动人系会中干事"。② 1906年，在江苏教育总会同人的孵化下，预备立宪公会成立，这是立宪派形成的标志性事件。此后至1911年，预备立宪公会始终是全国立宪派的汇聚地，其中尤以江苏士人为众。③ 张謇、张詧、王清穆、刘厚生、方还、荣宗铨、黄炎培、沙元炳、夏寅官、庄蕴宽、赵椿年、沈惟贤、孟森均是预备立宪公会的重要会员。

1909年，各省纷纷成立谘议局，江苏省谘议局亦应运而生。江苏省谘议局之发起，多出自江苏教育总会成员；成立之后，许多教育总会成员亦成为谘议局中之要角。④ 江苏议员的名额为121名，其选举条件颇严，只有具相当财力、资历、声望者才能当选，凡当选者便拥有了在省一层面活动的舞台。江苏谘议局成立后，张謇当选议长，仇继恒当选为副议长。1910年各省谘议局告成，中央设立资政院，资政院议员一半为民选。时分配给江苏的民选资政院议员名额为7人，七人中，马士杰、方还后来均为苏社理事，而夏寅官则长期游宦北京。他们能从众多议员之中被选拔至中央担任资政院议员，其资望不言

---

① 陈以爱：《动员的力量：上海学潮的起源》，民国历史文化学社，2021年，第84页。
② 俞子夷：《一九二七年前几个教育团体——回忆简录》，《华东师范大学学报》1989年第2期。
③ 参见方平：《晚清上海的公共领域（1895—1911）》，上海人民出版社，2007年，第205—230页。
④ 陈昀秀：《清末江苏教育总会研究（1905—1911）》，台湾大学硕士学位论文，2015年，第150页。

而喻。①

江苏立宪派的活动场域除上述三者外,还有几处同人联络处,如上海望平街时报馆的"息楼"和赵凤昌住宅"惜阴堂"。息楼形成同人"俱乐部",与狄楚青、陈景韩、史量才等苏籍报人关系密切,而黄炎培、沈恩孚、袁希涛是息楼的常客。"教育家、立宪派、实业家、自治倡导者们常来往于息楼,使得息楼成为了20世纪初期上海的商界、学界、政界的勾连交会的纽带。"②"惜阴堂"则是立宪派促成辛亥革命成功的重要场所。赵凤昌之子赵尊岳后来回忆称,他们"展转约各省籍友好,无论其为赞成共和与否,均来惜阴堂集商"。他指出当时"奔走最力者",主要是黄炎培、沈恩孚、孟森、刘厚生、冷遹以及浙人褚辅成等。③

维系这批江苏立宪派的不仅仅是"一致倾向于推翻清廷"的政见,亦是靠乡缘、血缘、学缘,以及实业投资、仕宦交谊等因素。如以韩国钧、王清穆、黄以霖、马士杰为例,王清穆曾与张謇合力发起江苏学会,1906年12月又与张謇组织预备立宪公会,是江苏立宪派的重要成员。民国成立后,历任浙江财政清理官、江苏财政司司长、太湖水利局督办等职;他与张謇在实业上多有合作。大生纱厂的股东和董事黄以霖在清末曾出任湖南提学使,兼署布政使等职。他与张謇、许鼎霖等创办耀徐玻璃有限公司、永丰面粉厂。1912年他在上海创办职业中学,与黄炎培分任正副董事长。马士杰清季曾任内阁中书,

---

① 七人为许鼎霖、孟昭常、雷奋、夏寅官、马士杰、潘鸿鼎、方还。其中潘鸿鼎为宝山县临时议会议长。此外赵椿年以农工商部参议身份入选资政院议员。张朋园:《立宪派与辛亥革命》,生活·读书·新知三联书店,2007年,第285页。
② 参见[加拿大]季家珍著,王樊一婧译:《印刷与政治:〈时报〉与晚清中国的改革文化》,广西师范大学出版社,2015年,第60页。
③ 赵尊岳:《惜阴堂辛亥革命记》,庄建平主编:《近代史资料文库》(第7卷),上海书店出版社,2009年,第286页。

他与黄以霖曾创办济南大源制盐股份有限公司。①1914年任江苏筹浚江北运河工程局总办,从事运河治理,并在高邮创办江苏河海工程测绘养成所。他与王宝槐、武同举等人都属于江北治水乡望。此外,史量才接手《申报》,"张謇、赵凤昌出力最多",而沈恩孚等均有出资入股。②此外,赵凤昌、李锡纯、沙元炳等人均是大生纱厂的董事。"由于经济利益的勾连,他们在政治活动中能荣辱与共。"这无疑是集团得以形成与维系的又一重要因素。③

三、乡国之间的旅京苏人

苏社集团中有一相当重要的群体就是旅京苏人,他们深度参与地方政治,呈现出"地方在中央"的局面。④北洋时期旅京苏人群体的形成渊源有自。1912年4月,国都北迁,国会成立。此时有相当一批江苏耆绅进京任职,形成在京苏官、苏籍国会议员等"旅京苏人"。旅京苏人势力在清末政局中就隐约可见。譬如肇起于1906年的收

---

① 民初,整个苏北形成了以南通张謇、海州沈云沛、宿迁黄以霖、赣榆许鼎霖为代表的实业家群体。他们以矿业、纺织、盐垦为产业基础,互为股东,整体推进苏北近代化进程。清末黄以霖成立耀徐玻璃厂、大通煤矿;1910年代又相继成立宿迁永丰面粉厂、东灌赣垦牧公司、济南大源制盐股份有限公司。1920年代初,黄以霖又创办新灌垦殖公司(灌云)、意成垦殖公司(东海)。参见宿迁市人民政府史志工作办公室编:《宿迁近代名人》,江苏人民出版社,2019年,第98页。
② 包天笑:《钏影楼回忆录》,三晋出版社,2014年,第242页。包天笑称沈恩孚"上海人和他较密迩","苏州人和他少亲近"。对惜阴堂的讨论,参见方平:《惜阴堂:私宅与政治集议》,《历史教学问题》2006年第6期。
③ 章开沅、田彤:《东南精英与辛亥前后的政局》,《史林》2005年第4期。
④ 参见[美]白思奇著,秦兰珺、李新德译:《地方在中央:晚期帝都内的同乡会馆、空间和权力》,中国社会科学出版社,2018年。唐仕春:《近代中国的乡谊与政治》,四川人民出版社,2020年。

回江浙路权运动,即频见旅京同乡与南中士绅的互动联合。①辛亥革命后,京地互动的传统仍发挥着巨大作用。就江苏省而言,他们中的一些重要人物本就进京入职,成为彼时旅京苏人的核心人物。不仅如此,随着国会北迁,旅京苏籍议员群体形成。他们与苏籍京官合流,形塑出一批不同于清末的新旅京同乡群体。此时虽未有"江苏旅京同乡会"这一正式组织,但此时的江苏旅京同乡已熟练利用报刊等新媒介,以公开化的方式进一步参与地方政治,成为中央与地方之间的"中间人"。为进一步阐释这一旅京苏人群体,此处将其分为旅京苏官与旅京国会议员分述之。

从在京苏官一方来看,长期在京做官,且职位较高的主要有庄蕴宽、赵椿年、董康等人,此三人均是江苏武进人。庄蕴宽(1866—1932),字思缄,其家为江南大族。辛亥时他曾短暂地代理过江苏都督。南北统一后,他北上京城出任平政院肃政厅都肃政史,"袁世凯重其材"。1916年任审计院院长,此后至1927年的十余年间,一直担任此职。审计院院长虽是闲职,但"军人之至京者,多以其前辈,敬礼攸加"。他虽非国民党人,却与孙中山、黄兴等有故交;②"每国家多故,京

---

① 1906年清政府设立江苏铁路公司,任命商部右丞王清穆为总理,张謇、王同愈为协理。命令初颁时,王清穆仍在京任职,故他请张謇在上海暂时主持,"遇有要事可函电互商"。同时他称"南中同志具热心能任事者甚多,祈即约齐会商",等初步拟定公司章程后,"由在京同乡公商再行呈部"。可以说此时江苏士绅的京地互动模式已非常熟稔。参见《王清穆张謇京沪往来密电》(光绪三十二年闰四月),华中师范大学历史研究所、苏州市档案馆编:《苏州商会档案丛编》(第1辑),华中师范大学出版社,1991年,第778—780页。亦参见《旅京苏浙同乡上盛宫保书》,《申报》1907年12月16日,第4版。《旅京浙江同乡开会详情》,《新闻报》1909年6月2日,第4版。

② 庄蕴宽在清末曾受两广总督陶模邀请赴广西主持督练公所。庄蕴宽汲引同盟会员赵正平、钮永建、王孝缜、方声涛诸氏入新军。后有人评价称,"广西一省,革命人豪云蒸霞蔚,蕴宽汲引之力为多;而桂省军事人材之培育与养成,亦由蕴宽筚路蓝缕之精神,有以启之。故桂省宿将谭浩明及北伐勘乱立功诸将如白崇禧等,无不敬事蕴宽;说者谓以武功肇建广西者,实以蕴宽为第一人"。参见《庄思缄风格整峻》(二),《武进同乡》第40期,1971年12月15日。

师扰攘之际",辄向中央要人劝谏。"徐世昌、段祺瑞以至曹锟、吴佩孚、张作霖、杨宇霆,遇有关东南军政问题,每多就商于他。"①赵椿年(1868—1942),字剑秋,与赵凤昌、赵尊岳父子同乡同族,又与庄蕴宽、蒋维乔同学于南菁书院。②赵与庄两人是毕生知交。民国元年赵椿年任农商部参事。1916年再任财政次长,1919年任审计院副院长,此后一直为庄蕴宽的副手,直至1927年政权鼎革。③董康(1867—1947),字绶经,著名法学家。1914—1918年任大理院院长,1918年任法制编纂馆馆长,1920年任司法总长。董康虽为旅京苏人中官阶极高者,其与苏社集团之间的关系不如庄蕴宽和赵椿年密切。究其原因,主要是在辛亥前后的立宪运动中,与张謇等江苏教育总会诸人交集较少。④

此外,苏社集团中还有相当一批人,亦曾在京出任过要职。除张謇曾出任过农商总长、全国水利总裁外,还有袁希涛、张一麐等人。袁希涛,曾于1912年至1919年长期任职教育部,五四时期一度代理总长。袁希涛与蔡元培关系甚笃。蔡元培任教育总长时,引袁希涛为教育部普通司司长。后张一麐、范源濂、傅增湘等人任教育总长时

---

① 赵尊岳著、陈水云、黎晓莲整理:《赵尊岳集》(3),凤凰出版社,2016年,第794页。《庄思缄风格峻整》(十一),《武进乡讯》第47期,1972年8月15日。参见《第二十世思缄讳蕴宽年谱》,北京图书馆编:《北京图书馆藏珍本年谱丛刊》(第192册),北京图书馆出版社,2010年,第21—39页。
② 南菁书院在清末民初的江苏政学网络中扮演了重要角色,其创办者为江苏学政黄体芳,继任山长有王先谦、缪荃孙、黄以周等大儒。在书院开办的十余年中,唐文治、汪凤瀛、庄蕴宽、赵椿年、蒋维乔、汪荣宝、金松岑、钮永建、孟森、曹元弼、夏仁虎、单镇,后来成为革命党人的吴稚晖、钮永建均先后就读于此。晚年胡适即特重视搜寻有关南菁书院史料。参见杨培明主编:《南菁书院志》,上海书店出版社,2015年。
③ 《武进赵剑秋先生行状》,国家图书馆分馆编:《中华历史人物别传集》(第79册),线装书局,2003年,第657—658页。
④ 对赵凤昌、董康、庄蕴宽的研究参见李志茗:《赵凤昌何以名动东南》,《史林》2017年第1期;李在全:《司法官视野中的近代中国法治:路向与功用——以董康、许世英为中心》,《福建论坛》2008年第8期;张超:《周树模、庄蕴宽与民国初年的两次复辟运动》,《江苏社会科学》2014年第6期。

期,引为次长,多次代理部务。蔡元培任北大校长,袁希涛出力甚多。此后"佐蔡先生提倡文化事业,国内风气为之一变"。① 蔡元培在袁希涛的追悼会中称,"五四学潮陡起,大有风雨满城之势,教部适当其冲,颇难应付。幸赖袁公周旋其间,奔走各方,不辞劳瘁,学潮卒以平复"。② 江苏人长期在教育部任职的,除袁希涛之外,尚有蒋维乔、沈彭年、秦汾、王家驹、杨天骥、汤中等。③

表2 1920年代初期部分重要旅京苏人简历表

姓名	生卒	字号	籍贯	在京职官	备注
董康	1867—1947	绶经	武进	历任北京法制编纂馆馆长、司法总长、财政总长	长期旅京,至北伐前夕离职
赵椿年	1869—1942	剑秋	武进	1920年任审计院副院长	长期旅京,至北伐之际离职
庄蕴宽	1866—1932	思缄	武进	历任肃政厅都肃政史、审计院院长	长期旅京,至北伐之际离职
于宝轩	1875—?	志昂、子昂	江都	历任国会参议员、内务次长、经济调查局总裁	长期旅京,至北伐之际离职;韩国钧之侄

---

① 参见黄炎培、汪懋祖、沈恩孚:《袁观澜先生事略》,《中华教育界》第18卷第8期,1930年8月。
② 《袁希涛追悼会开会词》,《蔡元培教育论著选》,人民教育出版社,2017年,第599页。
③ 这几人中,蒋维乔、秦汾、沈彭年等都是1925年东南大学易长风潮中的重要人物,详见第6章。杨天骥在1926年的新苏公会、三省联合会中发挥了重要作用,详见第7章。实际上,当国府还未北迁,教育部尚在南京时期,部内就有苏人袁希涛、蒋维乔、伍博纯、汤中。当时伍博纯发起"通俗教育研究会",黄炎培亦有参与。中央政府北迁后,他们在北京教育部设置通俗教育研究总会机关通讯处。同在教育部任职的浙江人鲁迅即言,"在教育部假地设之,虽称中国,实乃吴人所为"。薛绥之、韩立群编:《鲁迅生平史料汇编》(第3辑),天津人民出版社,1983年,第137—140页。

续表

姓名	生卒	字号	籍贯	在京职官	备注
单镇	1878—约1960	束笙	吴县	光绪年进士,民初任职财政、审计和银行等部门	长期旅京;与庄蕴宽、赵椿年颇密
陆梦熊	1881—1940	渭渔	崇明	自民元任交通部首席参事达十余年	长期旅京,至北伐之际离职
张一鹏	1872—1944	云抟	吴县	历任京师地方检察厅长、代理司法总长	张一麐之弟
张相文	1866—1934	蔚西	泗阳	历任临时国会议员、北京大学教授	江苏教育总会发起人之一
张寿龄	1870—1925	筱松	武进	历任财政次长、总统府高等顾问、全国烟酒事务署督办	其兄张鹤龄,进士,清末任户部主事等职
秦瑞玠	1874—?	晋华	无锡	1922年代理农商部次长	
凌文渊	1866—1944	植之	泰州	历任北京财政部参事、财政次长、代理总长	民国著名画家;长期旅京,至北伐之际离职
丁锦	1880—?	慕韩	无锡	1912年起在北京陆军部任职 1919年任西北边防军第三旅旅长 1921年任航空署署长,旋即辞职	日本陆军士官学校第六期步兵科毕业

主要内容来源于江苏省档案局编:《韩国钧朋僚函札史料选编》,江苏人民出版社,2012年,第760—809页;李盛平主编:《中国近现代人名大辞典》,中国国际广播出版社,1989年,第601页;王俯民编著:《民国军人志》,中国广播电视出版社,1992年,第1页;徐友春主编,王卓丰等编撰:《民国人物大辞典》,河北人民出版社,1991年;宋林飞主编:《江苏历代名人词典》,江苏人民出版社,2019年;济南市志编纂委员会办公室编:《济南年鉴》(1993年),济南出版社,1993年,第324页;虞新华主编:《武进掌故》(上),中国文史出版社,2000年,第298页;王清穆研究会编注:《农隐庐日记》等。

格外要提及的是张一麐（1867—1943）。他是苏州吴县人，与张謇科考同年，时并称江苏"南北两张"。1885年中进士，后入袁世凯幕府，从此成为袁世凯的笔杆。1911年武昌起义，袁世凯重回北京，"星夜电先生入京"。12月江苏独立，张一麐一度参与江苏光复事宜。1912年袁世凯在京就任临时大总统，张一麐再次随之入京，担任总统府秘书。国务院改为政事堂之后，他出任政事堂机要局局长等职，袁世凯对其亲信可知。黄炎培在《张仲仁先生传》中称：

> 十月而武昌起义，清廷起（袁）世凯为湖广总督，统兵驻京津，星夜电先生往。时各省纷纷响应民军，人心极度激奋，而民军力弱实甚，南通张季直謇、武进赵竹君凤昌辈忧之，长日集上海赵惜阴堂密商，以为惟清廷逊位，则国难可以立免。惟世凯能说清廷，顾谁说世凯者，舍先生将奚属？函电往返，终使世凯意向民军，清后下诏逊位，数千年帝制一日而民国，此旋乾转坤大业以唾手致之，在南謇、凤昌辈，在北日聒于世凯前以底于成，则惟先生一人。①

黄炎培此言，将张謇与张一麐两人，一南一北促成辛亥革命中的通力合作，明白指出。此后，他还一度参与袁世凯称帝的密谋。传闻袁世凯撤销帝制的命令即为张一麐草拟。1916年他出任教育总长。袁世凯去世后，张一麐又为江苏督军、代总统冯国璋倚重。1917年府院之争，冯国璋北上进京，旋又聘张一麐为总统府秘书。1919年南北议

---

① 黄炎培：《张仲仁先生传》，《人文》复刊第1卷第3期，1947年10月31日。张一麐之子张为璧"自幼养于友赵椿年家"，亦可见张一麐与赵椿年关系之密。

和,张一麐是斡旋南北两方的重要中间人。1921年,张一麐曾在京调停国立八校索薪风潮。

苏社成立前的张一麐,是江苏旅京苏人中的一大要角,亦是勾连南北政局的风云人物。这在苏社成立后一两年内仍是如此。正是源于张一麐的政治履历与声望不亚于苏社理事长张謇,因此在苏社理事选举中,张一麐亦被选为理事。张一麐为旧苏州府耆绅,是江南士林之领袖,而张謇则更多代表江北耆绅势力。两张之中,张謇晚年重心在实业,张一麐则更热心政治,在1920年代常常成为和平运动的倡议者和策划人。两张在江苏诸多内外省政上时有分歧。江苏在清代本就有苏属与宁属之争、江南与江北之分。正是因为两张所代表的地域不同,常常被宁属与苏属、江南与江北士绅所利用,两人或主动或被动地卷入江苏的地域矛盾中。这在苏社后来的一系列争端中便逐渐显现。

1912年8月,北京参议院公布《中华民国国会组织法》《参议院议员选举法》《众议院议员选举法》,后又制定相关实施细则。参议员由各省议会选举产生,每省20人;众议员则由各地方按人口多寡选举产生,其中江苏有众议员名额40人。若仔细对比1912年北京临时参议会参议员,第一届国会一期常会(1913—1914年)、第二期常会(1916—1917年)、第二届国会(1918—1922年)、第一届国会第三期常会(1922—1924年)中的苏籍议员,则会发现,部分苏籍国会议员在四次国会选举中有三次及以上能够连任,由此也就构成了旅京苏人中较稳定的国会议员群体。他们是董继昌、董增儒、高旭、胡应庚、蒋凤梧、解树强、蓝公武、刘可均、茅祖权、孟森、秦锡圭、瞿启甲、邵长镕、石铭、孙昌炽、孙润宇、陶保晋、汪秉忠、王立廷、王茂材、王汝圻、王绍鏊、吴荣萃、夏寅官、谢翊元、徐兰墅、徐兆玮、杨润、杨择、张相文、朱甲昌、朱稚竹、陈士髦等。这一群体多在第一届国会选举中就当选,此后得以连任。

从年龄上看,他们以1870年代、1880年代生人为主。从功名学历上看,他们是最后一批科举士人,又大多留日,这种双重出身使他们同社会各阶层都建立了密切的联系。他们在清末新政中就有较大的财力与实力,故能当选谘议局议员。这也就意味着在清末"这些留日出身议员多数当属'省级精英',有一部分可归入'国家精英'一类","萃旧学新知于一身使他们在谘议局议事活动中处于优势地位"。① 从地域上看,这些国会议员中不乏来自同一个县,属于关系颇密的同乡。除徐兆玮、瞿启甲、蒋凤梧均是常熟人外,如杨润、王汝圻、解树强三人均为阜宁人;朱稚竹、杨择、屠宽、孟森均为常州武进人,他们亦是辛亥常州光复的主要人物。这几人与前述旅京苏官庄蕴宽、赵椿年、蒋维乔、陶思澄、张寿龄等构成了旅京苏人中的武进同乡群体。从上述诸人的履历变迁均可看出,辛亥鼎革带来的政治变换给县域耆绅提供了上升的途径。②

---

① 尚小明:《留日学生与清末新政》,江西教育出版社,2003年,第25页。王汎森亦指出,"在废除科举之后,原来由旧功名者所形成的网络,很快地与日本留学归国者所形成的新功名网络嵌合在一起,互相援引,互相合作,在官、商社会中形成新的精英群体"。王汎森:《跨学科的思想史——以"废科举"的讨论为例》,《复旦学报》2021年第2期。
② 有研究即指出,辛亥鼎革之际,"江苏本地士绅在围绕县署权力的博弈中成为最大赢家,本省籍绅商取代清代旧官吏成为县级长官的主体构成"。杜佩红:《民国初年地方政府的权力变动——以江苏县官人事嬗递为例的考察》,《江海学刊》2019年第3期。萧邦奇研究浙江省议会时亦指出,"许多仅获得低等或者根本没有获得功名的人(他们可能是各地有声望的人,地主或商人)在辛亥革命之后获得了省级层面的职位"。[美]萧邦奇著,徐立望等译:《中国精英与政治变迁:20世纪初的浙江》,江苏人民出版社,2021年,第243页。

表3 部分苏籍国会议员简历表

姓名	字号	籍贯	生卒	功名/学历	备注
董继昌	影禅	丹阳	不详	不详	江宁都督府庶务官 丹阳商会会长
董增儒	博纯	高邮	不详	不详	宪法讨论会会员
高 旭	天梅	金山	1877—1925	不详	同盟会会员 南社发起人之一
胡应庚	启东	盐城	1885—1957	不详	胡乔木之父 盐城西南派领袖
蒋凤梧	韶九	常熟	1873—1949	日本弘文学院	江苏学务总会干事 省第一师范学校校长
解树强	斐青	阜宁	不详	日本早稻田大学	安福系重要成员
蓝公武	志先	吴江	1887—1957	日本帝国大学	
刘可均	特生	靖江	1885—?	不详	
茅祖权	泳熏	南通	1883—1952	日本法政大学	
孟 森	莼荪	武进	1868—1938	日本法政大学	江苏谘议局议员
秦锡圭	镇谷	上海	1864—1924	进士	翰林院庶吉士 其弟秦锡田为省议员
瞿启甲	良士	常熟	1873—1940	贡生	民政署主计科科长
邵长镕	冶田	灌云	1864—?	贡生	江苏谘议局议员 江苏都督府实业科科长
石 铭	怀瑾	溧阳	不详	不详	
孙昌炽	邢伯	奉贤	1878—1944	贡生	
孙润宇	子涵	吴县	1879—1960	日本法政大学	

续　表

姓名	字号	籍贯	生卒	功名/学历	备　注
陶保晋	席三	江宁	1875—1948	日本法政大学	江苏谘议局议员
汪秉忠	彝伯	江都	不详	不详	江苏谘议局议员 江都县知事
王立廷	不详	洋山	不详	举人 日本法政大学	江苏谘议局议员
王茂材	幼山	沛县	1860—1936	日本法政大学	民政司总务科科长
王汝圻	甸伯	阜宁	1878—1932	日本早稻田大学	与胡应庚交谊匪浅
王绍鏊	却尘	吴江	1888—1970	日本法律学校	
吴荣萃	拔其	六合	1879—？	日本明治大学	江苏谘议局议员
夏寅官	虎臣	东台	1866—1943	进士	江苏谘议局议员 资政院议员
谢翊元	筱愚	东海	1887—？	京师法政学堂	共和党东海分部部长 进步党本部交际干事
徐兰墅	树馨	崇明	1885—1931	日本早稻田大学	
徐兆玮	少逵	常熟	1867—1940	进士 日本法政大学	
杨　润	雨田	阜宁	1877—1938	南京高等学堂法政科	安福国会议员
杨　择	秉铨	武进	1874—1936	不详	
张相文	蔚西	桃源	1866—1933	南洋公学	北大教授 中国地学会创始人
朱甲昌	仲夔	泰县	1880—1943	不详	

续 表

姓名	字号	籍贯	生卒	功名/学历	备 注
朱溥恩	稚竹	武进	1874—1959	生员	江苏谘议局议员
陈士髦	詹甫	邳县	不详	不详	南社社员

资料来源于《众议院议员姓名号年龄席次表》，本书编委会：《北洋军阀史料·吴景濂卷》(1)，天津古籍出版社，1996年，第1150—1151页。张朋园：《中国民主政治的困境：1909—1949晚清以来历届议会选举述论》，上海三联书店，2013年，第230—420页。江苏省档案局编：《韩国钧朋僚函札史料选编》，江苏人民出版社，2012年，第760—809页。李盛平主编：《中国近现代人名大辞典》，中国国际广播出版社，1989年。宋林飞主编：《江苏历代名人词典》，江苏人民出版社，2019年等。

在上述稳定的国会议员群体中，徐兆玮（1867—1940）尤值介绍。1888年徐兆玮中举，次年中进士。1892年散馆授职翰林院编修。徐兆玮家族中还有徐凤书、徐凤标、徐凤藻及侄子唐人杰等，均曾留日。清末徐兆玮在京城翰林院期间，即与在乡亲友联络，从而关注、影响地方事务。辛亥鼎革之际，徐兆玮从北京回到常熟，与同乡丁祖荫、蒋凤梧一道主持常熟光复事宜，并担任常熟副民政长，一度担任代理民政长一职。1913年徐兆玮与同乡蒋凤梧、瞿启甲一同当选第一届众议员。徐兆玮与瞿启甲是密友，其叔徐凤标后又当选省议员。他们与曾朴、丁祖荫等形成常熟耆绅群体，在江苏省政中颇具影响力，他们利用国会议员身份，介入常熟乃至江苏教育、水利、赈灾等事务。[①]

此外姚文枬（1857—1933）字子让，江苏嘉定（今属上海）人，举人，早年就读于龙门书院，与黄炎培、沈恩孚、袁希涛关系极密。1905

[①] 详见汪颖奇：《社会变迁与士人因应——以常熟士人徐兆玮为中心》，上海师范大学博士学位论文，2021年，第98页。对于徐兆玮的专题研究，亦参见赵思渊：《士气之藩篱：清末常熟清赋中的士绅身份意识转变》，《历史研究》2016年第6期。徐茂明、胡勇军：《清末兴学与常熟士绅的权利嬗递——以〈徐兆玮日记〉为中心》，《史林》2016年第6期。罗皓星：《〈徐兆玮日记〉所见的教育会与20世纪初常熟地方政治》，《国史馆馆刊》第47期，2016年3月。

年龙门书院改为龙门师范,其任稽查绅董及附小校董,常引沈恩孚为助力。龙门师范期间,沈恩孚称其与姚文枬"兄弟之间,怡怡如也"。①同年与李平书等人仿行地方自治,参加江苏学务总会。1908年任浦东中学校董,1909年任江苏谘议局议员。辛亥革命后,任上海县劝学长、上海市政厅议事会议长,1913年当选为国会议员,1923年辞职。姚文枬是清末上海地方自治的发起人之一,"历董上海城邑各项公事,阅20年"。民初他在出任国会议员的同时,与黄炎培、沈恩孚、袁希涛等苏社集团中的上海群体保持密切联系,且在诸多重大事宜中与之遥相呼应。

亦有一部分国会议员在清末新政时多是县域士绅,辛亥鼎革,他们成为地方光复的领导者,辛亥后才逐步到省和全国层面活动。②比如徐兰墅,他在清末新政时期是崇明县议员,县教育会的创办人。1911年当选为崇明县学务科科长,后又当选为县议员。1913年国会选举,一举当选为国会众议员,从此便在北京政坛活动。1925年回江苏出任实业厅长。还比如杨润,光绪末年曾多次参加科考,1910年南京高等学堂法政科毕业。1913年一跃当选为国会众议院议员。再比如丹阳耆绅董其昌,他在1907年曾创办丹阳实业有限公司,后担任丹阳商会会长,是丹阳望绅。再如胡应庚,辛亥前在盐城耆绅中非为领袖,他所依附者是盐城县议长陶鸿庆、季龙图等人,1913年一举当选国会议员后,才在盐城声望大起。③前述阜宁籍国会议员解树强、

---

① 沈恩孚:《姚恭靖言行回忆杂录》,《人文》第5卷第3期,1934年4月15日。
② 江苏历届省议员、国会议员中,以江都、武进、常熟为最。参见江苏省长公署统计处:《江苏省政治年鉴》,江苏省长公署统计处,1924年,第99—104页。江苏内务司:《江苏省内务行政报告书》,江苏省行政公署内务司,1914年,第61—68页。对民初江苏国会议员的介绍,参见李洪儒:《民初国会苏籍议员简介(三)》,《江苏文物》第2卷第10期,1979年4月10日。
③ 周梦庄:《关于盐城西南党与中央党之始末》,盐城市政协文史资料委员会编:《盐城文史资料》(第1—2辑),内部发行,1984年,第120页。

王汝圻二人，他们之所以能当选国会议员，是源自其在阜宁县属大家族。辛亥至五四前后，阜宁县政为县议长兼县商会会长江启锟操控。解树强为江启锟女婿，王汝圻为江启锟外甥。1922年江启锟去世后，阜宁县政遂被王、解两家掌控。"言阜事者，必以王、解并称，视之为地方绅权之首户。"王汝圻任北洋国会众议员，又在沪宁执教，"邑中事由王汝垲、王雨晴兄弟掌握"。①这些县域耆绅谋得国会议员之后，"顿时身价十倍，俨然是个大绅士了"。②

旅京苏人的身份并非单一固定，往往身兼多职，时有转换。如韩国钧之侄于宝轩（1875—？），字志昂，江苏江都人，清末即游宦北京，辛亥后长期在内务部任职，1914年任内务部民治司司长。1916年国会恢复后，出任参议院议员。翌年国会再次解散，改任交通部秘书。1917年底升任内务部次长。1919年6月在龚心湛内阁中一度代理内务总长。凌文渊（1866—1944），字植支，江苏泰县人，与韩国钧同乡。他本就是清末江苏教育总会会员，立宪运动时即为张謇奔走，亦是张謇垦田公司大有晋的股东之一。1909年当选江苏谘议局议员。民元南京临时政府成立，加入进步党，是该党骨干。1922年出任财政部次长。他与议长汤芗铭相友善，组织宪政研究会，"大总统黎元洪深器之"。③张相文（1867—1933），字蔚西，江苏桃源人。清末时曾协助张謇发起江苏学务总会，并任桃源县教育会

---

① 不过1917年王汝圻曾南下广东加入孙中山的非常国会，但同乡杨润与解树强却在北京加入了安福国会。戴文葆：《射水纪闻》，河北教育出版社，2005年，第194页。参见葛根：《国议员王公汝圻生平事略》，江苏省盐城市政协文史资料委员会编：《盐城文史资料选辑》（第9辑），内部资料，1990年，第1—4页。
② 陈念祖：《王氏五桂》，高邮县政协文史资料研究委员会编：《高邮文史资料》（第6辑），内部发行，1987年，第181—182页。
③ 《复凌文渊函》（1915年6月15日），李明勋、尤世玮主编：《张謇全集》（第2卷），第544页。凌会：《凌文渊生平》，泰州市政协文史资料研究委员会编：《泰州文史资料》（第1辑），内部发行，1983年，第28页。

会长。自1908年后便长期旅居京津。担任北大地学教授,1913年当选国会议员。他"与张季直交同莫逆",张謇在农商总长任上对其颇倚重。①

旅京苏人的人际网络极为复杂,仅以无锡杨氏的家族网络为例即可见一斑。清末,无锡杨氏家族的核心为李鸿章的幕僚杨宗濂(1832—1905)、杨宗瀚(1842—1910)兄弟;至民初,核心人物为杨寿枬、杨寿楣侄兄弟。杨寿枬(1868—1948),字味云,杨宗濂、杨宗瀚之侄,与财政总长周学熙为儿女亲家,他长期旅居京津,曾出任天津华新纱厂经理,"执北方纺织界之牛耳也"。周学熙在财政界属皖系,与交通系不和,杨寿枬亦从之,1918年当选安福国会参议员。1919年与周学熙创办中国实业银行。杨寿楣(1877—1954),字翰西,以字行,杨宗濂之子,清末曾受端方派遣考察日本,后历任陆军部宪政筹备处帮办、度支部币制局委员、广州造币厂总办。杨氏家族在清末即兴办实业。辛亥后杨寿楣弃官从商,先后创办广勤纺织公司、广业垦殖公司、广勤机器厂、广勤丝厂、广丰面粉厂等实业。1920年任无锡商会会长。②当时无锡除杨氏家族外,还有薛福成之子薛南溟家族,钱基博、钱基厚家族,荣宗铨、荣宗敬等世家大族。诸大族之间常常借助自治等种种名义互相竞争。薛南溟从清末到1924年一直是"无锡地主资本家势力的总代表",辛亥后他一直担任无锡市公所总董,

---

① 刘绍唐主编:《民国人物小传》(第6册),上海三联书店,2015年,第299页。1920年代张謇在兴建陇海铁路、导淮事业、沙田盐垦中亦多求援于张相文、解树强、邵长镕、汪秉忠、孟森、凌文渊等旅京苏人。参见《致张相文解树强等函》(1923年5月8日)、《致汪秉忠函》(1926年2月8日),李明勋、尤世玮主编:《张謇全集》(第3卷),第1391—1392页。
② 参见杨景燷:《近代无锡杨氏先人传记事略类稿》,1991年,第19页。周志俊、杨世纯:《我的家世与个人经历》,杨世缄主编:《双松百年》,中国社会出版社,2006年,第479—480页。钱基厚:《序》,《谠言》(第1集),1922年,第1页。

"此间无锡地方官要想在无锡有所作为,都非得通过他不可"。① 1920年代,杨寿楣为与薛南溟分庭抗礼,借助在京的杨寿枏成功设置无锡商埠局,而杨寿枏亦随后南下就任商埠局总办。②杨寿枏长子杨景焕(1895—1941),字蔚章,为第三届省议员,与钱基厚、张援、华堂、华彦铨、唐毅源等无锡籍省议员关系较密,在省议会中属于中间派。杨氏兄弟子侄,在国、省、乡之间结成一张京地互动的家族网络。

上述仅是众多旅京苏人中的荦荦大端,实际上还有相当一部分有待挖掘。1913年二次革命,江西宣布独立,旅京苏人沈云沛、王绍鏊、徐兰墅、夏清贻、朱文劭、蒋凤梧、杨润、陈允中、陈士髦等集体以"江苏旅京同乡"名义公电"全省父老",呼吁江苏万不可独立。③此后,上述旅京苏人在调查苏北匪乱、漕运赋税、凤凰山铁矿案、陇海铁路线路规划等问题上频频发声。④1923年6月曹锟驱逐黎元洪,汪秉忠、凌鸿寿、徐兆玮、王绍鏊、蒋凤梧、徐兰墅、姚文枬、瞿启甲、沙彦楷、茅祖权、孟森、董继昌、王汝圻、陈士髦、胡应庚、张相文等苏籍国会议员十六人联袂离京返乡,自此之后,他们在京地互动中的"链接性"角色逐渐淡化。

---

① 钱钟汉:《关于〈钱孙卿与无锡县商会〉的补充意见》,无锡市政协文史资料委员会编:《无锡文史资料》(第24辑),无锡市政协文史资料委员会,1991年,第164页。
② 钱基厚自担任无锡县教育会会长、县公署学务科长后,至1921年当选省议员,"实际上已成为官绅之间互通声气的桥梁,而为历任县知事所借重"。无锡市政协文史资料委员会:《钱孙卿与无锡县商会》,无锡市政协文史资料研究委员会编:《无锡文史资料》(第1辑),内部发行,1980年,第69—71页。程屏:《二十年代无锡筹设商埠史略》,江苏省政协文史资料委员会、无锡市政协文史资料委员会等编:《无锡文史资料·无锡城市建设》(第32辑),江苏省政协文史编辑部,1996年,第45—56页。
③ 《公电》,《申报》1913年7月23日,第3版。
④ 1910年代江苏旅京苏人中较重要的还有供职财政部的张寿龄、贾士毅等。1915年北京财政部试图向江苏增加税收,即遭到旅京苏人反对。参见《贾士毅致韩国钧函》(1915年11月20日左右),《韩国钧朋僚手札》(第2册),南京图书馆藏,第46—47页。

小　结

　　文人士绅"结社"①在东南地区有着深厚的传统,明清时期尤为鼎盛。不过彼时的文人社集还主要以诗酬唱和为主,但隐约中已显露出参与政治的迹象。漳州的霞中社即有一个从"诗社"到"吾党"的转化,他们拉拢地方军事将领,形成政治结盟。②明末清初的"复社"更是如此。③20世纪初清廷对于结社政策逐渐放松,此后结社成为士绅群体的日常活动。但此时结社已开始具有现代法人社团的组织性。即如东南地区最有名的"南社"虽同样是以诗文酬酢为交游媒介,但具有强烈的反清革命立场,同时社内有层级之分,重视信息流通;有明确的职务分配、组织架构和制度规定,体现出"现代选举政治原则对于社团的渗透"。因此张春田即认为"南社结社不能被简单视为'民间的文人雅集',而应该被看作一种在'新'与'旧'之间的、特殊的文化政治形式"。④苏社即是在这一传统"文人结社"与清末现代社团萌发的交汇中诞生的。⑤如果说南社还具有文人诗

---

① 陈以爱教授提醒我注意此点,特致谢忱!
② 参见许齐雄:《从"诗社"到"吾党":漳州霞中社的政治性》,张艺曦主编:《结社的艺术:16—18世纪东亚世界的文人社集》,广西师范大学出版社,2022年,第62—102页。
③ 参见谢国桢:《明清之际党社运动考》,北京出版社,2014年。
④ 张春田:《在"新"与"旧"之间的结社行为——以清末民初的南社为例》,《文学评论丛刊》2013年第1期。
⑤ 还需要指出的是,明清以来各类的"社"与"会""党"都拥有鲜明的政治主张,但"结社"不同于"立会"和"结党"。明清以来的各类"会"往往有浓厚的江湖气息,与秘密宗教、帮会等紧密相关,如清初以来的"天地会",以及清末的"同盟会"等。各类的"党"则往往在代议制民主政治的传入后才逐渐盛行。因此"结社"相当程度上是文人士绅的惯习,在清末民初是一种介于"立会"和"结党"之间的温和的政治活动。

文酬酢的惯习的话,苏社集团诸人则并不以诗文见长,亦不以诗文为关怀,几乎从未进行过文学活动。他们自成立伊始即关注的是"地方自治"问题,进而是"民国再造"的问题。这与他们在清末以来所面对的国家危机紧密相关。

苏社集团在甲午、庚子时期东南互保等大事件中开始孕育,辛亥前后初露端倪,至五四时已日渐成熟。1920年苏社成立,"是集团内部高频率互动的一种结果"。致力于一省之自治,则是他们"共同信奉的价值的集中"。①他们在太平天国以降地方士绅权势扩张的大趋势下,利用上海的地缘优势,逐渐积累起笼罩东南的权势网络与文化、经济、政治资本。②他们在清末民初多有担任省级官员的履历,其权力来源多元、人际网络错综复杂,在政治、军事、金融、实业、教育、文化等领域均有较深的涉猎,由此形成亦官亦商亦绅的多重身份。他们具有明显的地方性,怀抱"爱国自爱乡始"的理念。在五四后的自治思潮与省际竞争的推动下,这一理念逐渐成为1920年代"省人治省"运动的重要动力。

正是这样一批具有丰富政治履历和地方势力的士绅突然组成一"联合策进之机关",这让当时朝野各方猜疑四起,多以为此中或有政治目的。为此1920年苏社酝酿之际,张謇反复声明:苏社"不涉政党、不为私人利用、不与官治为敌"。③他告诫苏社成员称:"诸君须

---

① "集团内部的稳定性一般先于正式组织形成。"[美]戴维·杜鲁门著,陈尧译:《政治过程:政治利益与公共舆论》,天津人民出版社,2005年,第121页。
② 1925年华贞即称,"学阀不盛于其他各地而独盛于江苏,实因他省尚无形成这种东西之可能"。华贞:《江苏学阀之过去及将来》,《中国青年》1926年第6卷第6—7期。
③ 《组织苏社志闻》,《新闻报》1920年4月7日,第2张第2版。实际上在苏社成立之后,许多未参加苏社的省议员反对"南通交通警察及总分支农林场"两案,主张不予通过。此事一出,苏社集团立即以全社名义,函请省议长要求维持此案。党见之争,由此可见。参见《南京快信》,《时报》1920年5月22日,第1张。

抱定纯洁宗旨，不利用人，亦不为人利用。如与官治相关之处，亦须明白宣布。干干净净，永不失为完全自治之团体。"① 但正如外界揣测的那样，这些长期浸淫政界，曾左右南北的江苏士绅，在联合发展自治的具体实践中，要"不涉政党、不为私人利用、不与官治为敌"，几乎是不可能的。1920年5月，苏社甫经成立，即遭遇省长齐耀琳的去职与"谁来长苏"的问题，苏社以维护"地方自治"为旗帜，深度参与其间，运动省长人选，从而使苏社一开始就背离了张謇所倡导的"不与政治"的理想初衷。

---

① 《苏社开幕宣言》（1920年5月12日），李明勋、尤世玮主编：《张謇全集》（第4卷），第460—461页。

附图

1920年5月12日苏社成立大会摄影(《苏社特刊》1922年第1期)

1914年江苏教育司长黄炎培与江谦交接合影(《江苏教育行政月报》1914年第10期)

江苏水利协会成立大会合影(《江苏水利协会杂志》1918年第1期)

督办江苏运河工程局开局合影(《督办江苏运河工程局季刊》1920年第1期)

苏社主任理事张謇
(《苏社特刊》1922年第1期)

苏社理事黄炎培
(《苏社特刊》1922年第1期)

第二章 "苏人治苏"的确立：
1920年易长废督运动

> 省长与自治关系极重，必先达到苏人治苏，然后自治可实施。
> ——《苏社秋季理事会纪事》①

1920年代随着省人治省运动展开，绅权与军权开始双向抬头，成为1920年代北洋政治的一大特征。苏社成立时，江苏军政长官为李纯与齐耀琳。李纯（1875—1920），字秀山，是江苏督军冯国璋的重要部下，1917年江苏督军冯国璋赴京代理大总统，力保李纯接任。李纯转任江苏督军后，在苏期间他与江苏士绅颇为融洽。时人称"李氏在江苏四年之久，与苏初未有恶感也。有之，自省长、财政厅长问题发生始"。②1920年苏社集团发起苏人治苏运动，主张省长与财政厅长由本省人担任，与李纯发生抵牾。不久李纯猝死，苏社集团又发起废督运动。苏社集团甫一成立，便深度介入江苏省长、督军等重要职位的更替，"耆绅政治"由此凸显。

---

① 《苏社秋季理事会纪事》，《民国日报》（上海）1920年9月16日，第3张第10版。
② 隐庐：《李纯》，国民图书馆，1920年，第35页。以下只注明著者、书名和页码。

一、"驱齐"与"拒王":"苏人治苏"的提出

1920年江苏省的"苏人治苏"运动,肇始于"省议会弹劾省长齐耀琳案"。齐耀琳(1863—?),字震岩,吉林伊通人,1895年中进士。清末历任天津道员、安徽按察使、直隶提法使。辛亥后历任吉林民政长、吉林巡按使。1914年7月,袁世凯调齐耀琳接替韩国钧任江苏巡按使(巡按使后改为省长),其弟齐耀珊也于1917年担任浙江省长。兄弟二人,一江一浙,共长东南,一时煊赫无二。齐耀琳长苏后,带来大量在河南、吉林任上的旧日亲信僚属。外省僚属成为齐耀琳政府的一大特色。①齐耀琳长苏,正是袁世凯强化中央集权之际。此时全国各级议会停办。失去议会监督,中央政府与省政府的权势不断增强。因此,外省人主导下的齐耀琳政府能够对江苏地方绅权进行有效遏制。

但1916年袁世凯去世,继任总统黎元洪宣布省议会复会。地方士绅的势力再度恢复。复会后,省议会运用自身职能,开始监督省政府的运行。江苏地方士绅"苏人治苏"的意识也在省议会中不断显现。省议会与省政府权势的此消彼长,使两者关系变得极为紧张。作为省长的齐耀琳首当其冲。曾担任江苏督军李纯顾问多年的俞寿璋之子俞莱山晚年回忆称,齐耀琳担任江苏省长时,对用人问题掌握两个法宝:一是资格,无论差缺,必须任用本省候补人员,这是对付新人物和军人的。二是回避本籍,"当时江苏全省60个县知事没有一个本省人",这样一来,绅士们只能做"绅士"。但是后

---

① 《韩齐交替谭》,《申报》1914年9月9日,第6版。

来,"由于绅权(某人治某)与军权的抬头",齐耀琳的这个法宝逐渐失灵。①

齐耀琳出任江苏省长期间,江苏省公署虽有诸多厅室科员,"而实则操权者仅俞纪琦、曹豫谦、金左临三人"。其中,俞纪琦先后为政务厅长、金陵道尹,曹豫谦为省公署谘议处处长,金左临为省公署实业科科长。这三人除金左临外,均为外省人。就此三人的具体职权而言,"凡对于省议会之咨覆",皆曹豫谦主稿;俞纪琦负责审阅其他要件;金左临主要负责接洽省议员及江苏士绅。有报人即称,"齐耀琳以内政外交得此三人,可以垂拱而治矣"。②但1916年省议会复会后,此三人不仅操控省政府,且对省议会与地方士绅毫不尊重。其中,"曹系幕友出身,又好用意气","凡于省议会新议决及质问之案,每不以诚恳答复,专舞文墨,其笔锋所及,恒予议员以难堪","议会之恶感深矣"。③

俞纪琦1915年由政务厅长改任金陵道尹后,每日仍在巡按使署核阅公文。出任金陵道尹后,俞纪琦随即兼任巡按使署谘议。此后"道尹之实、谘议之名、厅长之权,一萃于俞",时人讽其为"官僚界之骄子也"。④省政府的诸多文牍,"非有该道尹签押,不得发生效力"。⑤而金左临为抵制省议会对省政府的监督,在省议会中笼络扬属、宁属省议员庞振乾、朱积祺、屠宜厚、刘文犌、吴鸿勋、王鸿藻等人,"凡遇省署有关碍之案,该派议员以缺席抵制",第二届省议会常

---

① 俞莱山:《李纯督苏前后北洋内种种》,全国政协文史资料委员会编:《文史资料存稿选编·晚清、北洋》(下),中国文史出版社,2002年,第9页。
② 《苏议员又提俞纪琦查办案》,《申报》1919年11月28日,第7版。
③ 《苏省署之内幕》,《申报》1920年8月25日,第7版。
④ 《江苏政闻》,《申报》1915年5月4日,第6版。
⑤ 《苏议员又提俞纪琦查办案》,《申报》1919年11月28日,第7版。

常不能开议,"半皆由彼操纵之力"。①除上述三人外,省财政厅长胡翔林独断专行,亦处处与省议会为难。这引发了代表江苏本省利益的省议员以及地方耆绅的极为不满。张謇曾密函总统徐世昌,揭发胡翔林的种种恶迹。②

俞纪琦、曹豫谦、金左临、胡翔林的背后,是省长齐耀琳。③1918年度江苏省岁出入预算案经省议会复议交呈省署后,齐耀琳径自删改"省有营业收入一项";1919年度预算案由苏省议会二次议决咨回后,齐耀琳在省长公布令中"大加注说",甚至对省议会议决的法案"任意更改"。④不仅如此,齐耀琳主持下的江苏省财政也混沌不清。时皖系主政中央,1918年9月至1919年五四前夕的大半年时间,正是直皖对峙,南北议和之际。北京各方需款孔急,财政部常要求江苏省财政厅向中央解款,或负担北方议和代表之费用。⑤有传闻称,"齐与皖系有密约,每月江苏于正额解款外,多解二十万,已解五个半月,共计一百一十万"。⑥

1919年11月,因俞纪琦受贿事发,江苏省教育会派省议员张福增(亦为江苏省教育会干事)、王发蒙在省议会发起"查办俞纪琦案"。但亲省长齐耀琳一派的省议员刘文辂、吴鸿勋、徐堃锡、龚廷

---

① 《苏省署之内幕》,《申报》1920年8月25日,第7版。
② 当时江苏省财政原本宽裕,但由于财政厅直接隶属财政部,导致财政经费无法切实用于省内。此外,胡翔林任内的江苏财政厅,所辖的各税所厘卡人员,"无不与厅中科员为朋比","其所得差事之肥瘠,视运动费度之高低。得差以后,各荐用私人而外,无不月送干薪",《致政府电》(1918年),《致徐世昌函》(1918年11月下旬),李明勋、尤世玮主编:《张謇全集》(第3卷),第643—644、685—686页。
③ 张謇即在致督军李纯函中指出,胡翔林"似忠厚而实模糊","而俞道尹之声名则尤劣"。"伊通(按:齐耀琳)不理人口,俞实为之。"参见《致李纯函》(1920年7月),李明勋、尤世玮主编:《张謇全集》(第3卷),第783页。
④ 《苏议会弹劾齐省长案》,《申报》1920年6月17日,第7版。
⑤ 《南京快信》,《申报》1919年3月7日,第7版。
⑥ 《齐耀琳与苏议会》,《申报》1920年8月29日,第8版。

鄂、王鸿藻、葛锦城等竭力为其疏通。① 发起"查俞案",议会方面最初"不过促齐氏之觉悟,并无他意"。但齐耀琳自恃省议会中有自己亲信势力,遂在咨复文内处处驳斥省议会的查办案。1920年5月,齐耀琳在复省议会函中称,省议会所弹劾俞纪琦的种种问题"事出传闻、查无实据"。接到复函后,"各议员大为不快"。② 故1920年6月,省议会又发起"弹劾省长齐耀琳案"。③ 起初,齐耀琳外有皖系中央护持,内有省议会亲信,对弹劾案并不在意,只是疏通苏社集团中韩国钧诸人,试图暗中消弭。④

1920年7月,北方爆发直皖战争,主持中央的皖系失败,直系与奉系联合主政,全国政局权势发生大更易,这也使江苏地方政局受到极大影响:亲皖系的齐耀琳失去庇护,又遭弹劾,难以在江苏立足,萌生去意。在正式辞职前,齐耀琳将胡翔林与俞纪琦对调,由俞纪琦代任财政厅长,游说中国银行、交通银行,抵押江苏省冬季漕粮,来弥补江苏省财政的长期亏空。这一决策背后实有督军李纯的支持。⑤ 省议员华彦铨、冯世德等人在致李纯电中亦称,"俞氏之久握财权,不啻荷钧署之庇荫焉"。⑥ 张謇闻此消息急忙派人携密函赴南京面谒李纯,"切实劝阻"。⑦ 李纯得悉张謇密函后,"知用俞之误,俞筹款方

---

① 《苏议会记事》,《申报》1919年12月9日,第7版。
② 《苏议会纪事》,《申报》1920年5月11日,第7版。
③ 《苏议会弹劾案之内幕》,《申报》1920年6月25日,第7版。
④ 《复韩国钧函》(1920年6月22日),李明勋、尤世玮主编:《张謇全集》(第3卷),第768页。
⑤ 时在北京的王清穆即称"此事实由督军主动"。王清穆:《农隐庐日记》(3),庚申年六月二十五日,东洋文库近代中国研究委员会:《近代中国研究汇报》第36期,东洋文库,2014年,第74页。以下出版信息从略。
⑥ 蕅花馆主编述:《江苏督军李纯历史》,大中华图书公司,1920年,第43页。
⑦ 《苏社总事务所启》(1920年8月5日),《吴寄尘所收有关苏社等社团之文件》,南通市档案馆,大生档,档案号B403—111—0018—0001。

法之非"。①

督军与省署对俞纪琦不查反升,对省财政借漕提款寅吃卯粮,这两大恶举激起了省内各方士绅大规模的声讨。苏社集团要人黄以霖、沈恩孚、黄炎培、方还、穆湘瑶、吴兆曾、朱绍文等纷纷通电要求齐耀琳"收回俞纪琦代理财政厅长之命,并将省款另设主管机关,以清权限而释群疑"。而亲苏社一派的省议员张福增更是函电旅京苏人庄蕴宽、张一麐等,斥责齐耀琳勾结安福系,出卖省权。②旅京苏人马相伯、张一麐、张一鹏、董康、张寿龄、庄蕴宽、赵椿年等人闻此消息后,也要求李纯、齐耀琳撤回此议。③8月中旬,黄炎培、沈恩孚、穆湘瑶(穆藕初之兄)、袁希洛以及大部分省议员等人主张,"俞氏一日不去,地方一日不能奉命","所有关于借漕提款等事概当暂时拒却",并催促省会开临时会商议查办案。④此后又化名苏人在报刊上称,"本会有俞纪琦之查办案,而后有齐耀琳之弹劾案","齐耀琳与俞纪琦既狼狈为奸,弹劾案与查办案有联带关系。齐不去,则违法之乱命不能取消"。⑤因此,省议会继6月张福增之后,再度提出弹劾齐耀琳案。

在江苏省议会发起弹劾省长齐耀琳时,浙江省议会因不满省长齐耀珊的种种举措,也提出弹劾省长齐耀珊案。此时期湘籍名流熊希龄倡导"湘人治湘",邻省湖北亦发起"鄂人治鄂"运动,本省人治本省之说,因而大盛。旅京浙人汪大燮、王家襄也趁势发起"浙人治浙之主张"。有《申报》记者"野云"指出:

---

① 《张孝若致吴寄尘函》(1920年8月5日),南通市档案馆,大生档,档案号:B401—111—0153—001。
② 《更调财厅长之苏人公电》,《申报》1920年8月4日,第10版。
③ 《反对俞纪琦长财厅之电函》,《申报》1920年8月10日,第10版。
④ 《反对俞纪琦长财厅之两电》,《申报》1920年8月15日,第10版。
⑤ 《苏议员主张去齐之电函》,《申报》1920年8月16日,第10版。

> 近年以来,除西南独立各省外,类多以本省人为本省省长,苏浙人之抱此思想者久矣!今果一齐发动,而以浙人为较先。①

江浙士绅先后发起的弹劾两省兄弟省长案,彼此似互有合作。当时太湖流域圈的苏、松、常、太(属江苏)与杭、嘉、湖(属浙江)七府属士绅正在联合筹组太湖水利工程局。②他们密切联络旅京的江浙人士,向中央与省署请款,但遭到两省省长推诿。对此王清穆即称,"两省长不以地方利害为念,其见解与苏浙人不同"。③因此,江浙两省士绅进一步发起"省人治省"运动,迫使齐耀琳、齐耀珊兄弟下台。江苏省,自省议会弹劾齐耀琳案后,"一时去齐运动之空气,由江苏一隅地传布于北京"。④时省议会中主张去齐者派人到京,与旅京同乡连日集议,会商去齐办法。这让"所谓苏人治苏之说,已成为一种普通名词"。⑤不过,"苏人治苏"一语,虽已非常流行,"以正式会议表示于公众者,则犹未之见也"。⑥但到1920年7月,江苏省议员徐瀛致北京内务部称,齐耀琳"断难挽留",请迅予核准其辞职,并"遴选苏人,俾早视事,庶他人不至觊觎省篆"。⑦此中明确强调要"遴选苏人"而排拒"他人",可谓"将苏人治苏之宗旨明白揭出"。⑧

---

① 野云:《浙鲁苏三省长问题》,《申报》1920年6月30日,第7版。
② 对于1920年太湖水利局创设的内情,参见陈岭:《民国前期江南水利纷争与地方政治运作——以苏浙太湖水利工程局为中心》,《中国农史》2017年第6期;胡勇军:《"与水争地"抑或"与民争利":民国初期太湖水域浚垦纠纷及其背后利益诉求研究》,《中国农史》2018年第6期。
③ 王清穆研究会编注:《农隐庐日记》(2),庚申年三月初六日,东洋文库近代中国研究委员会:《近代中国研究汇报》第35期,第84页。
④ 野云:《纪旅京苏人之虚会》,《申报》1920年7月7日,第6版。
⑤ 野云:《浙鲁苏三省长问题》,《申报》1920年6月30日,第7版。
⑥ 野云:《纪旅京苏人之虚会》,《申报》1920年7月7日,第6版。
⑦ 《苏议员徐瀛等之两要电》,《申报》1920年7月30日,第7版。
⑧ 野云:《苏省长问题之京讯》,《申报》1920年7月10日,第8版。

从"查俞案"到"弹齐案"的过程可以看出，无论是省议员还是苏社集团诸人，他们都开始逐渐有意识地提出"苏人治苏"的口号。1920年8月，黄炎培领衔的江苏省议员朱绍文、陈大猷、刘伯昌、陆以钧即致函江苏同乡、中央银行南京分行行长许汉卿、交通银行南京分行行长李锡纯①，称"俞纪琦到任后，有以江苏名义借取款项，江苏人誓不承认"。黄炎培等人在函电中亦直言，"台端同是苏人，当能顾念桑梓，表示同情，定不致为非法官吏，负无名之责也"。②江苏省议员冯士奇等人亦通电称，齐耀琳担任江苏省长的七年时间内，毫无成绩，如今更是将原本被查办的俞纪琦调任财政厅长，"视苏无人，莫此为甚"。③这一声势浩大的"苏人治苏"声中的"弹齐案"使齐耀琳辞职成为定局。张謇在致督军李纯信中即指出"伊通求去甚坚，理、势均不可复留"。④

但当"苏人治苏"提出后，由哪一位苏人来长苏，就成为争论不休的问题。从现有史料看，在乡（相对在京而言）的苏社集团诸人对"苏人治苏"主张较为坚定，他们先是推举张一麐，但似遭到江北耆绅的反对，故又推举韩国钧，最后推举徐鼎康，"江南北均一致赞成无异议"。而旅京苏人中庄蕴宽、赵椿年则对"苏人治苏"主张颇

---

① 许汉卿与李锡纯均是在南京的重要银行负责人。许汉卿（1882—？），名福眴，字汉卿，又作翰清，原籍江苏淮安，生于山东。1899年任清政府刑部主事。1911年任天津造币厂总收支。1912年任南京造币厂事务长。1916年任中国银行南京分行副行长。1917年任南京中国银行行长。1919年参与发起筹建大陆银行。1921年任大陆银行天津分行总经理。李锡纯，字耆卿，江苏镇江人，长期出任交通银行扬州、江宁分行行长，与张謇交好，亦是大生纱厂董事，身跨银行与实业两界，对苏沪财政金融极熟谙。1922年张謇出任交通银行行长，李锡纯助力甚多。
② 《省议员反对俞纪琦之通电》，《申报》1920年8月20日，第10版。
③ 《苏议员主张去齐之电函》，《申报》1920年8月16日，第10版。
④ 《致李纯函》（1920年7月），李明勋、尤世玮主编：《张謇全集》（第3卷），第783页。

为犹疑，但经过王清穆反复陈说，二人才有转圜之意。① 或为团结旅京苏人，张謇主张共推张一麐、庄蕴宽、徐鼎康三人，择一人为省长。此三人时均在北京，但张一麐、庄蕴宽长期旅京，只有徐鼎康长期在江苏，熟悉江苏政务。苏社理事中王清穆、韩国钧、储南强等人对徐鼎康"主之尤力"，对此张謇也表示支持。② 王清穆在京谒见徐世昌即劝中央俯从民意，早日发表任命"贯彻苏人治苏"，但徐世昌未置可否。徐鼎康则万分推脱。他称"我苏以潮流趋向，援引浙例要求'苏人治苏'"固然可以，但自己"才庸望浅"，故请韩国钧东山再起。③

此一"苏人治苏"共识下京、宁之间省长人选的争锋，在8月中下旬被"非苏人"长苏的呼声弥合。如王瑚长苏，此是原省长齐耀琳的人选；如王克敏长苏，此是督军李纯的人选；对于江苏省长人选，"非经李氏许可，不能发生效力"。④ 因此所有人选中，自以李纯支持的"王克敏长苏"呼声最高。王克敏亦是"运动继任颇力"。⑤ 王克敏在辛亥后长期在金融财政界任职，1913年任中法银行中方总经理，1917年出任中国银行总裁、王士珍内阁的财政总长等要职。李纯之

---

① 王清穆研究会编注：《农隐庐日记》(3)，庚申年六月二十七日、七月初三日、七月初四日，东洋文库近代中国研究委员会：《近代中国研究汇报》第36期，第74、75、76页。亦参见《南京快信》，《时报》1920年8月17日，第1张第2版。
② 《致徐世昌电》(1920年8月5日)，李明勋、尤世玮主编：《张謇全集》(第3卷)，第786页。张孝若称徐鼎康"作官较久，思想恐不甚新锐"，到任前"当然应与之商讨行政具体方针也"。《苏社总事务所启》(1920年8月5日)，《吴寄尘所收有关苏社等社团之文件》，南通市档案馆，大生档，档案号B403—111—0018—0001。
③ 参见《徐鼎康致韩国钧函》(1920年8月31日)，江苏省档案局编：《韩国钧朋僚函札史料选编》，江苏人民出版社，2012年，第605页。以下出版信息从略。
④ 隐庐：《李纯》，第35页。
⑤ 《苏省长问题昨讯》，《晨报》1920年9月5日，第3版。有说李纯原本是举荐王瑚长苏，但因王克敏极力运动游说，李纯因"交情难却"，遂改变主意，转而支持王克敏。参见赵仁卿：《李纯轶事》，上海宏文图书馆，1920年，第45页。

所以支持他，主要是试图借用王克敏财力。王克敏虽手握财权，但在1919年江苏米禁案上与苏省士绅颇有龃龉。①加之他生活荒淫糜烂，尤好嫖赌。因此，王克敏长苏之风说一出，南北苏人遂联手展开"拒王"运动。为使南北苏人在省长问题上达成一致，江苏省议会开始推代表赴京，以联合旅京同乡展开抵制运动。②

1920年8月23日，苏社人士黄炎培、沈恩孚、朱绍文等公开致电旅京苏人张一麐、庄蕴宽、董康、王清穆等称，"报载王克敏将长苏，此人行为及营业，苏人习闻之"，"现值米荒，闻者大惧"。"乞探当局意力阻，并请援浙、皖、鄂、直例，遴派苏人为盼。"此中"浙、皖、鄂、直例"是指此时这四省省长均由本省人出任。这封公电的预设读者绝非仅旅京苏人，而是将整个苏社集团的意见公之于众，乃是对"王克敏长苏说"的抵制。③实际上，南北苏人之所以反对王克敏，一方面是因王声名较差且为外省人，一方面亦是在利用"拒王"来抵制督军李纯。同日，北京有消息称王克敏长苏已经得府院同意，将赴宁与李纯接洽。④8月25日左右，王克敏抵南京，短暂停留后暂住沪上，其弟王克均等亦"潜来沪上"，"专为王氏疏通"。王克敏深悉江苏政局操之在江苏省教育会等诸耆绅手中，因此他试图"先从教育界入手"，使其"不持反对论调"。⑤为保王克敏长苏，李纯亦向府院称病不出，对南北议和问题消极应付。⑥

如此似有效力。8月底，"王克敏长苏，已付阁议"。消息传至江

---

① 参见邱宏霆：《北洋政府时期米禁政策研究——以苏米弛禁案为中心（1918—1920年）》，《安徽史学》2020年第5期。
② 《国内特约电》，《时报》1920年8月25日，第1张第2版。
③ 《各方反对齐俞之函电》《苏人对王克敏长苏说之预防》，《新闻报》1920年8月23日，第3张第1版。
④ 《国内专电》，《时报》1920年8月25日，第1张第2版。
⑤ 《王克敏运动长苏与反对》，《时报》1920年9月8日，第3张第5版。
⑥ 《国内特约电》，《时报》1920年8月26日，第1张第2版。

苏，苏社人士大惊。沈恩孚、钱崇固、穆湘瑶、黄炎培、朱绍文等人遂联名致电在京同乡，请其"向当局代达公意，并恳骏、授两公，于阁议时力阻"。电文中所言的"骏、授两公"，即指时任外交总长的颜惠庆与司法总长董康，这两人均是旅京苏人中的要角。①因王克敏长苏出自李纯，沈恩孚、黄炎培等苏社士绅遂向李纯施压，指其违背其平时所宣称"不干民政"之主张。②此外江苏省议员郑立三等致电总统徐世昌、总理靳云鹏，称齐去王来，是"以一狼易一狸"，中央既要江苏缴纳赋税军需，就不能再派污吏。③见中央府院举棋不定，9月5日，张謇亦致函总理靳云鹏，劝其对苏长一席早下决断。另一方面，他明确表示像王克敏这样"著名嫖赌荒唐之人"绝对不可长苏。在江苏各方士绅的强力抵制下，9月10日，北京当局致电李纯，请其"勿坚持王长苏"。12日，王克敏向当局表示，"不往江苏"。"拒王"运动由此取得成功。④

二、"苏人治苏"与"贤人治苏"的方案竞逐

"拒王"成功后，为从速确定省长人选，避免苏人内部分歧，张謇决意"放弃苏人治苏之主张"。⑤1920年9月8日，他致函徐世昌、靳云鹏、张志潭、李纯等，称"齐不可留，苏必有长"，因此提出"只问贤

---

① 《王克敏长苏之反对》，《时报》1920年9月2日，第3张第5版。
② 《苏督保王克敏长苏之质疑》，《新闻报》1920年9月8日，第3张第1版。
③ 《苏议员反对王克敏长苏》，《新闻报》1920年9月10日，第3张第1版。
④ 《致靳云鹏函》(1920年9月5日)，李明勋、尤世玮主编：《张謇全集》(第3卷)，第794—795页。
⑤ 霍龙飞对此有初步研究。但他并未注意到张謇与苏社诸理事在易长废督中的持续对立。霍龙飞：《1920年苏、鄂两省长更动风波》，《历史教学问题》2014年第4期。

不贤,不问苏不苏"的方针,并请中央尽早决断,以免"群匪觊觎"。①这也使省长齐耀琳所荐的王瑚成为长苏热门人选。王瑚为直隶人,清时翰林也,由知事迁广东道尹、甘肃布政使,"其人性刚直,自奉极简"。王瑚早年曾在徐世昌属下历任要缺,"为东海所信任"。在被推荐长苏时,他刚刚就任京兆尹。②

不过,张謇"只问贤不贤,不问苏不苏"方针并未获得苏社其他理事的支持,尤其是江苏省教育会负责人黄炎培、沈恩孚等人。9月15日是苏社的定期理事会。在此次理事会上,黄以霖、黄炎培、马士杰、王清穆、荣毅仁、沈恩孚、钱崇固、张孝若等苏社诸理事总结了"拒王"运动的得失,并对此后"苏人治苏"的应对方略进行了协商。会议达成了"反对督军保荐省长""主张苏人治苏",并且提出"实行苏人自治之条件"等共识。这是对张謇所提出的"只问贤不贤,不问苏不苏"方针的否定,是故张謇似乎并未与会,而仅是派代表参加。在理事会共识意见中,"苏人自治"的条件中包括:漕粮划归地方税;恢复各县自治机关及市政;省署以谘议厅为议事机关,所有谘议均需聘用本省人三项。此外,苏社还主张"仿照湖南自治大纲,集合本省人士实力进行"。在所有意见中,对中央政府颇具威慑的是最后一条,其称:"省长、财政厅长请中央速决。如发表者不满苏人之意,决以暂停纳税对待。"前述苏社成立本抱定不参与政潮的宗旨,但"拒王"运动无疑让甫经成立的苏社食言。为此苏社诸理事辩护称:同人"虽不愿涉及地方政潮",但"省长与自治关系极重,必先达到苏人治苏,然后自治法案可以次第实施"。③省长问题久延不决,影响

---

① 《致徐世昌靳云鹏张志潭李纯电》(1920年9月8日),李明勋、尤世玮主编:《张謇全集》(第3卷),第795页。
② 藏:《未来江苏省长之小史》,《小时报》1920年9月9日,第3张第7版。
③ 《苏社秋季理事会纪事》,《民国日报》(上海)1920年9月16日,第3张第10版。

地方自治，故他们不得不参与政潮。

面对苏社其他理事的一致方略，张謇似不得不暂时搁置"只问贤不贤，不问苏不苏"的方针。9月16日，他以苏社名义与韩国钧联名致电徐世昌、靳云鹏，再次催促中央从速确定省长人选。这份函电柔中带刚，暗示中央不必理会李纯"挟持中央、强予位置，致与民意相违"所提的省长人选，而应该尊重"主体在民"的苏社人士意见。函电还举出不久前湖北省长难产问题，以劝中央镜鉴。①18日，苏社为省长问题再度召开临时会，张謇出席。此次会议仍然决定继续坚持"苏人治苏"方针。具体人选上，苏社其他理事决定推举张一麐为省长，此中或有张一麐暗中运动的痕迹。

张謇难排众议，故只好表示"今之时局，譬诸轨道，与张君所挟所守，未尽兼容，故不欲以是为张君苦。然诸君既皆欲得之，又持之坚，下走亦不敢不从众"。张謇对张一麐长苏并不放心，他告诫苏社同人称，"张君虽苏人，来则属行政官厅，我苏社不可有一人自媒加入"，亦"不可荐引亲族戚友，以酬应为干预"。张謇还提醒张一麐，省长不为一县而设，处事要公平，要兼顾江苏全省。②此时中央并未正式任命张一麐，但从张謇此番告诫中可看出，苏社诸理事均已认定中央必会同意他们所提举的省长人选，由此可见苏社诸理事在此问题上颇为自信。为确保张一麐顺利通过，此次会议上，苏社诸理事还决定派黄以霖、钱崇固、穆湘瑶、储南强四人赴京与旅京苏人联络，使京宁之间能够互相联动，形成合力。③此时浙江、湖北省长问题均已

---

① 参见朱英、张超：《论1920年湖北省长人选引发的政潮》，《江苏社会科学》2017年第1期。李坤睿：《北洋时期的地方军政关系与军绅博弈——以1920—1921年湖北政潮为例》，《安徽史学》2019年第4期。
② 《张季直敬告苏社诸君书》，《时报》1920年9月29日，第3张第5版。
③ 《苏社理事会之临时会议》，《新闻报》1920年9月19日，第2张第1版。

按照"省人治省"的方式解决，因此王清穆即称"苏人治苏之主张，必当贯彻"。①

但恰在同一天，中央颁令准齐耀琳辞职，并委任王瑚为江苏省长。这一命令的背后，实际是督军李纯暗中谋划的结果，且有张謇助力的痕迹。②前述李纯对"苏人治苏"本就极为抵触，张謇亦非全然赞同，而是主张"贤人治苏"。当李纯知悉苏社要确定张一麐长苏后，本不愿让张一麐长苏的张謇与李纯达成共识，或密谋让中央迅速下令王瑚长苏。因此，黄、钱、穆、储四代表"未及起行，已见报载王瑚长苏"。苏社诸理事于是又集议办法，遂商定"如王瑚不来，仍请任张一麐为省长"；如王瑚来，则仅表示不反对、不欢迎的态度。此外，苏社四代表到京后，将"不直接与王瑚接洽"，而是委托"在京同乡提出治苏办法"。如王瑚能够承认治苏社提出的治苏方针，则"凡苏社重要分子，不独不任行政职务，并不推荐一人，完全在局外监督，扶助其实行"。这实际是在照顾张謇的意见。苏社提出的治苏办法主要是：在省公署设置参事室，由省议会选举十一人担任，议决关于执行省地方行政之事务；省公署设置财政处，管理省有款产之收支。这两条办法均是在限制省长权力，强化苏社人士对省政府的操控。③

1920年9月22日，苏社黄、钱、穆、储四代表与旅京苏人庄蕴宽、

---

① 王清穆研究会编注：《农隐庐日记》(3)，庚申年八月初九日，东洋文库近代中国研究委员会：《近代中国研究汇报》第36期，第82页。
② 《大总统令》，《来福报》1920年第122期。田中比吕志认为王瑚得以长苏，是因为庄蕴宽发挥了重大作用。但实际上，若没有李纯支持和张謇运作，仅庄蕴宽一人难以改变。参见田中比吕志：《北京政府期の江苏省における地方自治运动と地域エリート：苏社に关する觉书》，东京学芸大学纪要出版委员会：《东京学芸大学纪要・人文社会科学系》，2009年1月30日，II 60：85—97。
③ 《苏社代表晋京之预议》，《新闻报》1920年9月21日，第3张第1版。

张一麐接洽后，南北苏人均同意王瑚长苏。①至此，王瑚长苏似已成定势。但王瑚见苏社诸理事对他长苏有上述要求，知道自己贸然赴苏，"苏人未必满意"，因此仍在观望中。②但李纯及张謇，唯恐省长问题迁延日久，再生变数，故派属下赴京"促早日南下"。③而苏社一方，鉴于"以张代王"方针已无法实行，张一麐、庄蕴宽、赵椿年及苏社四代表亦劝王瑚赴任。在军绅两方合促下，王"始允"。确认王瑚愿意长苏后，旅京苏人庄蕴宽、张一麐迅即将这一消息电告张謇、韩国钧、王清穆、唐文治等人，以定人心。④

南北苏绅同意王瑚长苏是有附加条件的。除前述条件外，对于财政厅长，苏社诸理事"希望用一苏人"。他们拟定一份名单，分别是严家炽、贾士毅⑤、单镇，供王瑚遴选。⑥财政厅长控制全省财政命脉，亦关乎省长地位。因此王瑚并不立即表态，主张要和财政部、内务部等中央部门接洽。在财政厅长人选问题上，王瑚、旅京苏人、苏社诸理事以及督军李纯四方面各有主张。李纯在财厅问题上力主亲信文龢。由于他在省长问题上未能如其所愿，故对财政厅长人选极为强硬。有消息称李纯甚至表示：对于财政厅长"无论如何，财厅一席，不要苏人。否则宁可不干督军"。⑦文龢此时署理两淮盐运使，

---

① 《国内专电》，《时报》1920年9月22日，第1张第2版。
② 《国内特约电》，《时报》1920年9月24日，第1张第2版。
③ 《国内专电》，《时报》1920年10月2日，第1张第2版。
④ 《庄张为王瑚说人情》，《民国日报》（上海）1920年10月3日，第3张第10版。
⑤ 贾士毅（1887—1965），字果伯，江苏宜兴人，民国著名财政学家。1907年入上海法政讲习所。1908年留学日本，1911年毕业于明治大学政治科。1913—1920年长期在北京政府财政部任职，兼任全国官产处会办，公债局坐办。1920—1925年任镇江海关监督。1921年曾被派赴美参加华盛顿会议。1920年代曾与同乡沙彦楷创办宜兴中学。南京国民政府时期曾任财政部常务次长、湖北省财政厅长、江苏省财政厅长，代理江苏省政府主席等。1950年赴台。著有《民国财政史》等。
⑥ 《苏省自治之进行》，《益世报》1920年9月28日，第3版。
⑦ 《南京快信》，《时报》1920年8月25日，第1张第2版。

是李纯的义子，但两人年龄相仿，李纯督赣时，文龢为攀附李纯，"一见李督，即拜李督为义父"。在1918年担任江苏烟酒公卖局长时，文龢假公济私，借中国银行十余万款项而抵赖不还，并与江苏士绅结怨。此二事因公诸报章而被时人指其"卑鄙贪诈"，因之声名较差。①为此，总理靳云鹏只好斡旋于李纯、苏绅与王瑚之间。他劝苏社四代表须与"王、李（纯）商洽"，然后他可疏通李纯。②

财政厅长问题与省长问题互相联结，财政厅长悬而未决，王瑚亦不愿意轻易赴任。这对于苏社诸理事来说，意味着省长人选仍将充满变数。因此旅京苏人一方面做出让步条件，极力敦促王瑚赴任；一方面达成让严家炽出任财政厅长的共识，并让张謇向李纯代为疏通。张謇未及疏通，三日后的内阁会议上，由于李纯力保，文龢长苏财政厅长已通过阁议。③此消息一出，立刻引来江苏省教育会之人的反对。王清穆即称中央政府此举是"拒绝王瑚长苏也。是反对苏人整理财政也。是打消苏人自治希望也"。④沈恩孚、黄炎培、朱绍文、贾丰臻等通电宣称："哗传阁议已提文龢长苏财政，苏人誓不承认。如果发表，是中央有意弃苏，恐必激成停止纳税之举。"其言辞不可谓不激烈。黄炎培、沈恩孚等人还致电北京苏人与苏社四代表，请求诸君"全力抗阻""誓死力争"，并催王速来。⑤

1920年10月11日，江苏省议会召集会议商讨拒绝文龢的问题。作为省议员的黄炎培起而直言称：

---

① 《对于文龢长苏财厅之省议员》，《新闻报》1920年10月12日，第2张第2版。
② 《国内专电》，《时报》1920年10月4日，第1张第2版。
③ 在文龢长财问题上，财政总长周自齐亦偏向文龢。这或是文龢通过阁议的重要原因。参见《国内专电》，《时报》1920年10月6日，第1张第1版。
④ 王清穆研究会编注：《农隐庐日记》(3)，庚申年八月二十六日，东洋文库近代中国研究委员会：《近代中国研究汇报》第36期，第84页。
⑤ 《文龢长苏财政之反对》，《时报》1920年10月7日，第3张第5版。

> 前此主张苏人治苏，结果发表王瑚长苏，苏人业经让步。财厅一席，又为文龢占去。藐视苏人，于斯已极！

除将此前的王瑚长苏与文龢长财问题联系起来，矛头指向中央府院外，苏社集团、江苏省议会更是与"感情素洽"的督军李纯公然决裂。由于李纯力保文龢长苏财厅，并声称"无论如何，财厅一席，不要苏人，否则宁可不干督军"。对此，黄炎培等省议员称江苏是"我们六十县之江苏"，非"李督一人之江苏"。在拒绝文龢长苏财厅上，江苏士绅打出的旗帜是"军民分治"。部分亲江苏省教育会派的省议员组织联名致中央电，称：

> 惟财厅非督军属吏，江苏军民分治，迄今九年，不应自李督而破坏。……现在各方舆论，咸谓中央果徇李督之意，任命文龢，则是中央先破军民分治之轨，人民惟有杜绝财政之源。[①]

此电直接以拒绝纳税威胁中央，从中可见江苏士绅对"苏人治苏"与"军民分治"之坚持，亦可见其权势之重。苏社集团诸人还运动《申报》《时报》《新闻报》等各大报纸，不但将上述黄炎培在省议会上的激愤之语，致中央函电公之于众，且又让沈恩孚、贾丰臻、朱叔源[②]、陆

---

① 《对于文龢长苏财厅之省议员》，《新闻报》1920年10月12日，第2张第2版。此电刊登在《新闻报》上的署名，以黄炎培领衔；但在《申报》中，署名以副议长鲍贵藻领衔，黄炎培排第五。当时亦有一部分议员"以反对文龢之名，行延长齐俞命运之实，而以苏人治苏立言"。参见《苏议会纪事》，《申报》1920年10月13日，第7版。

② 朱叔源(1885—？)，名增潘，江苏南汇人，早年曾留学日本。清末曾入蔡元培创办的爱国学社。1912—1922年担任上海浦东中学校长。1917年5月参与发起成立中华职业教育社，为特别社员。浦东中学与黄炎培关系密切，为江苏省教育会的一大要地。北伐时期曾为"新苏公会"的常务理事，详见第7章。

规亮①、袁希洛、张志鹤等另电北京张一麐等旅京同乡,旨在多管齐下,促成舆论声势,进一步向中央施压。

由于黄炎培等苏社诸理事对中央府院与李纯的声讨极为严厉,故张謇扮演了苏社诸理事与中央、李纯之间的"中间人"。他先是疏通、说服李纯,然后暗中用密探将此一决定告知总统徐世昌称:苏人对"王瑚长省,严家炽长财厅"翕然无异议,意在让徐世昌更改命令。②一面是江苏士绅在京、宁两地利用报章舆论展开的联动胁迫;一方面又是李纯以武力为底气,以辞职为策略的暗中密保。中央府院的确是"均受事势、人情之迫束"。但京、宁两地的江苏士绅在明暗两道展开的攻势,使中央府院在文龢长苏命令已定,只待盖印的情形下,"不得不从"。③总统徐世昌亦只好函致李纯,劝其"勿因细故伤苏人感情",请其另提人选。④第二天,文龢已自辞财政厅长之职,中央遂任命严家炽为苏财政厅长。江苏财政厅长问题至此解决。

三、李纯猝死后督军的继替与存废之争

苏社集团与旅京同乡联手展开"苏人治苏",接连发起"拒王""拒文"运动,抵制李纯的省长与财政厅长人选,这对于本就深陷南

---

① 陆规亮,字瑞清,江苏松江人,早年留学日本,民初曾任浙江高淳县民政长,后任南京高师附中主任,是江苏省教育会、中华职业教育社的重要成员。
② 张謇致函徐世昌之后,又致电北京中西旅馆的苏人代表,告知其"已密电劝阻"。《致熊希龄转徐世昌电》(1920年10月7日),《复驻京代表电》(1920年10月7日),李明勋、尤世玮主编:《张謇全集》(第3卷),第808—809页。
③ 《国内专电》,《时报》1920年10月9日,第1张第1版。
④ 《国内专电》,《时报》1920年10月11日,第1张第3版。

北议和失利困境的李纯来说，极为难堪。① 1920年10月12日凌晨，在文䶮自辞财厅的这一天，李纯猝然离世。② 消息一出，一时震动京宁两地。中央府院不仅对李纯的死因深为疑虑，对其身后的江苏政局与遗缺继替问题亦大为头疼。李纯在遗书中交代由副手江宁镇守使齐燮元接任。齐燮元（1879—1946），字抚万，直隶宁河人。他自辛亥以后便长期追随李纯，李纯任第六镇统制时，他担任参谋长等要职。1917年8月随李纯赴苏，升江宁镇守使，兼第六师师长。1920年5月任江苏军务帮办，10月又擢苏皖赣巡阅副使。

此时江苏省内各师长、镇守使如通海镇守使张仁奎、淮扬镇守使马玉仁、海州镇守使白宝山、徐海镇守使陈调元、宫邦铎等均致电北京中央，请求齐燮元接任江苏督军。③ 上述诸镇守使关系极密，如齐燮元与白宝山、陈调元为同乡，又义结金兰。马玉仁本即苏人，又与张仁奎同为扬州民军将领徐宝山的旧部。他们是江苏军阀势力的"中层空间"，对于江苏政局的稳定起着支柱性作用。他们的意见对北京中央有着相当分量。中央府院综合各方意见后认为，"江苏系南北关键，地位重要"，"齐资望太浅"。但为防止南京军心骤乱，仍令齐燮元暂代督军之职，责令前省长齐耀琳与齐燮元共同维持秩序，以防变故。④

---

① 有记载称李纯曾言，我在江苏数年，"良心上实在可对得住江苏人，今为一财厅长，如此毁我名誉"。参见隐庐：《李纯》，第36—37页。
② 目前对于李纯猝逝的原因有两说，一说为自杀，一说为他杀。主他杀说者，均多认为死因与齐燮元有关。检视各家之说，即使属他杀，齐燮元的嫌疑也极小。相关忆述参见李炳之：《我所知道的李纯》，全国政协文史资料委员会编：《文史资料存稿选编·晚清、北洋》（下），中国文史出版社，2002年，第624—625页。李新民、李新五（李纯之孙）口述，刘维瑜记录：《李纯自戕事件真相》，政协天津市河东区委员会文史资料委员会编印：《天津市河东区文史资料》（第12辑），内部发行，2000年，第165—172页。
③ 隐庐：《李纯》，第47—48页。
④ 《齐燮元暂代苏督通电》，《民国日报》（上海）1920年10月15日，第3张第10版。

表4　1920年代江苏部分镇守使简历表

姓名	生卒	字号	籍贯	履历
张仁奎	1865—1944	锦湖	山东枣庄	早年为扬州盐枭徐宝山部下 长期任通海镇守使，为张謇所倚重 上海青帮"大"字辈，"帮会元魁"
马玉仁	1875—1940	伯良	江苏盐城	早年为扬州盐枭徐宝山部下 1913年投入冯国璋幕下，长期任淮扬镇守使 1925年孙传芳入苏，任扬州镇守使 1927年投诚北伐军，旋被解除武装
白宝山	1877—？	俊卿	直隶宁河	早年为张勋部下，长期任海州镇守使 1924年江浙战争时任上海防守总司令 1925年依附孙传芳 1927年投诚北伐军，旋被解除武装
陈调元	1886—1943	雪暄/雪轩	直隶安新	保定军官学堂毕业 1913年随冯国璋南下，任南京宪兵营司令 1924年底任江苏军务帮办，协助韩国钧维持江苏政局 1926年任孙传芳五省联军安徽省司令 1927年投诚北伐军
宫邦铎	1881—？	振声	山东德平	1903年日本陆军士官学校步科毕业 1906年入保定军官学堂第一期，与陈调元、吴光新、张敬尧、靳云鹗等为同学 1917年随李纯入苏，任第十二旅旅长 1920年任第六师师长兼江宁镇守使 1924年江浙战争时为第一路军司令，主攻上海 1925年齐燮元失势后，倒向奉皖

此时为争夺江苏督军一缺，直系曹锟、吴佩孚，奉系张作霖以及长江三督联盟鄂督王占元、赣督陈光远等各方军阀已在暗中角逐。如直系曹锟等主张吴佩孚出任；即使是在直系内部，谁来督苏亦是各方争执的问题，有王占元督苏、陈光远督鄂、齐燮元督赣之说。①张作霖则有让亲家张勋督苏之意。北京府院中徐世昌、靳云鹏主张与自己气味相投的直系王士珍督苏；长江三督中鄂督王占元与赣督陈光远又互相举荐，其目的在于只要其中一人督苏，即将己位让与对方。由于陈光远资历尚浅，而鄂督王占元又担任长江上游巡阅使，地位与李纯相匹，加之此时因鄂省长问题，王占元与鄂绅抵牾已久，早有去意，因此督苏意愿更为强烈。此外亦有"鲁籍及江北军官拥靳云鹏督苏，以段书云为省长"，让周树模代理总理之说；而此时齐燮元运动江苏各地镇守使如杨春普、陈调元赴京谒徐、靳，请求中央将齐燮元督军一职由代理改为实授。②

对苏社集团而言，此前省长、财政厅长两问题上"拒王""拒文"目的已达。李纯猝死，是"天予我苏以废督之绝好机会"，"及今不图，后患靡已"。他们又想趁势展开废督运动，一举将军阀派系控制下的督军彻底绝禁江苏。因此有报人即称：

> 自李苏督逝世，军阀之运动继任，与苏人之运动废督，几如两组赛跑，各奋力以趋达其目的地。③

---

① 《陈光远最近之三怕》，《大公报》（长沙）1920年11月8日，第3版。
② 《保定会议苏督问题》，《民国日报》（上海）1920年10月19日，第1张第2版。南京总商会、地方公会、农会、教育会等团体亦保举齐燮元任江苏督军，此或是齐燮元的授意。参见《五团体保举齐燮元电文》，《新闻报》1920年10月16日，第2张第1版。
③ 《废督之动机》，《大公报》（天津）1920年10月19日，第6版。

1920年10月18日，由韩国钧、王清穆、沈恩孚、黄炎培领衔的苏社人士致电在京的张一麐、颜惠庆、董康等人，请求他们向府院请愿，在阁议时鼎力支持，"务达废督目的"。① 19日，旅京苏人齐集张一麐宅邸，商讨自治废督问题。张一麐甚至主张要联合湖北、山东等同样面临省长难产的数省士绅，"每省派八代表，开废督联合会"。② 为加强旅京苏人的团结，27日，张一麐、马相伯、王玉树、吴拔其、凌文渊、王绍鏊、蔡培等联络旅京苏人发起"江苏旅京同乡会"这一正式组织。不久，江苏旅京同乡会在北京湖广会馆成立。③ 成立之后，他们对于苏社集团的废督求援展开密集商讨。对于具体的废督主张，江苏旅京同乡会内部意见亦颇多分歧。有主张完全废督者，亦有主张苏人督苏者。但是他们均是将"废督"与"苏人治苏"这两大目标联系起来。蔡培即称"废督即是谋苏人治苏的根本办法"。④

　　与其他苏社士绅的废督主张不同，苏社理事长张謇在李纯猝死后次日即宣称，"宁军不可一日无主，废督势又未至"，主张由齐燮元接任。在上海苏社事务所的张孝若当晚约见黄炎培通气。⑤ 张謇在致苏社四代表及庄蕴宽、张一麐等旅京苏人信中，婉言指出苏督一任，若想"求贤"，则吴佩孚；若想"顺势"，则齐燮元。⑥ 而他

---

① 《关于废督运动之文电》，《新闻报》1920年10月19日，第1张第3版。亦参见《电请中央实行废置江苏督军案》（1920年10月19日），《江苏省议会第二届第三年常临两会议决案类编》（附编），江苏省议会编印，第2页，提案人为黄炎培、朱绍文、黄守孚、张宏业、张福增等。
② 《本社专电》，《民国日报》（上海）1920年10月20日，第1张第2版。
③ 江苏旅京同乡会的入会条件颇简单，有两名苏人介绍即可，干事按照清代旧府区推选。参见彬彬：《北京特约通信》，《时报》1920年10月27日，第1张第2版。
④ 隐庐：《李纯》，第45—46页。《李纯死后之苏督问题》，《新闻报》1920年10月16日，第2张第1版。
⑤ 《张孝若致张謇电》（1920年10月13日），南通市档案馆，大生档，档案号：B401—111—0153—001。
⑥ 《致苏驻京代表电》（1920年10月12日），李明勋、尤世玮主编：《张謇全集》（第3卷），第812页。

在致电徐世昌与靳云鹏的信中,更明确主张,"目前废督之议未决,为事、为地、为人,代李者以齐为宜"。张謇所称"为事、为地、为人"的意思是:事理上,南京军队"不可一日无主",齐燮元曾担任李纯的副职,李纯亦有"保齐帮办代理"的遗嘱;地利上,齐燮元又担任江宁镇守使,自己有一师军队,长期驻守南京,便于稳定局势;人事上,齐燮元"帮办军务有年",性素和平,"能继李督之和平主张",因此齐燮元继任苏督顺理成章。①

张孝若在致心腹吴兆曾函中亦表示不赞同废督。他称"废督弟极端赞同,但认定时机未至,废后兵如何安置,种种手续,亦断非一二年之事,谁不会唱高调,惟须行之无害"。同时他也担心李纯死后"省长问题未知有变动否"。②此时江苏的省长与督军问题相互交织,中央府院受各方牵扯甚多,故表示将先催王瑚从速就任江苏省长,"并发表严家炽为财政厅长,以徇苏人之好",平息苏社怨愤,使苏人废督的呼声降温。③

但废督不仅是苏社集团的诉求,更是五四后知识界的普遍呼吁。李纯猝死后,江苏各团体以及各地的苏籍人士,如江苏省议会及省教育会等各地自治团体、寰球中国学生会、复旦苏籍学生等群体、《民国日报》等报界人士纷纷致电中央要求废督,尤其是学生团体与报界机关的舆论呼吁使废督已然超越了此前的省长、财政厅长问题,将其上升到一种毋庸置疑的"价值标准"与"是非立场"高度。④因此,

---

① 当时盛传张謇父子之所以支持齐燮元督苏,是因为齐燮元与张氏父子交谊匪浅。齐燮元督苏后将对张孝若有所扶掖。《致徐世昌靳云鹏电》(1920年10月中旬),李明勋、尤世玮主编:《张謇全集》(第3卷),第812—813页。
② 《张孝若致寄尘函》(1920年10月16日),南通市档案馆,大生档,档案号:B401—111—0153—001。
③ 天雷:《北京特约通信:苏督问题》,《新闻报》1920年10月16日,第2张第1版。
④ 《苏人群起运动废督》,《民国日报》(上海)1920年10月15日,第3张第10版。

张謇"以齐代李"的函电经报章披载后,立即引来各方声讨。主持《民国日报》的苏人叶楚伧斥责称,"张謇也是江苏人,他竟在苏人主张废督声里,保举齐燮元做苏督,是简直与父老兄弟宣战了"。①不得已,张謇只好暂时搁置此意。②

半月之后,张謇再次致电中央,主张"苏督果不裁,与其另与一人,易起纷争,毋宁与齐燮元,暂维江苏治安"。③张謇之所以如此保齐,似是齐在背后游说。但无论如何,仅隔数日再提"以齐代李"之说,不仅报人报社均举笔讨伐,连苏社内部韩国钧、沈恩孚、黄炎培、朱绍文、陈大猷等人也对此极为不满。韩国钧即称张謇此举"实为失着"。④他们联名致函张謇,称如此"显违全省公意"。此外,有传言称他们还准备发表"不信任张氏之宣言"。⑤苏社诸理事能坚持"打破服从领袖,保持顺潮流的主张",的确令时人颇感讶异,亦消解了"苏社是张謇底武器"的言论。⑥这也表明在易长废督问题上,张謇与苏社其他理事之间始终存在着分歧。

废督运动在张一麐及韩国钧、黄炎培、沈恩孚等苏社其他诸理事的倡导下,声势颇为浩大。黄炎培、沈恩孚等江苏省教育会联合与之关系密切的上海县商会、上海县教育会、中华职业教育社、上海救火联合会、寰球中国学生会、基督教救国会、华侨联合会等八团体联名

---

① 楚:《张謇是江苏人吗?》,《民国日报》(上海)1920年10月17日,第2张第7版。
② 《张謇电询废督之预备办法》,《新闻报》1920年10月19日,第1张第3版。
③ 《张謇保齐电中之陪笔》,《民国日报》(上海)1920年11月6日,第2张第6版。
④ 王清穆研究会编注:《农隐庐日记》(4),庚申年九月初六日,东洋文库近代中国研究委员会:《近代中国研究汇报》第37期,东洋文库,2015年,第44页。以下出版信息从略。
⑤ 《沈恩孚等致张謇电》《各省旅京人士之自治运动》,《新闻报》1920年11月10日,第2张第1版。叶楚伧再次发表文章斥责张謇的此种主张。参见楚伧:《辟张謇底保督裁兵电》,《民国日报》(上海)1920年11月7日,第1张第2版。
⑥ 《愿苏社努力》,《民国日报》(上海)1920年11月10日,第3张第11版。

要求废督。江苏省教育会列举史事,指出江苏虽经辛亥之变、二次革命,"地方虽甚纷扰,财政未至紊乱"。但自从袁世凯取消自治以后,民政日坏,军阀日横,致使江苏军费由四百八十万元增至一千万以上,由此可见督军之弊。[1]对于废督的好处,曾任安徽巡抚的江苏耆绅冯煦在致韩国钧信中即指出:"今日莫不曰军民分治也,裁兵也。然督苟不废,二者必不能行。"[2]冯煦认为如能废督,可将形同诸侯的督军分化为镇守使与师长、旅长,可一改晚清以来"外重内轻"的权力格局,"亦政府之福"。但正是这种"外重内轻"的格局,使徐世昌、靳云鹏受制于曹锟、张作霖。曹锟认为"废督为将来阶级,现时未至",张作霖亦认为"徒召纷乱"。[3]

具体到废督的措施,与王瑚交好的苏人严伟曾致函苏社耆绅韩国钧,他认为"废督虽一时不易办到,必须竭苏人全力,令中央勿简苏督,悬缺不补以待将来"。如果中央仍持不可,则可请新任省长暂时兼任。王瑚"治军多年,廉悍诚朴,以之兼督,亦可稍稍挽回军界颓风,且不虑其久假不归"。如果"将来督军制竟不能废除",亦可以让王瑚改任督军,"而令苏人自行长苏也"。[4]可以看出,严伟的方针较为谨慎稳妥。但亦有部分苏人认为废督并不现实。江苏省议会内部苏社议员与非苏社议员"因废督意见,互相水火",甚至导致部分非苏社议员主张"另行组织团体,与苏社对峙"。[5]正是这种分歧,导致在京的江苏同乡会不得不致电疏通在宁苏人,请"宁垣各团体,一

---

[1] 《五团体电促实行废督》,《民国日报》(上海)1920年11月12日,第3张第10版。
[2] 《冯煦致韩国钧函》(1920年9月27日),江苏省档案局编:《韩国钧朋僚函札史料选编》,第162页。
[3] 《国内专电》,《时报》1920年10月20日,第1张第1版。
[4] 《严伟致韩国钧函》(1920年10月29日),江苏省档案局编:《韩国钧朋僚函札史料选编》,第236页。
[5] 《南京快信》,《时报》1920年11月9日,第1张第2版。

致主张"。①此时王瑚仍迟迟不来,废督渐渐成"有声无色"之状态。有报人即称:"各省区绅民暨自治代表,请中央实行废督,旅京同乡之数次谒见,重要分子之函电交驰,期以群力与潮流,达此目的。惟政府悉以冷静处之,谈为时机未至。"实际上,此时北京政府主导权尽在直奉两系之中。因此,直奉主导下的北京政府不仅仅不怎么理会废督之舆论,而且还逆时论而行之。②

1920年12月3日,中央府院下令实授齐燮元为江苏督军;王士珍接替李纯担任苏皖赣巡阅使。这一结果亦是直奉暗争的结果。直奉之间因苏督与苏皖赣巡阅使两职亦是在明争暗斗之中。直系本主张王士珍督苏,但张作霖反对,最终以齐燮元真除,王士珍担任巡阅使结束,但王亦多次请辞不就。③这一命令的颁布标志着扰攘一时的苏督一缺尘埃落定,也标志着江苏等省组织的废督运动以失败告终。时人即喟叹道:"执政者与外省之所趋,可谓适得其反。"④这也使江苏旅京同乡会颇失颜面。有人要求同乡会各代表"引咎辞职"。⑤督军位高权重,江苏地处南北对峙的前沿,此时南北又未统一,稍有裁废,易自乱阵脚。南北苏人及舆论界仅力主废督,至于废督后如何措置军队,如何布置政局,均鲜有充分考虑。反对废督的张謇即指出废督必要裁兵,而"裁兵必先给饷,饷项无着,亦一难题"。1920年各省因军饷问题引发的大型兵变,不在少数。因此在南北统一之前,"废督

---

① 《南京快信》,《时报》1920年11月18日,第1张第2版。
② 《北京特约通信:各省废督及更易省长问题》,《新闻报》1920年12月12日,第2张第1版。
③ 《国内特约电》,《时报》1920年11月28日,第1张第2版。
④ 《北京特约通信:各省废督及更易省长问题》,《新闻报》1920年12月12日,第2张第1版。
⑤ 《旅京苏人紧急大会》,《新闻报》1920年12月15日,第1张第3版。

一层,毫无希望之可言"。①冯煦此前在致韩国钧信中亦预言称:"废督一议实海内人心所同,然争之虽力,恐亦将成泡影。"②但是在部分苏社集团之人如朱绍文、黄炎培看来,废督主张,"即使不能达到目的,亦可引起全国舆论"。③

由于江苏局势仍不明朗,故王瑚依旧无来宁消息。此时江苏督军仍由齐燮元暂代,省长仍由屡被弹劾、明令免职的齐耀琳署理。这使支持齐耀琳的部分苏人又在运动"留齐续任"。力主驱齐的苏社耆绅遂要求王瑚"来则速来,不来则表明态度";如不来"则仍当贯彻苏人治苏之主张"。④11月25日,江苏省议会在黄炎培的主导下,通过民选省长的决议,以此来向中央府院施压。对此,北京政府一方面仍请齐耀琳维持局面,一面力促王瑚南下。12月2日,江苏发生"茧行纷争与省议会被毁案",百余名丝绸机工冲击省议会,许多议员遭到殴打。⑤此事发生后,一些江苏省议员声称:"省会被毁,苏省已经陷入无政府地位,如一星期后,王再不行,决民选省长。"⑥此时江苏局面亟须维持,王瑚已无推脱余地,12月中旬遂南下就职。

---

① 《北京特约通信:各省废督及更易省长问题》,《新闻报》1920年12月12日,第2张第1版。
② 《冯煦致韩国钧函》(1920年9月27日),江苏省档案局编:《韩国钧朋僚函札史料选编》,第162页。
③ 隐庐:《李纯》,第43页。
④ 《张謇等电催王瑚莅任》,《民国日报》(上海)1920年11月22日,第3张第10版。
⑤ 对此案的探讨,参见朱英:《民国时期江苏茧行纷争与省议会被毁案》,《历史研究》2005年第6期。
⑥ 《国内特约电》,《时报》1920年12月8日,第1张第2版。当时身为省议员的黄炎培即主张将省议会迁移至上海。他称此次机工冲撞议会,"非仅缎业与议会间之问题,实官厅与议会不相能之宣战"。敢对议会行凶,"是显然出于有力者之指使",将来省议会对裁兵废督、民选省长诸问题,"在此恶势力之下,万无说话余地",因此主张"移沪开会"。《苏议会被毁详情四志》,《申报》1920年12月8日,第7版。亦参见王清穆研究会注:《农隐庐日记》(4),庚申年十月二十七日,东洋文库近代中国研究委员会:《近代中国研究汇报》第37期,第53页。

尽管苏社集团在涉外的"苏人治苏"问题上极为有力，但对省内自治问题却相形见绌。这在王瑚长苏后苏社集团的种种举措中均可看出。1920年12月26日，在江苏省议会欢迎王瑚的座谈会上，鉴于"苏人治苏"的诉求演成"贤人治苏"，故张一麐称："省长乃一公仆，王省长能忠实职务替我们做事，我们即认他为江苏人亦无不可也。"① 从中可见他的落脚点仍在"苏人治苏"上。

1921年3月，为平衡江南、江北势力，展示江南无锡自治成果，苏社第二届年会由荣宗铨负责在无锡梅园召开。② 此次年会主要任务有二：一、选举理事、分配理事会职权；二、由社员提交和讨论各项自治议案。对于理事一项，尽管社员中有部分省议员如张援③（字涤珊）、华堂（字叔琴）、宋铭勋等人要求增加理事名额，延长理事任期，但遭到大会否决。最终苏社决定以前清旧府属区进行选举，④ 选出的十九名理事与1920年差别不大，只有刘厚生和仇继恒落选，而新增者为储南强和上一年度极为活跃的朱绍文。在提交、讨论和审议各项议案方面，形成共识的提案有三：一是提议在全省设立筹备自治机关；二是清理各县财政，公开财政明细；三是筹办全省道路，设立省道事务局或交通事务局。⑤ 但或是因为省署、县署推诿塞责，或是

---

① 《苏议会欢迎王省长之谈话》，《申报》1920年12月28日，第7版。此次谈话会，张一麐、黄以霖、魏家骅、马士杰、沈恩孚、卢殿虎、曾朴等耆绅亦到场。
② 《苏社昨开临时理事会》，《新闻报》1921年2月14日，第1张第3版。
③ 张援是靖江辛亥革命的主导士绅之一，与王清穆交谊颇密。1920年代曾与华彦铨极力呼吁制定省宪法，是1921年《江苏省制草案》的草拟者之一，详见第8章。参见朱笠夫等：《辛亥革命靖江光复记略》，《扬州文史资料》（第11辑），扬州市政协文史资料委员会编印，1992年，第72页。
④ 《乐农自订行年纪事》，无锡市史志办公室编：《荣德生文论存稿类选》，古吴轩出版社，2015年，第230页。
⑤ 《张一麐上苏社同人意见书》，《申报》1921年3月13日，第11版。

因为牵涉利益太广,这几项议案都没有很好落实。①此后苏社又提出一些自治议案,但都效果寥寥。②

齐燮元就任苏督后,苏社诸理事意识到"废督"暂时无望,于是力主"裁兵"。但裁兵关涉督军根本利益,并不容易。1921年3月,苏社集团召开理事会,决定与旅京同乡一致主张,向中央请求裁减江苏军费四分之一。③在此呼吁下,齐燮元象征性地将江北的海州镇守使白宝山、淮扬镇守使马玉仁两师各裁一团,"以节省军费二十余万"。当时江苏军费几近一千一百余万,二十万也不过是杯水车薪。④故张一麐与江苏旅京同乡会再次召开紧急会议,要求齐燮元将全省各项军队,"按白、马两师成例,各裁四分之一"。⑤此后京宁两地苏绅在裁兵问题上再次展开联动。但北京参谋本部与陆军部讨论后,"电齐燮元酌办",实际还是把决定权交给了齐燮元。齐燮元表示以后会"察看情形,斟酌缓急"再行决定。⑥因此,苏社人士与旅京苏人的裁兵运动在中央府院与地方督军的互推中无形消解。由此可以看出,苏社在对内的江苏省政以及关涉督军根本利益上的举措上,效力有限,远不如在涉外的"苏人治苏"有力。

---

① 1921年6月15日苏社理事会上,苏社理事再次议决拟定省道具体办法。此次理事会到会理事极少,到会理事决定"通函各理事商定后,致省公署"。但到9月15日苏社理事会上,此条计划已不再是会议的主要议题。参见《苏社常会纪闻》,《新闻报》1921年6月16日,第4张第2版。
② 《苏社开会议决事件》,《民国日报》(上海)1921年9月22日,第3张第11版。
③ 《苏社理事会纪事》,《申报》1921年3月15日,第10版。
④ 齐氏之所以首先向白、马两师开刀,是因为苏人提倡裁兵废督时,白、马二人首先来电赞成,且称当勉为同乡尽力,"齐氏闻而大怒,遂先将二人所部裁削"。参见《旅京苏人之裁兵运动》,《申报》1921年3月21日,第7版。
⑤ 静观:《旅京苏人会议裁兵与选举》,《申报》1921年3月12日,第7版。
⑥ 《旅京苏人运动裁兵之结果》,《申报》1921年3月23日,第6版。

小　结

"旅京同乡""苏人治苏"与"京地互动"是理解1920年易长废督运动的三个关键词。首先,旅京苏人的作用不可小觑。1920年易长废督运动,正是旅京苏人与南方苏社诸理事的互动联合,才较为顺利地"拒王""拒文"。1921年3月苏社第二届常会上,黄以霖就总结1920年苏人治苏运动时称"此举虽出于旅京苏人之力争,实亦京外扶助之功"。① 此一语道出了苏社耆绅"京地互动"模式的威力。

1920年易长废督运动,使"苏人治苏"成为江苏的"省是"。② 所谓"省是",即是因"苏人治苏"成为全省上下的共识和趋势。王瑚长苏后,江苏耆绅仍在或明或暗地不断追求"苏人治苏"。经1920年易长废督运动,苏社理事的同人意识逐渐形成。他们在历次对外函电上的集体署名,是这一同人意识的重要体现。③ 这种集体署名表达一致诉求的做法此前较多集中在清末新政时期。④ 袁世凯时代这种情形逐渐减少,此期间江苏士绅对于中央决策亦有反对声音,亦有自我主张,但从未有如此集中和成体制化的行动。因此"苏社"其实已经成为江

---

① 《江苏:苏社第二届大会纪闻》,《时报》1921年3月13日,第2张第3版。
② "省是"之义借用自"国是"。对于"国是"的政治文化,可参见余英时:《朱熹的历史世界:宋代士大夫政治文化的研究》,生活·读书·新知三联书店,2011年,第254、267、277、280、285页。
③ 苏社集团对于公电中的署名,无论是所用机构名义、领衔者、还是排名,均非常考究,此亦时人风气。如王清穆对致徐世昌等人电文的署名,他在日记中即称"余与思齐、芸生列名,盖用江浙水利联合会名义也"。王清穆研究会编注:《农隐庐日记》(2),己未年八月二十二日,东洋文库近代中国研究委员会:《近代中国研究汇报》第35期,第49页。
④ 如1905年,苏绅王清穆、张謇、沙元炳、沈文瀚、沈云霈、邓邦述、恽祖祁、刘树屏、沈同芳等人为沪宁铁路事情即联名致电江苏巡抚。参见《江苏士绅致江督电(为宁沪铁路事)》,《申报》1905年11月3日,第3版。

苏耆绅对外表达的一种武器。王瑚就任后，苏社理事对其施政方针亦多有谋划。①可以说，此时苏社理事的"同人意识"极为明确。

易长废督运动最终由外省人担任省长，这一方面源于"苏人治苏"的共识尚未稳固，另一方面也源于"苏人治苏"的内部人选分歧。江苏省议员冯士奇即指出，"终皆因吾苏少数之有权势者，未能一致，而误于苏人治苏之说，致起纷争"。②在苏社集团内部，张謇与张一麐、黄炎培、沈恩孚等之间始终存在着或隐或现的紧张关系。此中既有张謇与黄炎培等在实业与教育领域的对立，又有张謇与张一麐分属江北江南的暗争。张謇是江苏省教育会的首任会长，辛亥以后一直到1921年十年间仍担任此职。但大致到袁世凯去世后，随着黄炎培、沈恩孚等人主导了江苏省教育会，张謇的会长已是虚职。与此同时，他的事业重心也主要放在实业领域，在江苏自成一系。因此"苏人治苏"与"废督运动"中，他的立场、主张往往与张一麐、黄炎培、沈恩孚等人不同，这影响了1920年易长废督运动的结果，也影响了江苏省治运动的开展。此后两派分歧更为明显。

---

① 譬如王瑚上任后即与苏社集团马士杰、张一麐、黄炎培、沈恩孚、钱崇固、严家炽、王清穆等在省议会召开茶会话，讨论"整理省政诸问题"。时马士杰等人还敦促韩国钧亦来与会。他在信中称："此间同乡诸公及议会同人皆属望于我公一临，俾可增重吾苏人之决议。"《马士杰致韩国钧函》(1920年12月24日)，江苏省档案局编：《韩国钧朋僚函札史料选编》，第41页。
② 《苏议员主张去齐之电函》，《申报》1920年8月16日，第10版。

附图

江苏督军李纯
(《文艺俱乐部：新天津附刊》1930年合订册第1集)

江苏省长齐耀琳
(《江苏实业月志》1919年第1期)

旅京苏人庄蕴宽
(《爱国报》1924年总第23期)

苏社理事黄以霖
(《苏社特刊》1922年第1期)

苏社理事马士杰
(《苏社特刊》1922年第1期)

苏社理事沈恩孚
(《苏社特刊》1922年第1期)

第三章　苏社集团的分野：
　　　　1921年省议长之争

> 苏社之成立，所以为张孝若一人地耳，不幸而着着失败。
> ——一鸣：《苏社开会之观感》（1922年）①

作为全省的民意代表机关，省议会从来都是省治场域中的漩涡。1921年，苏社成立后次年，江苏省第二届省议会期满，第三届省议会选举在即。张謇有意让其子张孝若竞选议长，但与老友张一麐形成竞争关系，引发南北两张议长之争，此事直接导致苏社集团的内部分裂。1923年，曾考察张謇实业的日本人驹井德三即称"江苏省之内，对于张公，近来非无怀反感而放恶声者，或因其子以二十五岁之弱年，运动为省议会议长之事，而牵累其乃翁"。② 1943年，钱基博纪念张一麐时，述及第三届省议长竞选，指出"时有为公子名流之说"："公子者，张君孝若也，以南通名父之子，故尊之曰公子；名流，则先生，所谓民之望也。然而党同伐异，嚣然尘上矣。"③ 1960年代，张謇早年故友沈云沛

---

① 《锡报》1922年2月7日，第3版。
② 江苏省政协文史资料委员会编：《江苏文史资料选辑》（第10辑），江苏人民出版社，1982年，第150页。
③ 钱基博：《张一麐先生轶事状》，卞孝萱、唐文权编著：《辛亥人物碑传集》，凤凰出版社，2011年，第351页。

之子沈蕃,在回忆其父与张謇的交往时亦指出,民国后"张謇的声望却不因为没有竞争对手而更加增高,相反的他仍继续走下坡路";"第三届江苏省议会张孝若贿选议长事。此虽为张孝若事,但因乃父张謇护过,江苏舆论遂集矢于张謇,此事对于张謇晚节之声誉影响最大"。①

对于1921年江苏省议长之争,学界已有一定研究,但仍存有不少值得探讨和商榷的空间。②譬如在此次南北两张议长之争中,支持"北张"张孝若的"金陵俱乐部"究竟是何种团体组织?其与张孝若究竟是何种关系,为何会支持张孝若选举?支持"南张"张一麐的议员为谁?张謇、张一麐与韩国钧三位"耆绅之争"在此问题上的态度究竟如何?在张謇、张一麐与韩国钧三位苏社耆绅之外,其他苏社人士的态度如何,是否有其他"耆绅"隐然操控?这一系列更加细致的追问背后,则是"议长之争"这一事件所折射出的更多面相。本章拟在充分吸收既有研究基础上,对其所未及注意到的方面展开讨论,以此来进一步探讨苏社集团的分裂局面与江苏政局走向。

一、张謇父子的对手

1920年5月苏社成立时,在记名投票选举的二十八名苏社理事

---

① 沈蕃:《辛亥前后的江北名流》,全国政协文史资料委员会编:《文史资料选辑》(第8辑),中华书局,1960年,第153页。沈蕃所述中第三届省议会在1919年召开,有误,应为1921年。报人姚鹓雏(一说陆士谔)曾撰写长篇小说《龙套人语》,后易名为《江左十年目睹记》。小说对张謇、黄炎培、齐燮元、孙传芳等江苏军绅要人颇多影射。参见龙公:《江左十年目睹记》,上海书店出版社,1997年。
② 祝小楠对此有初步梳理,但事件过程以及内幕仍较混沌。张亮在此基础上进一步指出"苏人治苏"背后的耆绅之争。祝小楠:《民国时期议会政治的纷争与困境——以江苏省第三届议会议长选举风波为考察中心》,《北方论丛》2015年第4期,第99页。张亮:《公与私的张力:省宪自治中的议会、舆论与民众——以江苏省第三届议会议长贿选风波为中心》,《南京大学学报》2016年第6期。

中，张謇排名第一，黄炎培第二，王清穆第三，沈恩孚第四，黄以霖第五，韩国钧第六，张孝若第七，唐文治第八，马士杰第九，张一麐第十。①张孝若此时还年仅二十三岁，在苏社理事选举中，能一跃超过张一麐、马士杰等众多父辈士绅，大致可以看出张謇对于张孝若的扶持和张孝若声望的上升。在当选苏社理事前，他曾赴美留学，1918年夏"以父年渐老，地方事又多，由美归国"。回国后，张孝若助其父"处理对内对外事宜"，并有企图涉足政界的迹象。②大致在1920年6月中下旬，李纯与齐耀琳均有聘请张孝若为咨议的任命，张謇在致齐耀琳的信中称"甚愿公助我裁成之也"，可知张謇的心思所在。③

苏社成立后，张謇并非因理事长身份就可以完全操控苏社，实际上，他频频遭到来自苏社内部的挑战。前述1920年秋冬之际，新成立的苏社及旅京同乡在江苏督军与省长人选问题上颇有纷争。最终中央任命直隶人王瑚长苏，"苏人治苏"并未达成。王瑚长苏，是张謇主张"只问贤不贤，不问苏不苏"的方针下对其支持的结果。1920年督军李纯猝死，苏社其他理事主张一举废督，但张謇却力推齐燮元继任。故在军民两长人选与废督裁兵等问题上，两张分歧甚巨，这也使其与苏社其他理事产生抵牾，其中最重要的是江苏省教育会副会长黄炎培。

---

① 《苏社在南通开成立会之沪闻》，《申报》1920年5月15日，第10版。张一麐此时在北京，对于苏社之事较少与闻。《致张一麐函》（1920年5月17日），李明勋、尤世玮主编：《张謇全集》（第3卷），第762页。
② 刘绍唐主编：《民国人物小传》（第6册），生活·读书·新知三联书店，2015年，第293页。张謇似乎对于张孝若遽尔归来并不支持，其在《啬翁自订年谱》中称："怡儿游学归，本欲其留学三年，遽归非吾意也。"1919年，张謇创办淮海实业银行，张孝若为经理。
③ 《致齐耀琳函》（1920年6月），李明勋、尤世玮主编：《张謇全集》（第3卷），第771页。

共产党员、苏人恽逸群1940年代在《黄炎培论》一文中即称：
"当南北两张斗争时，江苏省教育会派在关系上与北张及齐燮元较为接近，但当时均不值北张，所以省教育会巨头不表示偏袒的态度，而个别干部则颇多反对北张者。"① 此中，"省教育会巨头"即指黄炎培等人，"个别干部"应是指朱绍文等。黄炎培长期追随张謇，在袁世凯去世后凭借着教育会的势力，声望逐渐增加。可以说黄炎培凭借江苏省教育会在江苏士林中已开拓出另一中心。此时的张、黄，犹如一张翘板的两侧，在黄炎培逐渐崛起的同时，张謇已处于下沉状态。知悉内情的共产党人萧楚女在1925年即称：黄炎培等"苏社一派"仅将张謇尊为"表面首领"而已。②

1921年议长之争中，与黄炎培一道隐匿幕后，操纵着整个竞选局面的，是《孽海花》的作者，世人常以"文学家"看待的曾朴。事实上，曾朴在1907年停办《小说林》杂志后，"便浮沉于宦海中"，一直到1927年党军北伐，才避居沪上，又开始经营报业，创办《真善美》杂志。③ 曾朴晚年在这份杂志中撰写过自传性质的小说《鲁男子》。他本计划在小说的《议》《宦》《战》部分中叙述自己"在民初当选第一届江苏省议会议员后的活动"，其中包括民初"舍议席而登仕版"，"投入联省自治，要求苏人治苏的运动"。"其中更详尽曲折地叙述江苏省议会前后两届的政争"，旨在"揭露当年的内幕真相"，"有许多事迹颇具历史价值"。曾朴之侄，曾"侍教于舅氏者垂二十年"的吴琴一在《如是我闻"鲁男子"》中即回忆称："鲁男子说过：黄是他的

---

① 董达哉（恽逸群）：《海上画虎录之三：黄炎培论》（上），《杂志》第13卷第5期，1944年8月10日，第27—28页。该文后收入陆炳炎主编：《恽逸群同志纪念文集》，生活·读书·新知三联书店，2005年，第542页。
② 初遇（萧楚女）：《蒋维乔长东大之由来》，《中国青年》1925年第86期。
③ 包天笑：《钏影楼回忆录　钏影楼回忆录续编》，三晋出版社，2014年，第239页。

后盾支柱,而淮阴的朱绍文(德轩)和常州的陈大猷(颖孙)都是他的左右先锋。"此揭示出曾朴和黄炎培、朱绍文、陈大猷的关系。曾朴晚年将黄炎培、沈恩孚等江苏省教育会之人称之为"一班至好",均可证其与黄炎培之关系。

曾朴提到朱绍文、陈大猷"都是他的左右先锋"亦值申引。朱、陈两人均是民初的国民党议员,两人在议会中均以能言善辩著称。① 其中朱绍文连任三届省议员,"为议台一员闯将",是省议会中领袖群论的要角。② 关于朱绍文与曾朴的交谊,朱绍文曾撰写文章回忆称"民国二年三月一日第一届江苏省议会成立,始识曾君孟朴",此后两人交往甚密,朱绍文称议会审查会期间,"君与我恒朝聚而暮散也"。二次革命时袁世凯要求取缔议会中的国民党,时曾朴"正改组江苏进步党支部",为了保护朱绍文,曾朴遂将朱绍文列入进步党名册中,由此可见其与曾朴之交谊。③

1917年初第一届省议会复会,民初省议会中的共和党与国民党的旧党派亦随之复活,并且在新的选举方式下又开始分化重组。当时旧共和党人沈惟贤等在宁组织成立"省政研究会",加入者以宁属、扬属议员为多;于是旧国民党人朱绍文、刘伯昌等曾发起"地方自治促进会"这一议会团体。有报纸揭露出,该会发起人颇有地域色彩,以"徐淮海松四属省议员"为主,驻会干事为许苏民、刘伯昌、杨友熙、交际干事为朱绍文、陈大猷,会员近百人。他们在当时就抱

---

① 吴琴一:《如是我闻"鲁男子"》,常熟市政协文史资料研究委员会编:《文史资料辑存》(第5辑),内部发行,1964年,第72、70页。曾朴:《鲁男子:战》,《真善美》1931年第1卷第1期,第1—30页。
② 朱绍文,字德轩,江苏淮阴人。早年任职淮阴(时称清河)县劝学所,1913年任江北公立法政专门学校长。1918年入江苏水利协会。1920年为苏社事务所总书记,苏社诸多文案多出自他手。
③ 朱绍文:《我之曾君孟朴观》,《宇宙风》1935年第2期,第104—105页。

定"打破金钱运动选举之弊,以达人才选举之目的"。①朱绍文还是江苏省教育会交际部干事,与黄炎培等人关系极密。②

对于曾朴在1921年江苏省议长风潮中的种种活动,其子曾虚白在晚年自传中颇有详述。其称"时江苏督军齐燮元勾通南通巨绅张謇为其子张孝若争此议长席","张謇是一个富绅,有的是钱,实行以巨价买票的贿选,父亲闻之,怒认此风不可长,拟约集议会同志密商对策","应召而至的议员只有朱德轩、陈颖孙等十几个人"。曾朴等商议决定一方面促请张一麐竞选议长,"另方面,广作宣传,揭破贿选黑幕……如此风潮越闹越大……卒由中间人调停……表面上对峙僵持的二张都退让息争,实际说,是我父亲打击军阀的一大胜利!"③曾虚白此段追忆大致揭示出1921年省议会议长之争的幕后情形。他称曾朴阻止张孝若当选议长"是我父亲打击军阀的一大胜利!"此不过是对其父的溢美。曾朴将矛头对准的,并非军阀齐燮元,而正是积怨已久的张謇父子。或可说,曾朴实际上是利用了张謇父子与张一麐两人矛盾促使两张展开角逐,自己身居幕后,主导策划一切。④对此,曾朴晚年直言"又一次,我有意识地化了两千几百块钱,敲醒了南通土皇帝的太子议长梦!"⑤

曾朴与张謇有何积怨,为何要敲醒"南通土皇帝的太子议长

---

① "省政研究会"为苏籍国会议员凌文渊、陈士髦等人发起,主要成员有郝儒琳、王玉树、张援、季通等。而"地方自治促进会"为苏籍国会议员方潜。
② 《江苏省教育会现任职员姓氏录(民国八年八月改选)》,《江苏省教育会年鉴》第5期,1920年7月。
③ 曾虚白:《曾虚白自传》,联经出版事业公司,1988年,第23—24页。
④ 曾虚白在1935年其父去世后数月间撰写曾朴年谱,发表在当年的《宇宙风》杂志上。年谱中对此事件亦有提及,不过由于当时距离此事件较近,故所述颇为隐晦,只字不提謇父子,仅称是"军阀"齐燮元所为。晚年已无太多顾忌,才直述张謇父子"实行以巨价买票的贿选"。
⑤ 吴琴一:《如是我闻"鲁男子"》,常熟市政协文史资料研究委员会编:《文史资料辑存》(第5辑),内部发行,1964年,第81页。

梦"？这必须要追溯到曾朴在1907年"浮沉于宦海"后与张謇的交从。曾朴1875年出生于江苏常熟一个世家大族，后以文才得到翁同龢赏识，可以说其与张謇同为翁同龢的门生。1907年他创办《小说林》，续写《孽海花》，声名大噪。1908年，他加入预备立宪公会，始与张謇有频繁交集。辛亥年间，他是息楼座上客之一。民国成立，他加入张謇为首的共和党。1914年长期任江苏官产处处长。①

官产处，主要是为了管理各省闲置的官产，如山林、屯田，废置官署、无主官地等。这一官制"发轫于民国二年，由财政部管理"。1914年6月，北京政府在各省设置官产处，处长由财政部荐任。②江苏官产处处长的职责，与曾朴家族的祖业相近。曾家是常熟"四大望族之一"，曾朴子曾虚白在自传中称：曾家在晚清只有举人功名，"并没有做任何显赫的大官"，但是"我曾祖和我祖父两代都管理常熟的沙田"。沙田是在长江两岸因江水冲击所产生的新土地，"这是国家很大的一笔财源，可是前清皇帝不知道，常熟县知县管不到，管理之权就落到了我们士阶层"。曾家也因此在常熟拥有更显赫的地位。③

曾朴能够担任官产处处长，颇有内情。曾虚白称："父亲当选江苏省议员以后"，想要"建立江苏人自己的政治组织，而政治组织的基础，必先掌握到几个财政机构入手。……，因此，父亲在民二年北上出席全国各省财政会议的时候，向财政部提出整理江苏沙田和整理江苏官产两大计划。于是财政部……卒改组由父亲以江苏官产处处长兼办沙田事宜。从此父亲掌握到江苏财政的一大财源，为他在

---

① 中国社会科学院近代史研究所中华民国史研究室编：《中华民国史资料丛稿·人物传记》(第5辑)，中华书局，1978年，第110—112页。
② 贾士毅：《民国丛书·第2编·38·经济类·民国财政史(上)》，上海书店出版社，1990年，第283—284页。
③ 曾虚白：《曾虚白自传》，联经出版事业公司，1988年，第9—12页。

江苏政治上的基础"。此段回忆揭示出曾朴担任江苏官产处处长的来龙去脉。然实际情形并不全然如此。1918年张謇曾撰文指出，曾朴之所以能获此要职，是因为时值江苏武进人张寿龄长财部，"热于聚敛"，"曾乃许纳三百万，歆张以求助"；又歆昔之省长助之"。"曾遂一旦兼任官产清理处处长、沙田局局长。"①担任官产处处长，曾朴"掌握到江苏财政的一大财源"，他便"在幕后掌握了江苏政治活动的中心"。曾虚白直言"江苏督军换了好几个，跟着省长以及整个省政府组织换了好几次，惟独父亲能保持他官产处处长不动摇"。②

现在还未有详实史料显示出张謇与曾朴之间的交往过从，也不清楚二人的交恶始于何时何事。不过，曾虚白所撰年谱中指出，曾朴1911年四五月间受杨翼之鼓动，开始"参与选举运动"。杨等主张曾朴"先应选为省议员，再以省议员为阶梯而入参议院"，由此可以在中央开展政治活动。于是曾朴在当时同乡好友黄谦斋的运动下当选省议员。1912年曾朴到南京准备"继续参议院的复选运动"，但此时张謇亦希图竞选参议员，可是票数却不足。因此有"南通商会会长等某某访先生，以党的立场，劝说先生牺牲自己的地位，劝告拥护先生者集中投选张謇"。曾朴"慨然允之"。于是"张謇被选为参议员，而先生则仍是省议员"。③

张謇确实当选过国会参议员，其时在1913年2月24日。当时江苏省正举行省议长和参议员选举。尽管共和党人亟力运动，以为张謇铺路，但是张謇态度颇为消极。他认为"时局日扰，人情日诡激，

---

① 《为南通保坍事声告全国及南通父老书》(1918年6月)，李明勋、尤世玮主编：《张謇全集》(第4卷)，第374页。
② 曾虚白：《曾虚白自传》，联经出版事业公司，1988年，第22—23页。魏绍昌：《孽海花资料》，上海古籍出版社，1982年，第172页。
③ 曾虚白：《曾虚白自传》，联经出版事业公司，1988年，第22—23页。

士气日鄙薄,议长不可为"。故在省议长选举之前,就已经嘱咐其所在的共和党人以及当时的密友黄炎培、沈恩孚、孟森等,表明自己"不就议长之故"。①最终议长被许鼎霖取得。两日后的国会参议员选举,张謇虽然以微弱优势当选,但在十余日后通电辞职。如此在谁来补任问题上,"因各党有被选资格者互相竞争",引发议会内部纷争。②正是张謇的这种"反复",让曾朴的让贤成了多余。曾朴或颇感张謇对其有所亏欠,故在晚年亦仍然念念不忘而诉诸其子。这似乎是曾朴与张謇交恶的开始。曾朴父子对此事亦颇为看重,曾虚白称:

> 这一个转变,事实上根本决定了民国以来先生在政治上的路线。……现在,做了省议员,其发展范围在江苏省里,就变成了历次省政变迁的中心人物了。先生在省议会中的党籍虽属于共和党,可是平日接近的却是黄允之、陈大猷辈,都是旧国民党;事实上,以先生的才华和处事的坦白,早就打破了党的界线而自成了一种江苏环境所需要的结合,群奉先生为中心。③

曾虚白称曾朴虽属共和党,"平日接近的却是黄允之④、陈大猷辈,都是

---

① 《柳西草堂日记》(1913年1月13日),李明勋、尤世玮主编:《张謇全集》(第8卷),第1042页。
② 《苏议会第一次选举参议院议员》,《申报》1913年2月26日,第6版。
③ 魏绍昌:《孽海花资料》,上海古籍出版社,1982年,第171页。
④ 黄允之(1878—1931),名守孚,江苏嘉定人,为黄炎培族亲。早年游学日本,在早稻田大学攻读政法,与国民党陈陶遗、钮永建等友善,旋入同盟会。辛亥时期,与陈陶遗、钮永建、钱崇固、冷遹等在江苏省内进行革命活动,并与许苏民等在嘉定发起同盟会支部,主导辛亥嘉定光复。1918年当选第二届省议员。黄守孚与黄炎培交称莫逆,"黄炎培在上海创办职业教育,先后成立职业教育社(在环龙路)、中华职业学校、中华铁工厂(在陆家浜),黄允之无不尽力协助"。顾树森、杨卫玉、潘仰尧等嘉定人士均襄赞其间,为职教社骨干。参见王元通、印克:《黄允之先生传略》,上海市嘉定区政协学习和文史委员会《嘉定文史》编(转下页)

旧国民党"一语,可与前述吴琴一所言朱绍文、陈大猷"都是他的左右先锋"互相参证,此时从中可见曾朴在省议会中的势力。成为省议员后,曾朴与张謇的关系急剧恶化。这在"六年公债案"中已有极为明白的体现。① 此后曾朴和张謇在沙田、水利等涉及江苏实业问题上频频引发纠葛,致使二人关系更加恶化。如段山夹滩筑坝问题与衣周塘滩地问题。此处对段山夹滩筑坝问题略述一二,以明其纠葛所在。

段山夹滩在常熟江阴。当时的段山夹是指江流南岸因支江贯穿其中形成的南、北、中三块沙地。但正是因为三块沙地中夹有长江支流,亦会对滩地形成冲削,导致许多田庐墓地被冲入长江,故常有农户建议修筑夹地大坝,以阻削减。同时常熟、江阴地方士绅如汤静山、卢国英又认为"培涨滩地,围筑成田",可扩张财富,因此与同为常熟人的官产处处长曾朴沟通密谋,决定修筑北夹山坝。② 1916年底段山北夹坝成后,水流更急,对北岸的南通江岸削减甚烈。因此坝成后,张謇频频致函省长齐耀琳,指责曾朴为幕后推手,应予惩处。在张謇反复敦促下,齐耀琳"令江阴、常熟、如皋、南通四县长集南通,会议铲坝办法"。但是当时"坝成已逾半载,坝东涨滩高与两岸陆地等,且绵延数里。奉命铲坝者知无可为力",结果"仅开一缺口而去,沙民复将缺口堵塞,江坝安全毫无影响"。③ 无奈之余,张謇知坝成滩涨,其利必厚,乃向交通总长曹汝霖荐其亲信,前如皋县知事

（接上页）辑委员会编:《嘉定文史》(第16辑),内部发行,2000年,第102页。黄守孚与同为嘉定人的徐鼎康交谊匪浅。"二位书生合在一起,亲密无间,凡嘉定人去省里,遇到困难,必然得到二位的周济。"周其确:《乡音》,中西书局,2015年,第22页。
① 对于六年公债案的记述,参见徐沧水编:《内国公债史》,商务印书馆,1926年。
② 《为南通保坍事声告全国及南通父老书》(1918年6月),李明勋、尤世玮主编:《张謇全集》(第4卷),第374页。亦见《与张督等致齐耀琳函》(1918年8月30日),李明勋、尤世玮主编:《张謇全集》(第2卷),第657页。
③ 周官濂:《段山南北夹筑坝追忆》,常熟市政协文史资料研究委员会编:《文史资料辑存》(第3辑),内部发行,1962年,第62页。

刘焕为江苏沙田局总办,以便制衡曾朴等,掌控滩地标卖之资,并"将全部涨滩充作江北保圩经费"。①

此后张謇在南通保圩问题上与曾朴等常熟、江阴士绅的矛盾不断积累,且从未停止。1918年张謇反复催促齐耀琳,要求曾朴掌控的沙田局垫付南通保圩费用,铲除段山夹坝,齐耀琳在此事上颇为为难,故多拖延应付。②曾朴的官产处处长一职在1919年4月遭解职。解职后,曾朴被张寿龄委任为江苏烟酒事务局会办。现在还不能确定曾朴的突然解职是否与张謇有关,但是此后江苏沙田管理由张謇用来制衡曾朴的沙田局总办刘焕独当。曾朴失去这一肥差后,即鼓动乡里士绅频频攻击刘焕。③1920年2月,财政部李思浩称刘焕"因案被控",须解去沙田管理处会办一职,"另候委用"。张謇知悉后立即为刘焕纾解,其在致李思浩函中称段山夹坝"害贻南通","众论沸腾,不直曾朴之所为",而刘焕颇有政绩,故请财政部收回任命。但财部不为所动。④正是张謇与曾朴这一系列纠葛与积怨为1921年南北两张的议长之争埋下了种子。

二、议长选举前两派的布置

1921年5月,第三届省议员即将选举。省议员本来是省下一级

---

① 《保圩》,第224页,转引自庄安正编著:《张謇年谱长编·民国篇》,上海交通大学出版社,2018年,第276页。
② 不得已张謇请来全国水利局严善坊、高增序等来调解。参见李明勋、尤世玮主编:《张謇全集》(第2卷),第650、658页。庄安正编著:《张謇年谱长编·民国篇》,上海交通大学出版社,2018年,第271—274页。
③ 《地方通信·苏州》,《申报》1919年9月10日,第7版。
④ 《致李思浩函》(1920年2月29日),李明勋、尤世玮主编:《张謇全集》(第2卷),第738页。

的地方士绅为在全省中拥有更多的"象征资本"而参选。当选后既可在本属本乡中提高声望，又可在地方自治中伸张谋利，同时也可凭此身份结交全省各地士绅，成为省级精英乃至全国精英。像张一麐、张孝若这样的名流本不需要借助此条途径，故此二人在第一届、第二届省议会中均未参选议员。但1921年夏第三届省议员选举较此前略有不同。此时联省自治运动已高唱云霄，湖南已开始实行省宪自治，浙江亦有进行。各省士绅在"废督裁兵"与"省人治省"思潮下，均主张制定本省宪法，先图一省自治，而后联省制宪共治。负责起草、审议省宪法的省议会地位至关重要。"第三届省会，适于此时产生"，故此时议长之位成为江苏南北士绅共同瞩目的对象。张孝若后来对参选缘由，亦有解释，其称"今之中国，拟求南北统一，政治就轨，试问舍各省实行自治，制定省宪，然后各省制定国宪，统一南北，尚有何法"。因此他"有感于省会之重要"，"故群约加入省会"。①

距离省议员选举还有两三月，张孝若曾赴南京拜会过苏督齐燮元，与齐晤谈至深夜，后又赴省议会副议长鲍贵藻和孙儆宴请，这一系列行动使张孝若"运动下届省会议长之说"日盛。②与此同时，曾朴等也在积极筹划。一开始，曾朴等提议张一麐出任议长，齐燮元"不甚赞同"。为此，曾朴等又打算请韩国钧出山参选议长。韩之弟子庞树森即劝韩称：

> 中央政局混沌，不久仍恐有变。自治潮流，吾苏拟与浙江同趋一轨。省会改选在即，议长一系关系綦重……簪斋、寅生、德轩、孟侯诸公极盼吾师出而应选，以慰苏人之望。③

---

① 《张孝若关于苏议长之谈话》，《时报》1921年9月19日，第2张第3版。
② 《南京快信》，《申报》1921年5月13日，第8版。
③ 《庞树森致韩国钧函》(1921年6月18日)，江苏省档案局编：《韩国钧朋僚函札史料选编》，第445页。

此处"籀斋"即指曾朴,"德轩"为朱绍文,"孟侯"为刘伯昌,"寅生"疑为蔡君植。这些人应是同一党系。① 朱绍文与刘伯昌均是省议员。1918年开始的第二届省议会中,他们与冯士奇、陈伯盟四人被扬属议员王鸿藻、刘文辂、吴鸿勋斥为"议会四凶"。② 面对曾朴等人的鼓动,虽未有史料显示出此时韩国钧的态度,但从后见之明看,曾朴、庞树森的鼓动并未成功。此后,曾朴把鼓动对象又放到张一麐身上。

张一麐长期旅居北京,在旅京苏人中有极大话语权,苏社成立时虽当选理事,但此时参与不多,1921年上半年他都在北京。为鼓动张一麐参选,曾朴"与苏州旧府属几个老友联名写信去北京,表达乡里人士推选仲老出任本省议政的诚意,一面他又亲笔修书敦促"。张一麐也颇感犹豫,因一旦参选,即与张謇父子形成竞争关系。后苏州地方士绅赴京游说,8月初江苏各选区紧锣密鼓开始筹备省议员选举之际,旅京苏人庄蕴宽、赵椿年致苏州乡绅信中称张一麐"始则不愿应选,现由渠等再三劝驾,大致可以俯就"。③ "大致"一词亦可窥见其犹豫心态。曾朴得到张一麐"大致可以俯就"的态度后,"就赶奔苏州,暗中主持了这一场选举"。吴琴一称他"分头约请常熟、昆山、吴江几县的朋友预作布置。一到苏州,各县的交好纷集,向他报告初选情况"。曾朴"招待应酬,花去二千元左右的交际费用",张一麐遂得以当选省议员。9月初,张一麐从鄂回宁赶来参加省议长选举。④

曾朴等除着力于张一麐所在的苏属选区外,在全省其他十个选

---

① 参见《纪苏省之小政党》,《申报》1917年2月6日,第7版。
② 《朱绍文被逮续志》,《申报》1927年5月26日,第7版。
③ 张一麐参选议长,其弟张愿圃颇反对,其致乡人信中即称:"此事结果恐仲仁与地方或均不甚利益。"《地方通信·苏州》,《申报》1921年8月18日,第11版。
④ 他会见了朱绍文等支持他的省议员,又赴沪会见旅沪同乡会、参加苏社理事会常会。在家乡苏州以省议员身份会见乡友,均在为选举准备。参见《地方通信·苏州》,《申报》1921年9月26日,第11版。

区亦圈定好了同党"候选人",而张孝若派亦复如此。结果在正式选举之际,十一个选区中,除曾朴亲自谋划的第二区苏属"所拟候选人已如约当选"外,"其他十区所拟者皆被挤落选"。朱绍文也差点落选,后来"他县友人"让出名额,朱绍文才得以当选。①当时竞选省议员,贿选买票已成潜规则。②曾朴等人打的是"人才主义"的旗帜,号称不行贿受贿,其实不然。在贿选蔚然成风下,自然难有至清之鱼。从10月、11月两派相互揭发的内容看,朱绍文其实亦是贿选而来。③张一麐亦是如此,1923年费树蔚致信韩国钧即称:"仲老被选省议员即城外醵资购票得之。仲老至今未知。"联系张一麐在北京,曾朴操纵苏州选举的情形,张一麐"至今未知"应是实情。④不过也一语道破曾朴"只竞选不贿选"的里外不一。

在张一麐当选省议员的同时,张孝若亦毫无悬念地通过通属(第八选区)的选举,获得省议员资格。与张孝若同时当选的通属议员还有陈琛(字葆初)、蔡钧枢、瞿名川、高孟启、费师洪等。其中,陈琛之父陈惟,曾在1895年参与创办张謇的大生纱厂,是重要董事之一。陈琛更是"在清末早就为张謇供奔走",有人甚至称是"张謇重要的左右手",与张孝若关系较好。也就是此人,在与张孝若共同当选为省议员后,赴省城南京召集各选区议员,组建金陵俱乐部,"为力争议

---

① 朱绍文:《我之曾君孟朴观》,《粤海风》1935年第2期,第104—105页。1921年8月2日,曾担任二届省议会议员的苏属常熟人徐凤标亦告诉其侄徐兆玮称"此次二区省会准选出张仲仁,由孟朴主持"。参见徐兆玮著,李向东等标点:《徐兆玮日记》(第3卷),1921年8月2日,黄山书社,2013年,第2249页。以下出版信息从略。
② 曾当选此届议员的孟钧回忆江苏议员选举称,"有意于此者,事前乃大肆活动,大都以金钱或其他财物或期约日后以其他职位相许"。孟钧:《民国七年江苏省第二届省议会记》,朱沛连:《江苏省及六十四县志略》,台北"国史馆",1987年,第493页。
③ 10月11日、12日的议会中,金陵俱乐部议员吴辅勋、庞振乾等对此有所揭露。参见《苏议会选演怪剧》,《大公报》(天津)1921年10月17日,第2张。
④ 《费树蔚致韩国钧函》(1923年9月1日),江苏省档案局编:《韩国钧朋僚函札史料选编》,第557页。

长开始之运动"。① 此外,蔡钧枢亦是助推张孝若的重要人物。据与张謇家族"有世谊交"的省议员孟钧回忆,张孝若准备竞选省议长时,"有蔡钧枢、陈葆初二君,曾为孝若兄助选"。蔡钧枢拉拢孟钧,请其"必须连任","推其用意,既为竞选前增加拉选票,又为当选后不无多一互助"。彼时孟钧确想连任,但对于张孝若竞选正议长,颇不以为然。他认为:

> 孝若年龄太轻似乎刚刚脱颖,就坐正席议长,不够妥善,最好先行推出一位较有声望,兼有世谊交者,请其出面担任正席议长,孝若任首席副议长,经年许或半载,正席议长辞职,首席副议长,当然依法替升,应无问题。

但蔡钧枢认为"此一建议,稳健有余",且蔡认为张謇"年事已逾稀寿,不容再缓,须采取一鼓作气"。② 是故"张孝若金钱运动议长"之传言甚嚣尘上,当有曾朴等暗中制造的成分,但亦表明张孝若或支持张孝若之人确有此种行径。

张孝若"金钱运动议长"的传言甚嚣尘上时,张謇的许多故友,如沈恩孚、孟森等纷纷或直接或间接提醒张謇。张謇在复函中称这些传言或是钱以振在常州"别有运动作用"的结果。其称:"常之钱琳叔虑仲仁前受项城之愚,异日或将受某某之愚为作傀儡,有属意儿子之言。"钱琳叔,即钱以振,因在常州模仿张謇兴办实业,时人称之为"常州张季直",与张謇父子关系较好。钱以振不满张一麐"受某

---

① 管劲臣:《南通报刊史料》,南通市政协文史资料研究委员会编:《南通文史资料选辑》(第3辑),1983年,内部发行,第18页。
② 孟钧:《江苏第三届省议会议长竞选之回忆》,《江苏文献》第3卷第2期,1971年2月16日。

某之愚为作傀儡",故鼓动张孝若出选,此处"某某"应指曾朴等。张謇称自己听闻此事后,遂决定放弃竞选,让钱以振一致推举张一麐,并且令张孝若赴沪向张一麐"解释疏通",以示让贤。张謇还称钱以振"似已翻然许可"。在1921年8月25日复沈恩孚的信中,对于贿选传闻,亦称"所闻,都无其事"。而且称"儿子被选,非鄙愿,亦非儿子之愿",而为地方人士鼓动的结果。此究竟是张謇父子的托辞还是确实如此,不得而知。不过事已至此,张謇决意"临渊弃网",让张孝若放弃省议员的职位,以示清白。①

但观察张孝若在当选省议员至省议会开幕的9月份活动,他似乎并未按照其父的想法去做,反而是频频露脸,发表各种公论,以为参选造势。②不过,对于张謇主张一致推举张一麐为议长的建议,他仍有听从。9月下旬,张孝若公开表示:"复选揭晓,苏属张一麐氏应选后,有人主推为议长,余颇赞成。因张氏与余父多年老友,对于国事省事,向抱同一之主张……余分居后辈,其声望学问亦远出余上,故余个人曾竭诚表示赞成。"但是"一致推仲仁"参选议长,并不意味着他对副议长没有希求。对于贿选传言,张孝若亦有回应。除声明父子二人为地方自治已无余钱外,还坦言"谓无金钱之作用,而尽为人才主义,则一会之中共有几人?"此亦在暗示,在贿选成风的时势下,张一麐派亦有"金钱之作用"。③

第三届省议会选举时,黄炎培未能当选议员,朱绍文、陈大猷已然

---

① 李明勋、尤世玮主编:《张謇全集》(第3卷),第905—907页。庄安正编著:《张謇年谱长编·民国篇》,上海交通大学出版社,2018年,第429页。
② 《张孝若复太平洋问题讨论会书》,《申报》1921年9月12日,第14版。
③ 《张孝若关于苏议长之谈话》,《时报》1921年9月19日,第2张第3版。从张孝若在10月6日发布的"公电"中称"前与友人谈话,推重张仲老之意,早经宣布揭之报纸"一语来看,此信应是张謇父子刻意布置的结果。《公电一》,《申报》1921年10月6日,第7版。

成为此派中的核心人物。朱绍文也是苏社干事,张謇父子对于他也相当熟悉。张孝若即称"朱君德轩等,则年来所引为同志,同为组织苏社之人,面晤函商于通、于沪,联络同志,整顿苏政,旨趣合一"。①张孝若称"旨趣合一"似乎不全然如此。朱绍文在1920年9月曾与黄炎培联名致电张謇,向其询问衣周塘滩地以及大生纱厂股票是否变卖归张謇所有事,可管窥出其与张謇之间并非非常信任。②此时朱绍文虽全力支持张一麐竞选议长,但自己似亦有角逐副议长的诉求。③

三、"金陵俱乐部"发覆

1921年9月18日《申报》报道称,"宁属议员组织金陵俱乐部,海属议员仍维持地方协进会原状,将来选举正副议长,必有一番剧烈竞争"。④这是"金陵俱乐部"目前所见首次出现在史料中。此报道指出,金陵俱乐部的主要发起人是宁属议员。而"地方协进会",实际上就是前述朱绍文等江北淮徐扬海等发起的"地方自治促进会"。不过此时的"金陵俱乐部"与"地方协进会"具体究竟有哪些议员,各大报刊并未有明确揭示。但这仍然有迹可循:以"宁属""通属"议员为主,与朱绍文等人处处相对者,即为"金陵俱乐部"的主要特征。以此回溯,则9月1日《申报》刊布的一份由张孝若领衔的治水

---

① 《张孝若启事》,《申报》1921年11月5日,第1版。
② 1921年上半年朱绍文与张謇父子对议长选举问题就有过沟通。朱绍文称自己当时就已提醒并劝阻过张謇父子,但张謇父子不为所动。亦有传言称当时朱绍文是支持张孝若,后来却转向了张一麐。《复朱德轩函》(1920年9月28日),李明勋、尤世玮主编:《张謇全集》(第3卷),第804页。
③ 《快信》,《新闻报》1918年8月28日,第1张第2版。
④ 《南京快信》,《申报》1921年9月18日,第10版。

意见书最可注意。注意之处倒不是其所论的治水方略,而是与其同署名之人。其中除张孝若外,有省议员。①上述人员以新当选的通属议员为主,亦掺杂有宁属、扬属、松属、苏属、常属、太属议员。此时"金陵俱乐部"尚未出现,但实际上,他们就是尚在谋划中的"金陵俱乐部"。上述成员当非金陵俱乐部之全貌。若再后追议长之争时期的电报战。前后通览,则这一俱乐部中人之核心成员,基本浮出水面,主要有:徐果人、陈琛、蔡钧枢、刘文铭、王景常、吴辅勋、闵瑊、龚廷鹗、王朝幹、陶保晋、宋铭勋、朱积祺、庞振乾、屠宜厚等。此处须对他们的源流稍加回溯。

所谓金陵俱乐部之"金陵"者,南京之旧称也。民元,"江宁"始改名为"南京"。清代江宁府下辖有江宁、上元、句容、溧水、高淳、江浦、六合七县。作为两江总督、江宁布政使的驻地,江宁府士绅虽在府县,但可结交不少省级官吏士绅和其他徐、扬、淮、海等江北各府闻人。科举废除之后,随着谘议局的创办,议会成为地方士绅阶层上升的重要渠道。故稍有权势的士绅均会投身议会,参选议员。1914年省议会停办,1916年黎元洪又恢复,1918年第一届省议会期满,第二届省议会重新选举。此时地方士绅们已经熟练地掌握了议会制运行中的漏洞与潜规则,故有能力参选者多是各县的豪族巨绅,而买票拉票贿选已成寻常惯例。时有报人即指出,"初选当选人各分团体,或借酒馆为消遣,或买扁舟以纳凉,秦淮两岸灯火连天、笙管缭耳","其热闹之景象,直与前清科场时无异焉"。②

省议员需要经过在县初选和在府复选。初选结束后,各县当选者要汇集到各旧府属进行复选。由于全府的初选当选人很多,支持者寡

---

① 《省议员张孝若等函》,《申报》1921年9月1日,第15版。
② 《宁属省会覆选之近讯》,《申报》1918年7月30日,第7版。

众不一。故支持者明显较少之人,此时会让步、归并到票数较多的候选人中,如此就会形成利益团体。如同滚雪球一般,经过几番归并、整合,各选区由此产生出票数最多的几位,他们不仅可以顺利当选省议员,还可以有望在议会开幕后竞争正副议长。也正是因为他们的当选得益于许多候选人的让步,故在省议会的议事中,他们也往往代表这些人的意见,由此形成较为稳固的地域利益团体。他们彼此联通一起,互相加持,从而导致省议会中形成"不问是非,是认党派"的风气。

1918年第二届省议会,旧江宁府即为第一选区。最终,当选人为庞振乾、朱积祺、屠宜厚①、张肇炘等人。②此数人之所以能够凸显,一方面是源于他们本身的财力、势力较大,另一方面也正是许多选票较少的当选人让步、归并的结果。上述议员平日即在生意上资金往来,相互扶持,利益攸关。目前虽鲜有他们早年的经历资料,但仍可管窥出,他们多是一些当地的大族,通过实业经商积累到许多资本。其经营的领域主要是蚕业、茶业、浴室、渔业等规模不大的商业,也有入股涉足面粉、银行业等。辛亥政权鼎革之际,他们借助地方士绅的优势,大多攫取到一定的职务,甚至成为本县光复的主导者。③1913年第一届省议会选举,他们鲜能当选省议员,这或与此时期他们的活动空间

---

① 屠宜厚曾在民元出任龙潭合兴公司经理,曾非法开采龙潭煤矿,被代理都督庄蕴宽下令禁止;1917年被选为龙潭商会会长。时龙潭镇处在句容县和江宁县之交,故屠宜厚活跃于两县之间。1920年代,屠宜厚又开办龙潭水泥厂,在便民河中横建水坝,拦截水源,致使民怨沸腾。参见蒋汝正:《句容县实业情形视察报告》(1919年7月),句容县政协文史资料研究委员会编:《句容文史资料》(第4辑),1986年,第5页。《龙潭煤矿节略》,中国第二历史档案馆编:《中华民国史档案资料汇编(三)·工矿业》,江苏古籍出版社,1991年,第842页。章有义编:《中国近代农业史资料1912—1927》(第2辑),生活·读书·新知三联书店,1957年,第494页。
② 《宁属省会覆选之近讯》,《申报》1918年7月30日,第7版。
③ 庞振乾此前创办有江南蚕桑讲习所,后改为蚕业专门学校,庞振乾为校长。1922年江南蚕业研究会成立,庞振乾为正会长,陶宝晋、朱积祺为副会长。参见《南京快信》,《申报》1923年1月23日,第10版。

尚在府县层面有关。至1918年第二届省议会选举,他们通过长期积累的资本买票、拉票,顺利当选省议员,其权势突破府县,达至省域。

"金陵俱乐部"之"金陵",亦有"金陵道"之义。由于1913年第一届省议会选举,扬州府与江宁府属于同一选区,1918年第二届省议会选举虽然两府分为两大选区,但因互相毗邻,两府士绅仍多有联合。扬属第二选区当选为省议员者有第三区(扬属)刘文辂、王鸿藻、吴鸿勋等人。刘文辂早年曾投身教育界,他一度为江苏省立第一中学校长人选,但被排挤。此后便以议员为职业,且在省议会中专门挟制、为难省教育会之人。王鸿藻在高邮光复后创办电灯厂、电话局、轮船局,成为高邮豪绅,后当选高邮县商会会长。1918年第二届省议会选举,通过种种运作,遂谋得省议员职位。此后便操控县署重要职员的任命,县知事对此也无可奈何。①吴鸿勋为第一届省议员吴辅勋之弟。吴辅勋在清末曾任浙江建德县知县,高邮光复,他一度被推举为民政长。1921年第三届省议会,吴辅勋当选省议员。②吴氏兄弟在省议会中与刘文辂、王鸿藻、王景常③等人互

---

① 高邮县大地主张才鲁,"也想获得这个头衔,以壮声势。于是拉关系,送人情,银子用了不少,最后总算得了个省议员的称号。于是与王鸿藻明争暗斗,搞得地方上不得安宁"。陈念祖:《王氏五桂》,高邮县政协文史资料研究委员会编:《高邮文史资料》(第6辑),高邮县政协文史资料研究委员会,1987年,第181—182页。

② 省议员"兄弟轮替"的现象在北洋非常普遍。除吴辅勋、吴鸿勋兄弟外,还有东台孟钧、孟铎兄弟,灌云武同举、武同綮兄弟,吴江钱崇威、钱崇固兄弟,吴县潘承锷、潘承曜兄弟,无锡华甫、华堂、华彦铨家族,荣宗铨、荣棣辉家族,孙肇圻、孙靖圻兄弟均先后为省议员。从中可见地方士绅中的家族势力。

③ 王景常,镇属金坛县人。他在金坛发迹,主要是投资开办矿业。辛亥鼎革时期,王景常带刀闯入县衙,胁迫金坛县知事邵鼎交权,未得逞,被都督程德全下令剥夺公权。后来王景常又当选众议员成功。1921年再度参选第三届省议员。王景常参与选举第三届省议员,"因买票费不足,向镇江第六中学堂借款五百元","当选后狡赖不还"。王景常因攀附上曾任省政务厅长的朱文劭,故作风蛮横,"遇事把持""官厅职权不得行使",金坛县历任县知事受其挟制。参见《坛人请取消王景常议员资格》,《申报》1923年4月23日,第10版。后有江苏人蔡石如回忆称,"我苏省议员总额为一百六十名,当日以正社实力最为充厚,(转下页)

为死党。①

自第二届省议会之后,庞振乾、朱积祺、屠宜厚、刘文铬、吴鸿勋、王鸿藻等宁属、扬属议员后来结交、攀附上省财政厅长胡翔林、金陵道尹俞纪琦、省警察厅长王桂林,以及省长齐耀琳等要人。此后,他们成为省议会中齐耀琳政府中的亲信势力。若举凡此时期议会各派在"电报战"的署名,均可证此时他们已然成为议会中之一稳固党派。1918年至1919年,第二届省议会审查省政府预决算。彼时,省署在俞纪琦、曹豫谦、金左临、胡翔林的操控下,财政账务含混不清,难以做到公开透明,故也无法应对钱黄派议员极为严格的财政预决算审核。与此同时,新当选的第二届省议员因贿选缘故,所欠资金较多。因此,扬属、宁属议员在省议会中发起"议员加费案"②,竭力要求增加议员薪资。齐耀琳政府亦在暗中支持。对扬属、宁属议员而言,如能大幅度增加薪资,可捞回贿选所费巨资;而对于省政府而言,借助刘文铬、吴鸿勋、王鸿藻等议员的捣乱,可弱化省议会对省政府的监督。因此他们利用"加费案"大做文章,捣乱省议会,拖延省议会中预决算案的进程。③扬属、宁属议员庞振乾、朱积祺、屠宜厚、刘文铬、吴鸿勋、王鸿藻,"凡遇省署有关碍之案,该派议员以缺席抵制",第二届省议会常常不能开议,"半皆由彼操纵之力"。④

"议员加费案"的幕后是扬属、宁属省议员与省政府之间的互利

(接上页)名额在半数以上,景常俨然为正社首脑,力能操纵议场,北伐前我苏政坛上之风云人物也"。蔡石如:《王景常病殁香江》,《江苏文献》第3卷第13期,1972年1月16日。
① 参见夏伦彝:《高邮光复前后的政局》,高邮县政协文史资料研究委员会编:《高邮文史资料》(第1辑),高邮县政协文史资料研究委员会,1984年,第8—9页。
② 对"议员加费案"的探讨,参见靳帅:《议员加费与五四运动:北洋省政中的"议教之争"》,待刊。
③ 《苏议会搁浅之内幕(续)》,《新闻报》1919年4月30日,第2张第2版。
④ 《苏省署之内幕》,《申报》1920年8月25日,第7版。

互惠。1919年江苏省计划组织欧美教育考察团,省内各方对此竞争非常激烈,但扬属议员刘文辂却获得省政府委派名额。① 1920年江苏省教育会会员张宏业等发起查办俞纪琦案,庞振乾、朱积祺、屠宜厚、刘文辂、吴鸿勋、王鸿藻等省议员力主撤销此案。此后江苏省教育会派省议会发起弹劾省长齐耀琳案,运动"苏人治苏",反对王瑚、文龢就任。这期间,刘文辂、王鸿藻、庞振乾等"以反对文龢之名,行延长齐俞命运之实,而以苏人治苏立言"。与此同时,他们也指责"苏社包办省长,必有黑幕"。② 1920年9月中央任命王瑚长苏,11月齐耀琳与王瑚交替之际,省教育会一派议员再次提出弹劾齐耀琳。时到会议员八十七人中,八十人支持,只有王鸿藻、刘文辂、庞振乾、钟善道、龚廷鹗、庞振乾、朱积祺七人不赞成。在多数议员支持弹劾的态势下,却不从众,足以见他们与省长齐耀琳关系之密。③

1921年第三届省议会选举,庞振乾、朱积祺、屠宜厚、刘文辂、吴辅勋、闵瑊、龚廷鹗、宋铭勋、钱鼎、王景常这些曾经的第一、二届省议员再度当选为第三届省议员。④ 面对此时省议会南北两张之争,他们与新当选的苏属议员徐果人,通属议员陈琛、蔡钧枢,扬属议员陈谟、贾先甲合谋,遂在南京组成"金陵俱乐部"这一公开化的议会党派,齐力支持张孝若,对抗朱绍文等南张派。

---

① 《苏议会记事(八)》,《申报》1919年3月22日,第7版。
② 《苏议会纪事》,《申报》1920年10月13日,第7版。
③ 《南京快信》,《申报》1919年12月22日,第7版。《苏议会记事》,《申报》1922年12月22日,第7版。
④ 与第二届对比,第三届省议会宁属、扬属当选者中,宁属连任者为朱积祺、庞振乾、张肇炘、屠宜厚;扬属为陈谟、鲍贵藻、任桂森、朱德恒、颜作宾、罗毓桐、刘文辂。这其中,闵瑊更是连续三届均当选省议员,王景常是第一届省议员。他们能够连续两届都当选议员,可见其财力与势力颇不寻常。参见曹金濂编著:《民国江苏权力机关史略》(江苏文史资料第67辑),《江苏文史资料》编辑部,1994年,第102页。

表5 金陵俱乐部主要成员简历表

姓名	府属	县籍	履历
庞振乾	江宁	江宁	主要经营蚕业 第二、三届省议会议员
朱积祺	江宁	江宁	开办有三星池浴堂、新奇芳茶社
王朝幹	江宁	江宁	江宁县律师公会会长 窑湾镇商会长
屠宜厚	江宁	句容	句容县龙潭商会会长 龙潭合兴公司经理 龙潭水泥厂经理
蔡钧枢	南通	泰兴	第二、三届省议员
陈 琛	南通	海门	《通海新报》创办人 主持南通保圩会 南通电话公司经理
闵 璣	松江	华亭	第一、二、三届省议员 江苏水利协会会员 松江县商会会长
李中一	太仓	宝山	南社社员 辛亥时任宝山县议会筹备所办事员 县参事会成员
龚廷鹗	太仓	崇明	第二、三届省议员 其家为崇明大族
侯兆圭	太仓	嘉定	嘉定县临时县议会副议长 嘉定县农会会长
徐果人	苏州	武进	武阳劝学所总董 江苏谘议局秘书 云南财政厅总务科科长 安福国会参议员

续表

姓名	府属	县籍	履历
钱名琛	苏州	常熟	毕业于民国法律学校,开办恒义鱼行 发起福利沙田垦殖公司,议筑段山南夹江坝 上海爱国女校经济校董
杨同时	苏州	常熟	清末秀才 常熟县议员 福利沙田垦殖公司 辛亥年间常熟县知事丁祖荫之亲信
宋铭勋	苏州	吴县	律师 吴县教育会副会长 第二、三届省议员
钱鼎	苏州	吴县	第二、三届省议员 吴县红十字会会长
吴辅勋	扬州	高邮	第一、三届省议会议员 曾任高邮县民政长、县农会会长、劝学所所长 其弟吴鸿勋为第二届省议员
刘文辂	扬州	宝应	第二、三届省议会议员 曾出任省立第一中学被拒 1919年赴欧美考察
陈谟	扬州	泰县	不详
贾先甲	扬州	高邮	高邮光复之主导者 高邮县立国民小学校长
王景常	镇江	金坛	主要经营矿业公司 第一、三届省议会议员
陈人厚	镇江	溧阳	创办有溧阳道生钱庄 经营茧业
吴廷良	常州	江阴	江阴红十字会副会长

续　表

姓名	府属	县籍	履　历
蔡君植	常州	无锡	久丰面粉厂股东 其父蔡缄三为无锡大绅,创办有银行、米行等实业
周乃文	常州	无锡	无锡三吴中学校董
马甲东	淮安	盐城	盐城中央党领袖 淮扬镇守使马玉仁的同宗幕僚

此表资料主要来源于曹金濂编著:《民国江苏权力机关史略》(江苏文史资料第67辑),江苏文史资料编辑部,1994年,第94—105页。《江苏省议会第二届议员派别名籍一览表》,林开明等编:《北洋军阀史料·徐世昌卷》(第9卷),天津古籍出版社,1996年,第1041—1057页。《江苏省各县农会一览表》《江苏省各县商会一览表》,江苏省长公署第四科编:《江苏省实业视察报告书》,商务印书馆,1918年,第316—319、331—336页。高邮县政协文史资料研究委员会:《高邮文史资料》(第1辑),高邮县政协文史资料研究委员会,1984年,第8—9页。句容县政协文史资料研究委员会:《句容文史资料》(第4辑),内部发行,1986年,第5页。盐城市郊区政协文史资料委员会编:《盐城文史资料》(第1—2辑),1984年,第33页。江苏省张家港市锦丰镇志编纂委员会编:《锦丰镇志》,方志出版社,2017年,第229—230页。流云、黄诚等选编:《老新闻·民国旧事卷》(1920—1923),天津人民出版社,1998年,第432—433页。《续纪张孝若到沪后情形》,《申报》1922年12月22日,第13版。李盛平主编:《中国近现代人名大辞典》,中国国际广播出版社,1989年。宋林飞主编:《江苏历代名人词典》,江苏人民出版社,2019年等。

"金陵俱乐部"以宁属、扬属议员为主力,亦有相当一部分江南议员。但极少有徐属、海属、淮属议员。这是因为徐、淮、海这三属淮北议员已经主要聚拢在朱绍文一派的势力之下。在江南议员中,如有太属的龚廷鹗、李中一、侯兆圭,镇属的王景常、陈人厚,松属的闵瓛(景贤女中校董省议员),苏属的宋铭勋、钱鼎等。这些议员之所以不推举南张,反而支持北张,这其中,很大程度上是源于他们与同府县其他士绅形成了党派对立。① 这种同府属内部士绅的党派对立,有

---

① 《南京快信》,《申报》1921年8月3日,第12版。

极为复杂的因素。其中地方自治中的利益争夺，议会选举中的互相竞争，均是构成这一党派的动力。譬如金陵俱乐部之宋铭勋、钱鼎、冯世德均属苏属吴县人，他们在吴县本即为同一党派，颇与同属省议员钱崇固不和。钱崇固曾是第二届省议会议长，倾向朱绍文等江苏省教育会一方；还如江苏淮属盐城士绅界，素有"西南党"与"中央党"之分，①金陵俱乐部议员马甲东属"中央党"，接近朱绍文一派的省议员赵雪、陈亚轩属于西南党。

前述常属钱以振运动张孝若竞选议长，而同属陈大猷却支持张一麐，之所以形成同乡对垒是因为双方在地方自治利益中分属城乡两派，积怨极深，故在议长之争中各举其人。这一县域士绅间的利益矛盾往往会被带入省议会中，加剧了省议会中的派系分野。1918年第二届省议会中，扬属议员刘文铬、王鸿藻这一派次次主张削减江苏省教育会的经费。陈大猷与黄炎培、朱绍文、刘伯昌等另一派则竭力抵抗。这一争执在1921年6月中旬的第二届省议会即将闭幕时仍然持续不断。②可以说这两派在第二届省议会的三年中结下宿怨，一直延续到第三届省议会选举。

四、议会开幕后的选举之争

1921年10月1日江苏第三届省议会开幕，"开幕以后第一问题即

---

① "中央党"尊奉江苏盐城籍军阀、淮扬镇守使马玉仁为党魁，而"西南党""凡事比较主持正义"。周梦庄：《谈谈马玉仁》，盐城市政协文史资料研究委员会编：《盐城文史资料》（第1—2辑），内部发行，1984年，第33页。
② 当时朱绍文、陈大猷、刘伯昌一派对外名之曰"建业俱乐部"，刘文铬、王鸿藻、吴鸿勋一派称之为"省政研究会"。《苏议会纪事（十六）》，《申报》1921年6月15日，第8版。

为选举正副议长"。就"情势而言,非南张一麐,即北张孝若,拥护攻击各有其人"。但张一麐与张孝若均未到场。正式选举议长前,两派代表朱绍文与陈琛反复沟通,希图私下达成一致。陈琛也与张一麐有所沟通,但效果不佳。其实双方所协商的即是"南正北副"还是"北正南副"。为进一步协调双方,议会各方决定先召开谈话会商议。但此时金陵俱乐部成员人多势众,大有稳操胜券之意,对于南张提出的"南正北副"提议不以为然。俱乐部中屠宜厚、龚廷鹗主张明日即行选举。支持张一麐的朱绍文、陈大猷等颇感势单,亦深知此中玄机,因此"力主缓选",一方面为从容布置留有时间,一方面也是一挫张孝若等金陵俱乐部的锐气。① 10月3日、4日省议会的两次谈话会上,两派议员"交相诋詈",互不相让。势力较弱的张一麐派议员为此只好散发"油印品攻击北张",斥其"以数十万金运动议长",以造成舆论压力。如此导致三次谈话会,每次均是"两相争持,势不相下"。②

此时陈琛主导下的金陵俱乐部求胜心切,公然金钱贿赂议员,以图分化支持张一麐派,进而从速选举议长。但此招反而给朱绍文等一个绝佳反击的机会。朱绍文揭露出:金陵俱乐部为赢得贿选,所用"现款不足,继以支票,我同会有谢绝者,有收受者,有不愿收受而姑取为证据者"。为遏制此风潮,朱绍文等"将支票影印嘱为转送各报,于是买票之丑声四扬,社会之责言群起"。情势至此,张孝若"不独不可以为正并不可以为副"。③ 将受贿支票影印并且纷发给各大报馆,使金陵俱乐部的"买票之丑声四扬",确是朱绍文、曾朴等人的一记狠招。现在还不清楚张謇父子当时是否知晓陈琛等金陵俱乐部

---

① 《苏议会之第一次谈话会》,《申报》1921年10月5日,第11版。
② 《苏议会第三次谈话会》,《申报》1921年10月8日,第11版。《苏议会之二次谈话会》,《申报》1921年10月6日,第11版。
③ 《苏议会之争长潮(五)》,《申报》1921年10月21日,第11版。

是否有如此行径,但无论如何,此事使张謇父子陷入极为被动的境地之中。更为严峻的是,有报人爆料出张孝若其实还不满二十五岁,未到参选议员法定年龄。① 如此则使张孝若的议员资格都成问题,遑论参选议长。

这种局面或是张謇父子没有预料到的。因此在10月4日议会第二次谈话会后,张謇父子毅然决定放弃省议员职位,不再参与议长竞争,张孝若遂发布辞职通电。5日晚上,朱绍文向金陵俱乐部中陶保晋、闵瑢提出调解条件,但金陵俱乐部认为这些条件毫无诚意,故仍举张孝若竞选议长。为此,张謇遂致函省议会,指出张孝若已"正式函辞决绝"竞选,"请查明宣布除名,勿任妄言者假托生事"。② 接到张謇信函后,南张派议员主张先讨论张孝若的辞职问题,但北张派不甘就此认输,坚持主张即刻选举议长,而对张孝若的辞职请求置若罔闻。由此可见,此时的议长之争已成意气使然下的派系之争。议员马甲东即称"二张之争似易疏通,其最难解决之点,为甲乙两派,如两派之中能各自牺牲,事即迎刃而解"。③

对议会两派之争,苏属常熟议员顾宝瑛指出"小张之金钱运动固不可讳",而老张派"亦不脱孔方臭味","否则朱绍文等打破金钱选举可矣,何必口口声声咬定非选仲老"。他称张一麐派虽然"囊空如洗",但是"一般想做账房、茶房辈争以押柜供其挥霍"。不仅如此,"甚至于互选时邀集无赖数百人,高踞旁听座中,鼓掌助威。本来有主张正义者愿投老张,至此亦恍然悟,幡然变矣"。④ 徐兆玮的弟子,曾当选第二届省议员的常熟人王鸿飞亦指出,朱绍文等南张派议

---

① 《张孝若年龄问题》,《民国日报》1921年10月7日,第3张第10版。
② 《苏议会之争长潮(一)》,《申报》1921年10月8日,第11版。
③ 《苏议会第三次谈话会》,《申报》1921年10月9日,第10版。
④ 徐兆玮著,李向东等标点:《徐兆玮日记》(第3卷),1921年10月13日,第2271页。

员派人将金陵俱乐部议员的座位席次制作成图,"凡金钱议员加一红圈",花钱雇来的"学生"在旁听席中人人"手持一纸",每当有金钱派议员发言时,则"嘘声四起","非金钱派议员发言,则掌声大作"。如此使得金陵俱乐部议员气势大挫。①金陵俱乐部议员因此提出"禁止旁听案",但遭到南张派拒绝,双方僵持数日,引发10月21日学生群体冲入议会,殴打金陵俱乐部议员周凯等冲突事件。②此事件后,双方均在报章上斥责对方,引发更大舆论关注。

故金陵俱乐部被各大报刊称之为"金钱派",而朱绍文等借助场外舆论拥有"正谊派"美誉。殴打事件后,南京学生联合会通电称:"议员陈谟、刘文辂、陈琛等为张孝若包办议长,贿赂公行,喧传报纸……敝会同人屡次旁听,真相已明",其主张"速开公民大会,撤回代表,解散议会"。③此外,江苏省教育会,苏州旅沪同乡会,江苏旅京同乡会,旅京苏人于宝轩、杨润等先后来电警告两方,要求勿趋极端,迅速开议。④

南张派朱绍文等有舆论支持,更加有恃无恐。他们在议会内外"分发油印品一种,大致谓金陵俱乐部设有浚治长江讨论会,系北张以江苏作抵押,借美金五千万,指为卖省证据",造成更大的谣言。⑤金陵俱乐部在一片声讨中也趋于分裂。有些受贿议员支票难以兑现,有些则虽受贿却又反悔等。俱乐部领导人也在对南张派的策略上各持己见。俱乐部内部"某某二人因互争第一副座,亦各生意见,暗潮极烈"。⑥面对如此困局,作为"始作俑者"的张孝若自然是备

---

① 徐兆玮著,李向东等标点:《徐兆玮日记》(第3卷),1921年11月5日,第2278页。
② 《苏议会之争长潮(七)》,《申报》1921年10月23日,第11版。
③ 《南京学生联合会电》,《申报》1921年10月22日,第10版。
④ 《苏议会争长潮之波动》,《申报》1921年10月22日,第14版。
⑤ 《苏议会争长潮之电讯》,《申报》1921年10月25日,第14版。
⑥ 《苏议会之争长潮(九)》,《申报》1921年10月27日,第11版。

受煎熬,11月4日他通电回应参选议员的经过及与军阀合作金钱运动议长的传言。在否认贿选的同时,也以"他人行动,孝若毫无所知,则当然不能负责"为挡箭牌,表明金陵俱乐部等的贿选活动与自己无关。① 在指责"彼方之利用学生,制造讹言"的同时,张孝若还致电金陵俱乐部,劝其"以名誉大局为重,不受人以权","以正轨团结团体,以正式洗刷议会"。②

两派"仍走极端,似非仅文电信使所能解纷",苏社耆绅如段书云、汪凤瀛、王清穆、韩国钧、仇继恒、黄以霖、马士杰等遂在两派之间予以调解。他们联名致电请求张謇父子"莅沪洽商解决"。但张謇认为张孝若"早已提出辞书,并再三通电声明",实际上"已置身事外"。③ 为此,他单独致函段书云和黄以霖,斥责朱绍文一派"造作种种蜚语,污蔑儿子而及于謇"的同时,亦直言让儿子赴沪参加调解,是"虑人描画无资而又益之也",因此他拒绝赴沪调停。④ "必欲调停,是朱辈之又一手段",对此张謇非常清楚。他在致其心腹吴兆曾(字寄诚,一作"尘")的信函中称:

> 朱绍文辈以金钱运动,漫无事实之言,造作种种方法,污蔑于我父子,至矣! 其及他人更不必论,而俱乐部未尝一语诋仲仁,即此亦见俱乐部意识之高于朱等。今段、黄诸公不知因何着急,必欲调停,是朱辈之又一手段。此外,劝兄劝退翁,无法不用。须知老夫严戒儿子,无论如何不出南通一步,不受调停一

---

① 《张孝若启事》,《申报》1921年11月5日,第1版。
② 《张孝若致金陵俱乐部书》,《新闻报》1921年11月7日,第3张第2版。
③ 《复段书云王清穆电》(1921年11月4日),李明勋、尤世玮主编:《张謇全集》(第3卷),第944页。
④ 《致段书云王清穆函》(1921年11月),李明勋、尤世玮主编:《张謇全集》(第3卷),第953页。

言。看朱披猖至如何而止。"①

此封残函将张謇此时的心情与想法展露无遗。"严戒儿子,无论如何不出南通一步,不受调停一言"是张謇在此事上的策略。面对张謇父子闭户不出,韩国钧、段书云等苏社之人也只好悻然离沪。②

金陵俱乐部方面,前述内部已出现分歧。俱乐部中的核心成员陶保晋即致函张孝若,请其劝陈葆初"勿执成见,力维大局"。③陶保晋或许还托吴兆曾向张謇有此建言。张謇在接到吴兆曾劝函后,极为愤懑,他根本否认自己有曾派陈琛组织金陵俱乐部之事。他直言:"陈葆初,一南通不学后辈,用之自退翁始,仆未与之亲,未与之疏。办地方事则就事言事,如是耳!其举议员,入南京俱乐部,皆非仆所知。兄今云不可再令葆初去主持,兄何处见仆前令葆初去主持之据。"张謇认为"俱乐部非儿子家奴",张孝若"止可决意与议会断绝关系,与俱乐部不生关系",如果让张孝若"压制俱乐部人"而促成双方和解,则等于默认父子二人与金陵俱乐部之间存有权属、利益关系。更重要的是,"儿子非朱绍文辈家奴",不能让朱绍文想挑衅就挑衅,想调停就调停。"试问如朱之贪横,视陈何如!"在此事上,张謇的想法是将其子与金陵俱乐部之间进行切割,而任金陵俱乐部与朱绍文两方去互斗。④

长达四五十天的明争暗斗,朱绍文等南张派也已精疲力竭,其运动经费逐渐支绌。因此朱绍文等开始向省署建议要求严格检查米粮

---

① 《致吴寄尘函(残函)》(1921年前后),李明勋、尤世玮主编:《张謇全集》(第3卷),第997页。
② 《苏省会争长问题之调停讯》,《申报》1921年11月16日,第14版。
③ 《公电》,《申报》1921年11月16日,第8版。
④ 《复吴季诚函》(1921年11月15日),李明勋、尤世玮主编:《张謇全集》(第3卷),第949页。

偷运问题。之所以为此,是因为议会开幕后,曾朴即为台前朱绍文等南张派议员提供财源,以为党争。他为张一麐"营干省会当选,暗中垫去数千金",本打算等张一麐顺利当选后再行取偿,"不料形格势禁,是款已无还珠之望。故朱某等或关此蹊径,使之卷土重来,借作桑榆之抵补"。①

就在议会外,朱绍文试图与张謇父子调停之际,议会内部钱基厚、吴鸿鉴等议员逐渐促成第三派,主张"舍去两张,于定期到会选举之日,在会场外先行试选,用无记名连记投票,每人各举三名,得票最多者为议长,次多数者为副议长"。②此条建议得到议会多人同意。故此后"苏议会颇有和平气象","另提第三者亦渐趋一致"。③但是金陵俱乐部见"组织议长失败",欲再提"南正北副之主张"。为达此目的,其"一面极力破坏第三派,一面预令该派议员不出席"。如此使议会不足法定人数,难以开会。④11月28日,议会再次选举议长,最终金陵俱乐部议员徐果人以六十六票当选。⑤报传陈琛知闻此消息,号啕大哭,"盖感于主张失败而经手事件又多未完,故不觉泪随

---

① 朱绍文后来即回忆称曾朴"生平主张不激,有潜移默化之力,为我所不如"。朱绍文:《我之曾君孟朴观》,《粤海风》1935年第2期,第104—105页。此外,朱绍文等"以需饷之故","运动省会秘书处,请省署拨提四万金,不幸事机不密,为北派所截留"。《苏议会之一席谈》,《新闻报》1921年11月7日,第3张第2版。
② 《苏议会之争长潮(十六)》,《申报》1921年11月4日,第10版。
③ 《苏议会争潮渐缓和》,《申报》1921年11月11日,第15版。
④ 《苏议会纪事》,《申报》1921年11月12日,第12版。
⑤ 徐果人(1880—1945),名隽,字果人,以字行,江苏武进人。与庄蕴宽家族有交谊。早年曾出任武阳劝学所总董,后历任江苏谘议局秘书、云南第三矿务监督署金事、云南财政厅总务科科长、巡按使署谘议官、都督府秘书。1917年,徐果人曾与钱以振、江上达等在常州合股创办常州商业银行、常州纱厂、富华储蓄银行。1918年,徐果人当选安福国会参议员。有谋略,在金陵俱乐部开创初,即被预定为副议长候选人。此后风潮扩大,张孝若自知难以当选,即定徐为替代人。此时金陵俱乐部内部,通属议长蔡钧枢反对。张孝若遂派人疏通,徐遂当选。《苏议会之争长潮(二十)》,《申报》1921年11月29日,第11版。《苏议会纪事》,《申报》1921年11月30日,第12版。

声下"。①

　　从上述考论中可以看出,1921年南北两张议长之争,是议会内外两条矛盾相互交织、不断演进的结果。其中张謇与黄炎培、曾朴、朱绍文等苏社中江苏省教育会一派之间的矛盾则是其中的外部动因。此种矛盾的汇聚,有张謇与张一麐在江苏自治理念、自治权力之争,有曾朴与张謇在官产沙田上的权、利之争,有张謇与齐燮元合作为从速推举儿子入仕引发其他苏绅的反对因素。在内部,则有议会内部长久以来的属地党派区隔,亦有两派为求当选副议长的私心己见,各方均各挟南北两张之名号展开角逐。钱基博后来亦指出"彼持名流、公子之说者,皆其人无以自重,而欲挟他人以为重者也"。②

小　结

　　1921年对于张謇而言是极为困顿的一年。这年六七月间,苏北沿海暴雨横潦,"雨量之大,为数年以来所未见"。水灾使他筹划已久的南通实业展览会遭到停顿。大生纱厂也因欠债问题而举步维艰,从此南通实业开始走向下坡路。从未"强颜求人","不愿向人说窘"的张謇不得不通电恳求各界捐款援助南通实业。水灾发生之际,晚年红颜知己沈寿去世。8月水灾复盛,作为江苏运河工程局督办的他赴江北沿海勘灾巡查,高邮、宝应人士要求开昭关坝以泄洪,张謇为下游各县着想主张从缓,结果遭省议员王鸿藻等人围攻诘责。此行之际,又逢故友沈煊去世。他在悼联中写道:"五十年布衣昆弟之交,

---

① 《苏议会纪事》,《申报》1921年12月1日,第11版。
② 钱基博:《张仲仁先生轶事状》,卞孝萱、唐文权编著:《辛亥人物碑传集》,凤凰出版社,2011年,第351页。

绿鬓凄其都白发；一千里泽国巡行而返,逸民逝矣剩劳人。"其内心凄苦之情,可以想见。12月,他筹划已久的王家港开工。省议会议长之争正是在此期间愈演愈烈。

议长之争虽在议会场内,但却牵连整个江苏政局。张孝若卷入议长之争,成为议会派系斗争的工具,此事对六十九岁的张謇刺激甚大。不仅最终结果与张謇父子参选议员的初衷、构想大相径庭,还因自己亲手创办的苏社站在自己的对立面;同为苏社之人的老友张一麐成为儿子的竞争对手;同为苏社之人的朱绍文成为打压张孝若的鼓手,使尽各种手段令张孝若身陷泥沼而不能自拔;同为苏社之人的多年老友如韩国钧、段书云等受人鼓动,主张调停。这让作为苏社理事长的张謇郁郁难平。为此,张謇在致函心腹吴兆曾信中即称"阳年底仆必尽脱诸空名事。仆之恶厌若辈深矣!"1921年11月朱绍文主张调停前后,张謇在致函段书云、黄以霖等信中亦称,"不久必举教育会、苏社一切空名,一切谢绝。我无利用人之心,我亦不愿为人利用"。1921年底,他致函苏社事务所,直言辞理事长职,另举贤能。①

1922年3月,议长之争次年,苏社第三届常会由江苏省教育会主导,在上海召开。张謇始终未参加。会后举行第三届理事选举时,张謇虽屡次要求辞职除名,但江苏省教育会诸人"具函恳留"。最终选举,张謇得票已跌至第三,第一、第二为黄炎培、张一麐取得,可见此事对张謇威信的减损。②年会中,袁希涛、沈恩孚邀请曾经的学生张君劢演讲。张君劢在演讲中称"吾希望苏社诸君,以平日为教育奋

---

① 参见《致段书云王清穆函》(1921年11月)、《复苏社事务所函》(1921年12月下旬)、《致吴寄尘函(残函)》,李明勋、尤世玮主编:《张謇全集》(第3卷),第951—952、969、997页。
② 《苏社第三届第二次大会记》,《申报》1922年3月13日,第14版。

斗之精神,再为自治奋斗一番"。可见在张君劢的意识中,苏社几等于江苏省教育会。①故从1922年开始,尽管苏社每次选举,仍推张謇为理事长,但张謇已很少过问具体事务,只在苏省诸多大事上与苏社人士保持沟通。可以说,经此事件,整个苏社的主导权已然从张謇转向了以黄炎培为首的江苏省教育会诸人手中。亦可说,此时的苏社集团已呈现出两个重心;江苏政局也逐渐形成南通派与非南通派。虽不能说"南通派"是张謇有意促成,但因职权、利益、理念等因素,在此后的省长人选、财政划分、江浙和平等问题上,张謇父子以及围绕在张謇父子周围的僚属,与江苏省教育会常有抵牾。

---

① 张君劢:《英德美三国市制及广州市制上之观察》,《苏社特刊》第2期,1922年6月。

附图

苏社理事张孝若　　苏社理事、研究股主任张一麐　　苏社理事朱绍文
（《苏社特刊》第1期、第2期，1922年）

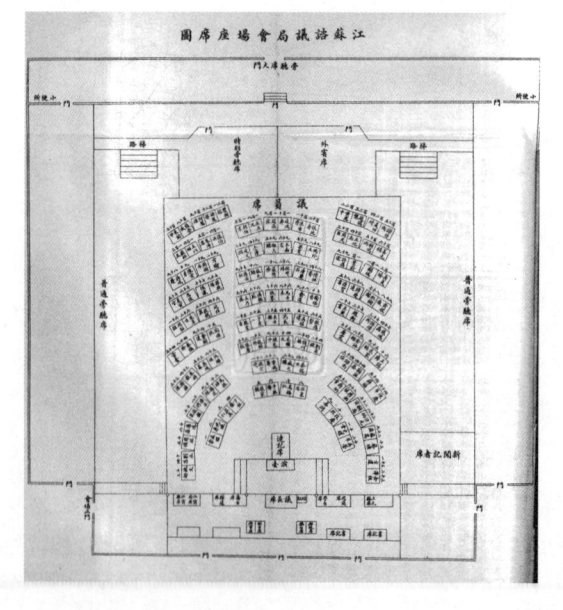

江苏谘议局会场座席图
（《东方杂志》1909年总第6卷第10期）

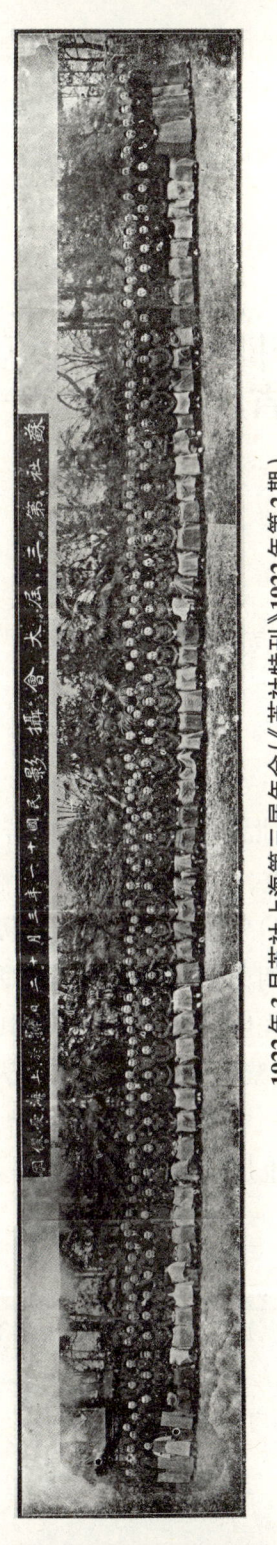

1922年3月苏社上海第三届年会(《苏社特刊》1922年第2期)

第四章　韩国钧与京地互动下的省治场域（1922—1923）

> 党争激烈，是其所非，而非其所是，苏政无可进行。……而余之困难自此始矣！
>
> ——韩国钧：《永忆录》①

史家沈云龙指出，在北洋时代，"江苏省的若干名公巨卿中，有两位祖籍苏北而以位高望重、造福桑梓，为乡里所称颂的：一是曾任农商总长的南通张季直（謇）先生，一是曾两长江苏省政的泰县韩紫石（国钧）先生。张先生行四；韩先生行三。在苏北一带，无论男女老幼，习惯上称之为'张四先生''韩三先生'"，"其受人敬重可知"。② 韩国钧（1857—1942），字紫石、止石，江苏海安人。清末长期游宦东北，历任奉天交涉局局长、吉林民政使等职。曾于1913年和1922年两度担任江苏省长。他也是苏社理事中的核心人物，第一届理事选

---

① 韩国钧后来回忆称，"公债之发行，议教之冲突，水电厂之标卖皆宁任三年中最为棘手之事"。沈云龙主编：《近代中国史料丛刊·止叟年谱·永忆录》（第1辑第9卷），文海出版社，1973年。
② 沈云龙：《韩紫叟及其〈永忆录〉》，江苏省海安县政协文史资料研究委员会编：《海安文史资料》（第4辑），内部发行，1988年，第74页。

举名列第六。1914年袁世凯改民政长为巡按使,作为江苏巡按使的韩国钧与江苏督军冯国璋相处不洽,未久任即调任安徽巡按使,但和安徽督军倪嗣冲意见不合,遂退居乡里,1920年出任江苏运河工程局会办这一具有实业性质的职务,直至1922年第二次长苏。

1920年直皖战争后,皖系失利,直系和奉系军阀共同控制北京政权。"自此奉、直两系各尽力以图本系势力之扩大,而每经一度之发展,两方即不免暗中有一次之冲突,结果则各得相当之交换,以维持其势力,而暗中更各竭力相斗。"① 两系在内阁人选、对待华盛顿会议提出的山东问题上矛盾剧烈,关系渐趋紧张。1921年11月,由美国发起的针对海军军备和协调对华关系为主题的国际会议在华盛顿召开。会议上,在英美等国协调下,中日双方重启自巴黎和会中国拒签德约以后遗留下的山东问题的谈判。时亲奉系的内阁总理梁士诒主张向日本借款赎回山东胶济铁路,不满梁士诒的吴佩孚发起"倒阁"。梁士诒难以招架,遂隐退。但在此方针下,1922年2月华盛顿会议闭幕前,中日签署《解决山东悬案条约》,日本获得贷款赎路的优先权。②

1922年3月3日,徐世昌下令成立"鲁案善后公署",任王正廷为"鲁案善后督办",处理"鲁案"善后事宜,山东督军兼省长田中玉兼充会办。此时田中玉因漕粮税收问题与山东部分耆绅产生矛盾,致使其"地盘几致动摇",后赴京津多方奔走,才保全督军一职。鉴于田中玉与山东地方士绅关系紧张,北京中央亟须选任新的山东省长人选,以融合军绅关系,协助王正廷妥善处理鲁案善后事宜。4月初,北京中央令退居乡里的韩国钧出任山东省长。这一任命很大程度上源自王正廷的意愿。当时,为劝韩国钧出山,王正廷请黄炎培从中敦

---

① 张梓生:《直奉战争纪事》,来新夏主编:《中国近代史资料丛刊·北洋军阀》(四),上海人民出版社,1993年,第8页。
② 来新夏等:《北洋军阀史》(下),东方出版社,2016年,第662—674页。

促。他在致黄炎培信中称,"紫兄(韩国钧,字紫石)与弟均非热衷政治者,兄所共知。此次鲁案,中外注意,不得不勉为其难。得紫兄共事,收效尤易"。① 自此,韩国钧遂成舆论旋涡之中心人物。

一、韩国钧长苏:省际士绅与旅京同乡的联动

对于获任山东省长一事,韩国钧此前并未预闻。故韩国钧听此消息后,颇为犹豫。韩国钧此时虽退职在乡,但许多江苏政事仍"动受牵率"。② 齐燮元接任江苏督军后,有报人称他"以韩国钧为劲敌,刻刻防韩"。韩国钧长鲁命令发布后,齐燮元"始觉眼中钉拔取",故"一再劝驾",并请吴佩孚派人来苏敦促。③ 此外,韩国钧自袁世凯去世后退居乡里的数年之间,曾与张謇一同投资盐垦,但经营失利,致使"经济尤可虑"。因此,对韩而言,长鲁不失为摆脱乡事羁绊的一大机会。张一麐此前亦曾向吴佩孚推荐过韩国钧。因此他从江苏本省利益出发促韩国钧就任。其称若"公长鲁,鲁有人则屏蔽及于吾省"。此一语也道出江苏士绅为本省利益的考虑。④

---

① 《黄炎培致韩国钧函》(1922年4月8日),江苏省档案局编:《韩国钧朋僚函札史料选编》,第621—622页。时苏社常年会在上海召开不久,黄炎培在致韩信中有"本年苏社常会意兴尚好,惜未获领教"之语。
② 《蒋楸熙致韩国钧函》(1922年4月6日、22日),江苏省档案局编:《韩国钧朋僚函札史料选编》,第705—706页。
③ 《苏人与苏督对于省长问题之争》,《晨报》1922年6月30日,第2版。不过这则报道对于韩国钧与齐燮元的紧张关系似略有夸大。观察1922年9、10月韩国钧担任省长不久,齐、韩之间的书信往来,两人关系颇为融洽。参见《齐燮元致韩国钧函》(1922年12月25日),江苏省档案局编:《韩国钧朋僚函札史料选编》,第207页。
④ 《张一麐致韩国钧函》(1922年4月21日),江苏省档案局编:《韩国钧朋僚函札史料选编》,第335—336页。

不过,与韩国钧关系密切的旅京苏人于宝轩、强运开、郑浩等均不赞成韩长鲁。于宝轩向韩透露中央内情:由于直奉交恶,"各方旨趣已超过内阁问题"。他暗示直奉双方正角力总统位置。中央局势如此,长鲁必成冒险之事。①在财政部任职的郑浩亦密函韩国钧,称直奉"无论双方孰为胜败","中央政局根本推翻,恐惧难免"。因此劝韩"稍为审慎再作定计"。②时任国务院秘书的强运开致韩密信中着重指出山东的情形,他称"军阀要人多着鲁籍";"而警备之权不属省长";省内"党派分歧,互相排挤",故劝韩不必冒险。③

但大致在1922年4月底直奉战争爆发之际,韩国钧已决定长鲁。为此,他派郑浩密赴山东预先联络各方,以作前站。此外,他还向吴佩孚提出长鲁两条件:"内阁必须巩固,外省办事方有头绪";"山东财政个人不负责任"。此两条件一对外,一对内,均直指山东省长问题的要害。5月,直奉战争以直系胜利告终。此时山东省长问题虽仍未解决,但对吴佩孚而言,形势已不再严峻。故对于韩国钧长鲁的两条件,吴佩孚均不甚赞同,故对韩国钧长鲁颇有犹疑。④此外,直奉战争后,直系独大,吴佩孚开始窥伺东南。但江苏督军齐燮元此时是长江中下游的一大势力,他虽亦为直系,但却与曹锟、吴佩孚关系较浅。故直奉战争结束后,吴佩孚有意用"苏人治苏"来挟制齐燮元。

直奉战争结束后,确如于宝轩、郑浩所料,直系逼迫徐世昌下台,黎元洪代行大总统职权。1922年6月中旬黎元洪就职。北洋进入黎

---

① 《于宝轩致韩国钧函》(1922年4月10日),江苏省档案局编:《韩国钧朋僚函札史料选编》,第25页。
② 《郑浩致韩国钧函》(1922年4月16日),江苏省档案局编:《韩国钧朋僚函札史料选编》,第455—456页。
③ 《强运开致韩国钧函》(1922年4月),江苏省档案局编:《韩国钧朋僚函札史料选编》,第726页。
④ 《张一麐致韩国钧函》(1922年5月11日),江苏省档案局编:《韩国钧朋僚函札史料选编》,第335—336页。

元洪统摄下的联省自治时期。"废督、裁兵为黎就任之信条",故黎元洪就任后,"废督裁兵"成为一时之舆论。①甚至卢永祥、齐燮元这些督军自己均主废督。新任职的黎、颜等中央府院亦是想顺应"废督裁兵""省人治省"等这些"数年以来国内外有力舆论之结晶",以此来获得执掌政权的稳定。因此,对于战后各省省长人选,黎元洪均提名具有跨省乃至全国性影响力的本省省际士绅出任。当时府院初步商定的安徽省长龚心湛、甘肃省长秦望澜、福建省长萨镇冰、浙江省长蒋尊簋、湖北省长张国淦、河南省长田文烈,均为本省人望。②虽然这些人并未全部就任,但大致反映新一届中央府院"省人治省"的政策取向。

在此风势下,江苏各方士绅"咸以苏人治苏,已不成问题"。果然,6月15日,中央又令韩国钧调任江苏省长,原江苏省长王瑚长鲁。③韩国钧长苏是苏社士绅谋求已久的主张。命令发布后,张一麐、黄炎培、王清穆、沈恩孚等江苏省教育会诸人遂展开种种布置。④他们最为关切的,是韩国钧长苏后的江苏省政人选问题。对于这一问题,苏社理事长张謇在1920年8月与其他苏社诸理事曾约定:"无论何人长苏,苏人不当以私引荐一人。"这是因为1920年苏社成立后不久,江苏省长发生更迭,时张一麐有望出任,但张謇为排挤张一麐,遂提出这一要求,目的是防止张一麐安插私人。但次年,张謇却支持其子张孝若竞选省议长,引发贿选丑闻,实际上是自己打破了这一约定。因此,当韩国钧出任省长后,江苏省教育会派便着力阻止张謇再

---

① 《郑浩致韩国钧函》(1922年4月17日),江苏省档案局编:《韩国钧朋僚函札史料选编》,第455—456页。
② 《阁议推选六省长说》,《大公报》(天津)1922年6月22日,第6版。
③ 《本社专电·北京》,《民国日报》(上海)1922年6月23日,第1张第2版。
④ 《一批请韩国钧到任之苏人》,《民国日报》(上海)1922年6月27日,第3张第10版。

度推举私人。6月下旬张一麐致韩国钧信中,直言他与黄炎培、马士杰、黄以霖等决心牺牲情面,"向南通方面申明"这一要求。①

不过,江苏省教育会派对于韩国钧长苏不免过于乐观。中央发布韩国钧长苏后,旅京苏人便颇为反对。他们指责韩国钧1913年出任民政长时"媚袁世凯、冯国璋,断送省权"。其实"断送省权"只是借口,反对者之所以为此,是深感"近年苏政,完全为老绅士把持",故想让"少壮政治家"张孝若等人出任。②这实际是南通派的诉求。在江苏,南通派支持下的金陵俱乐部亦反对韩国钧长苏。6月22日,韩国钧的亲信丁荫在致韩的信中称:

> 自移节信至,旧知言论主张不一。……地方党派林立,某会某部具有野心……此为个人计,不得不请吾师审量后出者也者。……姑俟数旬之内一各方空气如何,再定行止。若毅然就职,则左右必得强毅有力人才,如仲仁辈可以独当一面者。

此中"旧知言论主张不一",即指在韩国钧长苏一事上南通派并不支持;"仲仁",张一麐;"某会某部",指省议会与金陵俱乐部。③6月24日前后,韩国钧密函亲信方还,即透露称:"誓不就苏,系受金陵俱乐部要求所致。"④金陵俱乐部背后,不仅有南通派的支持,还有齐燮元

---

① 《张一麐致韩国钧函》(1922年6月22日),江苏省档案局编:《韩国钧朋僚函札史料选编》,第337页。
② 《本社专电·北京》,《民国日报》(上海)1922年6月23日,第1张第2版。
③ 《丁荫致韩国钧函》(1922年6月22日),江苏省档案局编:《韩国钧朋僚函札史料选编》,第1—2页。丁荫(1871—1930),名祖荫,字芝荪,号初我,江苏常熟人。与同乡曾朴关系较好。1896年联合曾朴等在常熟设立中西学堂,翌年创办中西蒙学堂,首开县内新学。后任常昭劝学所总董、江苏省谘议员等职。1911年11月任常熟县民政长。1913年5月任吴江县知事。1926年任常熟县地方款产处主任。
④ 徐兆玮著,李向东等标点:《徐兆玮日记》(第4卷),1922年6月29日,第2346页。

的怂恿。阻止韩国钧长苏,对金陵俱乐部而言,或可为张孝若出任省长排除一大障碍;对齐燮元而言,可在废督浪潮中转任省长。因此为阻止韩长苏,齐燮元一方面"电诘曹、吴",一方面以此前旅京苏人的反对言论为由,致电中央称:"韩国钧长苏,苏人亦已反对,自当请政府尊重苏人之意,第仍以韩国钧长鲁为宜。"①

面对各方意见纷纭,苏社集团中的黄以霖、马士杰等人赴沪,与黄炎培、沈恩孚协商称:

> 苏社宜开一谈话会洽商一切。同人如惠然肯来,当可有适当之解决,且此举不自今始。上年齐去王来之先苏社曾开会一次,理事之外并有非理事多人。此次亦仿照办理。理事外,加入少沧、观澜、左临、韶九、绍刘,日期则定月之廿六。兹事本苏社所应办,又有例可循也。②

此中"少沧",段书云;"观澜",袁希涛;"左临",金左临,实际是张謇的代表。"韶九",蒋凤梧;"绍刘",卢殿虎。此信表明,面对苏社内部南通派与江苏省教育会派的意见分歧,为达成共识,沈恩孚等人决定在6月26日召开苏社理事的"扩大会议",邀请上述非理事多人参加。前述1920年王瑚长苏之际,张謇等与江苏省教育会诸人在贤人治苏与苏人治苏上产生分歧,就采用此法。故"扩大会议"实是有理可循,亦属合理。

6月25日,苏社理事会扩大会议尚未召开,在督军齐燮元与南通

---

① 《苏人与苏督对于省长问题之争》,《晨报》1922年6月30日,第2版。
② 《黄以霖致韩国钧函》(1922年6月24日),江苏省档案局编:《韩国钧朋僚函札史料选编》,第651—652页。

派的暗中阻挠下,中央又"取消前令",仍让韩国钧长鲁。①此电一出,无论是旅京苏人还是南方苏人"咸悟上齐之当"。旅京苏人这才明白"前日反对韩氏,无异自杀"。6月26日苏社座谈会的主题"不得不因时通变"。②参加苏社扩大会议的段书云、黄以霖、黄炎培、王清穆、沈恩孚、方还、钱崇固、徐果人、荣宗铨、张孝若、张福增、朱绍文、马士杰十三人等"到会同人"全体一致,决定搁置歧见,一律支持韩国钧长苏,并"拟电两则,一上府院,一致京同乡"。"上府院"是使中央坚定韩长苏意旨,并可压制反韩各方;"致京同乡"则是表明在南方的苏社集团态度。他们将这两道函电"钞稿分等各报",以扩大舆论。③南京各界联合会会长徐瀛亦致电江苏旅京同乡,请"京内外各予以助力"。④当时有报人即称:"苏人能否治苏,完全以此举为关键。"⑤江苏旅京同乡会接到苏社诸理事的请求后,遂开会商议"挺韩"对策。会议首先由旅京苏人丁锦⑥报告金陵俱乐部"接近军阀","复从中作梗"的内幕;其后,苏籍国会议员王玉树等提出应对

---

① 《本社专电·北京》,《民国日报》(上海)1922年6月29日,第1张第2版。
② 《郑浩致韩国钧函》(1922年7月1日),江苏省档案局编:《韩国钧朋僚函札史料选编》,第461页。黄以霖在致韩国钧的信函中指出,两则函电署名的十三人中,只有马士杰未到,由他代表,其余理事均到场。参见《黄以霖致韩国钧函》(1922年6月26日),江苏省档案局编:《韩国钧朋僚函札史料选编》,第652页。
③ 《一批请韩国钧到任之苏人》,《民国日报》(上海)1922年6月27日,第3张第10版。
④ 《北京苏同乡怀疑韩国钧之反响》,《时报》1922年6月26日,第5版。
⑤ 《苏人与苏督对于省长问题之争》,《晨报》1922年6月30日,第2版。
⑥ 丁锦(1880—),号慕韩,原籍江苏无锡,生于四川江津。上海南洋学堂、四川陆军武备学堂、日本陆军士官学校第六期步兵科毕业。1907年冬毕业回国在陆军处任职,任段祺瑞的翻译官。后充云贵督军李经羲总参议。1912年任北京政府陆军部(总长段祺瑞)军学司教育科科长。张勋复辟,以段祺瑞幕僚身份参与策划驱逐张勋的活动。1917年任陆军部军务司司长。1919年任西北边防军(司令徐树铮)第三旅旅长。同年4月转任北京政府航空筹备处处长。1921年7月辞职寓居天津。丁锦与段祺瑞、徐树铮等皖系军阀关系极深,1925年曾奉命南下处置东南大学易长风潮,详见第6章。

方案。王玉树等对于韩国钧长苏本来并不满意,但深知"此时吾苏人舍一致拥韩外,别无他法"。故王玉树主张:"韩如不能到任,吾全省人当为排除障碍。至不得已时,将省会迁苏或扬,以暂脱军阀之压迫。"最后丁锦认为要派旅京同乡"赴府院部力争",然后"公电全省公团,并电韩促到任"。①

由此在南苏人与旅京苏人形成联动,一致挺韩。在南苏人如江苏省议会胡允恭等四十余名议员联电北京府院,要求任韩为省长。②常熟籍国会议员徐兆玮听闻"韩紫老暗中为齐抚万反对,有退志"的消息后,亦与瞿良士、蒋凤梧三人联名"发一电致总统、国务院以促之"。③而旅京苏人的运动策略主要有三:第一,确保中央令韩长苏的命令不更易。第二,使阻碍韩国钧长苏的督军齐燮元与南通派改变主意,同意韩长苏。第三,使一直消极退避的韩国钧改变主意,声明愿意长苏。

为此,旅京苏人丁锦与庄蕴宽等先后谒见黎元洪、颜惠庆等,促中央确保韩长苏,并促其疏通齐燮元。在得到中央府院答应"绝不变更成命"的答复后,旅京苏人要求齐燮元明确对韩长苏的态度,以释群疑。与此同时,旅京苏人还致江苏各省公团,宣称"韩公果来与否,实军阀势力消涨之机,全省福祸,决于此日";"韩公为全省而牺牲","我苏人亦应为全省而捐除成见,一致拥护",否则将"为全省之公敌"。如此韩国钧长苏的意义骤然提升。此电虽是面向全省各公团,其实主要是针对金陵俱乐部等南通派。④故此时韩国钧的学生袁承曾致韩称,"江苏为江苏人之江苏,非南通一人之江苏"。张謇此时

---

① 《苏人力争省长与撤兵》,《时报》1922年7月2日,第1张第2版。
② 《南京快信》,《时报》1921年7月1日,第3版。
③ 徐兆玮著,李向东等标点:《徐兆玮日记》(第4卷),1922年6月28日,第2345页。
④ 《旅京苏赣人对省长问题》,《晨报》1922年7月3日,第2版。

"实已众叛亲离,不顾自遑,又岂能再元虚以与全苏人为敌"。①

韩国钧原本着意于长鲁,黎元洪上台后命令其长苏,但长苏又很快遭到齐燮元与南通派的抵制,抵制又引发了江苏省教育会派与旅京同乡的反对,并由此形成声势颇大的"挺韩"舆论。这一系列波折让韩国钧左右为难。6月27日,韩国钧的亲信徐鼎康建议"对鲁不宜轻出,对苏必亦急就","公宁可牺牲一己,不可牺牲我苏。政府如有挽留,东山即应再起"。②同日,江苏省实业厅长张轶欧亦告诉韩国钧:"现彼方既别有主张,为国家计,为苏省计,为崇座计,似转以从速履新为宜。"此中"彼方"即指齐燮元和南通派。张轶欧还称"窃恐苏省父老子弟皆将以崇座谦退,以致全省受祸为怨"。③徐鼎康与张轶欧均是从"苏人治苏"的角度劝韩出山。徐鼎康"公宁可牺牲一己,不可牺牲我苏"一语更是直白地展现出这一考虑。郑浩在致韩信中亦称:现在苏人是"因削齐而全体劝公",故"与其谓为戴公,不如谓为抗齐"。④

对于韩国钧来说,苏人"愈欢迎,则辞拒愈难"。因此郑浩建议韩国钧此时首先要决断的是"可否出山?"其次,"苏可就否?""如其可也,即毅就之,毋须再为审慎。"⑤6月29日,于宝轩从北京透露消息称,如果中央实行废督,则齐燮元极有可能转任省长。故郑浩劝韩

---

① 《袁承曾致韩国钧函》(1922年6月28日),江苏省档案局编:《韩国钧朋僚函札史料选编》,第580页。
② 《徐鼎康致韩国钧函》(1922年6月27日),江苏省档案局编:《韩国钧朋僚函札史料选编》,第608页。
③ 《张轶欧致韩国钧函》(1922年7月26日),江苏省档案局编:《韩国钧朋僚函札史料选编》,第359—360页。张轶欧早年就读于南洋公学,与张謇的心腹刘厚生有师生之谊,且得到刘厚生的扶掖。参见陈以爱:《动员的力量:上海学潮的起源》,民国历史文化学社,2021年,第55—57页。
④ 《国内专电·北京》,《新闻报》1922年7月4日,第1张第4版。
⑤ 《郑浩致韩国钧函》(1922年6月27日),江苏省档案局编:《韩国钧朋僚函札史料选编》,第460页。

国钧"切不必再游移,致失事机";如再推辞,则会使齐燮元"有所借口耳"。① 面对此种局势,韩国钧只能明面上"两方皆不就",暗地里却放任苏人的函电催促。"果得政府一电,即可就任。"② 中央府院方面亦深知"省长症结,不在北京"。③ 为此,代理内阁总理颜惠庆一面派人疏通齐燮元,一面请原任江苏省长王瑚赴鲁,以解开症结。齐燮元遂改变了明迎暗拒的态度。④

目前尚不知齐燮元与中央府院间达成了何种协议,致使齐燮元改变"明迎暗拒"的态度。极有可能是三方达成了"不废督、韩长苏"的共识。齐燮元态度的转变,使韩国钧再无推脱余地。面对此种局面,7月3日,沈恩孚致信韩国钧称:

> 顷接京同乡促驾电。除转段、黄诸老外,特先邮奉察核。顷唔继高,悉抚万督军竭诚欢迎。伯老当经转达,似以先宁后京较可省去误会。今日抒斋来电,述教长邓尚未辞,绍刘事似可一并在京解决。公意何如?务望勿再谦逊,以应时机。目前,所最宜注意者在度过财政难关。联省政府已成普遍之舆论,不独苏人应治苏也。

此处"段、黄诸老",即指段书云、黄以霖等人,"伯老"亦指黄以霖(字伯雨);"抒斋"指穆藕初之兄穆湘瑶。"继高"即指长期旅沪的省议员张福增。"绍刘事"指推荐苏社同人卢殿虎担任江苏教育厅长一

---

① 《郑浩致韩国钧函》(1922年6月29日),江苏省档案局编:《韩国钧朋僚函札史料选编》,第461页。
② 《国内专电·北京》,《新闻报》1922年7月4日,第1张第4版。
③ 《国内专电·北京》,《新闻报》1922年7月7日,第1张第4版。
④ 参见《李维源致韩国钧函》(1922年7月4日),江苏省档案局编:《韩国钧朋僚函札史料选编》,第263页。

事。从此信中可以管窥出,苏社同人是如何在"京地互动"中催促韩国钧长苏和谋划卢殿虎长教厅的。沈恩孚得悉"京同乡促驾"后,即转告段书云、黄以霖等苏社同人;此外,又从省议员张福增处探寻到齐燮元对韩国钧长苏的态度;然后再安排韩国钧先赴宁就任,再北上进京与府院会晤。沈恩孚从穆湘瑶处又得知原江苏教育厅长邓振瀛①未辞职后,又暗示韩国钧,进京后可向府院建议,任命卢殿虎为教育厅长。如此则教育厅长一事"一并在京解决"。再在此信中指出此时齐燮元已"竭诚欢迎",故劝韩国钧"勿再谦逊,以应时机"。②于是,7月7日,韩国钧通电就任。至此则迁延匝月的苏长问题终告结束。③

1922年韩国钧长苏的经过,展现出苏社集团南北互动中的权力网络。1922年7月9日韩国钧就职后,张一麐之弟张斯麐致韩国钧函中指出"苏长问题,已渐激起苏民与政府之宣战。迭接京内外熟友来函,大约'苏人治苏'之热度,恐非一时所能止遏"。④为争取苏人治苏,苏社集团可以"激起苏民与政府之宣战",可以拒绝向中央纳税以为要挟,从中可见他们的声势与底气。1922年,彭子嘉观察到"民权日盛","军阀之权将有由盛而衰之势",与此同时,"省自为界,

---

① 邓振瀛(1883—1958),字诗庵,湖北江陵人。1904年自费留学日本,就读农科专门学校。1907年归国,清政府授予蚕科举人,后任农工商部候补主事。1913年任农业部荐任佥事兼科长,后改任佥事处主事。1918年农商部派驻上海,任中国银行、农民银行合众蚕桑改良会监事。
② 《沈恩孚致韩国钧函》(1922年7月3日),江苏省档案局编:《韩国钧朋僚函札史料选编》,第326页。沈恩孚在信末附记道:"再,任之现赴济南,故未及会同具名。特此附及。"从中可见苏社集团极为浓厚的同人意识。
③ 《苏省长问题已告结束》,《晨报》1922年7月9日,第3版。淮泗道尹李维源7月4日致函韩国钧,亦转告齐燮元愿意韩长苏的消息。参见《李维源致韩国钧函》(1922年7月4日),江苏省档案局编:《韩国钧朋僚函札史料选编》,第263页。
④ 《张斯麐、解朝东致韩国钧函》(1922年7月7日),江苏省档案局编:《韩国钧朋僚函札史料选编》,第361页。

风气已成"。①彭子嘉所言的"民权"中相当一部分指的是以苏社为代表的"绅权"。"苏人治苏"这一目的在1922年的实现,实际上即是在"省自为界"与"绅权日盛"的风气下促成的。由江苏本土产出的督军齐燮元若要稳固其地位,不得不既依托于张謇父子及苏社士绅,又受制于江苏省教育会等另一派苏社士绅与部分旅京苏人的挟持。而北京中央,总统、内阁均是直奉大军阀之间博弈平衡下的结果,因此对于"省自为界"与"绅权日盛"的风气,也只能调和各方,如此之下,苏社耆绅韩国钧才得以顺利长苏。

二、"无事不掣肘":韩国钧长苏后的省县人事

韩国钧长苏后,苏社诸理事"苏人治苏"的目标初步达成。但于韩国钧而言,在府院中枢频繁更动、央地之间复杂紧张,地方军阀与地方士绅各有所求的情形下,担任省长绝非易事。苏州耆绅费树蔚致韩国钧信中即称,"今日事良不易为","明公(按:韩国钧)以救国而出,乃如着破衣行荆棘中"。②确如此言,韩国钧在其晚年的回忆录中亦不无凄苦地称:"不意党争剧烈,是其所非而非其所是","余之困难自此始矣"。③韩国钧晚年对议会党争,及公债之发行,议教之冲突,水电厂之标卖三事念兹在兹,坦言"此三年之精神遂为此数事牺牲无限,而于吾苏无毫末之益"。可以说此三事使韩

---

① 《彭谷孙致韩国钧函》(1922年6月29日),江苏省档案局编:《韩国钧朋僚函札史料选编》,第678页。
② 《费树蔚致韩国钧函》(1922年×月11日),江苏省档案局编:《韩国钧朋僚函札史料选编》,第547—548页。
③ 韩国钧:《止叟年谱·永忆录》,沈云龙主编:《近代中国史料丛刊》(第1辑),文海出版社,1973年,第62页。

国钧陷入地方党派利益的泥沼中，难以脱身。此三事对整个江苏政局亦影响颇大，亦成为考察"苏人治苏"样态的重要个案。在探讨韩国钧长苏的具体前例前，本节对韩国钧长苏后省署行政与用人稍加勾勒。

韩国钧甫一就职，张謇与非张謇派"又起战争"，曾朴与陈大猷、黄守孚等在上海密谋对付南通派。①对此徐兆玮即感叹称，"士绅但知党派，不顾大局"。②面对此种局面，张一麐对韩国钧建言称：

> 得公调苏喜信，即与马、黄、沈、黄诸君研究，大众请以决心牺牲，而向南通方面申明前年八月间之宣言（记当时有"无论何人长苏，苏人不当以私引荐一人"云云之宣言。在苏社成立时）……省政之坏在监督机关之不良。前年在沪，苏社开干事会，弟即以事前监督为言，无如老辈均放任，乃令竖子玩弄。然补救要自有术，平社、群社之意即是一端。公努力为之，外间自有公论。至军人中，公曾周旋于大辫、屠户之间，则今之当局高出百倍矣。③

"马、黄、沈、黄诸君"，即指马士杰、黄以霖、沈恩孚、黄炎培；"省政之坏在监督机关之不良"，监督机关即指省议会，"无如老辈均放任，乃令竖子玩弄"，此一语是针对张謇父子1921年争选省议长而发。张一麐旧事重提，目的是在防止韩国钧担任省长之后，张謇安插引荐私人，尤其是防止其子张孝若担任省职。为此目的，张一麐以及沈恩孚、黄炎培、马士杰、黄以霖等人不惜牺牲张謇的情面。值得一提的

---

① 徐兆玮著，李向东等标点：《徐兆玮日记》（第4卷），1922年6月29日，第2346页。
② 徐兆玮著，李向东等标点：《徐兆玮日记》（第4卷），1922年7月1日，第2347页。
③ 《张一麐致韩国钧函》（1922年6月22日），江苏省档案局编：《韩国钧朋僚函札史料选编》，第337页。

是张一麐所述平社、群社,这两社团正是针对"苏社"以及金陵俱乐部发起的。1922年四五月间,旧苏州府常熟、吴江、吴县、昆山四县士绅在张一麐、汪凤瀛、丁祖荫、蒋凤梧、方还、费树蔚等人组织下发起"平社"。平社所抱宗旨为"共同筹划地方事业之进行",但组织、运行均仿照"苏社",包括开常会时间亦与"苏社"类似,在每年3月,常会亦是在四县轮流举行。①大致在同一时间,段书云、黄以霖、王汝圻、朱绍文等人召集苏北的部分徐、海、淮三府士绅,在南京江苏水利协会会址发起"群社","以联络乡谊共谋公益为宗旨"。群社主要是徐淮海三属水利界旅宁、旅沪士绅组织的同乡团体。群社和平社的主导人段书云和张一麐,是苏社集团中的重要人物。正如张一麐在致韩国钧信中所言,发起平社、群社主要是为消解"南通派"的影响。②

1922年7月15日,韩国钧正式就职。组建自己的政治班底是亟待进行之事。此时许多地方士绅积极向韩国钧建言献策,希图谋得一官半职。韩国钧的密友彭子嘉即称,本省服官所难者在于"亲友太多,碍于迎拒"。③韩国钧受制于上述各党派的掣肘,许多用人与行政不得不在各党派中间屈就转圜。时省长公署下设有政务、财务、

---

① 《平社简章(附发起人社员名单)》,《申报》1922年5月3日,第10版。亦参见《四县士绅组织平社》,《新闻报》1922年4月15日,第2张第4版。《地方通信·苏州》,《申报》1924年4月17日,第10版。1923年底蒋凤梧还试图将平社扩充成一政党,因方还反对而作罢。参见徐兆玮著,李向东等标点:《徐兆玮日记》(第4卷),1923年10月17日,第2528页。
② 《淮徐海人发起群社》,《新闻报》1922年4月23日,第3张第2版。《淮徐海群社简章》,《新闻报》1922年5月14日,第2张第3版。群社在江苏水利协会会址处成立,可见其主导者主要是江北水利界士绅。不过平社与群社影响力较小,仅在府县层级,难以对苏社构成制衡。
③ 他建议韩国钧"私见不存,用亲信者十数人,自此之外,量才器使,似亦不至开罪于乡人"。《彭谷孙致韩国钧函》(1922年7月6日),江苏省档案局编:《韩国钧朋僚函札史料选编》,第679页。

教育、实业四厅及警务处、参事会①等机构。韩国钧上任之际,在省署四厅长中,财政厅长严家炽与实业厅长张轶欧均是苏人。除财政与实业厅长外,政务厅长朱文劭并非苏人,而教育厅长胡家祺在韩国钧长苏前后已辞职,故此两职位成为各方争取的目标。

政务厅直属省长管辖,参与诸多机要,位置相当重要,厅长朱文劭在王瑚任上即担任此职。韩国钧莅任后朱文劭虽留任,但在"苏人治苏"的大势下势必难以长久。因此,常熟士绅徐凤标、徐兆玮等人试图推举与之较密的冷遹出任。此时在京国会议员吴荣萃亦颇有觊觎之意,且在暗中运作。不过旅京苏人中,"拥吴者有南京、扬州一派,而江北人中反对亦属不少"。②后来徐凤标从同乡方还处得知,"吴氏之政务厅长","断不成事实",但徐兆玮认为冷遹"此时亦不易通过"。为此,徐凤标、徐兆玮又主张推举冷遹为全省警务处长,但有传闻称穆湘瑶"欲得此一席"。但常熟士绅的诉求最终并未达成。1922年12月,政务厅长朱文劭改任金陵道尹,继任者均非各方所运动之人,而是政务厅秘书长傅疆。③

省署各科室中,第二科科长蔡培颇值得注意。蔡培,字子平,江苏武进人,国会议员,曾任江苏川沙县地方检察长、财政部科长,与韩国钧关系密切。韩国钧出任省长之际,蔡培以国会议员身份,"在京即与南京吴拔其(荣萃)相奔走,探得消息飞电报告"。故韩国钧长

---

① 1921年6月,北京中央颁布参事会条例,各省遂参事会之组织。参事会是行政辅助机关,相当于省长的秘书班子,商议处理省署的日常庶务。由参事会长(省长)及参事员12人组成,其中省长推任六人,省议会互选六人。参见《政府目中之省参事会》,《申报》1921年5月30日,第6版。《苏议会中之省参事会问题》,《申报》1921年12月2日,第11版。
② 徐兆玮著,李向东等标点:《徐兆玮日记》(第4卷),1922年8月11日,第2362页。
③ 傅疆是浙人,不过早在清末韩国钧担任吉林布政使时期,傅疆亦在吉林任职,与韩国钧已有交谊。参见陈沧海:《民初吉林都督陈昭常传略》,江门市政协文史资料研究委员会编:《江门文史》(第23辑),内部发行,1991年,第20页。

苏后,蔡培得任第二科科长。但旅京苏人反对蔡培甚烈。蔡培在京反对最力者,为江北议员谢翊元、邵长镕等人,韩国钧怀疑这是曾朴暗中捣乱,曾令常熟籍的国会议员蒋凤梧从中疏通。蒋凤梧遂请求旅京江北诸议员让蔡培任事一二月后再辞,"以全韩老面子"。①韩国钧担任省长后主管实业的省署第四科科长长期空缺。张一麐曾为韩国钧推荐王韫章出任。张一麐称"郭秉文、张轶欧皆知其为人"。他对韩国钧称"若欲洗去腥膻,以排除从前之统系,则王君可资公一臂之助"。张一麐还称,如果四科科长有人代理,或可"先假以顾问、谘议名义,使其为外间游击之师"。后来韩国钧将其任命为省公署参议。②

此外,省参事会参事员亦成为许多士绅争取的目标。在各省设置参事会的动议始于1920年,1921年北京政府正式颁布《省参事会条例》,此后各省开设这一机构。它是省长的秘书班子。江苏省参事会由省长与十五名参事员组成,省长为会长,政务、财政、实业、教育四大厅长为当然会员,其余十四人按照江苏旧有十一个府由省议会选举出。当选人可以是省议员,但当选后必须放弃省议员职位。③韩国钧就任后,江苏各府属士绅开始争夺省参事员的位置。最终选举出的省参事员江南多于江北,且主要来自苏社集团与省议会。其中常熟众士绅为增加本县在省署中势力,将常熟籍的宗舜年放入江宁府中推选才通过。为平衡各方势力,韩国钧不得不委曲求全。徐凤标在致徐兆玮信中对这一情形有所揭露,其称韩国钧将属于张一麐、

---

① 徐兆玮著,李向东等标点:《徐兆玮日记》(第4卷),1922年8月11日,第2363页。
② 《张一麐致韩国钧函》(1923年2月26日、3月9日),江苏省档案局编:《韩国钧朋僚函札史料选编》,第338页。
③ 《苏议会开议纪事》,《新闻报》1920年12月29日,第2张第3版。参见曹金濂编著:《民国江苏权力机关史略》(江苏文史资料第67辑),江苏文史资料编辑部,1994年,第8页。

曾朴派的裴雨舫，以及"蔡寅生之官僚派、沈百城之奸邪派（曾在运河工程局充过秘书，发生弊端而辞）亦罗入幕中"。但实际上，在众多参事员中，韩国钧较为借重方还。他颇蒙韩国钧优待，"大有宾师之意"。方还还与徐兆玮等向韩国钧力荐同乡陈慰慈，从中可见常熟势力对韩国钧的包围。①常熟势力中，除方还外，丁荫亦是韩国钧重要的幕僚。但他与蒋凤梧颇有抵牾。因此，蒋凤梧频频与曾朴联手排挤丁荫。②方还出任参事员后，曾建议韩国钧设立谘议会、财政委员会来沟通官民意见，整理久已亏空的财政。然财政委员会尚未成立，"而争夺位置者出死力相抗"。③

对于设立省财政委员会一事，亦可稍加论述。1922年8月初，韩国钧邀请全省名流耆绅召开江苏财政会议，商讨补救财政办法。当时史量才、黄炎培等主张设立财政委员会，规划、监督省财政预决算。此后方还与苏社集团诸人对委员会运行章程与人选有频繁商讨。8月8日，方还专程赴沪与黄以霖晤谈，后又"叙谈于省教育会"。对财政委员会运行规则与人选，所议大略如下：一、委员会每道一人，由省长聘任；二、银行团二人，由银行公会推举，省长加聘；三、委员为常驻员，银行团所推可不必常驻。方还称上述各条，是与黄以霖、袁希涛、沈恩孚、黄炎培协商之结果。④10日，方还再晤黄以霖，"知略有变更"。所变更者为：银行团由两人增加为四人，目的是"为沪、宁两方面均须顾到也"。最终确立的名单为：金陵道为金鼎，苏常道为于定一，沪海道为史量才，淮扬道为潘介繁，徐海道为黄次山，银行团

---

① 徐兆玮著，李向东等标点：《徐兆玮日记》（第4卷），1922年8月8日，第2360页。
② 徐兆玮著，李向东等标点：《徐兆玮日记》（第4卷），1922年8月11日，第2361—2362页。
③ 徐兆玮著，李向东等标点：《徐兆玮日记》（第4卷），1922年8月20日，第2367页。
④ 《方还致韩国钧函》（1922年8月9日），江苏省档案局编：《韩国钧朋僚函札史料选编》，第126页。

为宋汉章、盛炳纪、许体萃(字仲衡)、李锡纯。①从财政委员会运行规则与人选安排的出台中可见方还并非决策者,全是由黄炎培、沈恩孚、袁希涛、黄以霖等江苏省教育会诸人谋划制定的结果。尽管他们特别注重江南江北的地域均衡,但仍极有倾向性。江苏财政委员会自1922年底成立后,深度参与江苏省政,几与韩国钧同进退。

各县"除暴安良,厥为知事是赖"。但韩国钧对于县知事的任命亦多受限制。如在松江,由于县知事与地方人士不融洽,作为松江籍旅京士人的沈惟贤复信韩国钧时亦不忘叮嘱,"故乡各方面来笺",不满知事温绍樑,请将其从速调走,使"易地以展其才,斯为两得"。此信写在韩国钧委托沈惟贤疏通七百万公债时,故请其为家乡易人不免略有附加条件的意味。②靖江县,知事金国书是张一麐在浙江巡抚幕府中的旧同事,因与"地方人士意有不和",故张一麐为其疏通,请韩国钧"量移他邑,以解其围"。③但如果县知事与苏社耆绅并无关系,或交谊匪深,一旦得罪地方"绅学界",非常容易被耆绅一言以更动。

譬如苏社集团要人王清穆所在的崇明县,1921年8月,时任省长王瑚委任非苏人严翼为崇明县知事,试用期一年。试任初期,他因职权、政见与承审员陈保成不睦。王清穆称严翼"性情柔懦,恒受制于恶人",对于"县中如法警、巡士","向无约束能力"。④其实严翼之所以如此柔懦,很重要的原因在于其非苏人,在江苏毫无根基。接任刚半年,地方绅学界致函王清穆,恳请其向王瑚建言,将严翼更调,王

---

① 《方还致韩国钧函》(1922年8月11日),江苏省档案局编:《韩国钧朋僚函札史料选编》,第126—127页。
② 《沈惟贤致韩国钧函》(1922年8月20日),江苏省档案局编:《韩国钧朋僚函札史料选编》,第331页。
③ 《张一麐致韩国钧函》(1922年12月11日),江苏省档案局编:《韩国钧朋僚函札史料选编》,第338页。
④ 《王清穆致韩国钧函》(1922年8月26日),江苏省档案局编:《韩国钧朋僚函札史料选编》,第91页。

瑚不为所动。①1922年8月韩国钧出任省长时,严翼试用期将满。王清穆遂致函韩国钧,婉言请他将严翼调离,并推荐海门县前知事江镇三继任。韩国钧接到此函后,虽调离严翼,不过新委任的知事并非王清穆所推荐的江镇三,而是候补县知事王垚。②韩国钧之所以委任王垚,是因为他曾担任太湖水利局秘书,与王清穆关系匪浅。但王垚上任后,自持有韩国钧与王清穆作后盾,"一反前任柔靡之习","查禁烟赌尤为严厉,司法防弊,不许承审员与外人交接"。但这也致使"反对者谣诼繁兴"。王清穆不得已曾特地致函韩国钧为其澄清辩护。但1923年初,或是遭人陷害,王垚派人查烟,误入无烟之家,引发风潮。一部分反对者乘机指责王垚查禁烟土后,罚款不一一公布,"利用学生肆行攻击",亦附带攻击王清穆。王清穆不得不再次请韩国钧更换知事。对继任知事,王清穆建议"宜择强力有为、丰裁峻整之人"。③1923年8月,任职崇明知事不满一年的王垚又被调任东台知事。④

"省政如麻",韩国钧自称"无事不掣肘"。⑤时有报纸讽刺道:"自韩国钧接任苏省长后,一般人士咸以为苏人治苏之目的即达,苏省政治从此可以刷新,乃迄今月余,外界所得闻知者,不过所委之秘书较前为多,所聘之顾问谘议较前更多而已。"由于财政支绌,"预定之经费有限",导致"日不暇给,难以应付"。其亦指出这是"目前之江苏为元老之政治,良有以也"。⑥

---

① 《地方通信·苏州》,《申报》1921年8月21日,第12版。
② 《南京快信》,《申报》1922年9月11日,第11版。
③ 《王清穆致韩国钧函》(1922年10月25日、1923年2月3日、3月2日、3月20日),江苏省档案局编:《韩国钧朋僚函札史料选编》,第92—93页。
④ 《地方通信·南京》,《申报》1923年8月10日,第13版。
⑤ 徐兆玮著,李向东等标点:《徐兆玮日记》(第4卷),1922年8月29日,第2371页。
⑥ 《韩省长任事后之江苏政况》,《申报》1922年8月29日,第11版。时徐兆玮为孙师郑说项,请韩国钧将其聘为顾问,但韩国钧仅聘为"名誉顾问"。参见徐兆玮著,李向东等标点:《徐兆玮日记》(第4卷),1922年8月24日,第2369页。

三、七百万公债案：旅京同乡与省政府之纠葛

1920年代的北京政府，财政支绌已成为从中央到地方的普遍现象，江苏尤为严重。"苏省财政之变坏，自民国八年始"。当时督军李纯扩充军备，"民政当局亦正发展新事业"。导致当年度财政超出预算一千余万。为填补亏空，军民两长一方面截留部分国税，一方面打算发行百万公债，但因省议会反对而止。①1920年度，江苏省库亏达300余万元。1921年江苏省暴雨横潦，苏北沿海几成泽国，省库"入以减征而少，出以赈抚而增"，江苏财政元气益伤。②到1922年韩国钧长苏时，国库亏空达千万，江苏省每年财政收入也就一千七百万左右。因此韩国钧就任后即直言，"存亡所关，即在此千万之巨亏有无办法"。③

面对财政巨大亏空，韩国钧长苏后，财政厅长严家炽与苏社诸理事主张发行公债以纾解困局。由于1921年江苏省已经发行200万公债，韩国钧担心再度发行会引起地方反对，故颇为踌躇。为此，苏社理事马士杰则详细陈明发行公债的必要性与紧迫性，其称：

> 苏省第一事，即问公债能发不能发？如不能发，直一事不能办，且不能保其秩序，此后对于军政及各方面皆无发言并整理之资格。质言之，即吾苏生死问题，我公去留问题。

---

① 沈惟贤：《江苏清理财政委员会报告书叙言》，江苏清理财政委员会编：《江苏清理财政委员会报告书》，1925年，第1页。
② 朱绍文：《江苏财政述略》，《苏社特刊》第3期，1923年3月。
③ 《江苏省财政总说明》《江苏省历年财政通览》，江苏省财政志编辑办公室编：《江苏财政史料丛书·第2辑》（第1分册），方志出版社，1999年，第185页。

"财源之枯竭已至迫不可待之境",故马士杰将发行公债提高到"得之则生,弗得则死"的高度,劝韩国钧不必将"各方面疏通"完全,不必"面面周到从容讨论",而应该"暂缓其他各事","全部精神当专注于此"。只要"与军署及政、财两厅内定方针,向中央严密接洽","但使有所依据,其他皆不能顾虑"。①韩国钧似被马士杰等人说服。

公债时分省债和国债两种。由于省议会派系复杂,为使公债提案能够顺利通过,韩国钧、严家炽等决定以"国债"名义发行,如此可将审议权交与国会而避开省议会的派系纠葛。此外,韩国钧与严家炽决定召开全省财政会议,以协调、统一各方意见。8月3日、4日全省财政会议上,韩国钧向与会官绅阐明发行公债之缘由,其称:

> 论政府财政,除赋税公债二者外,别无大宗收入,就苏论苏以言,赋税则旧税之整理缓不济急;新税之推行力不从心。……鄙人踌躇再四,权害取轻,以为避死求生救亡图存,似非发行千万之巨额债票不可。②

当韩国钧将"发行千万之巨额债票"的想法揭出后,史量才等亦予以呼应。最终确定发行七百万公债。但由于财政会议与会人选未能平衡各方势力,严家炽所请士绅,大多为苏社集团诸人。徐兆玮即称这些人"大约听德轩、孟朴支配",此中"德轩"为朱绍文,"孟朴"为曾朴,"省议长徐果人等不与焉",即透露出省议会金陵俱乐部诸人对财政会议的不满。就府县地域而言,无锡受邀请多至四人,但太仓县所请士绅仅为蒋汝坊一人,且蒋与本乡不甚通气。正因如此,徐兆玮之

---

① 《马士杰致韩国钧函》(1922年8月21日),江苏省档案局编:《韩国钧朋僚函札史料选编》,第41页。
② 《苏省财政会议纪(一)》,《申报》1922年8月5日,第10版。

叔徐凤标预料,财政会议之效果"恐难得力"。①

确如徐凤标所言,这一决定甫一公布,即遭金陵俱乐部议员如宋铭勋、钱鼎等反对。他们认为发行公债,"自有法定手续,今以非驴非马之财政会议,公然行使议决权,不亦滑稽之甚邪"。②此外,江苏旅京同乡会亦反对。③韩国钧、严家炽绕开省议会,采用"国债"名义发行,一方面必须要获得旅京苏人支持,另一方面必须要获得中央府院支持。为此,韩国钧不得不派贾士毅、黄以霖、马士杰、蔡培四人赴京调解游说。④贾、黄、马、蔡四人到京之后,"纷纷谒客,然因此而怀疑者益众"。⑤"有疑列款不实者,有疑为军阀傀儡者。"⑥在京的苏籍国会议员孟森与徐兆玮晤谈时甚至认为韩国钧发行七百万公债,是为弥补他在盐垦实业上的亏空。因为所派四人代表中,马、贾"皆公司大股东",蒋凤梧"为韩辨护最力",是因亦属"股东中重要人物"。⑦这些猜测并非子虚乌有,亦可看出旅京苏人对江苏财政的关注和对韩国钧的不信任。

---

① 徐兆玮著,李向东等标点:《徐兆玮日记》(第4卷),1922年8月10日,第2361页。当时受邀参会的士绅有黄炎培、沈恩孚、甘仲琴、苏民生、徐瀛、宋汉章、程兆栋、盛炳纪、许体萃、李锡纯、仇继恒、魏家骅、金峙生、史量才、钟叔进、郭秉文、庞惕斋、钱崇固、马士杰、卢殿虎、夏虎臣、鲍贵藻、蒋仲翔、金左临、沈惟贤、云企韩、袁希涛、段书云、黄以霖、刘伯昌、王果亭、董冠吾、郝心源、屠蛰盦等四十六人。上述诸人多与苏社集团关系密切,后有相当一部分成为江苏财政委员会委员。详细名单参见《附件六:财政会议出席员名单》,《苏社特刊》第3期,1923年3月。
② 《公电》,《申报》1922年8月8日,第4版。
③ 静观:《旅京苏人续议财政问题》,《申报》1922年8月9日,第6版。
④ 所派四人中,贾士毅在袁世凯时代曾长期任职财政部,与北京各方面关系较好,且为江南士绅。黄以霖、马士杰属江北士绅,蔡培代表省政府。韩国钧还专门撰文向旅京同乡解释江苏财政具体状况,以陈明自己的处境,平息旅京同乡的不满,参见韩国钧:《省长为整理国家财政致京同乡书》,《苏社特刊》第3期,1923年3月。
⑤ 徐兆玮著,李向东等标点:《徐兆玮日记》(第4卷),1922年9月2日,第2373页。
⑥ 静观:《苏同乡会议苏财政》,《申报》1922年9月6日,第7版。
⑦ 徐兆玮著,李向东等标点:《徐兆玮日记》(第4卷),1922年9月4日,第2375页。

9月3日,赴京四代表与江苏旅京同乡会干事会、苏籍国会议员召开联席会议,以阐明发行公债的缘由和必要之处。对此问题,旅京苏人大致分两派,"一为激烈派,一为缓和派,前者则以此项公债为绝对不能发行;后者则非根本主张不发行,惟于账目要细查,基金要稳固,军费要多减"。9月5日,激烈派单独召集旅京苏人八十余人,由在大理院任职的张汝霖主导。会议议决"一致反对苏省发行公债",并"呈请财政部核驳",分函江苏国会议员与江苏省议员设法制止。6日,缓和派由丁锦主持召开会议,他表示不能绝对反对,否则如果同乡会反对,国会却通过,则同乡会颜面尽失。另外他们担心"若反对激烈,韩必以一去了之,岂不中军阀之计"。最后会议综合各方意见,决定派人赴南京查账、裁减军费三百万、反对以货税为公债担保品,改以国家直接收入充之等意见。① 知悉旅京同乡会两派意见后,韩国钧希望国会议员徐兆玮能够在同乡会中予以疏通。但一方面徐兆玮因在常熟设立农村师范事上对韩不满,另一方面他也始终认为公债案"此中固大有疑窦也",故反而与苏籍国会议员朱稚竹、杨择、瞿良士向国会提出质问书。②

实际上,疏通旅京苏人尤其是苏籍国会议员,主要是为了使公债案能够顺利通过国会。在"京同乡中仍多阻力","疏通未有结果"的情况下,③ 韩国钧等遂改变计划,让贾士毅等四代表密商同为苏人的外交总长、全国财政讨论会委员长顾维钧,使公债案避开国会,"迳提

---

① 野云:《旅京苏人对苏公债意见》,《申报》1922年9月10日,第10版。
② 此时江苏各省立师范学校准备设立农村师范分校。徐兆玮等常熟士绅想争取将第一师范农村分校设定在本乡,但效果不佳,这使徐兆玮等人存有怨念。参见徐兆玮著,李向东等标点:《徐兆玮日记》(第4卷),1922年9月4日、6日,第2375、2376页。
③ 《南京快信》,《申报》1922年9月9日,第11版。

国务会议，以迅雷不及掩耳之手段"使之通过阁议。①此时国务总理王宠惠请假，阁议时担任主席的司法总长张耀曾主张交财政部核办。②对此，"激烈派"认为公债绝不能交由财政部审核或提交内阁通过，"非经国会议决不能发行"。交与国会议决，则决定权即转移到在京苏籍国会议员手中，彼时他们可以联名否决此案。但江苏省署等却连日以财源枯竭，或将发生兵变为由催促财政部将其迅速通过。"如此一重法律、一重事实，各走极端"，苏籍京官凌文渊称，"现在财政当局真觉万分为难"，他"想于法律与事实中间寻出一条道路，让省政当局去走"。③

见公债案在京遭到旅京苏人梗阻，齐燮元遂派人来催促。齐燮元派人则与韩国钧派人不同。此时齐燮元对内阁人选有着非常大的话语权，他的态度关乎王宠惠内阁生命存续。杨寿枬后来回忆称：1922年张绍曾出任总理，"余至宁晤齐抚万督军燮元，密示阁员名单，定余为财政总长"，可见齐燮元对北京内阁人选的操纵。④故在9月13日左右，财政部审核决定采取折中办法，要求江苏省政府更改公债名称，将原名"江苏国库灾歉善后公债"圈去"国库"二字，改为"江苏灾歉善后公债"。圈去"国库"二字，实际上等于否认公债由中央发行，将其定义为"省债性质，担保品亦属地方上入"。如此等于财政部将皮球踢给了地方，"完全归苏负责"。⑤财政部之所以为此，是因为江苏省1920、1921、1922年三年度预算均未交至财政部，且江苏

---

① 《苏省七百万公债已通过阁议》，《申报》1922年9月26日，第6版。顾维钧在王宠惠内阁中地位颇为重要，是仅次于王宠惠之人。他本即苏人，亦与苏督、苏长关系密切。
② 《部议苏债改名后之请裁兵电》，《申报》1922年9月28日，第13版。
③ 平心：《北京通信》，《申报》1922年9月19日，第6版。
④ 杨寿枬：《苓泉居士自订年谱》，沈云龙主编：《近代史料丛刊续编》（第17辑），文海出版社，1975年，第54页。
⑤ 《财政部议改苏公债为省债》，《申报》1922年9月15日，第7版。

省政府"截留中央收入为数极巨",故"对公债发行之理由甚抱疑问也"。不过将公债改名后再批复亦是给江苏省政府留有余地。①

此时旅京同乡会的主导权在丁锦、张汝霖、朱稚竹、谢翊元、邵长镕、刘可均手中。真正一些颇有威望的老辈旅京苏人张一麐、庄蕴宽、赵椿年等均不在京,较少参与其中。因此徐兆玮讥讽称"此辈不过三四人",却"公然以同乡全体名义纷驰函电"。国会议员的政治舞台在中央,与省政多有隔阂,因此虽"同是苏人","惟所处之境,各有不同,立论即不无稍异"。再加上公债案的确存在诸多含糊混沌之处。故徐兆玮称:

> 七百万之公债,闹得乌烟瘴气,反对者几欲将谘议会及财政审查会一齐推翻。海安(按:韩国钧)左右为难,势必不安其位。然此次财政报告疏漏太多,即拥护者亦难为辩护,盖于开诚布公四字相差犹远。②

同乡会听闻张英华即将公债批准的消息后,即派丁锦、张汝霖会见张英华表示反对。最终他们与张英华达成共识:先派代表赴苏查账,账未清查以前,决不批准;"法律不合、手续不备亦不批准"。数日后,张英华代理财政总长一职被免,由罗文干接任。罗文干就职后以手续不和为由,对公债案继续延宕。但韩国钧通电以辞职相逼,要求中央迅速通过。③此时王宠惠似已出院视事。面对齐燮元的要求,为

---

① 《部议苏债改名后之请裁兵电》,《申报》1922年9月28日,第13版。
② 徐兆玮著,李向东等标点:《徐兆玮日记》(第4卷),1922年9月19日,第2381页。
③ 韩国钧之所以如此强硬,与马士杰等劝说有关。马士杰称,"公债之事在乎省中有坚决主张,至各方面解释疏通,要无非形式问题,借此联络感情则可,决不能有满意结果。因负此使命而去,愈疏通且愈增治责,此亦不可不虑。今日做事要各方面皆能谅解,此必无之事。当局者,绝对负责任之人也。局外之发(转下页)

确保内阁稳定,王宠惠实行"财政紧急处分"办法,将"此项事情之文件盖已撇开财政部,由苏省督军直接与国务院文电往来办理"。因此审核江苏公债案的权力直接转移到了内阁。9月28日,内阁会议经王宠惠提出讨论,此案完全通过。①

"财政紧急处分"出自袁世凯颁布《中华民国约法》,其规定"国际战争或勘定内乱及其他非常事变,不能召集立法院时",才可实行。②王宠惠在此时动用,确实有些牵强。③故旅京苏人闻此消息异常不满,他们始终认为江苏财政不至于如此亏损,故账目必有问题,如"烟酒税、印花税、纸烟捐、常关收入、官产、沙田、津浦南段货捐,一切中央直接收入,已经军政长官截留矣;台营官基、军械废铁,已经军政长官变卖矣"。上述收入绝不会"少于此项拨发公债之数,或且过之"。他们主张"财部非查清后勿准募债"。④但江苏旅京同乡会没有真正的权力效力,除反复函电质询,以调动公众舆论外,仅仅只能通过同乡会中部分国会议员在国会中的权力来提出质询监督。但此时国会自身已四分五裂,自然难以干涉地方与中央内阁已达成好的协定。⑤

（接上页）言皆绝对不负责任,且其中或别有作用,如非法图及,吾省有资望并实业界占势力之人有正当建议,其他皆无能尽人求谅也"。《马士杰致韩国钧函》(1922年8月21日),江苏省档案局编:《韩国钧朋僚函札史料选编》,第42页。
① 王宠惠对罗文干曾有言称:"此事有政治关系,顾不得法律手续,其势不能不与批准(言外之意有如不批准,苏省得毋反对现内阁之惧)。"《国务院批准苏省公债之经过》,《申报》1922年10月3日,第6版;《阁议债核准苏省公债》,《申报》1922年10月2日,第6版。
② 赖骏楠编著:《宪制道路与中国命运:中国近代宪法文献选编(1840—1949)》(上卷),中央编译出版社,2017年,第476页。
③ 静观:《旅京苏人又开重要会议》,《申报》1922年10月18日,第7版。
④ 静:《旅京苏人反对苏公债之激昂》,《申报》1922年10月4日,第6版。
⑤ 1923年1月江苏旅京同乡会干事会改选后,"一部分新干事志气锐甚",对于七百万公债反对尤数激烈,但也承认"明知公债已发,说也无益"。野云:《旅京苏人反对苏省公债》,《申报》1923年1月4日,第7版。

发行公债,关系到江苏钱袋子,在江苏旅京同乡会与省议会部分议员的反对声中,七百万公债在严家炽的主持下分派各县发行认购。① 分派各县发行认购,其实是变相的强制摊派。徐兆玮所在的常熟县要分摊三万。因此徐兆玮在致友人信中主张不管县款是否竭蹶,此项公债"并未提交议会","根本已不成立",是"违法发行"。他仍寄希望于国会苏籍众议员,看能否将其撤销。最后他直言"是齐震岩、王铁珊所不敢为者,而海安毅然为之!"可知他对于韩国钧长苏已是失望之极。"苏人治苏得此效果,殊堪浩叹",是公债案前后徐兆玮反复三叹的。他始终认为"公债黑幕重重,惟未得确实证据,不能下手攻讦耳!"②

还在公债案遭到江苏省议会阻拦的时候,胡适在《东方杂志》上发表《联省自治与军阀割据》的答陈独秀文。在此文中,他认为中国政治的乱源在于"中央权大地方权小"。他主张扩大地方权力的同时,也设问道:"地方有了权,就可以裁制军阀吗?"他认为是"可以的"。他称"我们试看江苏近几个月的公债案,那便是一证":"这几年中省议会始终不肯通过一个公债案。我们于此可见地方权力的范围之内,军阀的权威也不能不受限制。"他预料"江苏这七百万的公债是发不成的"。③ 但公债案的最终通过旋即表明胡适预判的失误。胡适所论无疑是将"地方"等同于"省议会";将"中央"等同于"军阀";将省议会反对公债案看作是地方限制军阀、限制中央的举动。而根据本节讨论,实际情形却绝非如此简单。

---

① 《省长召集知事会议发行公债》,《申报》1922年12月3日,第13版。据后来情形看,公债主要强征摊派给南京地区,其中尤以督军府为多,亦可看出公债的用途。潘国旗:《近代中国地方公债研究——以江浙沪为例》,浙江大学出版社,2009年,第57页。
② 徐兆玮著,李向东等标点:《徐兆玮日记》(第4卷),1922年11月29日,第2413页。
③ 适:《联省自治与军阀割据》(1922年9月10日),《努力周报》1922年第19期。

"省"处在中央与县之间,是"官治"与"自治"的中间层。省政府与省级士绅既受到来自上下的双重压力,①也在利用上下之间的中层空隙。就税收而言,时人指出:"省政府中人,多中饱之病,对于国家则曰此地方税也,中央可不过问,地方无余不必解中央,对于地方则曰此国税也,地方人民代表不当过问,于是支配此款之权上不在天,下不在田,乃在督军省长之手。"这也就是为何七百万公债案及后来倒韩运动中,省议会与苏籍国会议员始终不信任省政府,均认为韩国钧政府此举背后或有猫腻。因此,议会系统曾多次强烈要求划分"国税"与"地方税"、划分"省款主管机关"。因为划分之后,"则省议会对于地方款监督权稍大"。正因如此,1921年内务部召开的地方行政会议上,当各级议员提出此议后,"省长派代表对于该案以全力反对,将使不能通过"。②

公债案所引发的种种博弈,展现出中央与地方财税权力的纠葛,也展现出从省到中央的议会系统与行政系统的对立。从议会系统来看,省议会与苏籍国会议员在对待公债问题上彼此联通,形成一气;从行政系统来看,公债案得以通过,实是江苏督军、省政府、省际士绅与中央内阁合作的结果。韩国钧在致京同乡公函中亦明言,发行公债是"与督军往返会商"的决定。③徐兆玮亦称韩国钧与齐燮元"同是一丘之貉耳"。④公债发行后,部分充当了齐燮元的备战军费。当时皖系密探马凤池曾致函韩国钧,即称公债充当军

---

① 朱绍文即称,"省为地方上级自治团体,所有税目,大者皆为中央所征收,细者有为各县所仰给,是省之所能取求者,范围极狭,而地方事业,责难于省政府者又极广"。朱绍文:《江苏财政述略》,《苏社特刊》第3期,1923年3月。
② 镜:《北京通信》,《申报》1921年5月21日,第7版。
③ 《省长为整理国家财政致京同乡书》,《苏社特刊》第3期,1923年3月。
④ 徐兆玮著,李向东等标点:《徐兆玮日记》(第4卷),1924年12月14日,第2422页。

费,引发江浙关系紧张,实际是"以苏款资邻省杀苏人"。①不过七百万公债强硬推行后,韩国钧亦是为此付出了代价。公债摊派各县引发民怨,致使县域士绅对韩国钧的观感大打折扣,这为此后各方倒韩运动埋下了伏笔。

四、议教之争:省际、省域士绅及其业界对立

1923年初,江苏省爆发了省议会与省教育会之争,时人称之为"议教之争"。争潮最后波及省长韩国钧,在反对七百万公债等舆论合流下,一度演变为较大规模的"倒韩运动"。直至1925年韩国钧去职,倒韩之声仍不绝如缕。考察"议教之争"的由来、过程及影响,有助于进一步理解江苏省治场域中不同领域与不同层级的士绅与政权之间的关系。

在省治场域中,江苏省教育会对全省教育资源的配置仍需要下一层级的士绅来具体实践。江苏省立中等教育体系是1912—1914年黄炎培出任教育司长期间设计和确立的。截至1922年,江苏共有九所省立师范学校、十一所省立中学、三所女子师范学校等共计二十三所省级教育机构。这些教育机构的校长均是影响道府与全省的"省域精英"。省立中等学校与江苏省教育会之间存在着"密切的历史和人事渊源"。②他们成立有省立各校校长联合会这一组织,与江苏省教育会彼此借重,基本垄断了江苏省的教育领域。省议会中

---

① 《马凤池致韩国钧函》(1922年10月31日),江苏省档案局编:《韩国钧朋僚函札史料选编》,第53页。
② 肖小红:《教育与政治:新文化运动时期的中国省际精英江苏省教育会的案例研究》,《国际汉学》(第18辑),大象出版社,2009年。

的南通派对于教育界士绅的扩张并不乐意。因此"教育会与省议会,水火不兼容;省议会和校长联合会,又水火不兼容;省议会又分正谊社和金陵俱乐部两派:也是经常吵架"。在江苏省教育会、省立各校校长联合会与省议会之间扮演"链接性角色"的是省教育厅。作为教育厅长"如果接近省教育会,必为省议会所排斥;接近省议会,又必为省教育会所排斥"。①

1922年随着韩国钧长苏,"苏人治苏"之说大盛,外省人胡家祺被迫辞去教育厅长一职。②于是江苏省教育会主张将教育厅长问题在"苏人治苏"名义下与省长问题一同解决。起初教育部任命外省人邓振瀛,"致遭苏人各方面之剧烈反对,最有力之反对电报为省教育会所发"。③最终教育部任命在部中任职的苏人蒋维乔出任。对于此一缘起,蒋维乔回忆称:"这时苏人治苏之说,颇流行,无论省教育会、省议会都想从本省人中,找出一位超然的人来做教育厅长,不期然而然都注意到我。"因此蒋维乔出任教育厅长,是江苏省教育会、省议会以及旅京苏人等几方绅权平衡下的结果。其中江苏省教育会较为主动。1922年7月蒋维乔赴济南开中华教育改进社常会,江苏省教育会要人袁希涛、庄俞即多次敦促。待他回京后,教育部与江苏省教育会等各方面已达成一致,时同在教育部任职的苏人秦汾即"极力怂恿"。④其他旅京苏人"也多来督促","乃不得不允"。⑤此外,蒋维乔赴任前与旅京苏人赵椿年、庄蕴宽、张一麐、丁锦、于宝轩、赵椿年、

---

① 蒋维乔:《江苏教育厅三年的回忆》,《改造杂志》创刊号,1946年11月12日。
② 《苏议会纪事第二次大会情形》,《申报》1922年6月9日,第10版。
③ 林盼、胡欣轩、王卫东整理:《蒋维乔日记》(第3册),1922年7月15日,上海人民出版社,2021年,第1355页。以下出版信息从略。亦参见《致府院及教育部请收回任命邓振瀛为教育厅长电》,《江苏省教育会月报》1922年第6期。
④ 林盼、胡欣轩、王卫东整理:《蒋维乔日记》(第3册),1922年7月12日、15日,第1354、1355页。
⑤ 蒋维乔:《江苏教育厅三年的回忆》,《改造杂志》创刊号,1946年11月12日。

谢冰等人有密切联络，他还专门赴江苏旅京同乡会听取意见，亦可以看出蒋南下赴任，多少代表着旅京苏人势力的回流。①

1922年韩国钧、蒋维乔上任后，首先要面对的是愈加激烈化的省议会派系纷争。韩国钧上任后，省议会内的派分再度分化重组。此时南通实业逐渐走下坡路，"金陵俱乐部以南通实业关系，议员星散"。俱乐部中的宁属、扬属、镇属议员又另组"正社"这一党派团体，核心成员有吴辅勋、王景常、刘文铬、陈谟、陈人厚、贾先甲、鲍贵藻这些老议员，还加入有乔国桢、崔荣申、朱镜明、高铁珊等新议员。金陵俱乐部中松属、苏属议员对外仍以"金陵俱乐部"为帜，实际上也另组一团体。②"正社"暗中酝酿的同时，朱绍文、张福增、陈亚轩等亲江苏省教育会一派的议员又另组"仁社"。

1922年7月韩国钧长苏之初，正社"暗中组织尚未完全"。及至11月七百万公债案后，"乃始旗帜鲜明"。和1921年省议长之争时的情况类似，此时由金陵俱乐部分化而来的"正社"议员人数较众，势力雄厚，而仁社成员少，势力较小。当时省议会内"凡各项审查会之审查长、理事多数均为正社所产生，如公债案、闸北水电厂案，以及十一年度预算案，皆该派一手包揽。仁社方面虽表示反对，但人数较少，加以金陵俱乐部一派或左或右态度不明，以致夹杂不清主张终归失败"。及至1922年底，《申报》披露称，此时江苏省议员已分三派：

---

① 林盼、胡欣轩、王卫东整理：《蒋维乔日记》（第3册），1922年7月23日，第1358页。
② 金陵俱乐部的瓦解也源于张孝若出洋。1922年张孝若出任考察欧美实业专使，回国后莅沪，曾经同为金陵俱乐部的这两拨人均致电他们的"共主"张孝若，设宴邀其聚谈。"正社"所发函电，署名人为吴辅勋、王景常、刘文铬、陈谟、杨成、刘昌威、庞振乾、杨玉藻、吴月波、刘振殿、郭镜清、崔荣申、高铁珊、孙基士、吴儒增；"李相府"派所发函电署名人为闵瓆、宋铭勋、龚廷鹗、周乃文、侯兆圭、章崇治、李中一、钱鼎、陆曾燕、周凯、夏光翰、王惠轩、马甲东、黄人式。参见《续纪张孝若到沪后情形》，《申报》1922年12月22日，第13版。

一正社，吴辅勋、王景常、刘文铬、陈谟、陈人厚、鲍贵藻、庞振乾、贾先甲、乔国桢、崔荣申、朱镜明、高铁珊等数十人属之；一仁社，张葆培、张福增、屠方、周征萼、朱绍文、陈亚轩、冯世德、潘承曜、鲍友恪、蔡璜、周积伟、华彦铨、王师曾、胡允恭、杜廷鸾、许铭范等及松江公寓八府塘水利协会诸人属之；一金陵俱乐部，李相府之龚廷鹗、宋铭勋、闵璩、周乃文等十余人属之。①

1923年5月，《民国日报》亦揭露称苏议员现分三派：

　　一曰仁社，议员约四五十人，党魁朱绍文，以拥韩为目的。二曰正社，党魁王景常，议员约七八十人，以倒韩为目的。三曰会务维持会，党魁庞振乾以利用时机，举足轻重为目的。三派各不相下。②

上述两份报道均指出此时期省议员三派中，"正社"与"仁社"是两大核心。正社"倒韩"，党魁为王景常、刘文铬、吴辅勋等人；仁社"拥韩"，党魁为朱绍文、张福增、陈亚轩等人。但两份报道在具体的党派与人员名称上仍略有差异，差异之处在于"金陵俱乐部"与庞振乾的角色。《申报》称金陵俱乐部为"李相府之龚廷鹗、宋

---

① 鱼：《苏议员与校长冲突别报》，《申报》1923年1月11日，第10版。此外省议会中亦有"中社"，以朱嘉桢、张宏业为代表。不过张宏业曾连任1922—1924年江苏省教育会交际部干事，可说是省教育会在省议会中人，且曾一度担任徐州的江苏省立第七师范学校校长。参见《徐鼎康致韩国钧函》（1924年2月14日），江苏省档案局编：《韩国钧朋僚函札史料选编》，第612页。亦参见《江苏省教育会现任职员（姓氏）录》，《江苏省教育会年鉴》第7、8、9、10、11期，1922年7月、1923年7月、1924年7月、1925年7月、1926年7月。
② 《苏议会内容观》，《民国日报》（上海）1923年5月30日，第3张第10版。

铭勋、闵瓛、周乃文等十余人属之",而《民国日报》则只字未提"金陵俱乐部"。这表明1922年底至1923年初,金陵俱乐部大致一分为三,一以宁属议员庞振乾等人为中心,一以扬属、镇属议员刘文枒、王景常为中心,一以苏属、松属议员龚廷鹗、宋铭勋、闵瓛为中心。①

朱绍文等"仁社"议员虽然势力较弱,但却是与省政府、江苏省教育会关系密切,是在省议会中韩国钧政府的支持者。韩国钧政府上台后,江苏省教育会对全省教育资源的控制力不断强化,江苏省教育经费逐年增加,1923年已较1912年增加6倍。②教育经费不断扩张,使较少沾染教育系统但却拥有审查经费权力的正社议员颇为不满。因此1919年省议员刘文枒等主张增加议员薪资,削减教育经费。时逢五四运动爆发,江苏省教育会借用学生风潮压制此案,使其不了了之。③但自此之后,"议教之争"成为省治场域中的结构性矛盾。刘文枒等非教育会派议员"平时挟一仇视学校之心,一旦办理各校预算,乃痛加削减,以快其报复"。故到1922、1923年议会所定教育经费,各校"屡有请加教育基金之运动",然"各校运动愈力,而议会限制愈严,已为学界所疾视"。④

---

① 常熟士绅沈芳畦后来亦称:当时省议会内有两派,一为王景常主持的"正社"(张孝若派),一为朱绍文主持的"仁社"(张一麐派)。参见沈芳畦:《常熟海虞市议会的回忆》,常熟市政协文史资料研究委员会编:《文史资料辑存》(第4辑),内部发行,1963年,第13—21页。
② 谷秀青:《民国时期省议会与民间社团之间的冲突——以江苏省议会"议员加费案"为例》,《江苏社会科学》2012年第5期。
③ 当时有一些省立校长为稳固地位、长久任职,与省议员深相纳结,或任其参与校务而分肥校务经费,或挂名校职而支奉干薪。省议员"得支干薪而维护其预算"。此外,各校长在第二、三届省议会中也常常为亲近议员支持经费,运动选举。这也是省议会中形成"议教之争"的一大因素。参见《张季直评苏省教育》,《时事新报》1923年5月17日,第13版。
④ 《苏教育界与议员奋斗记详》,《新闻报》1923年1月11日,第2张第2—3版。

表6 部分仁社议员简历表

姓名	府属	县籍	简　历
朱绍文	淮属	淮阴	苏社理事；江苏省教育会干事员、评议员 江苏水利协会会员
张福增	淮属	淮阴	江苏省教育会干事员、评议员
陈亚轩	淮属	盐城	盐城西南党重要成员
赵　雪	淮属	盐城	盐城西南党领袖，与胡乔木之父胡应庚同党
屠　方	常属	武进	武进县立师范学校校长 武进县教育会会长（其兄弟屠宽、屠寄均先后出任会长）
周征萼	常属	宜兴	江苏省立第六中学校长 宜兴县教育会会长
华彦铨	常属	无锡	江苏省制草案的草拟者之一 与张援、钱基厚等无锡籍省议员关系较密
蔡　璜	苏属	昆山	江苏省谘议员 苏州铁路学堂监督 与黄炎培、同乡方还交谊甚笃
周积伟	苏属	吴江	出身师范；周家为吴江大族 有弟周积理，吴江县公署第三科科长
冯世德	苏属	吴县	冯桂芬之孙；与研究系关系较密 国会众议员 江苏私立法政专门学校教务长
潘承曜	苏属	吴县	曾任江苏省立第六工厂厂长
王师曾	徐属		不详
胡允恭	镇属	丹阳	南菁书院预科毕业 曾任丹阳、兴化、县公署科长
杜廷鸾	海属	灌云	毕业于北京国立法政专门学校；律师

续 表

姓名	府属	县籍	简　历
张葆培	松属	华亭	沈惟贤表弟；松江大地主；南社会员
鲍友恪	扬属	宝应	宝应县副民政长；江苏水利协会评议员 宝应县商会会长、农务分会总理 与正社吴辅勋、吴鸿勋家族为同县人

此表资料主要来源于《江苏省议会第二届议员派别名籍一览表》，林开明等编：《北洋军阀史料·徐世昌卷》(第9卷)，天津古籍出版社，1996年，第1041—1057页；《北洋军阀史料·黎元洪卷》(5)，天津古籍出版社，1996年，第800页。曹金濂编著：《民国江苏权力机关史略》(江苏文史资料第67辑)，江苏文史资料编辑部，1994年，第94—105页。盐城市郊区政协文史资料委员会编：《盐城县文史资料》(第1～2辑)，内部发行，1984年，第33页。政协江苏省宝应县委员会文史资料研究委员会编：《宝应文史资料》(第3辑)，内部发行，1985年，第100—103页。昆山市地方志办公室编，毛经球整理：《〈申报〉上的昆山》(上)，苏州大学出版社，2019年，第259页等。

1923年初，全省教育系统人员齐集南京召开教育行政会议，商讨江苏省实施新学制（即壬戌学制）的具体办法。此时省议会亦在召开预算审查会，正社议员决定削减公立学校教育经费，增加议员薪资。消息传出后，1月7日教育行政会议上，各省公立学校校长召来审查教育预算的正社议员刘文烜至会场质询。结果刘文烜与省立第一师范学校校长王朝阳、第二师范校长贾丰臻、第五师范校长任都发生冲突，致使刘文烜受伤。① 贾丰臻、任都、王朝阳不仅是省立校长，亦是江苏省教育会的常任干事员、评议员，贾丰臻与袁希涛、沈恩孚、黄炎培同学于龙门书院，尤属该会要角。王朝阳亦是江苏省教育会重要成员，曾于1913—1916年主编江苏省教育会《教育研究》杂志，颇具声色。② 冲突发生后，刘文烜要求检察厅将贾、任拘留。但甫经

---

① 参见《江苏省教育会现任职员姓氏录》，《江苏省教育会年鉴》第5、7、8期，1920年7月、1922年7月、1923年7月。
② 时各省立学校校长大部分是江苏省教育会成员。如江苏省立第四师范学校校长仇垛为苏社集团核心成员仇继恒之子。仇垛之子仇良矩对议教之争有（转下页）

拘留,即被江苏省教育会保释。当晚议长徐果人面见蒋维乔,认为两校长有刑事嫌疑,应停职,但蒋维乔主张"双方以调和为宜"。①

"调和"亦是韩国钧对此事的方针。韩国钧本打算将此事"缩小"到刘文辂与贾丰臻、任都之间的私人冲突中解决,但正社议员并不甘心,吴辅勋、王景常认为刘文辂"因公受伤,必须由本会代表起诉"。②此后甚至传出正社议员主张"免各校长职,解散省城各学校,及停办各省立学校"的流言,"言之非常激烈"。对于正社议员,本来"教职员学生切齿久矣",此番言论更是在教育界激起极大反响。③9日,南京学生联合会组织学生齐赴正社会址王景常家中,结果与正社议员吴辅勋等发生冲突。学生群体将吴辅勋捆绑游街。此举进一步激化了双方矛盾。④

游行吴辅勋事件后,为支持学生群体,江苏省教育界诘责正社议员的函电纷至沓来。12日,江苏省37名省立校长中,29名校长的联名通电公诸报章。电文指责正社议员"锐减教育经费,增加议员薪资"的恶行,并且趁机主张教育经费独立。同日,在南京讲学的梁启超亦通电声援。⑤无论是省立各校校长、梁启超还是江苏省教育会,在他们的通电中,均将"教育"拔到"立国保种之第一基础"的高度,使扩张教育经费拥有极高的道德与舆论制高点。但在吴辅勋等正社

(接上页)回忆文,不过错讹颇多。见仇良矩:《"议教风潮"始末》,黄玉生主编:《江苏文史资料存稿选编·教育卷》,江苏人民出版社,2007年,第336—341页。
① 林盼、胡欣轩、王卫东整理:《蒋维乔日记》(第3册),1923年1月7日,第1401页。
② 鱼:《苏议员与校长冲突别报》,《申报》1923年1月11日,第10版。
③ 《苏教育界与议员奋斗记详》,《新闻报》1923年1月11日,第2张第2—3版。
④ 《苏省议教冲突中学生近状》,《新闻报》1923年1月11日,第2张第3版。蒋维乔称正社议员召开秘密会议试图招徕流氓殴打各校长。参加教育行政会议的成员议决"诉诸舆论及劝告省议会"。参见林盼、胡欣轩、王卫东整理:《蒋维乔日记》(第3册),1923年1月11日,第326页。
⑤ 《梁任公之警告》,《新闻报》1923年1月12日,第2张第2版。

议员看来,"增加教育经费,不过校长发财"而已,与增加议员薪资本质上并无二致。正是这种"教育"的"高尚性"使得正社议员在此次冲突中难以拥有舆论支持。①

韩国钧对于殴打刘文格和吴辅勋事件尽可能平情处理。但由于韩国钧与江苏省教育会黄炎培、袁希涛等人同为苏社理事,加之教育行政会议亦是自己主导召开,故不赞成削减教育经费,对正社议员要求查办校长、解散学校、严惩学生的主张亦不予置理。②这让正社议员极为不满,尤其是殴打吴辅勋的四师学生虽被警署送交检庭,但在各省立校长辞职相逼下,韩国钧又下令释放。议长徐果人认为如此是针对议会全体,双方矛盾更加激化。③1月11日,王景常通电指责韩国钧坐视纵容、处置偏袒,"两日来官厅不能维持秩序,同人身处危境不能行使职权"。他主张议会闭会,将省议会迁往镇江。④

如此"议教之冲突"升级、蔓延到"省长之任职"。时有报纸即称"自议教风潮起后,渐致牵及于政潮。一时某某将任苏省长之说,纷然并起"。⑤韩国钧在回忆录中亦称:"议教之冲突其始不过因削减预算,继则牵入正社仁社之党争,而余左袒仁社遂矢于余,其势汹

---

① 《苏省议教冲突中学生近状》,《新闻报》1923年1月11日,第2张第3版。刘文格以为江苏省教育会为求得经费增加,将有惠于他,才贸然赴会。参见《苏教育界与议员奋斗记详》,《新闻报》1923年1月11日,第2张第2—3版。
② 《南京快信》,《申报》1923年1月11日,第10版。韩国钧及其亲信均对正社极为不满,彭子嘉在致韩信中即称"正社组织何法? 中坚何人? 勾串何术? 运用何事? 早已须眉毕见,不待燃犀",故对"正社流弊似宜预防"。参见《彭谷孙致韩国钧函》(1923年1月31日),江苏省档案局编:《韩国钧朋僚函札史料选编》,第681页。
③ 此时韩国钧"颇觉左右做人难顾"。参见《苏省校长与议员冲突纪》,《申报》1923年1月13日,第10版。
④ 《江苏省议会议员同人公鉴》,《申报》1923年1月14日,第1版。
⑤ 吴、刘被殴后,与正社关系极为密切的"金陵俱乐部之出色人物","几如惊弓之鸟,不敢复居宁垣"。参见《苏省议教争潮之近讯》,《时报》1923年1月24日,第2张第4版。

汹不可终日。"①为迫使韩国钧下台,正社议员联络苏人中对韩久为不满者,如在京苏籍国会议员,试图与其联手展开倒韩运动。为此,北京苏籍国会议员以姚文枏领衔,谢翊元、邵长镕、瞿启甲、王绍鏊、夏寅官等联名警告韩国钧的函电,劝其"无取放任,亦勿偏徇"。②大约与此同时,北京传来"齐燮元因议会与学校冲突,电请撤省长韩国钧"的消息。③19日,正社议员王景常等人联名公开请求韩国钧辞职。④

面对各方面围攻诘责,韩国钧颇感棘手,或是以退为进,他通电辞职。辞电发出后,教育界挽留声浪颇高。黄炎培、沈恩孚深知一旦韩国钧辞职,将会牵连整个江苏政局,不仅江苏教育经费削减,新学制在江苏也会难产,且会再度引发省长人选之争。故黄炎培与沈恩孚极力劝阻,他们在致韩国钧信中称,"此时流言四播,惟有静以处之。第一要点,愿公万勿作消极念";"全苏祸福系于公一念之进退"。⑤2月4日,苏社人士由张謇领衔,段书云、唐文治、王清穆、汪凤瀛、黄以霖、袁希涛、费树蔚、沈恩孚、马士杰联名致电北京中央,称韩国钧莅任以来,"在中央固倚畀方殷;在地方更老成是赖",万不可轻易更动。⑥

---

① 韩国钧:《止叟年谱·永忆录》,沈云龙主编:《近代中国史料丛刊》(第1辑),文海出版社,1973年,第68页。
② 《关于议教风潮之两电》,《申报》1923年1月21日,第13版。
③ 《齐燮元请撤韩国钧》,《时报》1923年1月16日,第1张第1版。尽管齐燮元在1月18、22日两次否认去韩,但韩之密友李大钧1月18日致函韩国钧称,"督军已派人来京"与各方接洽,"谓已无办法维持,请推出能以继任者数人,由他斟酌等语",联系后来倒韩情形,可证齐燮元确有换韩意图。参见《李大钧致韩国钧函》(1923年1月18日),江苏省档案局编:《韩国钧朋僚函札史料选编》,第253页。
④ 《苏议员请罢韩国钧》,《申报》1923年1月23日,第10版。
⑤ 《沈恩孚、黄炎培致韩国钧函》(1923年1月),江苏省档案局编:《韩国钧朋僚函札史料选编》,第330页。《苏绅阀暗斗中之省长问题》,《晨报》1923年2月24日,第6版。彭子嘉亦在致韩国钧信中明言:"苏人之关心大局者,亦非徒为我公一身之进退,实为大局计也。"《彭谷孙致韩国钧函》(1923年1月31日),江苏省档案局编:《韩国钧朋僚函札史料选编》,第681页。
⑥ 《苏社同人拥护韩国钧电》,《申报》1923年2月5日,第13版。

当王景常"结党北上,施其煽惑",展开倒韩运动时,与韩国钧关系极密的南北士绅均在时刻跟踪防制。在旅京苏耆庄蕴宽、张一麐的运作下,江苏旅京同乡会干事会"决定对于此事,本会暂不表示";至于省长问题,会议亦"对韩不拥护亦不反对,只抱定军民分治、苏人治苏一种抽象的主义"。①因此2月7日王景常到京后,仁社议员朱绍文即向韩国钧报告称:"今得来电云,王景常到京,暂缓行等语。京同乡多数了解,想彼辈无能为也。"②2月6日,总统黎元洪复函苏社称"韩省长治苏甚优,正事倚畀,悠悠之口,本不足凭。诸君皆苏省耆硕,出而主持清议则莠言不能乱政矣"。虽然黎元洪仅有寥寥数语,但对稳固韩国钧地位相当重要。2月11日,秘书方还亦向韩国钧汇报称,北京府院对于省政问题,"主张与本省舆论从同,并无异议"。③至此因议教之争导致的倒韩运动逐渐消弭。④

朱绍文即指出"议教风潮之不相安","在支配之不均"。议教之争发生在新学制实施的大背景下,新学制的开展势必要扩充教育经费。而实际上江苏省教育经费本就在逐年增加。从1916年到1921年,江苏省历年内务行政费、财务行政费、教育行政费、实业行政费等各项支出中,教育行政费所需要最巨,支出涨幅最大。这六年中,教育行政费一直占江苏行政费用的40%—60%。1919年,因刘文烩等非教育会派议员主张削减教育经费,增加议员薪资,导致教育经费投入为六年中最少,但也达到了44%。1921年,议教之争的前一年,教育经费竟达到了总支出的56%。其中九所省立师范、十一所省立中

---

① 静观:《纪旅京苏人重要会议》,《申报》1923年2月10日,第7版。
② 《朱绍文致韩国钧函》(1923年2月7日),江苏省档案局编:《韩国钧朋僚函札史料选编》,第171—172页。
③ 《方还致韩国钧函》(1923年2月11日),江苏省档案局编:《韩国钧朋僚函札史料选编》,第128页。
④ 《黎黄陂复苏社同人电》,《申报》1923年2月19日,第14版。

学所需费用和历年涨幅最大,而私立学校补助费最少,涨幅也最小。因此即使是江苏省教育会骨干朱绍文亦指出江苏积极事业,固以教育为重,但也应照顾其他领域。对于财政预算。他称目前江苏财政,"所规政费,大都系一地方或少数人之利益。一听各个人各个机关势力之强弱、要求之急徐为应付"。①此言所谓"各个人各个机关势力之强弱"或是暗指江苏省教育会以及江苏省立校长联合会。

正是源于江苏财政分配的严重不均衡,令以议会、实业为主要利益的正社议员不满,而新学制的开展更是激起他们的党见之争,"增加教育经费,不过校长发财"也绝非诬词。故议教之争实是省内教育界与议员界之争,争执的焦点在于省款支绌的情形下,教育界与议员孰先扩张,孰多孰少。议教之争对江苏省政产生了三个重要影响:第一,黄炎培、沈恩孚、袁希涛、张一麐、黄以霖以及韩国钧的秘书方还开始谋求江苏教育经费独立。②第二,他们对省议会产生了极大的不信任感。袁希涛、沈恩孚认为"补救议会及整理一切,非先制省宪不可"。如果"倚赖议会,河清难俟"。③第三,议教之争激化了正社议员与韩国钧及苏社集团的矛盾,使"倒韩运动"持续不断。

五、恢复县自治:县域士绅与倒韩运动之消长

议教之争后,韩国钧的省长地位虽然没有发生大动摇,但倒韩运

---

① 朱绍文:《江苏财政述略》,《苏社特刊》第3期,1923年3月。
② 武勇:《江苏省教育经费独立运动研究(1923—1927)》,中山大学硕士学位论文,2009年。
③ 《方还致韩国钧函》(1923年2月11日),江苏省档案局编:《韩国钧朋僚函札史料选编》,第128页。

动仍持续不断。在所有倒韩势力中,还有一拨人的参与,那就是不满韩国钧在恢复县自治问题上拖延塞责的县议会联合会。清季民初的县议员大致有两批。第一批始于1910年。1909年底清政府颁布《府厅州县地方自治章程》,此后各省一些地区依据此自治章程相继选举出县议员,成立县议会,"此实为中国县自治组织之始"。第二批始于1912年。辛亥革命后"各省率自为政"蔚然成风。① 在此风势下,江苏临时省议会废止了清廷颁布的《府厅州县地方自治章程》,制定和颁布了《江苏省暂行县制》这一江苏省单行法,1913年又有修正。相较于清末《府厅州县地方自治章程》,《江苏省暂行县制》在县域士绅的鼓动下扩大了县议会的权力,压缩了县政府的权力。② 民初,江苏全省六十县中,以苏属为主的三十余县大多依据《江苏省暂行县制》成立了县议会,并选出了县议员,而其余各县彼时尚未及成立。

县议员多是在本县具有相当威望和权势的士绅,但他们在竞争省议员乃至国会议员中实力较逊,难以胜出,故多以县议会为活动据点。他们对此相当看重,认为"共和国家,以国民议会为基础,国民议会,以各县议会为雏形"。③ 民国元年全国表面虽已统一,但中央、省、县之间的权责尚未明确,制度亦未完善。在关涉漕粮税收等各县利益时,苏属各县士绅互相声援,彼此呼应。④ 为进一步加强邻县间的合作,扩大县议会的影响力,1913年县域士绅们发起了县议会联合会。发起人之一,辛亥后出任吴江县议长的费璞安(即费孝通之父)

---

① 钱端升、萨师炯等:《民国政制史》(下),商务印书馆,2018年,第203页。
② 参见魏光奇:《官治与自治:20世纪上半期的中国县制》,商务印书馆,2004年,第86页。
③ 《拟开江苏全省县议事会联合会通告》,《申报》1912年1月14日,第7版。对于县域士绅,沈洁对奉化县议员的社会网络与党派政治有深入的讨论。参见沈洁:《1920年代地方力量的党化、权力重组及向"国民革命"的引渡——以奉化〈张泰荣日记〉为中心》,《华东师范大学学报》2016年第6期。
④ 具体案例参见《苏浙协争冬漕复活案》,《申报》1912年10月7日,第6版。

后来称:辛亥前夕"我与邻近各县人士时常联系,遇有重大问题往往联名发表意见";民初"我就想发起组织全江苏省的县议会联合会,以厚实力"。①是年4月,"县议会联合会"(以下简称"县联会")在费璞安与吴县县议长孔昭晋、上海县议长莫锡纶、上海县副议长李味青、常熟县议员邵玉铨、如皋县议员方家珍等人筹划下在上海正式成立,加入者主要是以苏属为主的十余县。成立会上他们明确表示:该会"即监督省会,拥护省会之私法团"。②县联会成立后,即向省政府争取扩大对县市乡的财政分配权。例如当时省议会所议定漕粮特税支配方案中,"仅以五分之一为县市乡之附税",他们认为此"殊不平匀",主张省税与县市乡税应对半平分。③可以说,他们发起县联会,主要目的就是为"监督省会",争取县域士绅的利益。

但1914年袁世凯下令解散国会、省会,停办县议会,这些县域士绅也就失去了向省、中央争权的重要场域。当时苏籍国会议员王绍鏊即称袁世凯"解散各省省议会,撤销各级地方自治,停办各个法政学堂,把我辈所能够活动的地盘,铲除得一干二净。我勉强支持了半年多,再也无法生活下去了"。④在袁世凯停办县自治前,"县为国家下级地方行政机关,又为上级地方自治机关"。废除县自治后,"县完全为下级地方行政机关","县之行政权皆集中于县知事",如此中央与省的权力减少了诸多阻碍,能够有效下达至县。⑤1916年袁世凯去世后,国会与省议会相继复会,曾经的省际、省域士绅的权力场域再

---

① 费璞安:《吴江光复前后回忆》,吴江县政协委员会文史资料研究委员会编:《吴江文史资料》(第4辑),内部发行,1985年,第54页。
② 《县议会联合会成立》,《申报》1913年4月11日,第7版。
③ 《县会力争漕粮附税》,《申报》1913年6月6日,第7版。
④ 王绍鏊撰稿,陈正卿整理:《王绍鏊自传》,上海市档案馆编:《上海档案史料研究》(第10辑),上海三联书店,2011年,第119页。
⑤ 钱端升、萨师炯等:《民国政制史》(下),商务印书馆,2018年,第225—226页。

度恢复。为此,各省"县域士绅"亦呼吁恢复县议会。但中央和省政府深悉一旦恢复,会导致直属省政府的县知事权力大为削弱,县域财税亦会被县域士绅截留而上缴省与中央的财税大幅度缩减,故迟迟未予恢复。①

1918年徐世昌就任总统后,地方自治思潮愈演愈烈,恢复县议会声浪愈加高涨。徐世昌政府深知此一潮流难以阻遏,故只好筹划恢复。但为扭转民初县域士绅权力过大的局面,也为了统一全国各省的县自治法案,废除辛亥时期各省自行制定的单行法,1919年7月,安福国会与徐世昌政府重新制定了《县自治法》。自此之后,对于江苏省而言,《县自治法》成为"新县制",而民初江苏临时省议会制定的《江苏省暂行县制》这一单行法就成为"旧县制"。对于"新县制",时人称"官厅监督权太重,且无市乡自治法,政府亦未议订施行细则"。②为此,1921年5月北京内务部召集各省代表召开地方行政会议,制定出《县自治法施行细则》和《县议会议员选举规则》。但县联会诸干事认为"新县制""未经国会通过,仅产生于地方行政会议",如此手续不合法;且"新县制""官治太重,民治太轻"。③有江苏省议员即称"新县制""反不如前清城镇乡自治制"。而且,此次地方行政会议"几全为政府与各省长代表所左右,省议会代表不过备员充数,毫无实力"。于是江苏省议会撤回了参会代表,并否认采用"新县制"。④

---

① 对此讨论参见周青松:《上海地方自治研究:1905—1927》,上海社会科学院出版社,2005年,第188—237页。祝小楠:《民国初期县市乡制论争:以江苏"新制"与"旧章"为例》,《江西社会科学》2017年第9期。陈明胜:《晚清民国时期地方自治的内在困境及其现代启示研究》,合肥工业大学出版社,2018年,第80—94页。
② 《赞复地方自治意见书》,《申报》1922年3月20日,第14版。
③ 《苏县联会对于自治之主张》,《申报》1922年5月7日,第13版。
④ 《苏省会议撤行政会议代表》,《申报》1921年5月26日,第8版。

反对"新县制"、主张仍采用"旧县制"者，主要是前述环上海各县的县联会诸人。他们之所以主张恢复，除"新县制"对其束缚较多之外，更重要的是，"新县制"要求重新选举县议员方可召集县议会；如果采用"旧县制"，则无须重新选举议员，直接召集旧议员恢复县议会即可。① 因此，采用"旧县制"，首先在于恢复旧议会。松江县教育会长张芝即称县自治"当以恢复县市乡旧制为根本上之要点，而以恢复旧县市乡议会为进行之先导"。② 但以南京为中心的宁属二十余县的县域士绅却反对恢复。原因在于，首先他们在民元时期并未成立县议会；其次，他们多从民初成立的地方自治讲习所毕业，因此与"旧县制"毫无利益关系，故希望能采用"新县制"重新选举。为达此目的，他们发起"江苏自治协会联合会"。这批人与省议会中的金陵俱乐部关系密切。"江苏自治协会联合会"会长就是省议长、金陵俱乐部的徐果人，副会长亦为俱乐部中的庞振乾等。③ 实际上，上海与南京这两方县域士绅都赞成恢复县自治，所区别点只是在于实施办法的新旧而已。这也可以看出，县域士绅出身、地域的不同，深刻影响了他们在恢复"旧县制"上的态度。

表7　1922年江苏省县议会联合会干事简历表

姓名	字号	生卒	籍贯	履　历	备注
莫锡纶	子经	1855—？	上海	1912年任上海市政厅长　1913年任上海县议会议长	1913年县联会副会长
方家珍	子瑛	不详	如皋	如皋县议员	1916年县联会第三名干事

① 《南京快信》，《申报》1921年5月29日，第7版。
② 《恢复旧县市乡议会之请议》，《申报》1922年4月16日，第12版。
③ 《苏省旧县议会恢复问题》，《时事新报》1922年5月26日，第2张第2版。

续　表

姓名	字号	生卒	籍贯	履　历	备注
李味青	佑之	1880—1958	上海	1913年任上海县议会副议长 1916年任上海方自治研究会会长	
梁鸿卓	稼义	不详	丹徒	1913年任丹徒县议会议长 1918年任江苏省第二届省议员	
杨友熙	镜山	不详	灌云	1921年任江苏第十一中学校长	
孔昭晋	康侯	1865—1936	吴县	1913年任吴县县议会议长 1918年任江苏省第二届省议员	1913年县联会发起人
陈传德	仲达	1883—1954	嘉定	1911年任嘉定县议会副议长 1920年任江苏省立第四中学代校长	1913年县联会发起人
狄恩霖	子怡	不详	常熟	1913年任常熟县议会议员 1916年任驻松沙田局长	
焦汝霖	傅丞	不详	仪征	1914年任江苏第八中学校长 1915年任江都县教育会长	
刘启文	不详	不详	泰兴	1913年任安徽桐城县知事	1913年县联会发起人
俞惟珏	葆邨	不详	宝山	1924年任宝山县议会副议长	

资料来源于吴江县政协委员会文史资料研究委员会编：《吴江文史资料》(第4辑)，内部发行，1985年，第54页。《县议会联合会成立》，《申报》1913年4月11日，第7版。《江苏县议员联合会继续开会宣言书》，《申报》1922年4月29日，第16版。宋林飞主编：《江苏历代名人词典》，江苏人民出版社，2019年等。

为壮大恢复"旧县制"的声势，1922年3月，环上海各县"以前的一班自治人员"再度拉起了"县议会联合会"的大旗，并重新进行了选举。①

----

① 《江苏县议会联合会期》，《申报》1922年4月12日，第13版。

选举后有十一名干事组成干事会,是为县联会的领导机构。从地域分布上看,这十一位干事,主要是来自环上海各县。不过亦有例外,如杨友熙,主要是为吸引苏北各县加入。从履历来看,他们都是辛亥前后各县的头面人物。如孔昭晋、陈传德、梁鸿卓、李味青、莫锡纶、焦汝霖、刘启文等均出任过县正副议长和县教育会长、省立中学校长等府县领导职务。但他们此后的活动场域基本停留在府县,鲜有在省和全国层面参政的经历。县联会的领导者尚是如此,其县联会的普通会员则活动的场域层级或更低。

面对县联会恢复旧县制的诉求,时任省长王瑚依据中央命令,批复称"新县制无可变更,旧议会碍难准复"。这使得县联会干事不得不求助张謇、张一麐、王清穆、曾朴、沈恩孚、黄炎培、李平书、段书云、韩国钧、袁希涛等苏社理事为代表的"省际士绅"。①但苏社诸理事并未多与助力。1922年7月京地苏人在运动韩国钧长苏时,这些县域士绅亦是极力欢迎。他们相信韩国钧长苏,将会对恢复旧县制给予支持。7月下旬韩国钧就职后,县联会干事方家珍等谒见韩国钧,请求采用旧县制,恢复旧议会。但韩主张等8月国会和10月省议会开会后再行议决。②国会召开后,县联会便极力鼓动江苏旅京同乡会协助,希图能得到苏籍国会议员孙润宇、姚文枏、陶保晋、胡兆沂等人的支持,俾能在国会通过此案。③他们认为"苟国会不议决,省长诿之内部(即内务部),内部必不肯即行答应,而各县又汲汲进行,势必成捣乱之象"。④

在县联会的竭力运作下,1922年11月初,省议会决定于1923年

---

① 《苏县联会对于自治之主张》,《申报》1922年5月7日,第13版。
② 《县联会请愿代表返沪》,《申报》1922年7月28日,第15版。
③ 《众议院十六日程提出恢复县自治》,《申报》1922年8月19日,第15版。
④ 徐兆玮著,李向东等标点:《徐兆玮日记》(第4卷),1922年11月29日,第2437页。

1月1日恢复旧县议会这一单行法,并咨请韩国钧即行公布。①苏籍国会议员亦表示赞成。但韩国钧对此却不以为然。从制度层面言,省议会只能通过本省单行法,且不能与全国通行法令相抵触。"新县制"为全国通行法,故省议会这一决定显然违法。从实际层面言,一旦恢复旧县议会,势必会分散、减少县财政中上缴省财政的款额,使本已竭蹶维步的省财政更加难以为继。因此韩国钧直言:省议会此案属"建议案"而非"咨请执行案";事关变更法令,省署需要审核、请示内务部后再决定是否执行。但到1923年1月,以上海为中心的周边县以省议会决议为依据,开始主张自行召集恢复,并试图动用县财政公款。面对县联会的自行其是,韩国钧颇为恼火。

此时有一份署名为"宁垣江苏自治协会联合会会长徐果人"的函电上书韩国钧,指出民初旧县议会"原系一种临时制度",且全省仅有三十余县成立,如果恢复后将使全省县自治制度纷歧错杂,妨碍"真正自治之进行"。"宁垣江苏自治协会联合会"即是前述以南京为中心主张实行"新县制"的县域士绅组织。韩国钧以此函电为挡箭牌,通令全省各县知事称,徐果人此议甚当,故此案未经内务部核准以前,"不能动支公款"。②命令公布后,引发各县域士绅对徐果人的围攻诘责。他们指责徐果人明面在省议会通过恢复"旧县制",暗中却为宁垣县域士绅诸人谋利。但徐果人很快辩称此份上书为冒名顶替,如此也让韩国钧此令失去效力。③此事真相虽不能确定,但这一

---

① 沈芳畦回忆称,省议会部分议员"为了要延长第三届省议员的任期,所以由正社提议成立省宪,将江苏各县地方自治先行恢复(江苏单行法),以前的一班自治人员,从此又活跃起来"。参见沈芳畦:《常熟海虞市议会的回忆》,常熟市政协文史资料研究委员会编:《文史资料辑存》(第4辑),内部发行,1963年,第17页。
② 《省署阻止县会动支公款通电》,《时事新报》1923年1月3日,第3张第11版。
③ 《省电禁动公款之反响》,《新无锡》1923年1月9日,第3版。

争端最终以各方让步告终：省议会方承认此前决定恢复"旧县制"为"建议案"；省政府方对"禁止支用地方公款"的命令也不再申明；而县联会对于恢复"旧县制"案，也只能等待北京中央或省政府的批准。

1923年2月，黎元洪政府宣布重新修订"新县制"。县联会认为"新县制"的制定过程本就不合法，重新修订实际上是无形宣布其已失效，因此已不存在韩国钧此前所言的"变更法令问题"，故再度请求省政府批准恢复"旧县制"。①对此，韩国钧也主张"实施新制，尚复需时"；不如暂时恢复"旧县制"，等国会通过修订后的"新县制"后，再重新改组。但中央府院却迟迟不予明确批复，之所以如此，是"欲求自治制度之统一耳"。而处在中央与县域士绅之间的韩国钧不得不抱着"逡巡趑趄之态度"。②对此，县联会猜疑韩国钧与北京中央暗中达成一致，以此敷衍拖延。1923年4月底，县联会决定催复县自治"以驱韩为前提"。③他们批评韩国钧政府滥发公债、抵拒县自治"更甚于专制之政府"。因此他们认为如今唯有与"旅京同乡协力进行"展开"倒韩"。④

部分旅京苏人此时对韩国钧亦极为不满，其中就有在京的国会议员徐兆玮、徐凤标、瞿启甲等常熟人。⑤徐兆玮与徐凤标等部分常熟士绅所不满于韩国钧者，主要在于七百万公债及其强行摊派。本来此公债发行手续含糊，各县绅商抵触已久，故分摊各县后极少认

---

① 《县联会请省会议决恢复案文》，《申报》1923年5月19日，第14版。
② 《县联会再请恢复自治》，《新闻报》1923年3月13日，第3张第1版。
③ 《县联会催复自治之通电以驱韩为前提》，《申报》1923年4月21日，第14版。
④ 《县联会催复自治消息》，《新闻报》1923年5月1日，第3张第2版。
⑤ 徐兆玮此前听闻议教风潮后，他在致徐凤标的信中幸灾乐祸地称"南京议会与学阀大哄，双方焦头烂额"，"苏贤治苏之结果如是，止老一生名誉扫地矣"。徐兆玮著，李向东等标点：《徐兆玮日记》（第4卷），1923年1月16日，第2436页。

购。为完成任务,各县知事又只好借用公款购买。但一旦公款购买,则会减损地方士绅对于地方自治费用的支配,故此法立即引发县域士绅的反对。1月中旬倒韩运动正炽之际,徐兆玮与瞿良士等常熟士绅联名通电,指责韩国钧虽号称苏人治苏,但实际取媚军阀,滥发债券,摊派各县。不仅如此,还文过饰非,向府院、议会称"未丝毫取之民间","决无摊派债票之事"。故他建议"此后如有摊销债票,擅借公款者,当根据省长迭次电文严词拒绝"。① 这些批驳当然并非仅针对七百万公债而发,更是希图借此来壮大倒韩声势,促其下台。因此他们认为"今之所赖者",唯有与县议会、旅京同乡协力展开"倒韩"。②

旅京苏人中,担任财政次长的无锡人杨寿枏希图转任江苏省长,故亦在积极行动。杨寿枏曾长期在财政部任职,1914年担任山东省财政厅长,1917年出任财政部次长,一度代理总长。1923年初,他再度出任财政次长。担任次长后,杨寿枏深感内阁不稳,次长势必难以久任,试图转任到地方任职。故他对于家乡政局极为关注。1923年3月底4月初,江苏省议教风潮逐渐消弭,但倒韩声浪却逐渐高涨。③ 为此,他也积极参与倒韩运动。4月6日,杨寿枏与徐兆玮、瞿良士、沈惟贤、朱稚竹等旅京苏人集会密议倒韩方略。此后旅京苏人中传出"盛倡倒韩之说,继任者以杨味云(即杨寿枏)为最高之呼声"。④

杨寿枏与徐兆玮等旅京苏人和县联会等倒韩势力逐渐汇流。杨寿枏暗中鼓动省议员提出弹劾省长案,而县联会紧随其后。4月20

---

① 徐兆玮著,李向东等标点:《徐兆玮日记》(第4卷),1923年1月18日,第2437页。
② 《县联会催复自治消息》,《新闻报》1923年5月1日,第3张第2版。
③ 当时阜宁县、高邮县、丰县等县教育会、商会、农会先后联名致电黎元洪,请求罢免韩国钧。参见《阜宁教育商农会陈韩国钧擅发公债胁停议会请罢斥电》(1923年3月5日)、《包守臣等请声讨驱逐韩国钧电》(1923年3月12日),《北洋军阀史料·黎元洪卷》(5),天津古籍出版社,1996年,第803—807页。
④ 徐兆玮著,李向东等标点:《徐兆玮日记》(第4卷),1923年4月6日,第2461页。

日,县联会在上海开紧急会议,会议决定请"省议会弹劾省长并向国会请议查办",并请"京同乡协助"。县联会还发布了《江苏县议会联合会宣言书》,此封宣言书中,将各界不满韩国钧的要点搜罗汇合,譬如指责韩国钧加征"漕粮及货物税"等。这封宣言书其实出自常熟人黄谦斋之手。黄谦斋之所以如此攻击韩国钧,主要是针对同乡曾朴。曾朴与朱绍文等"仁社"议员同为江苏省教育会之人,为韩之亲信。韩国钧上任后,曾朴向他"荐七人而独去老黄",黄谦斋故有此举。县联会的这一宣言书表明"省政已开炮攻韩"。[①]1923年4月21日,《申报》上登载了《县联会催复自治之通电以驱韩为前提》的函电。函电声明"在自治障碍未除以前,暂停纳税义务"。[②]县联会的一系列动作使"倒韩呼声又高"。[③]

但倒韩内部各方意见却并不一致。在南方的徐凤标等人均支持杨寿枬长苏,他致函在北京的徐兆玮称:"旅京同乡如能通过其继韩者,此间尚无反对。"但是"倒韩"各方中仍有相当一部分是张孝若的支持者。这其中就有在京国会议员,曾担任省议长的沈惟贤。徐凤标亦称沈惟贤"夹袋中仍有张孝若"。曾朴亦称"正社与淞派面子上拥戴别人,实则拥小张登台"。[④]此中的"淞派"即指沈惟贤,因其为松江人,且在地方与中央苏人中占有一大势力。因此,沈惟贤虽是支持张孝若长省,但他却故意推举杨寿枬,还称等韩国钧正式辞职后,"即约同志往见府院","将各方所荐之人征求苏督同意"。实际上一旦杨寿枬公然宣称自己要取代韩国钧出任省长,立即会被外界挺韩舆论声讨。杨寿枬亦是察觉到此点,他深知倒韩同盟内部意见

---

① 徐兆玮著,李向东等标点:《徐兆玮日记》(第4卷),1923年4月27日,第2471页。
② 《江苏县议会联合会紧要公告》,《申报》1923年4月23日,第1版。
③ 徐兆玮著,李向东等标点:《徐兆玮日记》(第4卷),1923年4月27日,第2471页。
④ 徐兆玮著,李向东等标点:《徐兆玮日记》(第4卷),1923年5月6日,第2476页。

不一致,沈惟贤等暗中支持的是比自己更有实力的张謇父子,因此自己成功长苏的可能性并不高,故调门渐低。①

南通派"将省长资格者逐一推倒",其目的是"小张登台可免捣乱"。徐凤标在致徐兆玮的信中称"老张必欲见子上台,近与沪派开战"。此中"沪派"即指支持韩国钧的黄炎培等江苏省教育会势力。为助张孝若长省,5月中旬,张謇旧事重提,将2月4日议教之争时抨击黄炎培学阀作风的信"寄奉沪报",将其学阀劣迹昭之于众,以压制拥韩派的力量。②"虽倒韩者居多数,而主张继任者各不相同。"各方倒韩势力一方面相互合作打压拥韩派,一方面又时刻打压潜在的竞争对手,如此反而导致倒韩势力之间互相抵消,韩国钧的地位虽有动摇,但未根本推翻。

此时韩国钧刚从议教之争的漩涡中脱身。面对县联会发起的倒韩运动,韩国钧的亲信、旅京苏人蒋凤梧建议韩国钧,不如将新旧县制互相参酌,合为"县自治单行法案"在省议会中提请试行。新法尚在修订之际,各省有自定法令的余地,如此"对于中央亦说得过去也"。③韩国钧的秘书方还亦建议韩国钧顺应舆情,从上海各县开始择优恢复县议会。只需向省议会提出或向内务部报备即可。④在多

---

① 徐兆玮著,李向东等标点:《徐兆玮日记》(第4卷),1923年5月9日,第2477页。
② 徐兆玮称沪上各报"均未登载"此信,但实际上《时事新报》等报刊登载了张謇这份火药味极浓的信函。参见《黄任之复张季直书》,《时事新报》1923年5月18日,第13版。黄炎培曾在1923年6月11日拜访张謇,与其长谈。当年12月,黄炎培游历西南后,又与沈恩孚、袁希涛到南通拜会张謇。两人误会似有消除。参见中国社会科学院近代史研究所整理:《黄炎培日记》(第2卷),1923年6月11日、11月22日、11月23日,华文出版社,2008年,第168、186页。以下出版信息从略。
③ 《蒋凤梧致韩国钧函》(1923年4月27日),江苏省档案局编:《韩国钧朋僚函札史料选编》,第695页。
④ 《方还致韩国钧函》(1923年4月24日),江苏省档案局编:《韩国钧朋僚函札史料选编》,第130页。

方劝说与舆论压制下,1923年6月中下旬,韩国钧通令全省,以江苏省单行法名义"将各县市乡议会先以省令恢复",至此县联会恢复"旧县制"的目的初步达成。①

"恢复县自治"中的新旧县制之争,隐含着诸多因素:如县域士绅在1920年代的再起;中央试图统一县自治制度的努力;省政府在上下之间的平衡;议会系统与行政系统在制度运行中的对立态势;以及围绕南京与上海两大中心地域的县域士绅之间的竞逐。更重要的是,这其中也隐含着省政与县政之争。县联会力主实行民初省议会所定的"旧县制",反对中央所定的"新县制",是为了抵制中央与省政府的权力下移,强化县域士绅的自治权力。韩国钧拒绝恢复以至于后来的逡巡趑趄,均是担心一旦恢复,会导致原本受地方士绅挟持的县知事、县政府会更加势弱,尤其是按照旧制下的县议会恢复之后,县议员干涉和操控县政治,花销县财政,使省政不畅,省财分削,省政府的权力亦因此而减弱。县联会即称"彼恐自治恢复,各县均有监督财政机关,故不惜任意摧残"。②但各方集矢下的倒韩运动也迫使韩国钧不得不暂时屈从。③

县联会兴起的动力,除上海这一特殊的地域因素外,相当一部分来自"县制"在中国历史的坚固传统。1920年代随着省议会的衰落,县域士绅开始扩张县权。1922年国会宪法讨论会中,参议员郑江灏即称,"自秦以来县为构成国家之单位,现在各省有分裂之现象","欲

---

① 《苏省恢复各级自治》,《益世报》1923年6月29日,第6版。
② 《县联会催复自治之通电以驱韩为前提》,《申报》1923年4月21日,第14版。
③ 当时有报纸称,"韩国钧初登台,有人俨然恭维他是苏贤;第一次因为苏公债就受攻击,第二次为了县议会又受攻击,这回教育界与议会风潮,已是第三次了。半年以来把自命圆滑的韩国钧弄得千孔百疮,真态毕露"。《韩国钧与苏议会》,《民国日报》(上海)1923年1月15日,第3张第11版。

巩固国家之基础,更当确定县之地位,扩大县之权限"。①从中可见当"地方自治"运动兴起后,不同的自治单位之间也产生了竞逐。孔飞力等学者认为,随着省、县参事会的设立和军阀势力的操控,1920年代"自治逐渐成了官治的一部分"。但从上述江苏省治场域中各层级士绅之间的纷争可以看出,自治与官治之间存在着明显的张力。"县级名流上下"并非"都无同盟者"。从他们联同省议员、国会议员争取"旧县制"恢复的举动来看,县域士绅尽管势单力薄,但对于从市乡到县的地方自治仍然有不断付诸实践的能力。②

小　结

本章从纵向层面将江苏士绅群体划分为省际、旅京、省域、县域四类,将其围绕"苏人治苏"展开的一系列纷争互动视作一个"省治场域",目的是为了厘清以往笼统称谓下的"地方精英"的内部层级与差异性。在这一场域中,不同层级的士绅群体调动资源的能力、主要活动的空间都有着显著差异。其中,作为省际士绅的苏社诸理事最具有话语权。他们有着丰富的政治履历和经济实力,又有较为通畅和完善的信息交流机制,也非常善于运用舆论,能够斡旋各方人事从而达到"省人治省"的目的。韩国钧顺利长苏与七百万公债的成功发行,都与苏社诸理事的支持密切相关,而议教之争的平息与倒韩运动的停滞亦是他们暗中运动的结果。就旅京苏人而言,他们虽远

---

① 《议决于国宪内规定大纲》,《申报》1922年10月29日,第6版。
② ［美］费正清、费维恺编,刘敬坤等译:《剑桥中华民国史(1912—1949年)》(下卷),中国社会科学出版社,1994年,第329—335、338—339页。参见R. Keith Schoppa. "Local Self-Government in Zhejiang, 1909-1927", *Modern China*, Vol.2, No.4 (Oct., 1976), pp.503-530。

在京城，但仍操纵着江苏政局。省际、省域、县域等各级士绅在省治场域中的所有纷争均会向外求助、援引旅京苏人来寻求解决。这致使江苏省政呈现出"地方在中央"的局面。①

在江苏省治场域中，还有权势不若前两者的省域士绅和县域士绅。省域士绅其权势范围大致难逾本省，他们多以省议会、省立中学为舞台，因府县利益、党派分野等因素而分化组合成不同派系。这在"议教之争"中尤为明显。"正社"与"仁社"虽是苏社中"南通派"与"非南通派"之争在省议会中的变态，但均是较苏社理事次一级的"省域士绅"。他们相互竞争，不得不与县域士绅联手，与旅京同乡结援。各方汇流而起的"倒韩运动"正是这一结合的体现。就县域士绅而言，他们在辛亥光复的过程中获取了对本县政治的主导权。1920年代的地方自治运动中，县域士绅也不断谋求扩大自身的权力。② 县议会联合会的再起与恢复旧县制运动正可说明此点。

"省对于中央，惟恐受其控制，省权惟恐不大"，这是省治场域对

---

① 傅因彻（John H. Fincher）在讨论1909—1914年的自治运动时指出，中央、省、县的地方自治运动的目的各异。其中，省议员往往能够超越籍贯所属的士绅利益，将国家认同融入地方认同之中，致力于省和全国层面的自治事业，而非致力于一县自治。萧邦奇也指出，1920年代浙江省"县联会"的发起，很重要的原因是县域士绅对省议会的不满。以省议员为代表的省域士绅所关心的问题与他们大相径庭。John H. Fincher. *Chinese Democracy: The Self-Government Movement in Local, Provincial and National Politics, 1905–1914*, Australian National University Press, 1981。
② 萧邦奇指出清末新政时期，大量的功名、学历较低或没有功名学历的下层士绅逐渐主导了县议会。他将这一群体称之为"新精英"。这些新精英和传统精英最大的区别是正式进入了官方领域，借助议会这一渠道通过向民众转嫁税收而非慈善捐助的方式参与公共事务。他还指出，清末新政时本在市乡议会的"新精英"在1912—1914年逐渐跃升到了县议会。有功名学历的县域精英则大多进入省层面。他们在1920年代中后期却又回流至本省本县。参见R. Keith Schoppa. "Local Self-Government in Zhejiang, 1909–1927", *Modern China*, Vol.2, No.4 (Oct., 1976), pp.503–530。

外部中央的情形。①一旦进入省治场域内部,则会发生各级士绅对"省权"的争夺。②作为苏社理事,处在军绅之间的韩国钧不得不平衡斡旋于其间。他自己亦是"绅权"的一部分,故地位不稳在所难免。经七百万公债案、议教之争风潮,"苏人治苏"的号召力亦不如从前。1922年底叶楚伧亦称"江苏一长三厅,都是苏人,种种设施,与别省人有什么分别?发行公债,财政破产,尤为苏人治苏的特殊成绩"。③与此同时,苏社在全省士绅中威信已经大大减弱,其聚拢全省士绅能力已经远不如前三届,对于地方自治的推动也微乎其微。

1923年第四届苏社大会在苏州留园召开。此届理事长并非张謇,而是黄以霖。会议召开前夕,张孝若在接受记者采访时坦言,苏社年来"未积极有所作为"。④旅京苏人丁锦亦公开致函苏社,批评苏社仅仅是"每年集会一次,刊布社着一二册"而已,对于"兵如何裁,督如何废,财政如何整理,自治如何推行,省宪如何成立"等诸多关切江苏地方自治的事宜,均未有实际进展。⑤1924年3月,在扬州召开的第五届苏社年会,理事选举规则改为依清代十一个旧府属,每属一人的名额选出,另外八名可不以属限。这表明苏社已经注重吸收县域、省域士绅,来扩大苏社的开放程度。但难改日渐衰颓之气。⑥至江浙战争爆发,年会停办后,苏社的年会就再难恢复。

---

① 高一涵:《省权与省长》,《宪法公言》1916年第5期,郭双林、高波编:《中国近代思想家文库·高一涵卷》,中国人民大学出版社,2015年,第82—85页。
② 省际、省域、县域与旅京士绅之间并非稳定不变,而是充满诸多的流动性,在省治场域中省署行政系统与议会系统常有对立之处。不同行业领域的士绅形成"业界"之间的对立。
③ 参见湘君(叶楚伧):《苏人治苏》,《民国日报》(上海)1922年11月15日,第7版。
④ 《张孝若之谈话》,《申报》1923年3月13日,第13版。
⑤ 《丁锦告苏社同人》,《申报》1923年3月15日,第15版。
⑥ 《苏社扬州大会三日记》,《申报》1924年3月27日,第7版。《苏社理事会纪事》,《申报》1924年4月6日,第13版。

附图

苏社理事、江苏省长韩国钧
(《图画周刊》1925年总第238期)

财政厅长严家炽
(《青年良友》1940年第4期)

江苏实业厅长张轶欧
(《江苏实业月志》1919年第1期)

苏社理事、韩国钧秘书方还
(《督办江苏运河工程局季刊》1921年第6期)

旅京苏人赵椿年[《武进赵剑秋先生行状》，国家图书馆分馆编：《中华历史人物别传集》(第79册)，线装书局，2003年，第657—658页]

1926年江浙县议会联合会成立合影(《图画时报》1926年总第287期)

第五章 "仿照庚子互保":江浙战争与绅军分裂(1923—1924)

夫江苏者,我江苏人共有之江苏,非齐燮元之江苏也。
————《苏民请齐下野之又一电》(1924年)①

引庚子东南互保成案;地方治安与中央政治折而为二;以地方治安为重,而中央政治为轻。
————《张仲仁复姚公鹤函》(1923年)②

"一省之治安,与境外之状态相表里",③江苏省治运动的进程,深受邻省关系的影响。自民元以来,江苏与邻省浙江始终存在着对立态势。④袁世凯去世后,江浙政局呈现出"江苏直系也,浙江反直系也,上海为两系交界之地"的政治格局。⑤这导致两省时常因争夺上海管辖权引发冲突。1920年直皖交恶,江浙关系骤然紧张,战争结

---

① 该文领衔者为袁希涛之弟袁希洛。《苏民请齐下野之又一电》,《申报》1924年11月21日,第9版。
② 《时报》1923年10月26日,第3张第5版。
③ 张君劢:《省宪运动之目标》,《东方杂志》第12卷第3期,1923年2月10日。
④ 《时局回顾》,《太平导报》第1卷第1期,1926年1月2日。
⑤ 孟森:《组织省自治法会议之经费》,孙家红编:《孟森政论文集刊》(下),中华书局,2008年,第908页。

束,两方关系又复归平静。1922年直奉交恶,北京谣传浙江独立,江浙关系再度紧张。这一状态一直持续到江浙战争爆发。1920年以来,江浙关系的主导者是齐燮元与卢永祥。齐燮元资历较浅,"势力固甚薄弱",就任之初"不得不依附直系以自固",①同时"极力拉拢江苏绅学界以自重"。②浙督卢永祥亦离不开皖系庇护与绅商加持。③

尽管江浙两省督军之间存在着派系对立,但两省士绅之间素来有着紧密的合作传统。他们共处东南,又有上海这一交汇地,均试图通过联合自治,维护东南稳定,并竭力摆脱中央政局倏忽不定的干扰。④为保证省际间的和平稳定,两省的督军与士绅达成了"保境安民"的共识。1922年江浙关系受直奉战争而突然紧张之际,旅沪浙江士绅发起的"全浙公会"即指出:"两省督军,向以保境息民为约","两省人民所轻重督军者以此,两省督军所爱惜人民者亦以此"。⑤"保境

---

① 竞智图书馆编辑:《齐燮元全传》,竞智图书馆,1924年,第9—10页。
② 《东南战火中之学阀》,《民国日报》(上海)1925年1月5日,第2张第6版。
③ 参见冯筱才:《"军阀政治"的个案考察:卢永祥与一九二〇年代的浙江废督裁兵运动》,《政治大学历史学报》第19期,2002年5月。
④ 清末两省就有"江浙协会"这一联合组织。五四之后,两省士绅间以机构、团体间的合作更加频繁和密切。1919年,苏社中的江苏水利协会要人与环太湖流域的部分浙人发起江浙水利协会;大约与此同时,浙江省教育会又与江苏省教育会发起了江浙省教育会联合会等组织。江浙士绅在不同领域纷纷成立联合会,表明双方均试图以制度化的方式来强化两省间的联合自治。此外,就江浙耆绅的世交而言,主导1924年江浙和平的张一麐、沈钧儒早在戊戌时期就已相识,两家"有些亲戚关系",沈钧儒在悼念张一麐时自称,"我还拜过他先生,所以论生平交谊,实在师友之间"。沈钧儒还称,齐卢之战时张一麐"真是只知有人民、有正义、据理力争,不知有自己的安危"。沈钧儒:《沈钧儒文集》,群言出版社,2014年,第336页。
⑤ 时褚辅成、魏伯桢、殷汝骊、沈钧儒、邬志豪、周继漾、阮性存、王廷扬、毛云鹏、徐聘耕等浙江省际士绅仿照苏社创立"浙社","以力谋发展一省公益为宗旨",后定名为"全浙公会",驻地上海。对全浙公会成立之过程,参见卢临先:《全浙公会之往事谈》,《浙江》第1卷第1期,1926年9月1日。全浙公会也致电江苏省教育会,呼吁"谋两省团体之结合"。《全浙公会对苏浙裁兵之主张》,《申报》1922年7月4日,第14版。对于全浙公会的探讨,详见第7章。

安民"是军绅共尊共守的信条,也是维系军绅关系的契约纽带。但20世纪20年代初全国政局出现"明显区域化倾向",各地军阀目光常常向外,时刻关注邻境的风吹草动;①这与目光向内,追求本省秩序与本省利益的省际士绅集团的目的完全相反。这也由此构成了军阀与士绅之间的张力。

自直皖、直奉两次战争后,直系"已据得北方政局之中心","权势骎骎不可一世"。于是,东北的奉张、浙沪的皖系卢永祥与西南孙中山结成"反直三角同盟",共同抵制北方的曹吴直系与南方直系齐燮元等。由此形成直系与反直系的南北交错对峙之局面。②1924年南方的江浙战争与北方的第二次直奉战争正是发生在这两大派系冲突的格局下。因此来新夏指出,江浙战争是"粤皖奉反直三角同盟与直系阵营之间即将展开的大规模战争,也即第二次直奉战争的一次揭幕战"。③

不过既有研究对1923年曹锟驱逐黎元洪与1924年冯玉祥驱逐曹锟这两次突发性中央政变与江浙局势之间的互动关注不多;此外既有研究较多关注战争的过程,较少关注战争背后士绅议和的内情;尤其是较少探讨江苏耆绅对江浙战争与江苏政局的操控;两次北京政变与江苏政局之关系;苏社耆绅的和平运动是江浙战争中两个非常重要的侧面,④仍需进一步探讨。本章将江浙战争放置到直系

---

① 杨天宏:《地方意识兴起与中国政治的区域化——北伐前夕中央与地方政治关系分析》,《西南民族学院学报》2001年第10期。
② 共和书局编辑所编辑:《江浙大战记》,共和书局,1924年,第1章第2页。来新夏等:《北洋军阀史》(下),东方出版中心,2016年,第797页。
③ 来新夏等:《北洋军阀史》(下),东方出版中心,2016年,第797页。
④ 既有研究大致可分为两类,一类是政治军事史视角,一类是社会史视角。前者主要研究有陈长河、殷华:《从档案看1924年的江浙战争》,《历史档案》1995年第2期。冯筱才:《在商言商:政治变局中的江浙商人》,上海教育出版社,2019年,第142—201页。冯筱才:《江浙战争与民初国内政局之转化》,《浙江大学学报》2004年第1期。应俊豪:《海军武吓、上海中立化与合作政策:江浙战争期间列强对华举措分析》,《政治大学历史学报》第36期,2011年11月。(转下页)

与"反直三角同盟"互相角力的全国性政局中,着力探讨战争前后苏社耆绅的和平运动与江浙军绅的关系演变。

一、江浙战争起源的诸因素

自太平天国以后至江浙战争期间,江浙地区极少发生大规模战争。江浙战争之所以在1924年爆发,除直系与反直三角同盟这一全国性背景之外,还有着极为复杂的地方因素。这其中淞沪护军使的设置、上海鸦片贸易与军政税收、海军内部的派系之争、上海兵工厂的争夺是促成江浙战争爆发的关键因素,在论述江浙战争与苏社集团、江苏政局之关系前,对上述诸问题稍加阐释,以明其本相。

一、淞沪护军使的三角关系。淞沪护军使是上海的最高军事长官。上海虽属江苏管辖,但淞沪护军使长期属于浙省督军控制,为江苏历任督军不满,这成为江浙战争的伏因。淞沪护军使一职设置于袁世凯时代。1915年秋,袁世凯密谋称帝,为强化对上海的控制,改上海镇守使为淞沪护军使,令第四师师长杨善德担任;12月,又任卢永祥为第十师师长兼淞沪护军副使。护军使直隶中央,能随时随事直接向中央请示机宜,职位高于镇守使。袁世凯改设淞沪护军使,实际上是

(接上页)Arthur Waldron. *From War to Nationalism: China's Turning Point, 1924–1925*, Cambridge University Press, 1995, pp.73–91。弓楷:《江浙战争前夕和平运动开展的原因探究》,《江苏第二师范学院学报》2016年第8期。社会史视角研究主要有彭南生、何亚丽:《江浙战争前后的上海马路商界联合会——兼论近代民间商人组织的自我建构》,《江西社会科学》2014年第12期。梁旻:《人道的力量:中国红十字会救援江浙战争研究》,合肥工业大学出版社,2016年。白华山:《民间武装与地方秩序:上海保卫团研究(1924—1946)》,上海社会科学院出版社,2017年,第14—82页。武小力:《江浙战争期间的社会救助》,华东师范大学硕士学位论文,2021年。

将上海从江苏划归中央直辖。这一方面是为强化对上海的直接控制,一方面也是为牵制江苏督军冯国璋。1916年冯国璋北上进京,江苏督军一职由心腹李纯接任。大约与此同时,杨善德改任浙江督军,护军使一职由卢永祥接任。1919年杨善德病故,卢永祥调任浙江督军。时任江苏督军的李纯乘机提出收回淞沪管辖权的要求,并保举第六师师长齐燮元接任淞沪护军使。① 然卢永祥立即请中央任命何丰林为淞沪护军使。他声称"如不采纳,请另任浙督,祥即回沪",② 从中可见态度之坚决。李纯出面与中央几经交涉,终因卢永祥不允,而未能如愿。

1920年7月,北京中央一度将淞沪护军使改设为镇守使,调何丰林任淞沪镇守使。虽然中央同意由何丰林接替卢永祥,但是却将淞沪护军使改设为镇守使,意味着淞沪地区要转归江苏督军管辖,而不再由中央直属。这背后一方面是北京中央为防制卢永祥联控浙沪,分而治之的结果。一方面应是江苏省方面几度要求的结果。但卢永祥闻此消息后,立即通电国务院与段祺瑞表示反对。他声称"淞沪地方重要","当此南北相持之时,国是未定","未便骤事更张"。故他提出自己兼任淞沪护军使,由何丰林代理的方案。③ 此外,卢永祥还发动其部下将领陈乐山等人通电反对。④ 最终北京政府只好顺从卢永祥的请求,仍保留了淞沪护军使的设置。

何丰林就任淞沪护军使后,既直属中央,又受命卢永祥,位高权重,对于上海华界诸多事务,无不由其定夺。1921年6月,直系军阀

---

① 《"倒直三角同盟"与江浙战争》,政协河北省委员会文史资料研究委员会编:《河北文史资料·直系军阀始末》(第22辑),内部发行,1987年,第177页。
② 《专电》,《新闻报》1919年9月14日,第1张第3版。
③ 《卢永祥反对裁撤淞沪护军使改设镇守使通电》(1920年7月4日),中国第二历史档案馆编:《直皖战争》,江苏人民出版社,1980年,第90页。
④ 《陈乐山等请收回改设淞沪镇守使成命并以何丰林为护军使电》(1920年7月4日),中国第二历史档案馆编:《直皖战争》,江苏人民出版社,1980年,第91页。

同盟者广西陆荣廷为对抗孙中山领导的广东军政府,急电北京政府,要求速接济部分饷械。总理靳云鹏遂拨款20万由上海兵工厂拨运枪弹。时皖系与孙中山、奉系同盟。故何丰林闻讯后,即以应旅沪广东同乡会请求的名义,派兵扣留了这批援桂枪械。北京政府迭电要求放行,均被何丰林拒绝。北京政府也无可奈何。①何丰林任职期间,沪海道尹、上海县知事沈宝昌(号蕴石),"都是卢永祥的人,他们听命于浙江而不愿理踩江苏"。何丰林令时任松江盐运副使的孙多禔将收上来的盐税,"一半交中央,一半交浙江,而把江苏齐燮元给晾在了一边"。②对于淞沪护军使辖区范围内的各县知事,江苏省署亦难以独自任免。1922年11月江苏省长韩国钧委任奉贤、金山两县知事,却被从属何丰林的沪海道尹王赓廷拒绝,且自行委任他人,导致"苏沪发生冲突,几肇分裂之端"。③

二、上海鸦片贸易与军政税收。民国以来各省军阀为扩充饷源,"视鸦片为其绝大利源"。大小军阀互争鸦片之利,遂"演成国内争战滔天大祸",江浙战争尤是如此。④许多有关江浙战争的追述,都提及鸦片贸易之于战争的关系。1925年5月,上海县议会上书临时执政段祺瑞,直言"去年战祸,世人共目为鸦片战争"。⑤苏籍共产党人管文蔚更明确地称,江浙战争导火线是"双方争夺上海鸦片烟

---

① 《专电》,《新闻报》1921年8月6日,第1张第4版。
② 《卢小嘉与江浙之战内幕》,孙曜东口述:《十里洋场的民国旧事》,安徽文艺出版社,2014年,第90页。
③ 徐兆玮著,李向东等标点:《徐兆玮日记》(第4卷),1922年11月20日,第2407—2408页。《黄以霖致韩国钧函》(1922年11月7日),江苏省档案局编:《韩国钧朋僚函札史料选编》,第652—653页。
④ 罗运炎:《中国鸦片问题》,上海兴华报社,1929年,第41—42页。
⑤ 《叶恭绰等关于驻沪奉军与海军包运烟土内哄要求驻沪军队一律撤出等情函电》(1925年5月8日—6月13日),中国第二历史档案馆编:《中华民国史档案资料汇编(三)·军事》(3),凤凰出版社,2015年,第374页。以下出版信息从略。

土进口保险费,分赃不匀,构成仇隙"。① 1925年长沙《大公报》报道称,"上海进口鸦片报效费每年达1 000万左右,江浙两省分而食之。嗣齐燮元有独吞之计划,遂成江浙战事之一重要原因"。②

"上海鸦片问题过于复杂",有学者甚至认为"近代上海崛起于鸦片贸易"。③当时无论是国内产销的土烟,还是印度土耳其的烟土,"都以上海租界为主要的集散中心"。④上海的鸦片贸易与江浙政局关系极为紧密,自民初至江浙战争期间,大致经历了一个由江苏(直系)主导向浙江(皖系)主导的变化过程。这一过程也正值进口洋烟减少,国产土烟广泛种植的转变期。在1913年至1918年冯国璋任江苏督军时代,由于其具有统摄东南的势力,上海鸦片贸易不仅受他荫蔽,他本身更是参与其中。这在轰动一时的"存土案"⑤中有极为鲜明的体现。但自1918年李纯接任江苏督军后,随着淞沪护军使卢永祥对上海管辖权的增强,洋烟的查禁与土烟的私种,上海鸦片贸易逐渐荫蔽在卢永祥、何丰林等皖系势力之下,直至1924年江浙战争爆发。

---

① 管文蔚:《管文蔚回忆录》,人民出版社,1985年,第28页。
② 《大公报》(长沙),1925年5月22日,转引自马模贞编:《中国禁毒史资料(1729—1949)》,天津人民出版社,1998年,第800页。
③ 王清穆研究会编注:《农隐庐日记》(9),丙寅年四月十六日,东洋文库近代中国研究委员会:《近代中国研究汇报》第42期,东洋文库,2020年,第120页。以下出版信息从略。参见魏斐德:《上海警察(1927—1937)》,人民出版社,2011年,第41页。
④ 徐铸成:《杜月笙正传》,生活·读书·新知三联书店,2018年,第17页。
⑤ 1907年英国与中国达成十年禁烟协议,议定自1908年开始逐渐减少向中国输入烟土,至1917年完全停止输入,此后不得销售。1915年袁世凯称帝为筹措经费,即派蔡乃煌赴沪与外商签订禁烟合同,实际上是为暗中出售烟土。迨1917年禁烟期即将截止时,上海"洋药公所"有意囤积了大量烟土。冯国璋为此决定以制药名义,用公债将这些烟土从洋商手中购买过来,由官府专卖,以用于军费及选举活动,当时无论是北洋政府还是沪上国民党人皆得此利,但被各方舆论所阻。1919年冯国璋所收购的部分烟土由张一鹏(张一麐之弟)负责销毁,黄炎培等江苏省教育会从中监督。参见邵雍:《中国近代贩毒史》,上海社会科学院出版社,2017年,第56—61页。平襟亚:《旧上海的烟毒》,全国政协文史资料委员会编:《中华文史资料文库》(第20卷),中国文史出版社,1996年,第629—630页。郑孝胥:《郑孝胥日记》(第3册),1917年2月19日,中华书局,1993年,第1647页。

皖系势力主导下的鸦片贸易网络中,青红帮会、淞沪护军使与警察厅、英法租界等几方势力都掺杂其中。鸦片贩运的主力之一,是法租界探长,青帮领袖黄金荣、杜月笙、张啸林等。黄金荣善于结交上海军政权贵。徐国梁当淞沪警察厅长时,"黄就与徐国梁勾结起来",先后担任淞沪警察厅侦缉队长的赫仕林、乔松生、卢英成为黄门的常客。① 1918年前后,黄金荣、杜月笙、金廷荪等人创办三鑫公司专门从事鸦片贸易,张啸林随之加入。他与浙江省长张载阳关系熟络,并很快结识卢永祥,此后遂受卢、张差遣,"经常来往于杭州、上海间,押运并代为销售鸦片"。②

1920年卢永祥调升浙江省督军,何丰林继任淞沪护军使后,护军使署秘书长江翰廷、淞沪警察厅主任秘书刘吾圃、缉私营统领俞叶封,与张啸林均有私交。③ 黄金荣、金廷荪、杜月笙与张啸林等几位帮会大亨,与何丰林等上海军政界要人组成一张鸦片贸易网络后,"他们运载大量毒品的船只就可在淞沪护军使署附近开驳上站,不必受任何人检查,可直接用汽车运往租界。为避路人眼目,当车辆经过街道的时候,所控制的电灯为之一暗"。当时英租界亦有一批鸦片公司,但依仗何丰林等人的支持,黄金荣、张啸林等很快将其挤垮,自此便基本垄断整个上海的鸦片贸易。④

就整个鸦片利益而言,据卢永祥的警卫团团长马宝珩称,"光是

---

① 上海市政协文史资料委员会编:《旧上海的帮会》,上海人民出版社,1986年,第173页。
② 苏智良、姚霏:《近代中国社会转型期的贩毒巨擘——旧上海三鑫公司研究》,《上海师范大学学报》2005年第1期。徐铸成:《杜月笙正传》,生活·读书·新知三联书店,2018年,第18页。
③ 陈祖恩、王金海主编:《海上十闻人》,上海人民出版社,1990年,第218页。
④ 洪宸笙等口述:《流氓大亨金廷荪》,浙江省政协文史资料委员会编:《浙江文史集粹》(第7辑),浙江人民出版社,1996年,第564页。

由印度运进上海的鸦片,税收就足够养3个师"。①马宝珩与齐、卢两方均有关系(其侄马鸿烈是卢的宪兵司令,但其长兄马葆琛是齐燮元的部将,任第十九师师长),所知内幕甚多。卢永祥在上海对印度烟土,"一方面向外国商人和买办资本抽收重税;另一方面自己直接派员到印度去贩运。后一个办法比收税的利润更高"。②当时上海宪兵司令马鸿烈、护军使何丰林都直接参与这些勾当。江浙战争前,何丰林、徐国梁与潮州帮鸦片商人苏嘉善和范回春,集资千万组织了聚丰贸易公司,"名为经营地产,实际是从事鸦片的贩营"。何丰林、徐国梁为得到黄金荣在租界的庇护,"也算上他一股"。③曾任齐燮元督军署中书记官的钟士澄称,时何丰林所获得的每年鸦片收入,"除分润与卢永祥每年近百万元外,自己也不少于此数。淞沪警察厅厅长,一年收入也是相仿"。④有研究认为1920年代初期,三鑫公司一年的收入相当于北京政府年收入的14%—20%。⑤"他们把利润大部用来购买军械,其余由承办人和许多高级军政官员朋分","所以齐燮元方面对上海这批鸦片收入自然十分眼红,从而鸦片问题便成为齐卢之战的直接原因之一"。⑥

三、海军势力的介入。海军势力亦参与上海鸦片贩运网络之

---

① 亦有一种说法是卢永祥"每月鸦片收入就能养活三个师"。参见《"倒直三角同盟"与江浙战争》,政协河北省委员会文史资料研究委员会编:《河北文史资料·直系军阀始末》(第22辑),内部发行,1987年,第177页。
② 马宝珩:《齐卢之战纪略》,全国政协文史资料委员会编:《中华文史资料文库》(1),中国文史出版社,1996年,第897页
③ 徐铸成:《杜月笙正传》,生活·读书·新知三联书店,2018年,第18页。
④ 钟士澄:《齐卢战争的幕后活动》,吴汉民主编:《20世纪上海文史资料文库》(第1辑),上海书店出版社,1999年,第168页。
⑤ 苏智良、姚霏:《近代中国社会转型期的贩毒巨擘——旧上海三鑫公司研究》,《上海师范大学学报》2005年第1期。
⑥ 马宝珩:《齐卢之战纪略》,全国政协文史资料委员会编:《中华文史资料文库》(1),中国文史出版社,1996年,第897页。

中。北洋海军向来由福建人掌控，其分两派，一派以第二舰队司令杜锡珪为首，亲直系；一派以第一舰队司令林建章为首，亲皖系。两派分化大致是在1920年前后。①海军私运私贩鸦片的主要人物是海军总司令杜锡珪的心腹，驻沪的练习舰队司令杨树庄。杨树庄统辖有"海容""联鲸""楚谦"等军舰。时北京政府欠海军各舰队军饷甚久，杜锡珪、杨树庄等苦于军饷难济，于是便加入鸦片贸易中。据曾在"联鲸"兵舰当轮机长的谌秉直称，大致在1920年前后，杜月笙托"联鲸"舰包运烟土，报酬优厚，"舰长李孟斌，正以无饷为虑，就接受他的要求，从吴淞口外替他运到上海交货，由杜月笙派人接收"。杜之所以要用兵舰装运烟土，是因为海军行动向不受海关洋人检查，故能保险无虞。后来杜月笙生意越做越大，陆续有"楚谦"等舰加入。②"楚谦炮舰在吴淞口外装上烟土入口后，经常停泊在龙华陆军防区江面，夜间由贩土机构用驳船将烟土卸运登岸，转入法租界出售。"③上海的鸦片贩运路径，多由吴淞、浏河两海口输入。许多水手往往将鸦片藏入不漏水的器皿抛入黄浦江中，待海关检查完毕，然后再运至岸上。④

江浙战争结束后上海鸦片公运的黑幕曝光。当时奉军侵入沪上，原有的鸦片贸易秩序一度受到冲击。因此发生海军与奉军因争夺鸦片贩运权而引发的内讧事件。此外杜锡珪部下的"海容"舰因

---

① 参见高熔：《闽系海军的形成、发展、衰落史话》，政协福建省福州市委员会文史资料工作委员会编：《福州文史资料选辑》（第7辑），内部发行，1987年，第137—138页。
② 谌秉直：《我所知道的上海帮会人物》，全国政协文史资料委员会编：《文史资料存稿选编·社会》(25)，中国文史出版社，2002年，第538页。
③ 陈景芗：《北洋海军"楚谦"军舰私贩烟土一瞥》，全国政协文史资料委员会编：《文史资料存稿选编》（军事机构·上），中国文史出版社，2002年，第196页。
④《上海烟土充斥之原因》，《新闻报》1920年4月20日，第3张第2版。

抵抗海关检查,曾开炮轰击海关巡查船。也正是这些事件,才将沪上军警公运鸦片的内幕揭出。①报人胡愈之称"上海市政之所以不能独立,是因为军阀不愿抛弃上海的缘故,而军阀所以不愿抛弃上海,又不外由于上海是鸦片贸易的中心点,有大宗的财源可得"。②

海军势力不仅介入上海鸦片贸易,还深度参与江浙政局的演变。1922年亲直系的杜锡珪任海军总司令,而亲皖系的林建章被拥戴为沪队海军领袖。沪队海军起初军舰不多,饷糈均由安福系要人曾毓隽与浙江督军卢永祥处供应。1923年4月,受皖系鼓动,驻上海的部分海军军舰长发布反直通电,表示闽人治闽,并拥戴林建章为领袖。两派分裂完全公开。③时有言论称"林氏之此种举动,闻暗中指使者为卢永祥","不过借口闽事以为暴发点耳"。④江浙战争前夕,"林建章是站在浙江卢永祥这一边,杜锡珪是站在齐燮元那一边"。江浙战争爆发前夕,林建章下辖的海军舰队与杜锡珪部下的舰队在吴淞口形成两个敌对的阵容。⑤而杜锡珪也宣布"假如江浙果有决裂,拟乘寸收复沪队,而谋海军之统一"。⑥

---

① 《叶恭绰等关于驻沪奉军与海军包运烟土内哄要求驻沪军队一律撤出等情函电》(1925年5月8日—6月13日),中国第二历史档案馆编:《中华民国史档案资料汇编(三)·军事》(3),第374页。
② 胡愈之:《鸦片问题与上海市政》(1925年4月),《胡愈之文集》(第2卷),生活·读书·新知三联书店,1996年,第15页。
③ 此即为海军沪队独立事件,相关研究参见苏小东:《1923—1924年的海军"沪队"独立事件》,《近代史研究》1997年第2期。
④ 古蓊孙:《甲子内乱始末纪实》,中华书局,2007年。
⑤ 张日章:《海军上海领袖处与三都支应局杂忆》,福建政协文史资料编辑室编:《福建文史资料选辑》(第1辑),福建人民出版社,1962年,第70页。
⑥ 《杜锡圭指责浙省违约并调集闽厦及长江舰队拟于江浙战起收复沪队而统一海军致陆锦密启》(1924年8月24日),中国第二历史档案馆编:《中华民国史档案资料汇编(三)·军事》(3),第159页。江浙战争爆发后,杨树庄奉命率闽厦海军舰队和陆战队参加淞沪浏河战役,收降皖系海军海筹、永绩、建康三舰,再度统一闽系海军。沪队大部分军舰重新回归杜锡珪麾下。

四、上海兵工厂的作用。钟士澄指出"上海还有一个令人垂涎之处,便是高昌庙有一个制造局,这个名议〔义〕上归陆军部领导的兵工厂,各省需要军火经部批准后,都可以向它领购的,如果此厂能在自己权力控制之下,自然有许多便利"。① 上海兵工厂的前身为清末的江南制造局。辛亥革命时期陈其美率领民军攻取后,改名为上海制造局。民初上海制造局一度停产。二次革命时期,李烈钧、黄兴等尚未宣布独立,袁世凯就命北洋第四师第七旅第十三团由郑汝成、臧致平以海军警卫队名义,进驻上海制造局,"向南方腹地插进了一把尖刀"。② 不久二次革命爆发,陈其美率领的上海讨袁军与北洋军就制造局展开激烈争夺。直至袁世凯时期上海镇守使郑汝成及淞沪护军使修整开工。1917年上海制造局改名为上海兵工厂,归陆军部直辖。厂址有两处,一处在高昌庙,为总厂,设有机器厂、炮弹厂、炼钢厂;一处在龙华,为分厂。有子弹厂、火药厂等六七座厂房,共占地千余亩。③ 就其生产量而言,每年可造枪械六千只、子弹一千二百万颗,"战时厂内连夜工作,每日可出四万"。④ 据马宝珩称,江浙战争一触即发时,卢永祥命上海兵工厂长谢邦清研究制造一批杀伤力极大的氯气炮弹,亦可见其制造水平。⑤

---

① 钟士澄:《齐卢战争的幕后活动》,吴汉民主编:《20世纪上海文史资料文库》(第1辑),上海书店出版社,1999年,第168页。
② 朱宗震:《试论"二次革命"的战略格局》,武昌辛亥革命研究中心编:《辛亥革命与近代中国:1980—1989年论文选》,湖北人民出版社,1991年,第634页。
③ 张伯初(张志鹤):《上海兵工厂之始末》,《中国近代兵器工业》编审委员会编:《中国近代兵器工业——清末至民国的兵器工业》,国防工业出版社,1998年,第404页。
④ 《上海制造局各厂每年生产数目》,《陆军部军械司长姚宝来关于派员赴上海兵工厂调查情形致陆军部呈》,《中国近代兵器工业档案史料》编委会编:《中国近代兵器工业档案史料》(2),兵器工业出版社,1993年,第99—100页。
⑤ 马宝珩:《齐卢之战纪略》,全国政协文史资料委员会编:《中华文史资料文库》(1),中国文史出版社,1996年,第902页。

二、"国会移沪"与江浙和约

江浙战争虽爆发于1924年9月,但自1923年6月曹锟驱逐黎元洪后,江浙关系就急剧恶化。1923年6月13日,直系曹锟等人在北京发动政变,逼迫总统黎元洪离京。这一事件标志着北京中央为直系主导。政变发生后,一些国会议员纷纷离京,北京一时陷入"无国会、无政府状态"。① 直系这一明显"失道"的举措,致使奉系、皖系与孙中山等反直势力合流,"孙、段、张三人遂欲成立三角联盟以制直派"。② 此时,皖系卢永祥、何丰林在浙沪势力雄厚。"反直三角同盟"、部分南下的国会议员等意图将国会南迁至上海或杭州。章太炎、唐绍仪、岑春煊等士绅名流亦主张在上海召开"各省联席会议"讨论国是。6月底,上海成立"国会移沪集会筹备处"后,国会在沪杭集会的风说甚嚣尘上,甚至传言卢永祥要支持唐绍仪在杭州建立第三政府。③ 6月28日,卢永祥通电表示将支持南下国会议员在浙沪召开国会,制定宪法。卢永祥的表态让齐燮元非常紧张。④

汇聚在沪杭的各方反直势力来源虽不同,但主体大致有三拨:一是卢永祥、何丰林等沪杭的皖系军阀,基本关怀在地盘的稳定;二是长期旅居沪上的政治名流,如章太炎、唐绍仪等联治派,他们的基

---

① 在京亲历这一事件的徐兆玮称"首都已陷于无政府地位","对于时局悲观已极"。徐兆玮、瞿启甲、蒋凤梧、朱稚竹等苏籍国会议员遂相继离京南下。参见徐兆玮著,李向东等标点:《徐兆玮日记》(第4卷),1924年6月15日、30日,第2494、2498页。
② 古蔳孙:《甲子内乱始末纪实》,中华书局,2007年,第36页。
③ 《各方对付北京政变之昨讯》,《申报》1923年6月29日,第13版。赵垫均对此时国会移沪事件有探讨。参见赵垫均:《地方精英与中央政局的另类互动——以1923年国会移沪事件为中心》,《学术研究》2020年第3期。
④ 《卢永祥赞助国会制宪》,《新闻报》1923年6月28日,第2张第2版。

本关怀是组建具有联省自治性质的第三政府,讨伐直系;三是因曹锟驱逐黎元洪时亦遭驱逐来沪的一些北京国会议员,这些议员多与南方势力有千丝万缕的联系,基本关怀是在议员名分与薪饷。这三拨势力虽有各自的考虑,但反直立场相同。而反直就是在反齐燮元。这让毗邻反直中心的齐燮元高度紧张,惶惶不安。

以往江浙战争的研究多将战争起因归结于双方对上海的管辖权之争。实际上,前述对上海管辖权之争早已有之。真正导致江浙对立态势骤然紧张的主要是1923年黎元洪被逐后,沪杭成为反直中心这一要因。齐燮元在1923年7月10日致江苏省长韩国钧的信中即愤愤不平地称:"浙主在沪迎集议员,可为移祸东吴。""甲省长官主在乙省,实欺我祸我未免太甚!"①"甲省长官主在乙省"开会一句,既有对卢永祥支持反直国会议员在沪开会的不满,亦有对卢永祥、何丰林占据上海的不平。

沪杭成为反直中心后,齐、卢双方明面上表示不衅自我开,但"苏浙设防谣言百出"。②此时,奉、浙、孙三方密谋在沪召开国会,建立联省政府。他们极力招徕在京国会议员与在津的黎元洪南下。奉系杨宇霆在致孙中山密电中称"联省会议之说,此间亦已赞同"。他们主张"现在北方诸事,听合肥筹划",国会移沪,"无论沪方办法如何,但须一致"。③面对反直势力的频频动作,曹锟、吴佩孚认为"苏齐不与浙战,而不能阻止议员来沪"。因此在8月初,直系拟派王承斌率军南下江苏,意在迫使齐燮元与卢永祥开战,搅乱江浙局势,使反直势力难以在沪杭重开国会。王承斌南下的风说使东南绅商迅速抱团展开和平运动。主张"仿照庚子互保之约,由江浙两省协议,共

---

① 《齐燮元致韩国钧函》(1923年7月10日),江苏省档案局编:《韩国钧朋僚函札史料选编》,第209页。
② 徐兆玮著,李向东等标点:《徐兆玮日记》(第4卷),1923年8月12日,第2509页。
③ 《杨宇霆关于奉粤皖结合反直诸形势致孙中山函》(1923年8月8日),章伯锋主编:《北洋军阀(1916—1928)》(第4卷),武汉出版社,1990年,第820页。

同维持治安办法"的呼声亦随之而起。①

"仿照庚子互保"处理江浙危机是江浙耆绅的贯常思路。1920年北方爆发直皖战争,江苏督军李纯积极备战,为此沪、宁、杭三地商会即主张江浙两省"仿照庚子成案,联防互保",浙江督军卢永祥亦主张东南各省不参与北方直皖战争,以维护东南和平。②1922年直奉战争导致江浙关系再度紧张,江浙耆绅即以上海总商会、江苏省议会等名义通电称,"昔张文襄订东南互保之约,而七省人民受其利赖,至今称诵","今日大局阽危,尤非清季可比","应请商同皖闽两省,互订约束,勿入漩涡"。③他们认为东南一隅之和平是"全国和平之基础",庚子事变若无东南互保,"神州久已陆沉"。此前东南一直保持和平,即是因主政江苏的冯国璋"高树和平之帜","不依附何种势力以自存"。④但1923年齐燮元与卢永祥因深陷全国派系漩涡中,江浙和平已岌岌可危。

江浙和平运动的苏方主导人是黄炎培、沈恩孚、袁希涛、穆藕初、张一麐、姚文枬等苏社集团中江苏省教育会之人。早在6月,当黎元洪被驱逐的消息传至沪宁后,苏社诸理事即纷纷相邀晤谈,论议办法。⑤王清穆在6月14日下午即赴上海交通银行与张謇"略谈时局",张謇"意态消极"。晚上王清穆又与江苏省教育会要人袁希涛、沈恩孚、黄炎培、贾丰臻等人会谈。虽不知他们谈话的具体内容,但大致可看出北京政局变动后苏社人士的反应。6月15日是苏社理事常会,黄以霖、张一麐、马士杰、黄炎培、沈恩孚等人齐集沪上。会议决定首先要催促省议会赶制省宪法;其次决定请齐燮元"实行保境

---

① 《主张江浙联保两复电》,《民国日报》(上海)1923年6月29日,第3张第10版。
② 《东南联防问题近讯》,《时事新报》1920年7月23日,第3张第1版。
③ 《战云弥漫间之总商会》,《时事新报》1922年4月19日,第3张第1版。
④ 《民国十二年之东南》,《申报·国庆纪念增刊》1923年10月10日,第10版。相关研究参见湛晓白、景凡芮:《清末民国时期有关"东南互保"的历史记忆与现实政治》,《杭州师范大学学报》2022年第1期。
⑤ 《卢永祥与沈钧儒之谈话》,《新闻报》1923年7月28日,第2张第2版。

安民",勿率先起兵破坏和平。① 苏社人士在致齐燮元电中指出:"民国十二年来,苍黄反复,有一种势力发生,即有他种势力起而代之。此起彼仆,有若循环。"正因如此,他们宣言称:

> 同人等鉴已覆之前车,测未来之趋势,以为目前任何方面,绝对无可依赖,惟内伤吏治,外避党争,差可自卫而卫国……②

江浙和平运动的浙方主导人是盛炳纪③、沈钧儒、杭辛斋、褚辅成、沈田莘(泽春)④、陈其采⑤、俞凤韶⑥、金百顺⑦等旅沪浙人,尤以

---

① 王清穆研究会编注:《农隐庐日记》(6),癸亥年五月初二日,东洋文库近代中国研究委员会:《近代中国研究汇报》第39期,东洋文库,2017年,第57页。
② 《苏社致齐燮元函》,《申报》1923年6月20日,第13版。
③ 盛炳纪(1860—1927),字竹书,浙江镇海人。1911年任浙江兴业银行汉口分行总经理。1916年任浙江兴业银行上海分行总经理。1922年任交通银行上海分行经理,并当选为上海银行公会会长。
④ 沈泽春(1884—1952),字田莘,以字行,浙江湖州人,为湖州富户,有田产千亩。早年毕业于日本明治大学,与同乡陈其业、陈其美兄弟关系极密,幼时受陈其业教习。辛亥上海光复时,曾捐资援助陈其美沪军都督府。民初曾任外交部苏州交涉员、苏州关监督。1922年前后,在沪创办德和缫丝厂、德和丝织厂等企业。1924年在沪发起湖社,为该社核心成员之一。曾代表浙江督军卢永祥出席赈务处会议,被委为谘议,兼驻浙代表。因在浙沪金融实业界中拥有深厚的关系网络,是1920年代江浙和平运动中浙江方面的主导人物之一,在北伐鼎革中亦扮演了重要角色,详见第7章。
⑤ 陈其采(1880—1954),字霭士,浙江湖州人,其兄有陈其美、陈其业,清末留日,入日本士官学校,一度任留日同学会会长。1907年赴南京任陆军第九镇正参谋官,旋进京任军咨府第三厅厅长,掌理全国新军及调度事宜,曾兼任保定陆军速成学校监督。辛亥后任江苏都督府参谋厅长、临时大总统府谘议。1913年历任中国银行杭州分行副行长、行长。陈其采与蒋介石同为日本士官生,北伐时期是蒋介石军费的重要支援者,详见第7章。
⑥ 俞凤韶(1881—1967),字寰澄,号任庐,浙江德清人。早年与张静江交从极密,后结识孙中山,赞助革命事业。辛亥时期,陈其美出任沪军都督,其任沪军都督府参谋兼财政总参议。汤寿潜任浙江都督后,其任湖州军政分府长。1916年,任浙江省财政司参议、浙江银行监理、中国银行副总裁。后曾南下护法,护法失败后,长期在上海金融界,曾参与创办上海证券物品交易所。北伐入浙前后曾参与浙江独立运动。
⑦ 金百顺(1878—1954),字润泉,浙江萧山人,早年曾在浙沪的钱庄谋生,后受汤寿潜、汪大燮赏识,担任大清银行浙江分行经理,辛亥后长期主持中国银行浙江分行事务,亦担任杭州总商会会长等职。这其中,与盛炳纪等人及张謇大生纱厂集团均有利益往来。对金百顺的研究参见潘标:《近代银行家的身份功能及其实现——以金润泉为例》,《民国档案》2023年第2期。

银行金融、实业界为主。① 8月6日,苏社集团中的黄炎培、沈恩孚、张一麐、冯煦、张謇、邓邦述、魏家骅、段书云、黄以霖、仇继恒与浙方沈钧儒、姚承绶(字紫若)、杭辛斋等在沪决定"邀两省人士发起一种团体为实力之运动"。② 此次晤谈中,张一麐认为"军民长官虽有保境安民之表示,而尚无具体之公约",因此江浙开战的谣言不能平息,他表示愿意"以个人名义,奔走江浙,请两省长官共同宣言,以杜谣诼"。③ 此后促成江浙和平公约与发起江浙和平协会同时展开。8月9日,黄炎培、沈恩孚、姚文枬、袁希涛等人联合前述旅沪浙人筹备成立"江浙和平协会"。筹备会议上议决两省各推选十二人组成协会干事部,为协会领导机构,以江苏省教育会会址为协会通信处。从中可见江苏省教育会在江浙和平运动中的主导性作用。④

江浙和平协会成立的同时,张一麐奔赴沪宁杭地之间,在着手起草江浙和平公约。8月19日,齐燮元、卢永祥、何丰林等在《江浙和平公约》上签字,20日公诸报章。⑤ 张一麐指出公约是"引庚子东南互保成案",将"地方治安与中央政治折而为二","以地方治安为重,而中央政治为轻"。⑥ 这与庚子东南互保确有相似之处,也可以看出东南互保这一地方优先的成功范例对此后江苏耆绅解决政争的深厚影响。《公约》内容仅三条,看似简单,实有深意。第二条"江浙两省军民长官,徇地方人民之公意,对于两省境内,保持和平。凡足以引起军事行动之政治运动,双方须避免之"。前句重点在"徇地方人民之公意",后句重点在"政治运动"。"徇地方人民之公意"是在强调江

---

① 《苏浙和平协会之进行》,《民国日报》(上海)1923年8月12日,第3张第10版。
② 《江浙人士之和平运动》,《申报》1923年8月7日,第13版。
③ 《江浙和平公约告成》,《新闻报》1923年8月20日,第3张第1版。
④ 《苏浙和平协会开干事会》,《新闻报》1923年8月20日,第3张第1版。
⑤ 《张一麐江浙平和成立事》,《大公报》(天津)1923年8月23日,第1张第2版。
⑥ 《张仲仁复姚公鹤函》,《时报》1923年10月26日,第3张第5版。

浙两省士绅利益的重要性。避免"政治运动"在第三条保持上海和平的条款中亦有提及。之所以两次强调避免"引起军事行动之政治运动",是针对此时京津议员南下沪杭,主张在沪杭重开国会,另组第三政府的行动。第三条中"其两省以外客军,如有侵入两省或通过等情,由当事之省,负防止之责任,于各保其境,各安其民之中仍为精神上之互助"。此点是针对此时比邻苏浙的安徽督理马联甲,江西督理蔡成勋,山东督理田中玉、福建孙传芳以及四省流动性军阀而言。因为上述环绕在江浙周围的皖、赣、鲁、闽(亦不排除豫)四省均是直系或亲直系的军阀,他们随时都有可能"有侵入两省或通过等情",对皖系浙江构成了非常大的威胁。

因此对于卢永祥来说,《江浙和平公约》可预防环浙直系势力合围,尤其是在闽之孙传芳时时窥伺浙江时,可以防止齐燮元南下夹击。对于齐燮元而言,《江浙和平公约》意味着卢永祥支持沪杭反直势力重开国会,另组第三政府的可能性大大降低。正因如此,原本极力促成在浙沪重开国会的章太炎极力反对公约签订。他认为"江浙和平之约,实某之输诚于齐,而间接输诚于曹吴"。[①]此外在直系内部,齐燮元与吴佩孚之间隐然存在着既联合又竞争的关系。《江浙和平公约》亦可一定程度上阻止曹吴等北直系南下侵入江苏,影响齐燮元地位。

但和约签订后的江浙督军彼此仍充满猜忌。卢永祥8月18日复函旅京浙人信中称:"能否维持江浙之治安,不在江浙而在他方。"他主张应早做准备,"当有万全之策"。[②]因此,尽管会背负"破坏公约"的口实,但卢永祥仍与旅沪的国会议员代表褚辅成、谢持,奉系代表

---

① 《章太炎复黄百新书》,《中华新报》1923年9月18日,第1张第3版。
② 《卢永祥复旅京浙同乡电》,《新闻报》1923年8月22日,第3张第1版。

杨毓珣、西南联治派陈惟庚、李雁宾等"各省代表及沪上各要人迭次磋商",讨论在沪重开国会,组建联省政府的事宜。卢永祥的代表邓汉祥明确表示,卢永祥意在联合奉粤反直势力,"合西南、东三省"之力,先召集联省会议,再组建第三政府。①这些举措实际上已是"破坏公约"的"引起军事行动之政治运动"。支持曹锟的在京国会议员张书元即称,江浙和平公约"纯系江浙两省人士,恐糜烂其地方不管国家如何,要将其两省划归局外中立,妄言援前清庚子保守东南旧例,反为浙卢之保障"。卢永祥极力招徕北京国会议员南下,这实为"引起军事行动之政治运动"。故可让齐燮元"执此条文,向卢严厉质问",如卢永祥遵守条约,可"将议员设法驱回"北京,否则"以破坏公约讨之,可谓师出有名"。②

为此,江浙两省士绅方面则在竭力消除两督军方的猜疑。8月24日,张一麐复韩国钧信中主张:如若促使齐、卢能相会于江浙之间,猜疑自释。③8月26日,或为避免苏齐方面指责浙卢会见国会议员为"破坏公约"的"引起军事行动之政治运动"。褚辅成解释称江浙和平公约这一两省地方的协定不能限制国会的活动。"江浙和约为两省平和之保障,并非限制全国政治运动,及国会制宪之条规。"他指出国会南迁,"实为避免北京方面暴力之干涉,而又基于自由集会之规定,拟于上海附近区域,正式开会,完成宪法,并解决诸种重大问题"。④和平公约无法限制无上海的国会议员,这使江浙和平始终

---

① 《军务善后处之宴会》,《新闻报》1923年8月22日,第2张第3版。参见蔡和森:《各省联席会议》,《蔡和森文集》(上),人民出版社,2013年,第337页。
② 《张书元关于利用江浙和平公约以治卢等情致陆锦等函》(1923年8月23日),中国第二历史档案馆编:《中华民国史档案资料汇编(三)·军事》,第140—141页。
③ 《张一麐致韩国钧函》(1923年8月24日),江苏省档案局编:《韩国钧朋僚函札史料选编》,第339页。
④ 《浙卢代表之江浙和平公约谈》,《申报》1923年8月26日,第13版。

存在隐患。故张一麐即称,"'罗汉'(指国会议员)无颜北归",江浙和平"总受小小限制"。①

三、"恐非苏浙人士所能调解"

直系发动政变后,黎元洪出走天津。此时他有南下来沪的打算。黎元洪南下,是因他在天津虽仍以总统名义发号施令,均不过是一纸空文,甚至政令都得从上海派发,可见其窘境。故黎左右之人如金永炎、李根源等均劝其赴沪,在沪浙籍国会议员、全浙公会领袖褚辅成及浙籍名流章太炎等亦在不断敦促。黎元洪此时举棋不定。他希望卢永祥、何丰林等沪杭实力派能公开邀请其南下,则总统颜面至少可在反直势力中保存。但一方面受制于《江浙和平公约》,一方面对沪杭谋划的新政府,南方人士多主张采用委员制而非总统制,故他们对黎元洪以总统名义南下"深怀疑忌"。"段张陆孙各派,所以不愿其南下者,都因是之故。"为此,黎元洪"决计抛弃总统名号南下"。1923年9月10日,黎元洪抵沪。②

---

① 《张一麐致韩国钧函》(1923年8月27日),江苏省档案局编:《韩国钧朋僚函札史料选编》,第339页。
② 《黎黄陂态度之突变》,《新闻报》1923年8月23日,第5版。黎元洪南来前,曾函商卢永祥,卢永祥颇为反对,但卢信被黎元洪左右搁置。"黎之左右诡称各省皆有代表在沪南下组织政府,已与之接洽成熟。卢、何态度可无疑虑,且上海方面亦有关余盐余,仿中山在广州之办法,月可得百数十万,登高一呼,不但可破北京之摄局,且可进而固自身之地位,黎意大动。同时奉方有赞成黄陂到沪之表示,行意遂决。"《黎黄陂抵沪后之面面观》,《申报》1923年9月14日,第13版。当时研究系、安福系与政学系均主张黎元洪南下。国民党在天津的重要分子王用宾、彭养光"素与黎两派甚接近,此皆与黎氏决然南下有密切关系者也"。此外,孙中山还派汪精卫、刘成禺北上请国民党国会议员南下,"故民党议员之在津者,乃与各派放胆结纳,共同作反直之运动","黎南下之决心又深一层矣"。《黎黄陂南来之经过》,《申报》1923年9月18日,第13版。亦参见《黎黄陂南下运动之策划》,《申报》1923年9月2日,第13版。

第五章 "仿照庚子互保"：江浙战争与绅军分裂(1923—1924) 215

黎元洪到沪后，给本不平静的江浙局势更增了几分不确定性。上海"讹言复起"，江浙双方猜疑加深。许多江浙沪商民"惴惴然若不知祸至之何日"。当时盛传黎元洪南下源于卢永祥力邀。因此齐燮元、韩国钧最担心的就是卢永祥借黎元洪总统之名"挟天子以令诸侯"，在沪建立第三政府。① 故齐燮元"除连日召集所属军官，开紧急会议外，并电请旅沪江浙耆绅仍持和平运动，就近阻止黄陂组织临时政府"，一面又测绘地图以紧急备战。② 针对黎元洪来沪所引发的谣言，9月15日苏社理事会上，苏社人士联名致电江浙沪三方，要求"在时局未靖以前，任何变化勿轻表示。……以安人心而维公约"。③ 此外，张一麐与浙江士绅频频展开斡旋。9月17日，他向韩国钧解释称，黎元洪南下来沪，卢永祥"再三拒绝"，卢永祥亦未对黎元洪提供经费等各项支持，"卢之诚意和平，随在可见"。④ 如此才使积极备战的齐燮元一方稍有松懈。

非常巧合的是，大致在黎元洪到沪的同一天，英籍港商何东(Robert Ho Tung，字晓生)⑤为促成全国联席和平会议亦抵达上海，使稍有和缓的江浙政局又起波澜。何东长期在香港经商，是汇丰银行、香港造船厂的大股东，在英港南洋颇有威望。"香港中外官绅多崇拜其为人，遇有公私为难之事，就商于彼，每得爵士一言而立解"，1922年曾调停香港海员大罢工。他对"中国北部事亦极为关心"。⑥ 1923年6月黎元洪出走天津后，他便主张召开各省联席会议，促成全国和

---

① 《何东爵士抵沪》，《申报》1923年9月11日，第14版。
② 《黎黄陂来沪后消息汇纪》，《申报》1923年9月13日，第13版。
③ 《苏社理事会纪事》《县商会电请江浙当局守公约》，《申报》1923年9月16日，第13版。
④ 《张一麐致韩国钧函》(1923年9月17日)，江苏省档案局编：《韩国钧朋僚函札史料选编》，第340页。
⑤ 参见郑宏泰、黄绍伦：《香港大老——何东》，三联书店(香港)有限公司，2007年。
⑥ 《何东爵士之和平运动》，《申报》1923年9月15日，第13版。

平。他在香港曾发函分致曹锟、吴佩孚、黎元洪、孙中山、唐继尧、段祺瑞、张作霖、卢永祥、齐燮元、冯玉祥等要人,"孙、唐、卢、张等先后有函电答复"。"孙、唐、卢、张"均是反直势力,几近同盟,因此当然乐于召开"和平会议"。9月初沪杭成为南北之间的又一政治中心后,何东颇感时机成熟,遂来沪谋划联席会议。

黎元洪、何东抵达上海后,时有双方合作将促成全国联席会议的风说。《申报》即称:"何东爵士与黎元洪皆愿以和平方法奠定乱局,深望其能互相合作,用讨论方法,仲裁手段向各方接洽作促进统一。"①何东和平会议的核心主张是由西人组织斡旋,邀请全国军政绅商各界领袖名流,召开"全国领袖人物团聚会议",以解决中国此时的南北分裂与战乱不休的问题。这与1921年张绍曾、张一麐在湘直战争结束后提倡庐山国是会议并无二致,唯一不同者是何东身份复杂,"英籍港商",如此既是优势(可以超越各方,亦可以超越军阀党派),亦是劣势(因其外人色彩较为浓厚,容易引起排外情绪,且对各方内情较为隔膜)。何东与黎元洪莅沪后即与张謇、黄炎培、沈恩孚等苏社及苏沪士绅各有晤谈。②

蔡和森即称何东对于南北和平会议,筹划已久,"总商会、江苏省教育会、银行公会、钱业公会以及其他团体等,莫不逊听下风"。③这引发齐燮元猜忌,他或是怀疑苏社士绅与何东、黎元洪等人联合一气,促成反直和平运动将不利于自己。④张謇向齐燮元解释称:何东对"本国政局之关系及社会之情状,大概如在雾中",其想借用何东之力,"将江浙和平公约,扩充于皖、赣,使外人视中国有渐趋和平之

---

① 《何东爵士和平运动之外论》,《申报》1923年9月18日,第13版。
② 《张謇与何东爵士晤谈》,《申报》1923年9月17日,第14版。
③ 蔡和森:《何东的狐狸尾巴现出来了》(1923年11月16日),《蔡和森文集》,人民出版社,2013年,第405页。
④ 《黎黄陂抵沪后之面面观》,《申报》1923年9月14日,第13版。

希望"。① 张謇称何东不知国情,即指其不知直系与皖、奉、孙已势同水火,而直系内部保、洛、齐燮元、冯玉祥之间矛盾重重,实际上已难以同席参加和平会议。②

苏社人士及旅沪东南士绅明知何东主张几近不可能,但仍在论调上给予种种声援。之所以如此,是因为他们想利用何东倡导和平运动的氛围将《江浙和平公约》范围扩大,让公约的效力更持久。③江浙和平协会成立与《江浙和平公约》签订后,有报人指出"苏浙局势,已由紧急时期而入缓和时期","现在国人目光已移驻皖赣了"。"假使皖赣图浙","苏虽幸免战事","浙江仍不能免",则"苏浙和平协会,最多只能做到一半"。④因此,"为苏浙彻底和平计,更为长江下游治安计,似和平运动之范围,尚须扩大也"。⑤

扩大江浙和平运动的范围,尤其符合处在环直系包围圈下的浙江军绅的利益。故效仿《江浙和平公约》,促成与邻省安徽、江西、福建三省签订和平协定则是浙绅持续努力的目标。故8月下旬,全浙公会干事严慎予、孙慎钦、沈钧儒、杭辛斋等人多主张"将皖赣闽鄂等省一致加入和平运动,俾长江上下游永保息争"。⑥10月8日在浙绅金百顺、高云麟等人与皖绅余诚格等人的奔走下,安徽督军马联甲与卢永祥签订《皖浙和平公约》。随后,江西督军蔡成勋与卢永祥又签订《赣浙和平公约》。至此,环浙江的四省直系中仅余福建一省未与之签订和约。福建之所以未签订,源于孙传芳的拒绝。这也成为

---

① 《复齐燮元函》(1923年9月19日),李明勋、尤世玮主编:《张謇全集》(第3卷),第1203页。
② 《协商召集和平会之继续讨论》,《申报》1923年9月19日,第13版。
③ 《何东爵士致全国国民函》,《申报》1923年9月20日,第13版。
④ 君素:《时评三:苏浙和平》,《民国日报》(上海)1923年8月17日,第3张第11版。
⑤ 青:《苏浙和平公约成立以后》,《时报》1923年8月20日,第3张第6版。
⑥ 《扩充苏浙和平范围之主张》,《新闻报》1923年8月29日,第3张第1版。

浙江和平运动的一大隐患。①

　　此时北京曹锟已通过贿选当选总统。"直系中央"的正式确立使北方直奉矛盾加剧，亦使何东的联席会议无望，黎元洪自感处境尴尬，不久亦动身赴日。东南的和平空气渐散，卢永祥反直势力更加凸显。为稳定东南局势，曹锟试图拉拢卢永祥使其能够向心中央，但卢永祥因有反直三角同盟作依靠，并不就范。②有报纸甚至称"浙与北京脱离关系。其宣布自治，尤足证明浙江已成变相的独立省分"。③曹锟贿选后，全浙公会的核心人物多是拒不贿选的国会议员，因此全浙公会诸干事甚至派代表王廷扬④、毛云鹏⑤赴杭州督促卢永祥"服从民意，克期出师"，讨伐曹锟，从中可见浙沪反直氛围的浓厚。⑥

　　江浙局势再度紧张，苏社人士担心各理事在苏、沪、宁之间"往返磋商，时期已过"，难以有效应对倏忽不定的时局变化。因此他们决定

---

① 共和书局编辑所编辑：《江浙大战记》，共和书局，1924年，第2章第3—5页。
② 《靳云鹏关于如何解决浙粤奉问题的意见致陆锦呈》（1923年11月23日），中国第二历史档案馆编：《中华民国史档案资料汇编（三）·军事》，第145页。
③ 《京畿卫戍总司令部查扣关于直系以浙攻浙之计划新闻稿》（1923年11月18日），中国第二历史档案馆编：《中华民国史档案资料汇编（三）·军事》，第143页。
④ 王廷扬（1866—1937），字孚川，浙江金华人，1898年进士。清末曾襄办广西龙州边防，历任留日学生监、浙江两级师范学堂监督、浙江省视学等职。1909年当选为浙江谘议员和谘政院议员。曾入光复会，与孙中山、秋瑾有交谊，是浙江保路运动主导人之一。民国成立后历任义乌县民政长、浙江都督府顾问、浙江省议员等职。1917年曾参与反对杨善德的浙人治浙运动。1920年后入卢永祥督军署担任谘议。1922年与褚辅成、魏伯桢等人组织有全浙公会。此时他是浙江省宪自治与江浙和平运动的重要成员。1926年北伐军入浙前后曾斡旋南北，详见第7章。
⑤ 毛云鹏（1875—1943），字酉峰，浙江江山人，曾担任江山县中学堂监督、衢州府初级师范学堂监督，1912年当选第一届省议员，在杭州与马叙伦创办《彗星报》，任主笔。1913年二次革命爆发，与议长莫永贞等联名致函浙督朱瑞，要求浙江反袁独立，遭缉捕。不久随屈映光北上在山东省长公署、段祺瑞执政府内务部任秘书。1922年与褚辅成等发起全浙公会，是1920年代浙江和平运动的主导人之一，详见第7章。
⑥ 《全浙公会之紧急会议》，《新闻报》1923年10月30日，第3张第1版。

在申报馆设立通讯处，由沈恩孚和史量才担任通讯员，情形极为紧迫时，可用事先商定好的名单署名，来"通电表示公共意思"。此外，黄以霖、段书云、魏家骅、仇继恒、邓邦述、张一麐、张謇等还达成共识：如有大事发生，或"电约立至"，或派出代表长期驻沪，以代为商议。这时掌控《申报》，拥有极为繁密的信息与人际网络的史量才作用凸显。此外，对于曹锟贿选引发东南政局的波动，张謇的主张是"政变自政变，江浙自江浙"。① 这实际上仍是前述"内饬吏治，外避党争，差可自卫而卫国"的翻版。张謇称北方"直奉有事，则江浙可无事"。但为以防不测，他向张一麐建议："由商会密商各领，由各使明告政府，画出于将来万一有事战线之外，似较稳妥"，并请张一麐"密与黄、沈、史诸君熟筹之"。② 黄、沈、史即指黄炎培、沈恩孚、史量才。

就在这种和平运动的热度减退而和平的态势仍处于平衡维系之际，11月10日，淞沪警察厅长徐国梁被刺，打破了苏浙沪之间脆弱的和平态势。徐之遇刺与何丰林有极大干系。③ 徐国梁与齐燮元是同乡，"为人很直率，最讲义气"，④ 与齐燮元关系深厚，自1913年以后长期在苏沪警界担任要职，拥有警察部队数千人。齐燮元担任江苏督军后，对他颇为借重。1920年何丰林担任淞沪护军使后，徐国梁成为

---

① 《致中央政府暨江浙当道电》(1923年10月)，李明勋、尤世玮主编：《张謇全集》(第3卷)，第1215—1216页。
② 《复张一麐函》(1923年10月10日)，李明勋、尤世玮主编：《张謇全集》(第3卷)，第1211页。
③ 刺杀徐国梁计划，似是卢永祥之子卢小嘉、卢永祥之参议关芸农、何丰林与其参议汪幼农等人策划，而行凶者则是著名的"暗杀大王"王亚樵团伙。当时关芸农、汪幼农、李少川与王亚樵等均是旅居沪上的安徽同乡，他们交谊匪浅，久有往来，1921年安徽旅沪同乡会即为他们所发起。参见陈白冰《暗杀徐国梁案》，全国政协文史资料委员会编：《文史资料存稿选编·晚清、北洋》(下)，中国文史出版社，2002年，第198—199页。政协安徽省委员会文史资料研究委员会编：《军阀祸皖》，安徽人民出版社，1987年，第206—207页。合肥市政协文史资料委员会编：《合肥文史资料》(第3辑·王亚樵专辑)，内部发行，1986年，第54—55页。
④ 孙曜东口述：《十里洋场的民国旧事》，安徽文艺出版社，2014年，第91页。

牵制何丰林的重要力量。当时上海军政要员基本被卢永祥争取到手。卢永祥也曾派人游说拉拢,但徐国梁始终不为所动。

自1920年以来,齐、卢两人因各自派系利益,"早已绝对不能相容矣"。两方对上海的管控权之争又加剧了双方矛盾。淞沪地区本属江苏,但"一切用人行政,久已属浙",齐燮元隐忍已久。徐国梁遇刺成为齐燮元解决淞沪管辖权的一个契机。①徐国梁被刺后,消息传到南京督军署,齐燮元立即派员持公文来沪,要求捕房将凶手引渡,但何丰林已捷足先登,将凶手带回护军使署。齐燮元又向何丰林交涉要人,何却被置之不理。

徐国梁遇刺身亡的数日之内,卢、何与齐、韩就淞沪警察厅长继任人选问题已展开角力。卢、何委任其亲信,淞沪警察厅总务科长陆荣錩署理,而齐、韩则委任申振刚。陆属于警察厅旧人,与上海绅商政军各界关系有旧,代理厅长理直气壮;申此时是江苏省署警备主任,曾在沪充任军职,与上海亦有渊源,但远不如陆。②陆荣錩与申振刚警察厅长之争,"质言之,是何齐之争"。③何丰林背后,是卢永祥。对于申振刚,"上海官绅各界,均主张反对",他们指出"申氏素不在沪,对于沪地一切关系,恐多隔阂"。④面对此一僵局,苏社人士担心江浙两方有撕毁和约,开启战端的可能。故他们极力"设法和解以保全公约"。为转圜三方关系,张一麐主张可让何丰林以处置徐国梁丧事及冬防为由,致电韩国钧请申振刚暂缓到任,让申振刚先在何丰林护军署内熟悉环境,"以为接手警厅之预备",则韩国钧方面"当无

---

① 共和书局编辑所编辑:《江浙大战记》,共和书局,1924年,第1章第2—3页。
② 《总商会电请委陆荣錩署厅长》,《申报》1923年11月14日,第13版。
③ 倚虹:《殛哉淞沪警察厅长之继任问题》,《苏民报》1923年11月16日,第1张第2版。
④ 《淞沪警长问题仍难解决》,《益世报》1923年11月19日,第1张第4版。

不可商量"。为此,他先是去求见何丰林,未得要领,又在浙江士绅的协助下亲赴杭州求见卢永祥,目的是"到浙为最后之哀求",但效果不佳。张一麐在致韩国钧信中坦言:"杭州方面,只能做到如此地步。"①最后,齐燮元、韩国钧与张謇、张一麐、史量才诸人亦只好默认由陆荣錱暂署厅长职务。②

此后,黄炎培等人、江浙和平协会之人奔走于苏沪杭之间,以求缓和双方关系。1924年1月9日,黄炎培与黄以霖、张一麐、盛炳纪、沈田莘、陈其采、金百顺夜见齐燮元晤谈和平问题,"谈至七小时之久,其间互相辨难之语甚多"。但齐燮元最终强调,"苏境并未增加或调动一兵,报载请撤淞沪护军使决无是事"。12日史量才、张一麐在浙方代表陪同下又赴杭州与卢永祥晤谈。③13日夜,黄以霖、史量才、沈恩孚、黄炎培、张君劢、陈陶遗联名致函韩国钧称,"此事变化并非局部问题","近期间或且有新进展"。他们认为苏社集团此时已无办法可言,故建议韩国钧或可斟酌去留问题。④

尽管齐燮元极力支持、配合江浙"地方士绅"的和平运动,但在暗中他仍与直系各方积极谋划备战方略。淞沪警察厅转入敌手,齐燮元耿耿于此,他深知浙沪问题已是心腹之患,迟早都会爆发。为此,他打算与福建的孙传芳联合举兵。孙传芳在致曹锟密电中也主

---

① 《张一麐致韩国钧函》(1923年12月5日),江苏省档案局编:《韩国钧朋僚函札史料选编》,第340—341页。
② 《淞沪警察厅长问题之昨讯》,《新闻报》1923年12月23日,第4张第1版。此事韩国钧与何丰林均有违背律令之举。张一麐调解失败后,张謇曾先后公电韩国钧与何丰林,指出"易一警厅长,小事也;江浙和平,大事也",要求互相留余地。参见《致韩国钧函》(1923年12月1日)、《致何丰林函》(1923年12月7日),李明勋、尤世玮主编:《张謇全集》(第3卷),第1564—1565页。
③ 中国社会科学院近代史研究所整理:《黄炎培日记》(第2卷),1924年1月9日,第191页。《苏浙代表赴宁谒齐之经过》,《申报》1924年1月11日,第13版。
④ 《黄以霖、史量才、沈恩孚、黄炎培、张嘉森、陈陶遗致韩国钧函》(1924年1月13日),江苏省档案局编:《韩国钧朋僚函札史料选编》,第657—658页。

张对卢永祥"采取调离或武力解决办法"。他称在反直联盟"布置尚未大定之际",苏、皖、赣、闽四省合力围浙,"以四省之兵力,共同迫卢","不出旬日,浙事自可戡定,使长江流域呵成一气",如此亦可使"奉张及西南必皆俯首就范","外交亦自易解决"。孙传芳亦称"传芳与齐巡阅使,往返电商意见相同"。①曹锟的重要幕僚陆锦也非常支持这一计划。他从各处得到密报称,卢永祥已得到奉系弹药经费接济,不过奉系嘱咐"两月以内,不得先发难,须俟关外发动,始可响应"。受此牵制,卢永祥不敢率先发难。因此陆锦也主张"为今之计,惟有迅雷不及掩耳之手段,解决浙事,再图两粤"。②

对于齐燮元、孙传芳以及总统府诸幕僚"四省攻浙"的计划,吴佩孚并不同意。他反复致函齐燮元、孙传芳等,称"现大局趋势,实以赶行收西南各省为必要",对浙"似应先之以和缓感情,继之以和平解决,形迹若过操切,实际或虞不妥"。总统府军事处后从吴意见,在致皖督马联甲、苏督齐燮元密函中命令称:"苏、皖等省有备无患,勿稍疏虞。然亦不可衅自我开,遽生枝节。"③当然,吴佩孚反对攻浙,有更深层次的考虑。由于齐燮元是苏皖赣巡阅使,东南苏、皖、赣、闽四省督军中,齐燮元资格最老,威望最崇。其他督军均是一两年内崛起的新锐。皖系密探马凤池在致韩国钧信中即称"直系实力首洛

---

① 《靳云鹏关于如何解决浙粤奉问题的意见致陆锦呈》(1923年11月23日),中国第二历史档案馆编:《中华民国史档案资料汇编(三)·军事》,第145页。
② 《总统府军事处关于孙传芳主张对付浙督卢永祥采取调离或武力办法致吴佩孚等密电》(1923年12月17—26日),中国第二历史档案馆编:《中华民国史档案资料汇编(三)·军事》,第146—147页。齐燮元联合孙传芳围攻浙江的计划泄露后,全浙公会曾致电质问。参见《全浙公会质问苏齐电》,《时言报》1923年12月17日,第3版。
③ 《总统府军事处关于曹锟吴佩孚对浙省改变方针致齐燮元等密电》(1923年11月24日),中国第二历史档案馆编:《中华民国史档案资料汇编(三)·军事》,第144页。亦参见《江浙战祸在即》,《大公报》(天津)1923年11月18日,第1张第2版。

阳,次金陵,陵不逮洛,然其地盘扼扬子江中心,与洛控黄河上游不甚轩轾"。故一旦在北方局势未定之际,四省攻浙,则"大江以南,齐其为盟主",从此齐燮元将完全可与吴佩孚分庭抗礼。①也正是考虑到这一点,吴佩孚主张"联浙制奉"。此外,吴佩孚也意识到环绕在直系包围圈内的浙江不足为虑,于他而言,真正的对手是在关外蠢蠢欲动的奉系。故齐燮元、孙传芳与浙卢从速决战的想法受到吴佩孚的极大牵制,这也使"江浙和平"得以暂时维系。②

受制于吴佩孚"联浙制奉"计划,亦受制于江苏本省士绅的和平诉求,齐燮元恓惶不已却又不敢贸然行动。齐燮元曾派阎祖培等幕僚赴洛、赴京游说陈说解决浙江问题的紧迫性,但均无效果。③因此他在致中央信中抱怨称,淞沪问题,"中央政府遇事因循,不图根本解决"。卢永祥表面和平,暗中实则积极备战,"两省士绅为其所欺,专质问苏省戒备,不无偏袒"。此外,他亦不满吴佩孚在此问题上的态度,认为"吴使之函,对燮元计划,有所讥评,实未悉真相,假若吴使处燮元地位,恐张皇为尤甚"。④在派系利益的牵制下,"各方情形亦日趋和缓"。1924年2月左右,国会议员祁景颐在致韩国钧信中即称

---

① 《马凤池致韩国钧函》(1923年9月28日),江苏省档案局编:《韩国钧朋僚函札史料选编》,第54页。
② 齐燮元甚至动员江西督军蔡成勋派兵攻浙,可见其单独解决浙江问题的势力还远远不够。但"蔡要求饷械甚多,齐无以应"。《钱桐电阎锡山江浙问题日趋严重》(1924年1月5日),叶惠芬编注:《阎锡山档案·要电存录》(第8册),台北"国史馆",2003年,第7—8页。以下出版信息从略。吴佩孚阻止齐燮元攻浙,颇使曹锟感到为难。参见《钱桐电阎锡山吴佩孚对江浙问题不主张用兵》(1924年1月9日),《阎锡山档案·要电存录》(第8册),第8页。
③ 《钱桐电阎锡山因闽事发生变化齐燮元与吴佩孚意见更深》(1924年3月16日)、《钱桐电阎锡山齐燮元力主对江浙用兵》(1924年3月1日),《阎锡山档案·要电存录》(第7册),第9、11页。
④ 《阎祖培转达齐燮元力主趁浙奉粤联合未固时解决浙省问题缘由致曹锟密呈》(1924年2月29日),中国第二历史档案馆编:《中华民国史档案资料汇编(三)·军事》,第154页。

"浙决不动,奉难独发",且福建孙传芳又派兵入赣防制广东,难以顾及浙江。①这种局面也使一些时人认为,"今年如无特别变故,必可相安无事"。②但久经政潮又深悉内情的靳云鹏则认为,"江浙问题,酝酿已久,虽为公约所束缚,终恐不免破裂"。③确如其所言,1924年6月,"臧杨事件"最终导致江浙战争爆发。

四、"四省围浙"与战和分歧

"臧杨事件"并非偶然形成,而是直系与反直三角同盟在福建相竞争的结果。"臧杨事件"的主角臧致平长期在北洋陆军第四师任职,深受师长杨善德器重,他与卢永祥、何丰林等人曾共事,有旧谊。1913年袁世凯派第四师南下镇压革命党,第四师将领杨善德、臧致平、李厚基、何丰林等进入东南地区,二次革命结束后臧致平与李厚基赴闽,1914年后李厚基担任督军兼省长,但他始终受到臧致平的挟制。1918年第二十四混成旅旅长王永泉率军入闽,此后王永泉在闽北、李厚基在闽中、臧致平在闽南,福建政局形成三足鼎立之势。

福建政局与江浙战争紧密相关。闽督李厚基原本投靠皖系,但1920年直皖战争皖系战败,李厚基遂投向直系,他与江苏齐燮元深相结纳,而臧致平亲皖系,与浙江卢永祥关系密切。为此李厚基竭力将臧致平免职调离福建。臧致平免职后即赴杭州向卢永祥求援。1922年底,

---

① 《祁景颐致韩国钧函》(1924年2月26日),江苏省档案局编:《韩国钧朋僚函札史料选编》,第220—221页。
② 《奉直江浙可望相安》,《申报》1924年3月13日,第7版。
③ 《靳云鹏关于如何解决浙粤奉问题的意见致陆锦呈》(1923年11月28日),中国第二历史档案馆编:《中华民国史档案资料汇编(三)·军事》,第145页。

臧致平、王永泉联合反直三角同盟联手促成李厚基下野。①李厚基在福建失败,意味着福建一旦落入皖系之手,反直三角同盟势力可以自浙、沪向南,经福建到广东呵成一气,将大大强化他们在空间上的联合,从而也将解除直系"四省围浙"的布局。是故直系与皖系均不愿失去福建,1923年初直系派驻湖北的孙传芳、驻江西的周荫人率军入闽。孙传芳入闽前,"复由九江秘密赴南京,与江苏督军齐燮元达成在适当时机夹攻浙江卢永祥的协议"。②孙传芳、周荫人联合海军杨树庄(闽人,直系海军将领杜锡珪部将),将臧致平挤出福建。而在这一系列变局中,臧致平常受卢永祥的策应与接济,两方"联成一气,相互呼应"。③

1924年6月,臧致平、杨化昭辗转闽赣,最后被卢永祥接纳整编为浙江边防军。但这一举措违背了江浙、皖浙和平公约中"不得容留、收编客军"的规定。卢永祥之所以不惜破坏和约而收留臧杨客军,主要是源于浙江的大后方福建已落入直系之手,对于卢永祥而言,苏、皖、赣、闽直系"四省围浙"已成为无法破解的困局,而皖系失去福建之后,反直三角同盟缺乏空间上的有效协助,远水难解近火。因此处于环直系包围下,仅有上海为唯一出口的卢永祥不得不早做防备。臧杨事件发生后,齐燮元以违反和平公约为由,要求卢永祥解散臧、杨军队。外交总长顾维钧与美国驻华领事贝乐(Bell Edward)谈话时称,卢永祥此举"不免违犯和平公约之精神",只有将臧杨军队解除武装,才

---

① 李厚基被驱逐下野后,曾赴南京面见齐燮元请求援助。齐燮元为此提供大批军火和经费。李厚基又返回厦门,试图东山再起,但遭到臧致平梗阻。参见潘守正等:《李厚基在福建》,政协福建省委员会文史资料研究委员会编:《福建文史资料》(第9辑),内部发行,1985年,第1—24页。
② 杨文恺:《孙传芳的一生》,文斐编:《我所知道的"北洋三雄":徐世昌、曹锟、孙传芳》,中国文史出版社,2004年,第171页。
③ 洪卜仁:《臧致平盘踞厦门始末》,政协福建省厦门市文史资料研究委员会编:《厦门文史资料》(第13辑),内部发行,1988年,第1—12页。亦参见郭从杰、郝天豪:《1924年江浙战争中的臧致平》,《宜宾学院学报》2011年第8期。

"立可化险为夷",①但遭卢拒绝。至此战争已是不可避免。

此时吴佩孚已改变"联浙制奉"方针,对浙主强硬态势。阎锡山的北京密探钱桐称"江浙风云外传甚盛,双方从事准备,洛宁意见一致,亦是实情"。②孙传芳和周荫人与杨树庄联手挤走臧致平后,将福建督军的位置让予周荫人,自己担任闽粤边防督办。但他"亟思得一地盘","刚好臧、杨情事发生",于是吴佩孚、齐燮元极力怂恿孙传芳向浙江发难。③8月上旬,据两湖巡阅使萧耀南从上海密探中得到消息称:卢永祥"自知势孤",遂邀皖系的"灵魂人物"徐树铮至浙,请徐赴奉游说张作霖出兵。卢永祥表示,"奉如不愿首先出兵",浙江先动亦可;"但浙事发生,奉须出兵牵制"。卢永祥对奉代表称,"如浙江失败,则唇亡齿寒,直必以全力对奉"。④8月底,双方均积极展开备战。在洛阳的吴佩孚与陆锦、王毓芝等北京总统府之人等商议,由在江苏边境的鲁豫各军"沿铁路线延申前进,加入战事,借以暗中辅助"。⑤卢永祥方面,徐树铮、吴光新在沪召集各自旧部,"编练新军两师,以备援助浙江"。⑥此时"直系在福建已建立了牢固的

---

① 《江浙失和事》(1924年8月27日),"中研院"近代史所藏:北洋政府外交部档案,档案号03—11—019—01—001。
② 《钱桐电阎锡山传江浙即将爆发战事天津军火南下甚多》(1924年8月19日),《阎锡山档案·要电存录》(第7册),第13—14页。
③ 《黄琨揭露江浙战争前夕内幕情况及请向政府消弭制止致王怀庆函》(1924年8月24日),中国第二历史档案馆编:《中华民国史档案资料汇编(三)·军事》,第157页。
④ 《两湖巡阅使萧耀南关于卢永祥联络各方及备战等情致军事处密电》(1924年8月15日),中国第二历史档案馆编:《中华民国史档案资料汇编(三)·军事》,第156页。
⑤ 《吴佩孚关于调遣豫鲁鄂等省军队援苏与陆锦等往来密电》(1924年8月27—30日),中国第二历史档案馆编:《中华民国史档案资料汇编(三)·军事》,第161页。
⑥ 《步军统领衙门密探刘汉超关于皖系为维持浙卢地盘在沪编练新军应付江浙战争呈文》(1924年9月2日),中国第二历史档案馆编:《中华民国史档案资料汇编(三)·军事》,第167页。

统治,因而可以更轻松的对付奉系。因此,这三方面都处于等待状态,就差一根导火线了"。①

齐卢双方剑拔弩张之际,江浙沪三地的士绅商人纷纷呼吁息战,要求重开和议。②当时黄以霖等"回沪约及同志"与韩国钧等反复筹议,"以消弭战争为依归","并剀切言于抚帅(按:齐燮元)"。③8月19日,时在北京的黄炎培接到张一麐、庞树森"江浙将开战"的急电后,即刻筹划斡旋方案。首先,张一麐、黄以霖、沈恩孚、袁希涛、方还、钱崇固、黄炎培、史量才、陈陶遗以江浙和平协会名义,分别致函齐、卢两督,要求两督澄清开战谣言。④8月21日,张一麐、黄以霖从沪动身赴宁,准备再次与齐、韩商议,请求息战。他们在南京停留时间极短,仅两日,可见调停效果应该不佳。张一麐等人深知此时的江浙问题已被福建所牵动,"闽有所发难,无论所向何方,势将牵动东南全局"。故8月24日,张一麐与董康联名致电,请吴佩孚下令不要让孙传芳北上攻浙。但北京中央将此电"视为无枪阶级之救命声"而已,"难得有枪者之一顾"。⑤

齐、卢"已间不容发",但张一麐、黄炎培等人仍认为"尚有挽狂澜于将倒之希望"。⑥8月24日,黄炎培、袁希涛、马士杰等乘"夜车赴北京",会见时任内阁总理的颜惠庆、执掌财政的王克敏、执掌外交

---

① [美]齐锡生著,杨云若、萧延中译:《中国的军阀政治(1916—1928)》,中国人民出版社,1991年,第204页。
② 《呼吁江浙和平之公电》,《申报》1924年8月18日,第13版。亦参见《江浙平和协会召集会之提议》,《申报》1924年8月19日,第13版。
③ 《祁景颐致韩国钧函》(1924年7月27日),江苏省档案局编:《韩国钧朋僚函札史料选编》,第222页。
④ 《苏绅对时局请齐督宣布真相》,《申报》1924年8月20日,第13版。
⑤ 《国内专电》,《申报》1924年8月28日,第6版。8月25日蒋维乔亦称"江浙战争似已无挽回余地"。参见林盼、胡欣轩、王卫东整理:《蒋维乔日记》(第3册),1924年8月25日,第1547页。
⑥ 《江浙风云之昨讯种种》,《申报》1924年8月31日,第13版。

的苏人顾维钧,及张嘉璈、张相文、沈惟贤、蒋凤梧等,试图在南北联动中达成江浙弭兵。① 此外,张一麐、黄炎培、沈恩孚、黄以霖、马士杰、袁希涛、史量才、陈陶遗、方还、钱崇固商议后,提出此前张謇的方案:两省督军"确定缓冲地线,两省驻兵各离边境若干里,以为瓯脱之地",然后再由江浙士绅"促当局互遵公约,永释前嫌"。② "确定缓冲地线"是张一麐等苏社人士维持江浙和平的最后策略。8月26日、28日,张一麐等人先后在江苏省教育会、银行公会会所与江浙沪三地士绅商议划界办法,他们函请"两省公推军事专家四人,会勘驻兵适宜地线,请各派参谋来沪会同办理"。③ 当时浙方派代表陈其采、顾乃斌④赴沪。与此同时,韩国钧亦请沪上名流唐绍仪从中斡旋调和。⑤ 但"两省当局明虽赞成,暗则军事进行益力,故未及实行,而霹雳一声,战事已启。此划界之事,亦遂等之泡影"。⑥

1924年9月3日,战事爆发。福建孙传芳、赣督蔡成勋、鄂督萧耀南、鲁督郑士琦、豫督张福来等直系势力纷纷出兵,对浙形成夹击围攻

---

① 参见中国社会科学院近代史研究所整理:《黄炎培日记》(第2卷),1924年8月24日,第209页。《王顾颜希冀江浙开战》,《民国日报》(上海)1924年8月29日,第1张第3版。
② 《江浙时局问题之昨讯》,《申报》1924年8月25日,第13版。
③ 《江浙风云之昨讯种种》,《申报》1924年8月31日,第13版。
④ 顾乃斌,字子才,直隶大兴人,长期寓居浙江,毕业于浙江武备学堂,后入浙江新军,又入光复会,与赵正平、葛敬恩、周凤岐、夏超、褚辅成、俞炜、吕公望、朱瑞、蒋尊簋等人相往还,为浙江辛亥革命的重要人物。后任浙江第四十九旅旅长,驻军宁波,1913年二次革命期间在宁波独立;1917年再度与蒋尊簋等在宁波独立。1920年代曾倡议浙人治浙与江浙和平运动,北伐前后曾参与浙江自治运动,详见第7章。
⑤ 韩国钧特意嘱咐孙发绪提醒唐绍仪两点:一是卢永祥应该派人进言,请其"通盘考虑",使其"彻底了解","所让者小,所全者大";二是齐燮元一方应避免与浙江军政界人士接触。因浙江军政界人士并不愿划界息争。参见《韩国钧致孙发绪(莼斋)函》(1924年8月27日),上海图书馆编:《上海图书馆藏唐绍仪中文档案》(26),上海人民出版社,2020年,第12975—12980页。
⑥ 共和书局编辑所编:《江浙大战记》,共和书局,1924年,第2章第18页。

之势。为解浙卢之围,"反直联盟"的奉张、粤孙均对卢永祥展开策应,但远水难解近火。9月20日,腹背受敌的卢永祥"将浙事交与浙人,到沪督战"。此时"江苏援兵亦已齐集","胜负不久可定"。①卢永祥到沪后实际是负隅顽抗,究竟是战是走,卢之部将何丰林与臧致平在是战是弃问题上争执不已,卢永祥亦是举棋不定。10月13日,卢永祥、何丰林通电下野。22日左右,孙传芳率军入杭,他敦促前浙江警察厅厅长夏超出任浙江省长。从此江浙战局初定,浙江亦为孙传芳所有。②

在1924年8月的和平运动中,作为苏社的发起人,江苏士绅的领袖人物,张謇鲜有露面。即使是带有表态性质的江浙和平协会的一些宣言中亦不见他署名。这表明张謇对张一麐的坚持议和似并不同意。有报人即称:"观张季直为江苏巨绅,对于此次危象,毫无表示,又令人揣疑。"③实际上,在战和问题上张謇亦是极难决断。1923年底他私下称"论政争则不乱不并,不并不定;论地方则一乱即难定,此所以两难也"。1924年徐国梁被刺,让张謇预感"江浙和平终必破裂"。④1924年8月更是如此,此时他深悉两方"已绝和之望",故呼吁如要开展,务请"缩短时间、缩小范围"。⑤8月29日,开战前几日,卢永祥复电张謇称,默认时局已到非武力不可解决的地步。⑥

---

① 《钱桐电阎锡山卢永祥到沪督战江苏援兵亦已齐集》(1924年9月20日),《阎锡山档案·要电存录》(第7册),第21页。
② 《关于孙传芳夏超被任命为浙省督军省长及其就职电》(1924年9月21—29日)、《江苏督署参谋处关于马陆镇激战状况与卢永祥内部分歧的报告》(1924年10月3日),中国第二历史档案馆编:《中华民国史档案资料汇编(三)·军事》,第213—214页。
③ 左齐:《江浙形势紧张之宁讯》,《益世报》1924年8月27日,第3版。
④ 《致孝若》(1923年11月),李明勋、尤世玮主编:《张謇全集》(第3卷),第1564—1565页。
⑤ 《为江浙和平通电》(1924年8月25日),李明勋、尤世玮主编:《张謇全集》(第3卷),第1302页。
⑥ 《浙卢覆张謇电》,《申报》1924年8月29日,第10版。

张謇放弃和平，主张"缩短时间、缩小范围"，借款支持齐燮元开战，此事最为江苏士绅诟病。时京津报纸及坊间盛传张謇支持齐燮元发动战争，且为其撰写檄文、筹集军费，以此来为其子张孝若谋得江苏或浙江省长一席。① 钟士澄对此亦有回忆，他指出在发动江浙战争一事上，省议长徐果人是"齐、张之间的桥梁"。② 曾为齐燮元驻洛阳代表的田仲韬后来回忆称："张一麐等虽有和平公约的主张，而耆绅名流张謇，则主战最力。当我在昆山的时候，即闻张謇正送齐30万元，以为慰劳军队的费用。"③

张謇之所以借款给齐燮元，支持直系，源于他此时反奉、反段的政治立场；④ 亦源于齐燮元在张謇的实业自治上关照支持极大。大生纱厂自1921年开始便亏空。为此他不得不到处筹款。此事齐燮元、韩国钧"皆非常助力"。1924年初，大生纱厂获得省政府保息年款三十万，张謇向其子直言"殊可感！"不过齐燮元、韩国钧之所以如此帮助，也是源于督军署、省署也是张謇实业的股东，两者唇齿相依，密

---

① 《江苏公团请严惩张謇》，《申报》1924年12月25日，第3张第5版。此事多载于《大公报》《晨报》《顺天时报》等北方报纸，上海报纸中《申报》《新闻报》《时报》均未见有诋毁张謇言论者，盖与张謇关系密切也。坊间认为张謇向齐燮元借款，是想以此来换取其子张孝若担任省长，此说似不确。1923年齐燮元有意推荐张孝若出仕。张孝若亦有此意，且曾向齐燮元左右打听。张謇得知后责其"不自重"。时有报人亦称"依吾人蠡测，此事未必即真"。左齐：《江浙形势紧张之宁讯》，《益世报》（天津）1924年8月27日，第3版。
② 钟士澄：《齐卢战争的幕后活动》，吴汉民主编：《20世纪上海文史资料文库》（第1辑），上海书店出版社，1999年，第153页。
③ 田仲韬：《齐卢战争前后》，全国政协文史资料委员会编：《文史资料存稿选编·晚清、北洋》（下），中国文史出版社，2002年，第188—189页。
④ 1924年11月章太炎在致唐绍仪函中即称，"此次吴孙举事，季直赞助亦力，大致与吾辈同符合"。参见《章炳麟致唐绍仪函》（1924年11月9日），上海图书馆编：《上海图书馆藏唐绍仪中文档案》（27），上海人民出版社，2020年，第13073—13075页。

不可分。①时人即称"张氏与齐氏早已联为一气"。②战争结束后,饱受战祸的淞沪"十县灾民"认为:"此次江浙战事,齐督实为戎首,而构成此戎首者,洛吴与张謇也。齐督不得洛吴援军及军械接济,不敢备战;不得张謇主战及军费认垫,不敢在苏省境内开战。洛吴之援军与军械接济,人尽皆知矣。"③

苏社中的黄炎培、张一麐等江苏省教育会派与张謇显然不同。即使是战争已经爆发,张一麐等仍然齐聚沪上租界处密议。④黄炎培后来回忆称张一麐为促成和平,"集两省人士,奔走京杭间,垂涕阻双方出兵,尝说卢永祥,不见听,至于下跪"。⑤战争爆发后,江苏耆绅一方面发起"保卫地方之组织",以促成"局部之安全"。一方面,他们派黄炎培北上赴京,拜访旅京苏人庄蕴宽、赵椿年、于宝轩、张嘉璈,浙人王家襄等,探析政情,并仍试图"联络调停,冀达万一和平之望",并竭力促成上海中立。⑥但于宝轩也非常坦率地指出:

---

① 参见《致王克敏函》(1923年12月7日)、《致齐燮元韩国钧函》(1924年1月4日),《张謇全集》(第3卷),第1232、1256页。
② 但实际上从1920年代以来的历次江浙冲突中,张謇都持此种主张。1920年直皖战争之际,江浙关系紧张,张謇即致电车纯、卢永祥等,请其缩小范围。"因此事关系甚大",当时张謇连夜令张孝若将函电分送时报、申报、时事新报、新闻报、民国日报、中华新报、新申报等八报馆,"从速发表,以冀弭乱,以冀缩小战争范围"。参见《张孝若致吴寄尘、沈燕谋函》(1920年7月13、14日),南通市档案馆,大生档,档案号:B401—111—0153—001。
③ 《十县灾民宣布张謇罪状》,《民国日报》(上海)1924年12月9日,第3张第10版。徐兆玮在12月23日或才读到9日的《民国日报》(上海),他感叹称"张氏之主谋人尽知之,而讨张文仅见此,亦祥麟威风矣。徐兆玮著,李向东等标点:《徐兆玮日记》(第4卷),1924年12月23日,第2645页。
④ 《黄以霖致韩国钧函》(1924年9月22日),江苏省档案局编:《韩国钧朋僚函札史料选编》,第654—655页。
⑤ 黄炎培:《张仲仁先生传》,《人文》复刊第1卷第3期,1947年10月31日。
⑥ 《黄炎培致韩国钧函》(1924年9月15、25日),江苏省档案局编:《韩国钧朋僚函札史料选编》,第663—664页。

此次战事非仅齐、卢双方战争,殆政治战争之关键,且为皖直、奉直两役之果。……恐非苏、浙两省人士所能调解。①

战争让江苏地方士绅对于《江浙和平公约》的评价也趋于负面化。徐兆玮即称"和平公约实为筹备战事之方略,仲纯(疑为张一麐)等难辞其咎,使早日爆发,糜烂尚不如此之巨也"。②因此《江浙和平公约》即使有效制约和延缓了战事爆发,但战前与战后的评价并不一致。目睹苦心孤诣所维护的江浙和平化为泡影,张一麐、黄以霖、沈恩孚、黄炎培、史量才、陈陶遗与浙江士绅盛炳纪、顾乃斌、陈其采、沈田莘等通电宣布,以9月3日为江浙"省耻纪念日",战后将"划两省之地方为中立之区域"而永保和平。③

五、北京政变与"驱齐"暗潮

江浙战争本非仅江浙问题,实是直系与反直三角同盟两大派系在南方的角力。时主持《民国日报》的江苏报人叶楚伧称江浙战争"就是直系与非直系的战事的开端"。④蒋维乔亦称"齐卢战争实际上就是直奉战争"。⑤1924年10月,江浙战局已经较为明朗,而第二次直奉战争正在北方激烈进行。此时曹吴所派的直系各省援苏军队纷纷入驻江苏,直系势力在东南地区骤然扩张。对此王清穆感叹称

---

① 《于宝轩致韩国钧函》(1924年9月14日),江苏省档案局编:《韩国钧朋僚函札史料选编》,第25页。
② 徐兆玮著,李向东等标点:《徐兆玮日记》(第4卷),1924年10月5日,第2620页。
③ 参见《苏浙兵祸纪(四)》,《申报》1924年9月7日,第14版。
④ 楚伧:《这不是江浙的事》,《民国日报》(上海)1924年8月22日,第1张第3版。
⑤ 蒋维乔:《江苏教育厅三年的回忆(二续)》,《改造杂志》第3期,1947年2月15日。

"彼倡四省攻浙之计者","而孰知其结果,乃为八省攻苏"。①此时上海由鄂军援苏总指挥张允明占领,他取代了此前何丰林的位置,而援苏闽军孙传芳占领浙江,取代了卢永祥。故齐燮元与孙传芳、张允明的三角关系和此前与卢、何的对峙态势无异。因此江浙战后对于看似胜利,实则元气大伤的齐燮元来说,局面依旧危机重重。

就江苏省内而言,战后江苏士绅对齐燮元已极为不悦。王清穆就主张"必先军民分治,将齐督他调,或令移驻徐州,专任剿匪事宜。否则省长公署,暂移徐州,勿受军人牵制"。②当时战事甫定,苏社诸理事即派张一麐、董康北上京津,准备与直系中央商议战争善后问题。③"江浙战后,苏绅即怀倒齐之志,公推董康、张一麐两人北行。明揭赈灾及解决淞沪问题之帜,暗中实以倒齐为目的。"④但董康、张一麐到津不久后,未能见到吴佩孚,却遭逢北京政变。

10月24日,直系冯玉祥突然倒戈直系,发动政变,囚禁总统曹锟。直系中央倒台,原本在江浙战争中取得胜利的齐燮元此时骤然失去派系庇护,面临下台的险境。正因如此,曾为齐燮元僚佐的钟士澄指出,"江浙双方主角结果弄成两败俱伤,都丢掉了地盘和本钱,这真是当事人及旁观者都不及预料之事"。⑤郑超麟即称江浙战争结

---

① 王清穆研究会编注:《农隐庐日记》(7),甲子年九月初十日,东洋文库近代中国研究委员会:《近代中国研究汇报》第40期,东洋文库,2018年,第119页。以下出版信息从略。
② 王清穆研究会编注:《农隐庐日记》(7),甲子年九月十四日,东洋文库近代中国研究委员会:《近代中国研究汇报》第40期,第120页。
③ 实际上黄以霖与韩国钧对张一麐北上不甚赞同。参见《黄以霖致韩国钧函》(1924年9月24日),江苏省档案局编:《韩国钧朋僚函札史料选编》,第655页。战事爆发后,黄炎培称"同人日有集晤,苦无良法,惟期消息灵捷,一得机会,勿使遗去而已"。《黄炎培致韩国钧函》(1924年9月25日),江苏省档案局编:《韩国钧朋僚函札史料选编》,第664页。
④ 《免职令下后之齐燮元》,《民国日报》(上海)1924年12月13日,第3张第10版。
⑤ 钟士澄:《齐卢战争的幕后活动》,吴汉民主编:《20世纪上海文史资料文库》(第1辑),上海书店出版社,1999年,第153页。

束不过几日,"霹雳一声,直系军阀倒台了,总统曹锟被囚,吴佩孚出走。推翻他们的,是本系的军人","这变化如此突兀,如此出人意外"。①徐兆玮亦慨叹称"此岂可以常理推测乎?"②和一年前直系驱逐黎元洪事件一样,政变再次引发东南政局波动。消息传至苏沪后,史量才急函韩国钧称:

> 江浙战事才平,北京政潮突起,此举影响于我江苏前途甚大。量才意,请公发急电致任之、云抟两君,迅即北上接洽苏同乡征求意见,商办我苏兵灾善后事宜。③

此中"任之"指黄炎培,"云抟"即张一麐之弟张一鹏。面对突如其来的政变,史量才等人准备再派黄炎培、张一鹏北上与旅京同乡商议应对方案。10月25日当天,风闻政变的黄炎培在江苏财政厅长严家炽家中,与苏社其他诸理事亦有密议。但政变后交通梗阻,讯息中断,黄炎培、张一鹏没有如史量才所计划的那样"迅即北上接洽苏同乡"。④

此后"京津交通遂断",一直到11月7日,张一麐才得以赴津谒见段祺瑞。他向段祺瑞询反直中央对齐燮元的处置意见,段祺瑞"言外已含有武力解决之意"。张一麐深知吴佩孚倒台,齐燮元必定无法自保,下野已是定局。张一麐致其弟张一鹏信中指出,"直派之倒如山岳崩颓","齐之必倒,更为人人心理所同"。因此张一麐竭力

---

① 郑超麟:《郑超麟回忆录》(上卷),东方出版社,2004年,第219页。
② 徐兆玮著,李向东等标点:《徐兆玮日记》(第4卷),1924年10月5日,第2620页。
③ 《史量才致韩国钧函》(1924年10月25日),江苏省档案局编:《韩国钧朋僚函札史料选编》,第160—161页。
④ 《丁荫致韩国钧函》(1924年9月15日),江苏省档案局编:《韩国钧朋僚函札史料选编》,第160—161页。

所求者,在于让齐燮元能够平稳下台,不致使江苏再启战端。他遍访丁士源、唐在礼、屈映光等旅居京津的江浙要人。①他们均透露称段祺瑞将让卢永祥督苏,何丰林仍旧出任淞沪护军使。他慨叹称"吾辈所抱之小小目的而不能达"。②

11月中下旬,控制北京的张作霖、冯玉祥推举段祺瑞主持临时执政府。不久,冯玉祥下野,北京中央进入由奉系主导,奉系、皖系与国民党三方"反直同盟"主持下的"执政府"时代。此时苏社诸理事希望段祺瑞能够出山组建过渡政权,主持中央,以免因中枢无主,"酿成全国混战之局"。但拥护皖系段祺瑞,必须要舍弃直系齐燮元。此时卢永祥在段祺瑞、张作霖的支持下将率军南下攻苏的传闻甚嚣尘上。③故促齐燮元下野成为苏社理事的当务之急。11月4日,张一麐与董康联电请求执政府罢免齐燮元。然而张謇却与苏社其他理事又不一致,他并未要求齐燮元下野,而是请他"首急拯灾,次筹善后",

---

① 丁士源(1879—1945),字文槎,浙江吴兴人。辛亥后历任内政部顾问,陆军部军法司司长,高等巡警学堂总办等职。1923年在天津一所日本人背景所发行的日报报馆任编辑。1924年在天津任日本人主办发行的《日日新闻》主笔。唐在礼(1882—1964),字挚夫、执夫,江苏上海人。唐在礼是袁世凯的心腹。辛亥前后被袁世凯派去展开南北议和。南北统一后,唐在礼任袁世凯的侍从武官。后任大总统府军事处长、参谋总长。1923年总统曹锟任命唐在礼为铁路警备事务督办。屈映光(1883—1973),字文六,浙江临海人。屈映光是浙江辛亥革命中的重要人物。1912年屈映光任浙江都督府民政司长。1914年任浙江省巡按使。此后加入皖系。1919年任山东省长。1920年皖系倒台后便长期旅居天津。
② 张一麐直言:"今日时局皆瞬息即变。譬如看电影者,目光不及遍视而已,移步换形,不可捉摸,即欲看其闭幕,而不知其影片长至几何丈尺。"他亦嘱张一鹏,"如晤量才、信卿诸君,亦可以所闻告之",亦可见其同人意识。《张一鹏致韩国钧函》(1924年11月),江苏省档案局编:《韩国钧朋僚函札史料选编》,第334—335页。
③ 《黄炎培致韩国钧函》(1924年12月3日),江苏省档案局藏:《韩国钧朋僚函札史料选编》,第666页。《卢永祥将率奉军攻齐燮元》,《民国日报》(上海)1924年11月2日,第1张第1版。

以守"保境安民"之职责。①这实际仍是承认齐燮元的督军地位,故《民国日报》的记者指责张謇袒护齐燮元。②

直系倒台后,流亡到湖北的吴佩孚仍然希图联络长江直系势力讨伐冯玉祥。11月14日,吴佩孚乘军舰至南京下关与齐燮元秘密会晤,商议对策。③在吴佩孚的授意下,17日,由齐燮元领衔,联同孙传芳、萧耀南、马联甲、蔡成勋、周荫人、杜锡珪等直系将领发布"筱电",宣布将在长江流域另立"护宪军政府",以与北京中央相对抗。④齐燮元"拥吴讨冯",与北京中央相抗,势必激起奉军南下,江苏恐再遭战祸,故苏社人士极为不安,韩国钧立即召集官绅商议出对付办法,他们一致主张应促使齐燮元下野。11月19日,促齐下野的电文由苏州耆绅汪凤瀛(曾在晚清任张之洞幕僚)领衔,王清穆、唐文治、赵宽、宗舜年、钱崇固、潘承曜、费树蔚联合署名。⑤王清穆还建议费树蔚应另电段祺瑞,并与旅京同乡接洽,从中央方面施加压力使齐下野。⑥此时在京苏人庄蕴宽、凌文渊、丁锦、杨天骥等人组织"旅京苏人善后同志会",旨在"协力驱齐"。⑦韩国钧亦以省长身份发表"皓电",以"在苏言苏"立论,劝吴、齐避免再度祸苏。韩此电完全是针对吴、齐"筱电"所发。韩国钧此电发出后,亦得到张謇响应。⑧故11

---

① 《致齐燮元电》(1924年11月6日),李明勋、尤世玮主编:《张謇全集》(第3卷),第1319页。
② 《张謇仍代齐燮元讲话》,《民国日报》(上海)1924年11月8日,第1张第3版。
③ 林盼、胡欣轩、王卫东整理:《蒋维乔日记》(第3册),1924年11月19日,第1562页。
④ 《公电》,《申报》1924年11月19日,第3版。
⑤ 《地方通信·苏州》,《申报》1924年11月17日,第6版。
⑥ 王清穆研究会编注:《农隐庐日记》(7),甲子年十月二十二,东洋文库近代中国研究委员会:《近代中国研究汇报》第40期,第127页。
⑦ 《齐燮元出走说尚不确》,《京报》1924年12月1日,第2版。
⑧ 《段吴兼顾之齐燮元》,《晨报》1924年11月22日,第6版。参见《韩国钧皓电之应声》,《民国日报》(上海)1924年11月25日,第1张第3版。

月21日,沈恩孚致信韩国钧称:

> 自武昌筱〔篠〕电发现后,此间即发一皓电补救。公处通电,各方甚为满意,今日量才、任之已赴宁,一切当面达也。①

从中可见沈恩孚、黄炎培、史量才诸苏社耆绅在此事上的布局。

面对江苏士绅的强烈反对,齐燮元亦迅速改变态度,不再支持"护宪军政府"提议,但这与苏社人士希望齐下野的目标仍有差距。故大致从11月下旬开始到12月初的这十余天内,苏社人士齐聚南京,反复磋商齐燮元下野问题。11月21日、22日黄炎培与史量才、马士杰、韩国钧、齐燮元两次晤谈。②此时,张謇与韩国钧、黄炎培、史量才等人在"促齐下野"态度上达成一致。22日,张謇亦派亲信金左临持信"劝退"齐燮元。③从这几日黄炎培极为简略的日记中仍可管窥出,"促齐下野"应是苏社诸理事此时极为紧迫的头等大事。黄炎培11月25日在日记中写道:"复招往谈下野问题,有不如约者,非父母所生等语。"从这一凌厉肃杀之语中可见当时情形之紧迫。26日黄炎培又记载称:"晚七时,偕隽卿、量才见抚万(按:齐燮元),夜二时出。复招往,四时出。所商终不就。"一夜之间齐燮元与黄炎培、马士杰、史量才两次晤谈,却未达成一致,亦可见双方之分歧剧烈以及齐燮元在下野问题上之犹疑反复。④为使齐燮元从速卸职,袁希涛、

---

① 《沈恩孚致韩国钧函》(1924年11月21日)、《黄炎培致韩国钧函》(1925年11月18日),江苏省档案局编:《韩国钧朋僚函札史料选编》,第329、665页。
② 中国社会科学院近代史研究所整理:《黄炎培日记》(第2卷),1924年11月21、22日,第218页。
③ 庄安正编著:《张謇年谱长编·民国篇》,上海交通大学出版社,2018年,第633页。亦参见(邵)力子:《齐燮元的背后》,《民国日报》(上海)1924年11月23日,第1张第3版。
④ 《段之处分吴齐法》,《民国日报》(上海)1924年11月26日,第2张第5版。

陈陶遗、黄守孚等淞沪士绅还通电段祺瑞要求"将齐燮元褫夺官勋,依法惩治"。①最终,在京、苏两方的压力下,27日齐燮元才表示愿意下野。②

齐燮元下野已成定局后,谁来继任苏督,各方有着不同打算。齐燮元打算交予部下陈调元;苏社士绅主张"贯彻废督计划","以省长兼任办理军务善后事宜,留江苏事给江苏人收拾"。③而北京执政府主张由卢永祥率张宗昌、吴光新军南下赴宁,出任苏督。如此既可为卢永祥雪耻,又可以卢来制衡东南。但卢永祥南下势必会激化与齐燮元及其部属的矛盾,苏社诸理事亦不愿卢永祥挟奉系南来。江苏省教育会公电指责卢永祥宣抚江苏,有"循环报复之嫌",要求"以江苏还我苏人"。④为阻止卢永祥南下,大致在11月底,韩国钧遂派邓邦述入京(邓曾在东北任职,又为安福国会议员,与皖、奉两系接近),探听中央处理江苏问题的内幕方针。12月8日,邓邦述向韩国钧汇报称:卢永祥挟奉军入苏已无疑义,不过之所以尚未发动者原因有二:一是想等新任安徽省长兼督办王揖唐掌控后,可步步为营,使皖苏呵成一气;一是因段祺瑞入京不久,还须立稳脚跟,避免为奉系傀儡,才会派军南下。次日,邓邦述又称中央"已有成议",韩国钧兼任善后督办,以陈调元为副。此消息对于韩国钧的进退来说极为重要,他亦相机"密为布置"。⑤

如邓邦述所言,1924年12月初,北京执政府下令免去齐燮元督

---

① 《齐燮元不容于苏人》,《民国日报》(上海)1924年12月9日,第3张第10版。
② 《电讯:齐燮元自知不能在苏立足》,《民国日报》(上海)1924年11月28日,第1张第1版。
③ 《齐燮元自愿下野欤》,《顺天时报》1924年12月2日,第2版。
④ 《江苏省教育会对免齐任卢之表示》,《民国日报》(上海)1924年12月13日,第3张第10版。
⑤ 《邓邦述致韩国钧函》(1924年12月9日),江苏省档案局编:《韩国钧朋僚函札史料选编》,第140页。

第五章 "仿照庚子互保"：江浙战争与绅军分裂(1923—1924) 239

军一职，韩国钧兼江苏军务善后督办，陈调元帮办军务，卢永祥任苏皖宣抚使。此令颁布后，南京城内人心惶惶，谣诼繁盛，苏沪民众"既惧齐氏抗命，又虑奉军南下"。故有关齐燮元与奉军动向的两种传言汇流为一，充盈在苏沪地区。① 此时齐燮元虽已决定辞职交卸，但仍"留南京以观事变"。② 不久齐燮元接到北京密探称"京局有变"，"不宜放弃地盘"，遂反悔。③ "京局有变"尚未知具体何指，据说当时李景林、齐燮元、孙传芳三方有联络对抗中央计划。齐燮元本于12月14日在督军署邀请政、商、军、学界开茶话会，声明去职之因。但当12月20日卢永祥在天津宣布就任苏皖宣抚使后，又决定不去，并开始积极备战。而此时徐鼎康与张一麐、袁希涛已联袂北上，试图阻止卢永祥南下。④ 齐燮元的反复让沪宁之间谣言遍布，人心惶惶，"搬家者比战时尤多"。⑤

为从速敦促齐燮元回心转意，韩国钧、严家炽想再次派人游说齐燮元，一面探寻齐燮元究竟意欲如何，一面向齐燮元及其左右"详说外间状况各种利害"，避免战祸再起。"否则，夜长梦多，变幻益不可思议。"⑥ 为此，韩国钧派刘之洁(辛亥南京光复的重要将领)赴沪面见齐燮元，商议和平解决之法，"然题目重大，收效甚难"。刘之洁在复韩国钧信中称，齐燮元"个人毫无所求"，但求奉皖两系"如能悉率

---

① 《南京短简》，《新闻报》1924年12月13日，第2张第3版。
② 丁文江:《民国军事近纪》，欧阳哲生主编:《丁文江文集》第4卷，湖南教育出版社，2008年，第277页。
③ 《齐燮元逗留南京》，《时报》1924年12月19日，第2张第2版。
④ 林盼、胡欣轩、王卫东整理:《蒋维乔日记》(3)，1924年12月14日、18日、20日，第1567、1568页。
⑤ 《关于齐燮元去留之所闻》，《新闻报》1924年12月12日，第3张第1版。
⑥ 《严家炽致韩国钧函》(1924年12月25日)，江苏省档案局编:《韩国钧朋僚函札史料选编》，第241页。

随从军队离苏","必即日去国,舍此不敢闻命"。①从中可以看出,齐燮元殊死挣扎,不过是阻止卢永祥卷土重来,但执政府与江苏士绅笼络、分化江苏省内的各镇守使,如海州镇守使白宝山、徐海镇守使陈调元、江宁镇守使宫邦铎等人,"齐之希望遂成画饼"。②其中,陈调元发出最后警告,令齐燮元"即刻离宁","实为最有力量"之举。③

1924年12月27日,齐燮元终于决定离宁赴沪。至此,江苏长达四年的"齐燮元时代"结束。得此结果,沈恩孚、黄炎培在当日致韩国钧信中如释重负地称:"此问题扰之数月,终算告一段落。"沈、黄还"当即分告"马士杰、史量才、陈陶遗、张君劢诸君,将这一消息分享给苏社同人。当日,张一麐、冷遹、庞树森亦与沈恩孚、黄炎培在上海相聚庆祝。④

小　结

江浙战争"为洪杨以来所仅见","较洪杨之乱殆又过之"。⑤战争发生在国民革命"打倒军阀"的口号声中,它带来的破坏性迎应了这一革命口号,因此极大地动摇了军阀存在的合法性。江浙战争的

---

① 1927年底,距此事已是数年之后,韩国钧重读此封函,仍心有余悸地回忆到,"当时至危极险,今阅此稿,犹怵然心动也"。《刘之洁致韩国钧函》(1924年12月21日),江苏省档案局编:《韩国钧朋僚函札史料选编》,第180—181页。
② 《齐燮元去苏经过纪》,《国闻周报》1925年第2卷第1期,第12页。
③ 齐燮元的妻弟李鹏图曾回忆:此电接到时在深夜,时齐燮元正与参谋长刘玉珂等十余人开会秘商大计,见陈来电,"齐色变,扔电于地,会亦中止"。李鹏图:《我所知道的齐燮元》,全国政协文史资料委员会编:《文史资料存稿选编·晚清、北洋》(下),中国文史出版社,2002年,第614—615页。
④ 《沈恩孚、黄炎培致韩国钧函》(1924年12月27日),江苏省档案局编:《韩国钧朋僚函札史料选编》,第330页。
⑤ 徐兆玮著,李向东等标点:《徐兆玮日记》(第4卷),1924年10月5日,第2620页。

主角齐燮元与卢永祥在江浙战争以前与地方耆绅关系颇为融洽,声誉口碑亦甚佳。①钟士澄回忆称,齐燮元是秀才出身,与其他军阀颇不同,他"能容非自己手下的韩国钧、王瑚做省长,而且对他们很客气,也不大干涉省长的职权"。②齐燮元在下野通电中亦直言:"燮元自莅苏省,于兹八年。回忆此八年中,凡百措施,其有一政一事有负苏人乎? 抑无有乎? 籍曰有之,惟淞沪一役是已。"③而卢永祥"其人胸襟开拓,雅重文人,用人行政,亦颇得中和之道,故开府浙江最久,而浙人无攻讦之者"。④

但江浙战争后,齐燮元成为战争的始作俑者和罪魁祸首。江苏耆绅驱齐下野,军绅关系破裂。1925年一位叫"喜旺木"的作者称,"齐燮元是现在大众可打的落水狗了,虽然当初是张謇、黄炎培、郭秉文他们的大帅"。⑤此言一语道破战前战后齐燮元与苏社士绅的军绅关系。齐、卢前后毁誉不一主要是源于军绅两方的利益悖离,亦即派系利益与省区利益发生冲突而难以调和。

江浙战争展现出军阀"保境"与士绅"安民"之间的张力。自辛亥以来,江浙耆绅向军阀提出"保境安民"的要求,为军阀所认可。他们亦认为"疆吏之职,首在安民,欲安民必保境"。⑥但1920年代中期,军阀深受全国政局、中央派系牵连,一旦发生战端,他们往往为求

---

① 丁文江曾指出,"一切中国历年当政的军人","有很多有才的人,有天生的才",他们"很爱名誉,很想把事情办好","就是近代知识太缺乏了";"只是因为他们的知识不够,故不能成大事"。胡适:《丁文江的传记》,北京师范大学出版社,2014年,第97页。
② 钟士澄:《齐卢战争的幕后活动》,吴汉民主编:《20世纪上海文史资料文库》(第1辑),上海书店出版社,1999年,第153页。
③ 《苏督齐燮元宣布引退并望卢永祥勿率军来苏通电》(1924年12月26日),中国第二历史档案馆编:《中华民国史档案资料汇编(三)·军事》,第333页。
④ 喻血轮著,眉睫整理:《绮情楼杂记》,九州岛出版社,2017年,第6页。
⑤ 喜旺木:《齐燮元与"新青年"》,《京报副刊》第61期,1925年2月15日,第8版。
⑥ 翼:《江浙而外》,《时报》1922年4月22日,第3张第6版。

"保境"而难以"安民"。"保境"逐渐成为军阀因派系利益而发动战争的遁词。① 这违背了地方士绅的"安民"意愿,江浙耆绅会立即与之切割关系,寻求新的"保境安民"人选。因此,1920年代中期,"保境安民"这一原本为军阀合法性的基础发生了动摇。失去合法性基础的军阀也成为人人得而诛之的对象。

江浙战争让苏社集团的"耆绅政治"受到极大质疑。战争前夕,苏社统摄全省士绅,组织、协调全省自治事业的功能与效力本就已大打折扣。他们"仿照庚子互保"来调解江浙争端的失败,使其威信大大降低。此时在江苏部分士绅心目中,苏社已从成立之初全省自治事业的"联合策进之机关"沦为"私人团体"。② 战后,徐兆玮即称"吾吴之享受此苦,实吾吴二三巨人政客有以酿成之"。③ 1924年底执政府任命韩国钧兼任江苏军务督办,韩国钧集政权与军权于一身。这种仍是苏社诸理事操控下的局面引发苏社反对派的不满。"江苏各县公民自决会""江苏自治期成会"等一众团体指责韩国钧"祸苏罪状,不下齐燮元",要求"苏人治苏,当以真正民意为标准"。④ 此外,旅京江苏同乡对韩国钧也"坚持反对态度"。⑤ 1925年奉系入苏后,开始着力打破苏社士绅操控下的江苏旧局面,导致苏社集团受到重创。

---

① 《"保境安民"》,《民国日报》(上海)1924年11月7日,第1张第3版。1925年底,《新闻报》记者指出"保境安民这四个字,最初原是一种和平的代名词",后来成了中立的代名词,"如今又成了打仗的代名词"。《保境安民的别解》,《新闻报》1925年11月13日,第4张第1版。
② 当时苏社向韩国钧提出丹徒县经征局局长人选。丹徒县商会、农会、议会会长闻讯颇为反对。他们认为此项提议,"系属苏社私人团体,非省议会提议",并不合法。参见《地方通信·镇江》,《申报》1924年6月4日,第12版。
③ 徐兆玮著,李向东等标点:《徐兆玮日记》(第4卷),1925年3月16日,第2667页。
④ 《苏团体反对韩国钧》,《民国日报》(上海)1924年12月13日,第3张第10版。
⑤ 灼灼:《齐燮元未出走前之沪宁》,《益世报》1924年12月30日,第3版。

附图

江浙战争之中心人物卢永祥、齐燮元与何丰林
(《新闻报·国庆增刊》1923年10月10日,第2张第1版)

江浙耆绅促军阀和平的漫画《江浙风云之一线转机》
(《新闻报》1924年8月27日,第6张第1版)

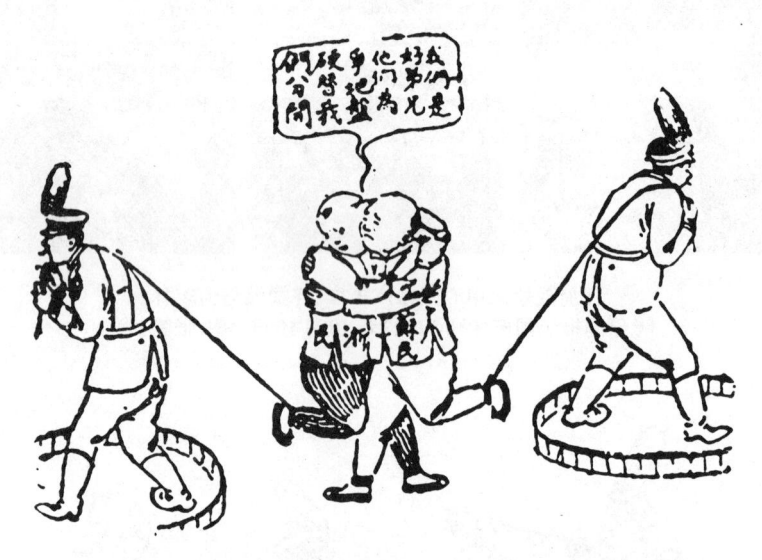

江浙军绅分裂的漫画《江浙人民共同之感想》
(《新闻报》1924年8月29日,第5张第1版)

第六章 "打破江苏旧局面"：1925年奉系入苏与省政重组

> 江苏欲说话，北京方面不许；江苏人欲发表意见，北京方面不纳；江苏人欲有所要求，北京方面不理。江苏如一待决之囚，听北京方面之宰制。
>
> ——倚虹：《待罪之江苏》(1925年)[①]

在黄炎培看来，1925年是关乎中国命运的一年。这一年，苏俄势力大规模进入中国，又逢五卅运动爆发，广州国民政府成立。这一系列全国性大变局让黄炎培感到，"今后东方大局问题将以俄事为中心"；自此之后，"国权与国运之存亡与终替，将于是分焉"。[②]就江苏省而言，齐燮元时代的终结让江苏耆绅失去了拱卫江苏的军政人物，江苏省的自治事业从此陷入扰攘不安的局面。1925年初江苏省军政事务悉由省长韩国钧统摄。此时北京执政府中央决定派奉系张宗昌部与卢永祥入主江苏，以重整齐燮元去职后的局面。奉系入苏，着力

---

① 《上海夜报》1925年2月8日，第2版。
② 《黄炎培致韩国钧函》(1925年8月9日)，江苏省档案局编：《韩国钧朋僚函札史料选编》，第666—667页。黄炎培：《对于本届年会两大感想》，《新教育》第11卷第2期，1925年9月。

打破苏社耆绅控制下的省治权力结构。江苏督军、省长,教育、实业、财政、政务四大厅长及东南大学校长等一系列江苏省政要职的更易,以及由此引发的风潮,正是反直中央与苏社耆绅之间角力江苏省权的表征。既有研究较多关注1925年东南大学易长风潮,忽视了这一系列风潮与1925年江苏政局大变动之间的关系。① 实际上,这一剧变的背后是北京执政府企图"打破江苏旧局面"方针使然。本章拟将1925年这一系列事件放置在更为宽广的省治场域这一视角下统而论之,更加全面和详实地展现出"反直中央"对苏社耆绅控制下的省治权力结构的更易与苏社集团的迎拒过程,进而揭示出北洋后期"苏人治苏"的多歧性。

一、奉军南下与督军、省长更迭

1924年12月12日齐燮元通电下野,韩国钧主政江苏军务。这意味着江苏省权完全归于苏人之手。这是苏社士绅自废督裁兵运动以来始终谋求的主张。黄炎培致韩国钧函中即言:"使十三年来军事长官之印至今日,乃获从非苏人之手归我苏人,岂非大幸?"不过此时

---

① 相关研究参见吕芳上:《学阀乎?党化乎?民国十四年的东南大学学潮》,《国父建党一百周年学术讨论集》第二集,1995年,第127—160页。许小青:《政局与学府:从东南大学到中央大学(1919—1937)》,中国社会科学出版社,2009年。储朝晖:《民国时期党化教育的牺牲者郭秉文与东南大学》,《华中师范大学学报》2012年第5期。谷秀青:《1925年江苏教育厅长易职风潮》,《理论月刊》2014年第12期。牛力:《分裂的校园:1920—1927年东南大学治理结构的演变》,《中山大学学报》2017年第1期等。牛力特别指出:以往研究"将推行'党化教育'归为易长风潮的主因,显然是高估了国民党人在东大的影响"。车志慧、姜良芹:《派系话语与事实之间:东南大学工科停办事件述评》,《史学月刊》2018年第12期。何鑫:《东南大学校董会运作初探——以大学与国家关系为视角》,《黑龙江高教研究》2016年第10期等。

北京执政府有意派卢永祥率领奉军南下江苏。这让苏社集团极为紧张。齐燮元通电下野次日，苏社集团在上海紧急会晤后认为，"现在送齐为一事；拒卢为一事；而团结在职各军官亦为一事"。其中，"拒卢"尤为急要。黄炎培致韩信中即称，"发迎卢之论调，则卢必来，而大局全输矣"。由于江浙战争韩国钧不无其咎，战后非但不下台反而进一步兼任督军，各方"都不认为满意文章"，"而以京同乡为尤甚"。故黄炎培等苏社集团诸人商议认为：

> 欲使各方心理减少郁结，惟有速组各项委员会，而以军事善后委员会为尤要。炎意，俟各将领贺电一到，即可于复电中提出此意（一面电合肥），最为紧凑，既可表谦抑之精神，更可得有形之团结，而中间插入若干稳健之江苏军人，使捣乱者无所借口，且在拒卢声中（在此声中，现役军人对于本省人必不致有所猜忌），其团结较易。……上所云云，皆此间同人之公言。①

黄炎培等人认为当前最紧要的是从速组织军事善后委员会在内的各项委员会，而各项善后委员会自然以苏人为主，这一诉求可在向中央复电中提出。复电内容与署名既要表现"谦抑之精神"，又要展现江苏军绅"有形之团结"，更要"插入若干稳健之江苏军人，使捣乱者无所借口"，从中可见为抵制卢永祥入苏，黄炎培诸人煞费苦心的筹划过程。他们希望韩国钧能在近日就立即有所动作。黄炎培等人强调，"今后苏人之为祸为福，皆将恃公三、五日内之新猷"。②

---

① 《黄炎培致韩国钧函》（1924年12月13日），江苏省档案局编：《韩国钧朋僚函札史料选编》，第666页。
② 黄炎培还建议韩国钧，应该急电召回陈陶遗到南京商榷一切。当时陈陶遗在上海，与各方势力均有较多联络。他可以带来各方讯息，"使公了然于胸，应付更易妥洽"。不过黄炎培也建议，陈陶遗不能长期在宁，还是应早日返回上（转下页）

12月14日,即黄炎培撰前函之次日,黄以霖亦撰一函致韩国钧。信中更加详细地陈述苏社集团的"拒卢"方案,可与黄炎培前函互证,其称:

> 昨回沪晤同人,一切均已接洽。对于拒卢均同意,将来空气必极浓厚。梦老亦将有文字发表。仲老刻已来沪,拟单名去电,因在津均晤见,可以子之矛刺子之盾也。题臣,公所素契,此时宜坚约帮忙。①

此中,"梦老"指冯煦,字梦华;"仲老"指张一麐。"题臣"指黄以霖宿迁同乡,浦口商埠督办吴鸿昌②。黄以霖此函透露出冯煦、张一麐等将会有所动作。果然在14日当天,《申报》刊出黄以霖、马士杰、徐鼎康、卢殿虎领衔通电北京执政府的"拒卢"函电,其称:"齐去而韩兼,是于善后事宜业经负责有人,实无实抚之必要","卢为东南战事之一人,尤应在远嫌之列",而与此同时,宁属省议员屠宜厚、庞振乾、朱积祺等亦同时公电表示"拒卢"。③

此时北京执政府力谋善后会议,奉军将来未来,苏社诸耆绅主张趁机大力整顿江苏政局。首先,旅京苏人与在南苏人均向北京执政府力求"苏人治苏"。1925年1月1日,旅京苏人庄蕴宽、赵椿年、谢

(接上页)海接洽,"亦实重要也"。《黄炎培致韩国钧函》(1924年12月13日),江苏省档案局编:《韩国钧朋僚函札史料选编》,第666页。
① 《黄以霖致韩国钧函》(1924年12月14日),江苏省档案局编:《韩国钧朋僚函札史料选编》,第656页。
② 吴鸿昌(1878—?),江苏宿迁人。保定陆军预备大学堂第一期深造科毕业。1911年任第六镇第十二协统领,为李纯部将。1913年随李纯入江西,任第九混成旅旅长兼赣南镇守使。1917年任援粤军总司令。陈光远督赣后吴被解职。1918年任浦口商埠事宜督办。
③ 《南京黄以霖等致执政电》,《申报》1924年12月14日,第6版。

冰、蒋凤梧、杨择、陈士髦、徐兰墅、王绍鏊等致电段祺瑞与卢永祥，表示"本省民政各机关，非任本省贤明之人，自行切实整理，则民治基础，无由确立"，"孰可担任财政，孰可担任民政，请政府就苏贤中遴选任用"。① 江苏省教育会亦应和此种主张称："京津同乡要求以苏贤长苏，凡是政务财政厅长、警务处长、水路警厅、运使、关监督、道尹、县知事、税局概用苏人。"② 1月卢永祥南下之际，旅京苏人庄蕴宽、赵椿年等二十余人再度致电段祺瑞和卢永祥，请求执政府在江苏厉行裁兵减饷、军民分治、苏人治苏三策。对于苏人治苏一项，庄蕴宽等人尤为执着，要求中央虽派外籍长官统军，但请"容纳省民自治"。其称"苏省民政财政各机关，其最重要之省长财政厅长"，"暂不更易"，即使必须更易，"务请仍在苏人中遴选贤能充任，不可借材异地，致启争端"。③

除向北京执政府表示拒绝卢永祥，要求苏人治苏外，苏社集团诸人还建议韩国钧重用张一麐来团结各方苏人；重用马士杰作为政务厅长，处理日常政务；重用冷遹来统领江苏省政府掌控下的省防军。此时，建立由苏社集团操控的省防军是苏社集团的共识。齐燮元督苏时期军民分治，江苏士绅对军权较少参与。但齐、卢势易，客军入苏，使他们认识到本省士绅控制军权的重要性。董康、孟森即有"裁兵不如改编省兵，自治不如自卫之说"。王清穆即称"兵灾善后，莫急于力谋自卫"。④ 旅川苏人李大钧亦建议韩国钧今后着手督办全

---

① 《庄蕴宽主张苏人治苏》，《大公报》（天津）1925年1月1日，第3张第5版。
② 《致段执政建议苏人治苏代电》，《江苏省教育会月报》1925年第1期。
③ 《旅京苏人对苏事之二次请愿》，《时报》1925年1月30日，第1张。
④ 彼时王清穆认为"自卫之成立，系乎议会"。由省议会划分国税、地方税，确定地方税支配办法，方能解决省军经费来源问题。因此建立牢固的省防军必须经议会着手。但此时省议会人数太多，党派太杂，费用太大。王清穆、董康、孟森的构想是由各县推举出"素有信旺，能尽义务之人"，"被推者非实有事故，不许辞，如此则开会可以节费，议事简单，无延期停顿之弊端"。此提案最初得到（转下页）

省团练,"确立人人自卫之基础,此一最要事也"。①因此苏社诸理事拟将苏省境内的齐燮元残部予以整合,扩充成警备军,设警备军司令部,由拥有军警履历,又与奉方接近的冷遹担任司令,逐渐扩充势力,将来在各县均设警备军名目。张一麐等人希望以此来"脱离外省军队牵绊"。②

但苏社集团的"拒卢"效果并不佳。为此,曾任江苏政务厅长的朱文劭建议韩国钧让卢永祥轻车简从,"务以达到奉军不过江为度"。时浙江孙传芳"拒奉之志颇坚",奉军南下,朱文劭担心孙传芳必定会全力抵制,如此"苏省必成战场"。③但北京执政府仍未同意这一要求。1925年1月5日,奉鲁军张宗昌率军抵达浦口,10日卢永祥挟奉军入宁。此后江苏便落入张宗昌、卢永祥主导的奉系之手。④卢永祥后,立即将冷遹负责的警备军司令部裁撤。对江苏士绅来说,奉系入主南京,意味着江苏政局的权势结构将发生大幅度更易,"苏

(接上页)赵凤昌、冯煦、张一麐、马士杰、黄以霖、黄炎培等大部分苏社耆绅的赞同,但后因卢永祥反对而不了了之。王清穆研究会注:《农隐庐日记》(4),乙丑年正月十三日、二月十七日、三月初七日、三月二十一日,东洋文库近代中国研究委员会:《近代中国研究汇报》第37期,第51、57、61、62、65页。

① 《李大钧致韩国钧函》(1924年12月20日),江苏省档案局编:《韩国钧朋僚函札史料选编》,第255页。
② 《张一麐致韩国钧函》(1925年2月4日),江苏省档案局编:《韩国钧朋僚函札史料选编》,第343页。亦参见《江苏省防部队之组织》,《申报》1925年2月4日,第10版。
③ 《朱文劭致韩国钧函》(1925年1月3日),江苏省档案局编:《韩国钧朋僚函札史料选编》,第167—168页。
④ 奉鲁军之所以能顺利入苏,得益于徐海镇守使陈调元的协助。陈调元长期驻守徐州,与张宗昌有金兰之交。张宗昌奉命护送卢永祥入苏,曾向陈调元借道。陈调元有感于江浙战后苏军实力空虚,故反对齐燮元对奉主战的策略,暗中联同苏北的淮扬镇守使马玉仁、海州镇守使白宝山倒戈,张宗昌遂长驱直入江南。参见许昆山:《陈调元的反动历史》,政协安徽省委员会文史资料研究委员会编:《军阀祸皖》,安徽人民出版社,1987年,第167—168页。李藻麟:《我的北洋军旅生涯》,团结出版社,2017年,第75—76页。

人治苏之局","恐此后名存实亡"。①

奉系入苏后,以往较为稳定有序的"军民分治"的原有体制被打破,江苏省政府的行政系统完全紊乱,地方政府一度成为军阀筹饷的工具。②时齐燮元部将宫邦铎驻扎在上海,上海地方士绅因需依赖宫来维持秩序,故不得不为其四处筹饷。③奉军入苏后,曾朴、卢殿虎等又不得不复为奉军筹饷。如张宗昌初到苏沪,即要求曾朴限期十天筹集犒劳费三万元和支票一万元。由于军饷"款巨期迫",曾朴、卢殿虎向扬州海关、两淮盐运、运河工程局等机构"连日奔走接洽,专事催促,几于舌敝唇焦"。④与此同时,卢永祥、张宗昌等北来客军为方便征税,纷纷派出自己人马接收驻地税所,造成同一职位军、政两方所派之人相互争执的局面。⑤不得已,韩国钧遂公函张宗昌,请其对于各县知事"勿轻更动"。张宗昌亦坦言,"沿途各知事筹饷往往临时迁避,或于军事颇多隔膜,遇事延误","故不能不遴派妥员,电请核委"。⑥

齐燮元败走上海后,便联合控制浙沪的孙传芳以拒奉军,孙传芳乃与齐合作,他们试图重新进入南京,从而引发与卢永祥、张宗昌的第二次江浙战争(亦称浙奉战争)。1925年1月16日,奉军自南京向

---

① 《朱文劭致韩国钧函》(1925年1月9日),江苏省档案局编:《韩国钧朋僚函札史料选编》,第168页。
② 《袁希涛致韩国钧函》(1925年1月5日),江苏省档案局编:《韩国钧朋僚函札史料选编》,第578页。
③ 由于宫邦铎"情词急迫,无从退拒",主持江苏财政的曾朴与史量才及上海总商会等人只好各自垫款,不足后又抵押江苏官产向银行借贷。《曾朴致韩国钧函》(1925年1月5日),江苏省档案局编:《韩国钧朋僚函札史料选编》,第720页。
④ 《曾朴致韩国钧函》(1925年1月31日),江苏省档案局编:《韩国钧朋僚函札史料选编》,第722页。《卢殿虎致韩国钧函》(1925年1月23日、31日),江苏省档案局编:《韩国钧朋僚函札史料选编》,第143—144页。
⑤ 《曾朴致韩国钧函》(1925年1月30日),江苏省档案局编:《韩国钧朋僚函札史料选编》,第722页。
⑥ 《韩国钧张宗昌往来电》,《民国日报》(上海)1925年2月9日,第3张第10版。

龙潭攻齐,双方在无锡等地展开激战,数日之后,齐军溃败。1月28日,齐燮元由无锡逃亡上海后仍欲召集会议以求再战,"而军官均早遁去,无一至者。齐见大势已去",遂远赴日本。①短短半年之内,东南时局就从齐卢之战一变为浙奉对峙。徐兆玮的友人胡齀直言道:"政局变化,诚如电影。"②2月2日,奉军抵达上海。此时,段祺瑞派陆军总长吴光新南下调停浙奉战事,两方遂签订停战协定,自此扰攘一年的东南战事才告终。

浙奉双方停战后仍保持对峙态势,两方"迟早之间,终不免出于一战"。③因此对江苏诸耆绅而言,张宗昌"今后趋向如何?对浙宗旨如何";卢永祥是否就任江苏督办,"各事能合作否","均于苏局有重大关系"。为此卢殿虎建议韩国钧,应趁机将"各道尹及拟动而未动之各关监督"更换成自己人,否则"必为他方攫取殆尽"。④但对韩国钧而言困难重重。军事上,齐燮元残部系统凌乱,号令不专,饷源匮乏,随时有兵变的可能;民政方面,财政库空如洗,债积如山,百政俱废。故他向北京执政府迭电辞职。⑤韩国钧的亲信,旅京苏人于宝轩在致韩信中亦称"为长者(指韩)进退计,自不敢轻言留;为吾苏计,苏人接替能否继续,抑未敢料"。⑥从中可见于宝轩此时所关

---

① 此时江苏诸耆绅在密切关注齐燮元的动向,袁希涛致韩国钧信中即称"某氏在沪活动,两日前,其气颇锐,但就今日接洽所及,则已为过去之问题"。《袁希涛致韩国钧函》(1925年1月5日),江苏省档案局编:《韩国钧朋僚函札史料选编》,第578页。
② 徐兆玮著,李向东等标点:《徐兆玮日记》(第4卷),1925年2月10日,第2657页。
③ 《蔡培致韩国钧函》(1925年1月28日),江苏省档案局编:《韩国钧朋僚函札史料选编》,第727—728页。
④ 卢殿虎直言:齐燮元离沪、战事结束,"此为新年来一大好消息。天乎,天乎,从此吾苏人民具不再罹锋镝之惨乎"。《卢殿虎致韩国钧函》(1925年1月31日),江苏省档案局编:《韩国钧朋僚函札史料选编》,第143—144页。
⑤ 《韩国钧电京辞职》,《申报》1925年1月15日,第6版。
⑥ 《于宝轩致韩国钧函》(1925年1月21日),江苏省档案局编:《韩国钧朋僚函札史料选编》,第28页。

心的,仍是"苏人接替能否继续"的问题。军政合一后,韩国钧深感事务繁难,苏人对他亦多有怨言,他早有辞意。①

当韩国钧退意笃定后,"省长问题乃因是而起"。②此时江苏省长人选中,旅京苏人庄蕴宽、吴光新呼声颇高。常熟籍国会议员蒋凤梧致函同乡徐兆玮、瞿良士称:"本省问题意见不一,各自结合,拥其私人,现象至为可笑。闻政府方面最属意于同乡之言,军阀所拥者为吴,同乡京官中最有势者为庄。"③此处"吴"即为吴光新,"庄"即指庄蕴宽。庄蕴宽长期在京任职,在南北苏人中位高望重,自然呼声较高,但由于他与苏社人士关系极密,自难成为北京执政府的考虑对象。"军阀所拥者"之所以为吴,是因吴光新亦苏人,又为段祺瑞的妻弟。故吴光新长苏,主要是段之意旨。时吴光新南下调停浙奉战争,"遂有一部分人士,借苏人治苏为名,拥戴吴氏长苏"。如此"即符苏人治苏之义",又可与卢永祥一道控制江苏,遏制张宗昌与孙传芳在东南的扩张,借此亦可为皖系恢复势力。故吴光新一时颇受瞩目。④

吴光新长苏呼声高炽之际,京城中突然冒出"旅京苏人民治促进会""旅京苏人自决会"等旅京苏人团体请愿郑谦长苏。他们在请愿书中称"省贤治省主义,尤为名正言顺",郑谦隶籍江苏,出任省长,必能"巩固南服"。⑤郑谦,字鸣之,早年曾留学日本,后长期游宦东北。张作霖颇倚重其才。奉系向来分为新旧两派,郑谦虽与杨宇霆等士官派关系密切,但却在新旧两派之间"从容周旋,其善于应

---

① 《储南强致韩国钧函》(1925年1月4日),江苏省档案局编:《韩国钧朋僚函札史料选编》,第717页。
② 《韩国钧又恋栈不去》,《晨报》1925年2月15日,第5版。
③ 徐兆玮著,李向东等标点:《徐兆玮日记》(第4卷),1925年1月1日,第2648页。
④ 《张学良吴光新均今晚离沪》,《顺天时报》1925年2月14日,第2版。
⑤ 《旅京苏人之拥郑谦长苏者》,《申报》1925年1月28日,第7版。

付,由此概见"。① 1924年底善后会议召开后,郑谦一直以张作霖代表身份往来京奉间联络各方。此时京城却突然出现郑谦长苏的传闻,颇值玩味。

纵察各方情形,郑谦长苏应是奉系抵制吴光新长苏的"一种临时应付执政府之措置耳"。"盖郑氏亦苏人也",电保郑氏长苏,"即以拑苏人之口,而制吴氏也"。郑谦2月底赴奉面见张作霖请示长苏一事时,有传闻称张作霖曾言"尔之长苏,能干与否,非余所知,余只令尔赴苏,一挡吴光新谋长苏省耳"。②此策应出于杨宇霆向张作霖的建议。杨宇霆之所以推荐郑谦长苏,一方面是为自己出任江苏督办作一铺垫,一方面亦可牵制卢永祥和张宗昌奉系已"嫁出去的两个女儿"。因此吴光新长苏与郑谦长苏的背后,其实是"反直同盟"内部奉系与段祺瑞之间角力的表征。③有报纸即称"奉张雅不愿段氏势力伸张至苏,故于苏督尚未决定之前,突出其迅速处置,电保郑氏"。卢永祥是想通过郑谦来抵制张宗昌、抵制吴光新,"并以抵制苏人"。故郑谦长苏消息一出,旅京苏人即劝郑谦称这是"假先生为机器,以为卢氏个人及奉方他日予取予求之计",劝其"勿蹈危境"。于宝轩亦致函韩国钧称,郑谦长苏,其说虽盛,但"苏同乡多不赞成"。④

上述诸人选均是北京方面的提议。在江苏,苏社诸人见推举庄蕴宽长苏难以奏效后,希图运动冷遹出任江苏省长。张一麐在致韩国钧信中即称:

---

① 郑谦在1915年前后亦曾为江苏省教育会会员,不过应较少与闻会务。参见《江苏省教育会会员姓名录(民国四年十二月重编)》,《江苏省教育会年鉴》第1期,1916年7月。
② 《郑谦长苏与奉张关系》,《新闻报》1925年3月2日,第2张第3版。
③ 古蔿孙:《乙丑军阀变乱纪实》,中华书局,2007年,第23页。
④ 《于宝轩致韩国钧函》(1925年2月6日),江苏省档案局编:《韩国钧朋僚函札史料选编》,第29页。

御秋回宁,一切可助公也。昨密电思缄入陈合肥,以御继公后,成否不可知,然不能不用力。此时非有军人资格而与船山有旧者不能为之。①

此中"御秋"为冷遹;"思缄"为庄蕴宽;"合肥"为段祺瑞;"船山"为张宗昌。张一麐密电庄蕴宽,请其向段祺瑞游说,让冷遹接替韩国钧。但实际上,一方面冷遹在苏绅中资望不够,一方面北京执政府不愿苏社人士继续担任江苏省长。故张一麐、庄蕴宽此策仍未奏效。② 江苏省长人选,无论是庄蕴宽、冷遹、吴光新、丁锦、言敦源还是郑谦,均为苏人,这表明此时"苏人治苏"仍是各方共识。不过,在这些人选中,郑谦"大有非郑莫属之势"。有报纸即称"苏长问题,大约即此解决,不致征及第二者"。2月14日,北京执政府准许韩国钧辞职,郑谦为江苏省长。③

江苏省长确定为郑谦后,朱绍文、刘伯昌等江苏省教育会派省议员致函庄蕴宽、赵椿年、张少圃、于宝轩、王绍鏊、张相文、徐兰墅等旅京同乡,一方面对郑谦长苏表示勉强认可,其称"郑君长苏,为应付时局计,似为较适";一方面罗列出"宁沪同人认为重要"的参议厅、省防军、省警备队、教育经费之独立、财政厅、警务处长等问题,让旅京同乡先行研究,以便与郑谦在京就近协商。朱绍文等人还指出"本省军事不能统一,军费不能锐减,则民政各事,一无办法,尤宜先决"。朱绍文此函一方面是陈述苏省实情,一方面是在给郑谦出

---

① 《张一麐致韩国钧函》(1925年2月5日),江苏省档案局编:《韩国钧朋僚函札史料选编》,第142页。
② 《卢催发表江苏督办》,《京报》1925年1月15日,第3版。
③ 《大致决定之苏长问题》,《大公报》(天津)1925年2月7日,第1张第4版。

题。①郑谦亦深知江苏此时民政依附于军事,而财政又全供军费,政府系统极为紊乱,故并未明确表态赴任,而是在静观苏局变化的同时物色自己的班底,尤其是江苏财政与政务厅长人选。他打算先与执政府确定好此二人选后,让他们先行赴任,等布置稳妥后,自己再南下就职。故在郑谦未就任之前,江苏省长仍由韩国钧署理。

二、东大易长与苏社集团之抵制

1925年1月6日,奉军入苏之际,执政府阁议免去郭秉文东南大学校长之职,任命大同大学校长胡敦复接任,这一命令遭到江苏省教育会与江苏省政府的抵制。东南大学易长风潮由此爆发。1月10日,黄炎培在复马叙伦函中指责其无视东大校章;省长韩国钧亦致电北京称郭秉文"无故免职,于苏省教育前途影响极大",请教育部"核准该校董会章程规定之校长任用手续,郑重考虑,俾不致于时局靡定之际,再发生教育界之纠纷"。②1月12日,东南大学校董会召开紧急联系会议,袁希涛、黄炎培、沈恩孚、史量才、严家炽、穆藕初等诸要人出席。会上穆藕初称"今无其事而部竟无端免校长职,是教部蔑视本会。本会苟不抗争,不特本会对不起校长,抑亦对不起自己"。因此他们决定致电北京执政府与教育部"否认免郭校长职",并组建东大临时委员会来应对此事。黄炎培更直言"此非一学校一校长之问题,实全国教育事业问题"。③

---

① 《郑谦就职条件》,《晨报》1925年2月17日,第2版。
② 《教育部与黄任之往来函》,《时报》1925年1月10日,第2张第4版。
③ 南京大学校史研究室编:《南京大学校史资料选编》(第2卷),南京大学出版社,2018年,第939页。

风潮爆发，是内外两方面矛盾交织促成的结果。东南大学本就是江苏省教育会、国民党与北大新青年同人为抵制安福系，试图在南方造一势力的产物。五四运动时期，安福系诸人试图解散北大这一北方新文化运动中心，为此黄炎培、蒋梦麟在致胡适信中即主张"如北京大学不幸散了，同人当在南组织机关"，"卷土重来"；他们认为"南方大学必须组织，以为后来之大本营"。[①]1921年，东南大学在江苏省教育会与江苏军政各方的支持下成立。但东南大学的管理权自诞生之日就不明确，虽名为国立，但经费却并非教育部拨发，而是由江苏省政府及江苏省教育会诸人组成的校董会筹集。因此校长任命，真正的决定权在校董会。东大成立之始，江苏省财政赤字本就极为严重，经费东挪西借，账目混乱不清。此外校长郭秉文对学校科系支持和经费分配亦不均匀。而"做后台老板的校董先生们"，"又对于大学多半外行"。[②]这也导致部分科系尤其是江浙战争后被裁撤的工科和西洋文学系教授，对郭秉文以及校董会极为不满。

五四时期江苏省教育会与国民党人合作的局面在1923年前后悄然发生了变化。双方在政治理念上已大相径庭。黄炎培、袁希涛、沈恩孚等江苏省教育会诸人承接着晚清以来的立宪思想，追求政治上的稳定、思想上的渐进，与国民党人寻求政治上的革命和思想上的

---

① 《黄炎培、蒋梦麟致胡适》（1919年5月22日），中国社会科学院近代史研究所中华民国史研究室编：《胡适来往书信选》（上），社会科学文献出版社，2013年，第35—36页。对于东南大学创设与江苏省教育会之关系，参见许小青：《政局与学府：从东南大学到中央大学（1919—1937）》，中国社会科学出版社，2009年，第22—44页。牛力：《江苏省教育会与东南大学权力格局的兴替（1914—1927）》，《史林》2019年第2期。
② 东大教职员任鸿隽即坦言，郭秉文办学无规划，"如科系的设置，自来即无预定的计划和步骤，以至科与科之间，系与系之间，竞争冲突，终年不已"。南京大学校史研究室编：《南京大学校史资料选编》（第2卷），南京大学出版社，2018年，第977页。此材料承牛力教授赐示，特致谢忱。

激进构成了巨大张力。①反直联盟形成后,江苏省教育会因抵制国民革命的"党化教育",与国民党渐成敌手,如此导致苏沪教育界尤其是东南大学内部的分歧加剧。1924年底,与郭秉文积怨已久的杨杏佛离职入京。此时因善后会议召开,国民党要人纷纷北上,国民党在北京势力由此高张。从1924年底到1925年10月,先后主导北京教育部的易培基、马叙伦、章士钊均为国民党人。这导致江苏省教育会在北京的话语权大大降低。此时皖、奉、粤反直联盟三方相互合作,对直系势力极力打压。皖系、奉系主要是从军政上着手,而国民党主要是从教育界入手。东大教授萧锦纯即直言:"铲除江苏省教育会把持之局,尤为执政府及民党两方殊途同归之目标。"②

鉴于江苏省教育会的强力抵制,2月7日,执政府宣布免去蒋维乔江苏省教育厅长一职,由旅京苏人沈彭年③继任。此消息公布后"学界大哗"。④前述蒋维乔1922年出任教育厅长是缘于江苏省教育会的大力支持。在江苏教育事宜上,他几乎是袁、黄、沈的政策执行人。时人即指出"蒋竹庄与沈、黄等本是一鼻孔出气"。⑤故执政府免去蒋维乔教育厅长职务,无疑有围魏救赵,促使胡敦复顺利就职之意。时有报纸即称,"教部因苏省教育界,有特种势力,蒋维乔又为某派议员所不满,因免蒋任沈以转势力"。⑥沈彭年并

---

① 靳帅:《"打倒学阀":北伐前后苏沪学界的权势嬗递》,《史林》2019年第3期。
② 《萧纯锦致胡刚复、柳翼谋之亲笔函》(1925年2月22日),中国社会科学院近代史研究所中华民国史研究室编:《胡适来往书信选》(上),社会科学文献出版社,2013年,第230—231页。
③ 沈彭年(?—1929),字商耆,江苏青浦人,自民初至1925年长期在教育部任职,任教育部佥事、社会教育司司长等职。
④ 《本馆专电》,《上海夜报》1925年2月8日,第2版。
⑤ 《蒋竹庄与东南大学的危机》,《爱国青年》第7期,1925年8月15日。
⑥ 《本馆专电》,《上海夜报》1925年2月9日,第2版。蒋维乔易职又与蒋、马个人恩怨有关。马叙伦与蒋维乔均长期在教育部任职,但1921年马叙伦曾将(转下页)

非反直中央的亲信,他长期在北京教育部任职,是旅京苏人在教育部中的重要代表。但他亦与江苏省教育会关系极密,前述他与袁希涛、沈恩孚、黄炎培均就读于龙门书院,一战前后曾与黄炎培、沈恩孚联手促成同济大学的国立化。1922年当选江苏省教育会评议员。教育部之所以派沈彭年出任苏省教育厅长,时人指出主要是他与教育总长马叙伦积不相能。沈彭年在教育部任第二科长兼理第一科长及专门司长,"马将沈氏外放,可以鹜出三缺,故不征沈之同意,骤然发表沈为苏教厅长"。①这一命令进一步加剧了东大风潮。

1925年2月10日,内阁会议又免去张轶欧江苏实业厅长一职,由旅京苏人徐兰墅继任。更易东大校长与江苏教、实两厅长实与段祺瑞有莫大关系。蒋维乔后来回忆称:"段执政的谬误眼光,以为南京城里的简任官,似乎都有附齐嫌疑","所以免郭以后复把我及张轶欧的教育实业两厅长免职"。②面对此种局势,江苏财政厅长严家炽亦请辞,韩国钧遂委托曾朴暂代,并"电请执政府加以任命"。但卢永祥与财政总长李思浩均保荐张寿镛充任。因此,北京执政府免除东大校长郭秉文的同时,亦接连免除了江苏教育厅长与实业厅长,乃至财政厅长亦属于空缺。有报纸即称"江苏督长问题正在喧哗未决之中,而财教实三厅又以易长告"。之所以会遭逢如此遽变,主要原因在于"苏省大战之后,原有局面推翻,更易简任以下官吏,早为预定之局"。可以说"打破江苏旧局面"是此时反直同盟主导下的北京执

（接上页）蒋维乔下放至湖南出任教育厅长,引发蒋维乔不满。参见《蒋维乔致马邻翼书》,《新闻报》1921年10月23日,第3张第1版。
① 《沈彭年任苏教厅长原因》,《时报》1925年2月27日,第1张第2版。
② 蒋维乔:《江苏教育厅三年的回忆(二续)》,《改造杂志》第3期,1947年2月15日。

政府对苏的重要方针。①

撤换蒋维乔教育厅长命令下达后,江苏省教育会及江苏省立学校校长联合会极力挽留。此后,韩国钧力求北京执政府"仍令蒋维乔照旧供职",而请沈彭年"缓日来宁"。②2月14日,江苏省教育会亦予以反击,他们公电段祺瑞,指责他用人不当。电文称郭秉文与蒋维乔,"一和一介,时论均推其热心任事","不涉政潮,为士林所信仰,乃马叙伦竟先后提议免职,远近哗然"。他们乘机指出马叙伦代理教育总长期间,对北京女师大风潮等"迄无相当之维持办法,而对于苏省二十年来辛苦经营之教育,竟摧残不遗余力"。如果坐视不管,"非特大召各方之恶感,且将重累执政之令名"。故江苏省教育会极力劝谏段祺瑞"明令速免马叙伦职,复郭秉文、蒋维乔职"。③

可以说,罢免马叙伦是此时江苏省教育会竭力所求的目标。马叙伦仅是以教育部次长代行总长职权,执政府真正委任的总长为王九龄。王九龄长期在西南任职,此前曾担任过云南教育厅厅长,此次来京是出任唐继尧的善后会议代表。由于他在北京教育界毫无根基,故担任教育总长任命下达后,迟迟不敢赴任,这才给马叙伦代理的机会。为迫使马叙伦下台,黄炎培、袁希涛力挺王九龄就职。在江苏省教育会的支持下,王九龄于3月中旬就任,马叙伦遂被免职。对于江苏省教育会运动王九龄的经过,当时熟知内情的报人即称:"盖王氏此次就职之动机,始于江苏教育会系之存心利用。如东南大学问题等等,欲使一反马前部长之所为,即可替郭秉文出一口恶气,尤

---

① 张寿镛曾在卢永祥督浙时期担任过财政厅长,"与卢极相得"。财政总长李思浩对张寿镛亦极为器重。此时他在内阁会议中亦力荐张寿镛出任江苏财政厅长,而对于韩国钧保举曾朴之电则置之不理。平心:《江苏三厅易长问题》,《申报》1925年2月17日,第5版。
② 《韩省长致电政府力挽蒋教厅长》,《申报》1925年2月13日,第12版。
③ 《省教育会请速免教次马叙伦职》,《申报》1925年2月15日,第12版。

要者,则欲使该系在教育上益见根深蒂固,把持一切而为所欲为。此最足注意之点。"①

与此同时,在南京,江苏省教育会组织召开东大校董会,推举苏社理事张一麐为校长。张一麐曾出任过北京教育总长,资历威望远在胡敦复之上。让张一麐出任校长,则是在抵制胡敦复。②对此共产党人萧楚女即称,江苏省教育会"遂更进一步","拥王九龄以倒马,用张一麐以拒胡"。③不过,江苏省教育会这一南一北的策略并未达成预期目的。对于推举张一麐就职的诉求,执政府迟迟不予答复;而王九龄就职不到一月,便因各方为难而难以支撑,只好辞职。辞职后,北京教育部一职由司法总长章士钊兼署。④章士钊亦是北京国民党的重要人物,他对于江苏省教育会的态度与马叙伦并无二致。

三、郑、韩交替与旅京苏人回流

1925年1月初易长风潮发生,2月中旬北京中央任命郑谦长苏,但直到5月,郑谦才来宁就职。这期间,江苏省长一直由韩国钧署理。郑谦之所以迟迟不来,很重要的原因是同时入苏的卢永祥、张宗昌因江苏督办职位产生抵牾。两雄争督,郑谦只好滞留北京"以观风势耳"。⑤当时齐燮元被逐,张宗昌出力尤多,但反直中央却将江苏督办一职委于卢永祥。这让"奉方将领多不满意,而张宗昌尤甚"。但段

---

① 《王九龄就职之北京竟如是乎》,《京报》1925年3月21日,第2版。
② 《东大教授请教部聘张一麐为校长》,《申报》1925年4月18日,第11版。
③ 初遇(萧楚女):《蒋维乔长东大之由来》,《中国青年》第86期,1925年8月1日。
④ 相关研究参见娄岙菲:《权威重塑与派系博弈:章士钊与北京教育界》,《北京大学教育评论》2020年第2期。
⑤ 悠悠:《北京通信(二)》,《新闻报》1925年4月22日,第2张第2版。

祺瑞深悉卢永祥长期在浙沪任职，熟悉东南情形，让他督苏可取"事半功倍之效也"。①卢永祥督苏，则张宗昌的地盘难以确定，"地盘未确定，则军队不易集中一处"。对此旅京苏人王汝圻致函韩国钧坦言道：张宗昌"非督鲁即督皖"，"然鲁、皖两督又如何安置？""吾苏即于此四面八方连带之关系中，成一不进不退之僵局"。卢、张争督的僵局，最终以张宗昌督鲁告终。时奉系和皖系商议决定"张军可以集中徐州一处"，但由江苏省负责开拨费三百万元和每月三十万的军饷。②张宗昌在苏部伍，有五六万人之众，"军费浩繁，足令郑氏望之气沮"，加之张宗昌军所到之处，沿途知事厘卡，大都由他自行委派，而不肯交还给地方政府。这两项影响苏省财政綦大。③因此，张宗昌能够北上督鲁，对郑谦而言将减少一大掣肘力量。

时有报纸称"郑氏赴任根本动机，盖与张宗昌督鲁有息息相通之妙"。④1925年5月初，善后会议甫一结束，郑谦即南下赴宁，正式出任江苏省长。郑谦滞留北京观望风势时，江苏旅京同乡庄蕴宽、赵椿年等人即与郑谦晤谈。他们对于郑谦长苏"皆为有条件之欢迎"。其条件为：用人勿培植奉系；"财政实业教育三厅长，由苏人公推"；"警务处长，需用江苏人"等。郑谦亦表示将延续"苏人治苏"方针。⑤但北京国务会议最终确定的江苏政务厅长与财政厅长分别为邓邦造和王其康。此两人均是北方苏人。邓邦造为南京人，系邓邦述之弟，"与郑谦为总角交"，曾担任黑龙江省烟酒公买局局长等职。⑥王其康是

---

① 《卢永祥位置可以不动》，《晨报》1925年2月8日，第2版。
② 《王汝圻致韩国钧函》(1925年3月19日)，江苏省档案局编：《韩国钧朋僚函札史料选编》，第57页。
③ 悠悠：《北京特约通信》，《新闻报》1925年4月22日，第2张第2版。
④ 《北京特约通信》，《新闻报》1925年4月12日，第2张第1版。
⑤ 随波：《江苏之省长问题》，《申报》1925年2月23日，第5版。
⑥ 《苏省当局均将就职》，《申报》1925年4月21日，第5版。

财政总长周学熙的妻弟,周自述王其康"随余办文墨多年","颇负经济才"。① 当时有报纸称邓邦造与王其康南下赴宁就职之前,曾与人云:"江苏当局关于民政方面之用人,大抵以苏人为多,颇可发挥苏人治苏之精神。"② 但实际上,此时的"苏人治苏",较此前已略有不同。此中的"苏人"已非苏社集团主导下的"苏人"。故于宝轩直言,"现在'苏人治苏'之说仅托空谈"。③

在郑、韩交替之际,江苏省内不满苏社的势力也积极投入"打破江苏旧局面"的运动中。前述1922年韩国钧长苏后,因处置议教之争、七百万公债、恢复旧县制、闸北水电厂标卖案等事件上有所偏向,致使王景常、刘文锴等正社省议员与旅京苏人联手发动倒韩运动。④ 时曹锟宪法颁布,规定了新议会选举方式。正社等倒韩派省议员要求按照新选举法开展第四届省议员选举,但亦遭韩国钧政府否决。韩国钧与之关系更加恶化。1925年奉系入苏后,这些人再度活跃。时有倒韩派主张让卢永祥取代韩国钧,兼任省长。这等于江苏军民

---

① 周学熙:《周学熙自述》,安徽文艺出版社,2013年,第224页。
② 《苏省当局均将就职》,《申报》1925年4月21日,第5版。
③ 《于宝轩致韩国钧函》(1925年2月6日),江苏省档案局编:《韩国钧朋僚函札史料选编》,第29页。
④ 闸北水电厂本为江苏省产,长期官办,但因经营不善而民怨沸腾,遂有交归商办的呼声。韩国钧考虑到省政纰纰,而水电厂若经营得当,则收入可观,于是主张官商合办,所得收入可弥补财政亏空。议会中,朱绍文等仁社议员素与韩国钧政府亲密,韩国钧政府中人有相当一部分即在闸北水电厂任职,若完全标卖商办,则将失去饭碗,故亦不愿完全商办。此时有上海商人收买正社议员,请其在议会中提出商办案,交由议会通过。于是正社与仁社,在是否完全商办问题上引发激烈纷争。正社议员为此贿赂学生联合会来攻击仁社,不料学生联合会的杨嘉猷假装受贿,却随即将之抖露报界。仁社还宣称正社与沪商勾结,其中暗含有外国资本,以此用民族主义的旗号来打击正社。1923年底,袁希涛致韩国钧函即称,"省议会开临时会,就法例言,无拒驳之可能。就事实言,则一年中几半在开会期间,而能开大会之日乃寥寥无几,已渐酝酿社会之怨怒"。参见《袁希涛致韩国钧函》(1923年12月17日),江苏省档案局编:《韩国钧朋僚函札史料选编》,第577页。对闸北水电厂案的新近探讨,参见王亚飞:《北洋时期的江苏省政:以上海闸北水电厂商办案为例(1922—1924)》,《社会科学研究》2023年第3期。

大权完全交付皖、奉军阀,也将完全打破"军民分治"的原则,故苏社集团极为反对。苏籍国会议员王汝圻在致韩国钧信中即称:"无耻之徒公然运动,上海总商会亦有电附和之,可谓毫无心肝。"庄蕴宽等"皆愤极,思有以抵制之"。王汝圻劝说韩国钧称:"公系苏人,始终当顾念苏省之大局。郑来公去,当然之事。交卢而去,置苏省于万劫不复之地,万万不可。"①

不仅如此,倒韩派还与反直中央联手攻击苏社控制下的江苏运河工程局、江北水利局等机构。郑谦莅苏后,倒韩派乘机组织"淮扬徐海治运改进会"来攻击王宝槐、徐鼎康、黄以霖等人,并推举查账员对他们展开调查。②长期在江苏运河工程局任职的苏社理事武同举直言,水利局督办、会办及秘书、科长等无一幸免,可见奉系入苏对江苏旧有权力结构冲击之深。故他直言道:"往事已矣,真是一场春梦。"武同举回顾韩国钧长苏三载的党派之争时,他痛斥王景常、刘文辂等倒韩派称:

> 吾师任期,彼党屈抑达于至极,计无复之,拼殚全力制造空气。石城无隙可乘,转斾首都,茹苦含辛,积时二稔,居然告捷。旅京魁硕咸入彀中。

"石城无隙可乘,转斾首都"即是指他们与反直中央的联合。在他

---

① 《王汝圻致韩国钧函》(1925年3月19日),江苏省档案局编:《韩国钧朋僚函札史料选编》,第57页。此外,江苏诸耆绅仍试图在韩国钧署理省长期间,成立省政府参议厅,"公议一切省政",以刷新省政。但参议厅成立后,"各方反对甚烈"。张一麐其实亦不同意组织参议厅,称"此时组厅恐无人能往",朱绍文"文人摇头摆耳似不达时务"。《张一麐致韩国钧函》(1925年2月5日),江苏省档案局编:《韩国钧朋僚函札史料选编》,第142页。
② 《淮扬徐海治运改进会争潮》,《申报》1925年5月25日,第10版。

看来，即使是支持韩国钧的仁社、正谊派"亦不无微罅"。曾一直与韩国钧引为同道的"旅京魁硕"如马相伯、董康等人亦"咸入彀中"。①

当郑谦正式宣布就职后，倒韩派遂派人北上与旅京苏人联络，打算赶在韩去职前监督清算江苏财政，以穷究韩国钧省长任职上的"暗箱黑幕"。此时江苏财政已经亏空三千余万元，倒韩派担心在郑、韩更替之际，新任江苏财政厅长王其康势单力薄，难以彻查江苏财政账目。因此倒韩派主力王景常等敦请旅京苏耆马相伯、董康与丁锦出面，发起成立"江苏财政监算交代委员会"。②韩国钧的亲信严伟在致韩信中即称，监算交代委员会"始不过正社诸人妄立名号借端报复。近日董、丁诸公似皆为所播弄"。③监算交代委员会分为审议和执行两部，其中马相伯当选为审议部正会长，王玉树、施文熙为副会长，董康当选为执行部正会长，丁锦为副会长，孟森为监算交代委员会秘书长。④

马相伯是江苏耆绅中年龄最大，威望最隆的士绅之一；而董康则长期在京任职，在旅京苏人中有相当大的权威。此两人出任监算交代会会长，可见南北苏绅对于韩国钧等苏社诸理事的不满。这也表明韩国钧去职之际，南北两地的倒韩势力逐渐合流。马相伯在郑谦到宁后不久，曾以监算交代会会长的名义致函郑谦，笔锋直指江苏省教育会。他称："丘八之学生，非自动也，其主动者实在于办学者之混账"，"苏局更新，独学界不革。率学生拒校长，率校长拒厅长，军阀

---

① 《武同举致韩国钧函》（1925年6月7日），江苏省档案局编：《韩国钧朋僚函札史料选编》，第395页。
② 《苏监算交代会成立》，《申报》1925年5月4日，第10版。
③ 《严伟致韩国钧函》（1925年5月23日），江苏省档案局编：《韩国钧朋僚函札史料选编》，第238页。
④ 《苏监算交代会三纪》，《申报》1925年5月6日，第6版。

政阀所不能为者,学阀能为之,此学阀自伐也"。①

5月11日,南京监算交代会任职会议上,马相伯对于江苏财政亏空,再次申论称:"本省财政应公同负责,譬如开店,管账人将款卷逃,大小同事,皆窃款出店,东家当然追问。"董康亦表示:"我苏省财政积亏至三千数百万元之巨,齐燮元督苏,本为我所反对,但一个齐燮元虽去,十百之齐燮元将接踵而至,韩国钧虽走,恐来者未必非第二之韩国钧也。"他表示:"总之韩即逃脱,不管清楚账还是糊涂账,皆应拿出清算,不能一跑了事。"②为此,监算交代会还"电执政请令韩于交代未清算以前不得离宁"。此次会议决定丁锦代表监算交代会南下赴宁查账。

5月中旬,丁锦到南京后与王景常等人本打算借此机会大展身手,但实际情形大为不同。监算交代委员会虽集结了诸多不满韩国钧的南北苏绅,但"所推委员大都素与省政府接近"。部分旅京苏人即担心韩国钧等人一经疏通,会导致"不监不算"的结果。③确如此言,严伟即向韩国钧建言称董康、丁锦为"故旧之交",亦非与正社可比,"似宜以一书袪其惑,并将去书披露报端,借以间执谗慝之口"。④经韩国钧等人暗中运作,郑谦从中调和,监算交代委员会实际运作效能大打折扣。⑤ 5月30日,蔡培致信韩国钧称,"监算会内部涣散,给〔迨〕已不成问题,独惜马、董诸公,以苏省耆硕,甘为傀儡而不自觉";他又称丁锦"素性偏激",此次南来"自陷旋涡"却不知,而犹复

---

① 《马湘伯痛骂学阀》,《民国日报》(上海) 1925年5月15日,第2张第7版。
② 《江苏监算交代会之进行》,《民国日报》(上海) 1925年5月13日,第2张第7版。
③ 《监视监算江苏交代之应声》,《申报》1925年5月16日,第6版。
④ 《严伟致韩国钧函》(1925年5月23日),江苏省档案局编:《韩国钧朋僚函札史料选编》,第238页。
⑤ 监算交代委员会不了了之也与五卅运动爆发有关。张一麐在致韩国钧的信中即称"内政因外交所迫,风波暂可宁息"。他还嘲讽丁锦等人称"公等命意甚佳,但筑基础于粪壤之上,甚为可惜"。参见《张一麐致韩国钧函》(1925年6月14日),江苏省档案局编:《韩国钧朋僚函札史料选编》,第345—346页。

"自鸣得意"。①到6月初,监算会的查账难以得到省署支持,丁锦不得不乞援段祺瑞,请北京方面让郑谦"多予本会便利"。但郑谦却未有切实援助。②

郑谦长苏后,马相伯本期望其能"不畏军阀亦不畏学阀","大阳造于东南"。③但实际情形却并非如此。蔡培称,郑谦莅苏后"省中情形无甚更张"。郑谦的新政"除减费外亦尚无所表见。彼所努力者,在统一政权,讵知张(按:张宗昌)既不能就范,而孙(按:孙传芳)亦多方推诿,至今尚无眉目"。④曾朴在致韩国钧的信中亦称郑谦初来时,"大有羽扇纶巾指挥若定之概,然一月以来,仍未闻有惊人之策略。政权之不能统一更甚,财政之窘迫亦更甚"。⑤故郑谦想要寻求财政上的支持与军饷上的纾解,必须借重苏社集团之人。

表8　1925年江苏省政重要职位更迭表

职　务	1925年奉系入苏前	1925年奉系入苏后	备　注
省　长	韩国钧 (1922年就任,苏人)	郑　谦(旅外苏人)	
政务厅长	傅　疆 (1922年就任,浙人)	邓邦造(旅京苏人)	
财政厅长	严家炽 (1920年就任,苏人)	王其康(旅外苏人)	

① 《蔡培致韩国钧函》(1925年5月30日),江苏省档案局编:《韩国钧朋僚函札史料选编》,第729页。
② 《丁锦致孟森书》,《新闻报》1925年6月4日,第2张第2版。
③ 《马湘伯痛骂学阀》,《民国日报》(上海)1925年5月15日,第2张第7版。
④ 《蔡培致韩国钧函》(1925年5月30日),江苏省档案局编:《韩国钧朋僚函札史料选编》,第729页。
⑤ 《曾朴致韩国钧函》(1925年6月1日),江苏省档案局编:《韩国钧朋僚函札史料选编》,第724页。曾朴在该信中亦称,监算交代委员会已将曾朴任内账务抄走,"意在寻瑕索瘢,向平政院作一度之控诉,便算告一段落"。

续 表

职 务	1925年奉系入苏前	1925年奉系入苏后	备 注
教育厅长	蒋维乔 （1922年就任，苏人）	沈彭年（旅京苏人） 胡庶华（湘人）	"厅员有带教育会色彩者，完全更换"
实业厅长	张轶欧 （1917年就任，苏人）	徐兰墅（旅京苏人）	
东南大学校长	郭秉文 （1919年就任，苏人）		
监算交代委员会		董康、丁锦、王玉树 （旅京苏人）	省议会内"正社"与"仁社"之争
教育部委派东大接受员		秦汾、谢冰、周开锟、伍崇学（旅京苏人）	

四、郑谦莅苏与"苏人治苏"易质

自1925年5月郑谦莅任江苏省长后，他一方面要"顾全中央威信"；一方面亦要笼络苏社集团势力，以稳固自己的地位。此时易长风潮仍僵持不下，而沈彭年亦迟迟未接任江苏省教育厅长一职，这背后源于苏社集团的谋划。沈彭年接到任命后，曾于4月赴南京查勘情形，以为就职做准备，时蒋维乔亦极力劝说他"从速设法接任"。但由于牵涉东大风潮，他始终犹豫不定。5月1日，沈彭年决定不接任江苏教育厅长一职。[①]对此，江苏省教育会主张请沈彭年转任东大

---

① 参见中国社会科学院近代史研究所整理：《黄炎培日记》（第2卷），1925年4月7日、8日、9日、10日、24日，第228—229页。林盼、胡欣轩、王卫东整理：《蒋维乔日记》（第3册），1925年4月26日、5月1日，第1595、1597页。

校长，如此既可以保留蒋维乔教育厅长一职，也可以拒绝胡敦复就职东大。但郑谦认为这"不啻将中央两道命令一概取销，故坚持反对"。①江苏省教育会诸人只好更改方略，同意沈彭年就任教育厅长，但有条件。一是江苏省立各校"不更换黄系原有各校长"；二是"蒋维乔交出教育厅，须以省命聘蒋代理东大校长"。郑氏如允诺，苏社集团则将江苏教育经费挪出一百万元，作为军饷开支帮助郑谦纾解难题。如此双方各得其所，达成合作。

在郑谦的转圜下，1925年7月11日，东大校董会召开紧急联席会议，正式确定由蒋维乔出任东南大学校长。章士钊派来协助调查东大事宜的教育部佥事谢冰，在离宁前无奈地称，"吾苏并非独立省份"，让蒋维乔出任校长，"如此办法，是将中央所有命令，一概取消"，是对中央权威的极大破坏。②除推举蒋维乔长东大外，江苏省教育会此时还极力促成江苏教育经费的专款化。黄炎培、沈恩孚、蒋维乔等决定省教育经费由财厅划出卷烟税独立；国立大学经费也由省库国税项下划出屠宰税支拨。③他们设立江苏教育经费管理处和江苏全省卷烟营业特税总处。郑谦莅苏后，处长由江苏省教育会会长袁希涛继任。④为此，萧楚女直言："如此，则是上自东大，下至江苏全省各校，旁及教育立法，教育经费，仍在苏社一系之手。"⑤

郑谦与江苏省教育会相互妥协，改任蒋维乔代长东大，这一决策"为拥胡者所不满"，教育部亦"不甚以郑省长此举为然"。章士钊即

---

① 《苏新任教厅长沈彭年行将到任》，《申报》1925年5月27日，第11版。
② 《谢冰为东大事致郑谦函》，《新闻报》1925年8月4日，第4张第4版。
③ 蒋维乔：《江苏教育厅三年的回忆（二续）》，《改造杂志》第3期，1947年2月15日，第31页。
④ 《蒋维乔辞卷烟特税处处长职》，《新闻报》1925年8月10日，第4张第4版。
⑤ 初遇：《蒋维乔长东大之由来》，《中国青年》第86期，1925年8月1日。

称"不意江苏学阀黄炎培、沈恩孚辈,手眼通天,竟得以其阿附齐燮元之惯技,蒙蔽苏省长郑谦"。①建立教育经费专管机构、蒋维乔从教育厅长转任东大校长,江苏省教育会的这一系列举措使其暂时稳定住了易长风潮带来的冲击。因此,对于教育部所主张的查账要求,他们亦毫不避讳,反而亦要求查账以证清白。旅京苏人庄蕴宽即致函章士钊,从中调和称"双方主张,渐趋一致"。但章士钊反问道:"查账之事,谈何容易?该会有力拒绝校长,即有力拒绝查账。"②他与丁锦等决定查账采用突袭方式,使江苏省教育会诸人无从准备,亦可使其账务黑幕昭示于众。

8月12日夜,丁锦率军警百余名封锁东大校门,剪断电源,闯入校长室、农科办公室以及会计部,抢走文件多份。如此激烈的行径引发了东大学生的强力反抗,丁锦在冲突中遭到拥郭派学生围殴。此事件将东大易长风潮推向高潮。③有报纸称"东南大学易长风潮,自省聘蒋维乔暂代校长后,旧校董及校务会教职员,皆兴高采烈,自诩成功",许多旁观者也认为此事将"已告一结束",但"八·一二"事件再度"酿成南北所未有之剧变"。④

丁锦奉命查办东大前,郑谦"力劝其不必前往"。在郑谦看来,让蒋维乔出任东大代校长是他的决定,因此"查办东大不啻于查办予"。⑤但却遭到丁锦拒绝。"八·一二"事件后,丁锦与北京教育部决定先停办东南大学,"倘停办后彼方再有反抗,即依照胡

---

① 《时评》(1925年7月18日),章士钊:《章士钊全集》(第5卷),文汇出版社,2000年,第15页。
② 《庄蕴宽致章士钊》(1925年7月4日),章士钊:《章士钊全集》(第5卷),第251—252页。
③ 《丁锦率警搜查东大》,《晨报》1925年8月14日,第4版。参见林盼、胡欣轩、王卫东整理:《蒋维乔日记》(第3册),1925年8月12日,第1619页。
④ 《东南大学围殴丁锦之经过》,《大公报》(天津)1925年8月18日,第1张第4版。
⑤ 《东南大学重起风波》,《新闻报》1925年8月14日,第4张第4版。

敦复计划,将学校移至上海办理"。①回流江苏担任实业厅长的旅京苏人徐兰墅等亦极力支持这一举措,他主张让"超然派接东大校务"。②对此,郑谦颇为反对,但又不得不为中央威信留余地,为此他与东大教授商议主张暂缓开学以为拖延。双方僵持之余,丁锦只好赴京请援。时有报人即指出,丁锦与省长郑谦发生误会,"影响于各事之进行不少",丁锦系执政府所派专员,行政职权亦代表着教育部,"今丁即与苏省长官意见出入,无异于教部与苏省长官彼此不洽"。③

丁锦赴京与杨宇霆、章士钊晤谈后,北京教育部一方面鼓动梁启超出任东大校长;④一方面又下令免去沈彭年江苏教育厅长一职,并按照教育部四月规定的"教育厅长回避本籍"要求,令外省人胡庶华担任江苏教育厅长。此令一出,又遭江苏省教育会反对。"教育厅长回避本籍"是章士钊在4月署理教育总长时的决议。此议后通过阁议,下发各省执行。⑤对长期坚持"苏人治苏"的江苏省教育会来说,"教育厅长回避本籍"又是一次强有力的冲击。因此江苏省教育会在主导的全国教育会联合会中鼓动各省教育会联合抵制此议案,教育部这一决议遂无形消遁。7月底章士钊再兼任教育总长后,又着力实行此案,遂有"沈彭年调部,胡庶华任江苏教育厅长"之令。胡庶

---

① 《丁锦请将东大暂行停办》,《时报》1925年8月30日,第1版。
② 南京大学校史研究室编:《南京大学校史资料选编》(第2卷),南京大学出版社,2018年,第978、986页。徐兰墅虽是旅京苏人,但与苏社集团诸耆绅关系较密,东大风潮中他亦扮演着调解人的角色。参见王清穆研究会编注:《农隐庐日记》(4),乙丑年正月二十六日,东洋文库近代中国研究委员会:《近代中国研究汇报》第37期,第54页。参见林盼、胡欣轩、王卫东整理:《蒋维乔日记》(第3册),1925年8月13日,第1619页。
③ 《东大停办后之所闻》,《大公报》(天津)1925年9月17日,第1张第4版。
④ 《与思顺等书》(1925年9月20日),丁文江、赵丰田编:《梁启超年谱长编》,上海人民出版社,1983年,第1058页。
⑤ 《教章主张教厅长回避本籍之反响》,《申报》1925年5月4日,第11版。

华与章士钊均为湖南同乡,苏沪教育界纷纷以此为嚆矢。江苏省教育会指责章士钊,此令只"回避厅长之本籍,独不回避部长之同乡"。而上海耆绅李平书亦称:"贵总长如实行此议,宜从贵省始,如湖南可行,然后推之各省,尚不失忠恕之道,今欲先行于苏省,太藐视江苏无人矣!"①

当胡庶华长苏教厅长的命令一经颁布,沈彭年即通电表示愿意离职,丝毫不理会江苏省教育会的挽留。②大致在9月下旬,丁锦回宁前后,胡庶华亦来宁接任。③与此同时,教育部委派秦汾、陈陶遗、谢冰、周开錾、伍崇学五人为接收东南大学的筹备员。这五人均是江苏人,除陈陶遗外,大都长期在北京任职,与江苏省教育会关联不多。但陈陶遗却是例外,他长期居处苏沪,与黄炎培等江苏省教育会关系极密。他也是国民党人,辛亥年间是江苏同盟会的重要人物。正因其一身融汇国民党与江苏省教育会两方关系,章士钊才请其出山,但遭到陈陶遗婉拒。④教育部派这四位筹备员与胡庶华南下,意在打破江苏省教育会的把持局面,使之形成合力,促成教育部对东大事宜的掌控权。⑤也正是源于此,在胡庶华、丁锦、伍崇学、秦汾等教育部所派处理东大解散的筹备员相继南来后,蒋维乔遂辞去代理校长一职。东南大学则由秦汾负责筹办。

作为外省人的胡庶华,能不顾江苏省教育会的反对,打破"苏人治苏"的江苏"省是",在委任令颁布不到半月即南下接任,殊为罕见。此前苏社士绅高唱"苏人治苏""易长废督",对于江苏省的

---

① 《各界责难章士钊》,《民国日报》(上海)1925年9月5日,第3张第2版。
② 《苏教厅长新旧交替中之消息》,《新闻报》1925年9月14日,第3张第2版。
③ 《苏教厅长已南下》,《新闻报》1925年9月20日,第3张第2版。
④ 《害马——答陈陶遗》,章士钊:《章士钊全集》(第5卷),第336—337页。
⑤ 《府秘书厅决定停办东大》,《新闻报》1925年9月16日,第3张第2版。

重要官吏，均有遴选甄择的权力。在如此大势下，即使是同为苏人，得到北京中央委任后亦要踯躅再三，疏通各方才敢姗姗赴任。而此时胡庶华之所以敢一反常态，从速南来，一方面是源于旅京苏人的默许，如伍崇学，此次更是随胡庶华南来，专门解决东大停办事宜。另一方面是得到了北京执政府的支持，这其中有章士钊的建议，段祺瑞的拍板以及即将接任江苏督军的杨宇霆的支持。面对此种情势，处在两难之中的省长郑谦亦只好表示欢迎。他在信中还宽慰胡庶华称"党派之事，到处皆然，苏省即亦不免。但能应付得宜，尚可毋庸置虑"。①

外省人胡庶华能够迅速长苏教育厅长，亦可看出以江苏省教育会为核心的苏社士绅此时已经对于北京中央的反应愈加疲弱。胡庶华就任后，一时间南京城内风传他将改弦更张，省教育厅"厅员有带教育会色彩者，完全更换，意在造成另一种局面"。②亦有人称"凡带有省教育会色彩者，将一网打尽"。③这使得长期浸染在江苏省教育会权势下的省教育厅职员惶惶不安，甚至一度传出省教育厅职员将全体同盟罢工之说。在厅供职多年的省教育厅第二科长刘永昌、第三科长陆规亮，纷纷辞职。胡庶华就职之日，各校校长均未到厅道贺，"盖仍持消极反对态度"。④其实这些风传大致不差。胡庶华就职后，他的主要班底均是新人，如朱步澜出任第一科科长，五位教部所派东大筹备员周开鋆则出任省教育厅第二科科长，谢炘担任第三科科长，此外会计、庶务均纷纷更换。⑤

---

① 《郑谦致胡庶华之复函》，《时报》1925年9月19日。
② 《胡庶华与东大接收员到宁》，《新闻报》1925年9月23日，第4张第3版。
③ 《胡庶华到宁后之政策》，《新闻报》1925年9月22日，第4张第4版。
④ 《胡庶华接任苏教厅长后之谈话》，《时报》1925年9月28日，第1张第1版。
⑤ 《胡庶华接任后之苏教厅》，《新闻报》1925年9月28日，第3张第4版。

但教育厅职员大换班的局面被浙奉的紧张关系遏制。1925年9月,卢永祥辞去江苏督办一职,执政府任命奉系干将杨宇霆南下督苏。卢永祥辞职,是因为本来"奉军云集江苏,不归卢氏节制,军权不能统一";郑谦长苏后,"苏省军民权限实行划分","全省财政全权,悉归郑氏"。卢永祥对于军民两政都没有发言权,"故卢势不得不走"。①卢永祥辞督后,张一麐与韩国钧等主张由郑谦永久兼任,"必与地方有益"。②但北京执政府却深悉郑谦已被江苏省教育会诸要人包围,故执政府派更加强势的杨宇霆接任。③杨宇霆督苏后,试图将原本迎接奉系入苏的齐燮元旧部如陈调元、白宝山、马玉仁等逐个消灭。但他操之过切,行之过厉,反而促使上述诸人的联合。④10月,上述诸人与苏社集团引孙传芳入苏,郑谦与杨宇霆仓皇出走,东大代理校长秦汾亦通电辞职。10月20日,孙传芳入南京,11月初,徐州破,江苏全境为孙传芳所有。至此,奉系退出江苏,江苏再度恢复绅军合治的局面。

小　结

"江苏旧局面"的主要特征是江苏省教育会与直系军阀的合作局面。这一特征有两个维度:一是"军民分治",二是"苏人治苏"。但1925年奉系入苏,江苏督军、省长、东南大学校长、教育厅长、实业

---

① 古蕗孙:《乙丑军阀变乱纪实》,中华书局,2007年,第32页。
② 《张一麐致韩国钧函》(1925年8月18日),江苏省档案局编:《韩国钧朋僚函札史料选编》,第346页。
③ 蒋汝中在致韩信中称,郑谦之大错"在驱卢迎杨",遂至酿成不可收拾之局。参见《蒋汝中致韩国钧函》(1925年12月16日),江苏省档案局编:《韩国钧朋僚函札史料选编》,第699页。
④ 李海秋:《陈调元投靠和背叛孙传芳的经过》,全国政协文史资料委员会编:《文史资料存稿选编・晚清、北洋》(下),中国文史出版社,2002年,第359页。

厅长等一系列人事更迭,致使江苏原有的政治格局大大更易。①正因如此,苏籍报人毕倚虹即称:"江苏,江苏人之江苏也。"反直联盟主政下的北京政府"几视江苏为有罪者","江苏欲说话,北京方面不许;江苏人欲发表意见,北京方面不纳;江苏人欲有所要求,北京方面不理","江苏如一待决之囚,听北京方面之宰制"。②

首先,苏社耆绅与奉系极难合作,而对直系有较强的认同感。奉系入苏后,因其出身绿林,作风蛮横,军纪极差,他们鲜有将江苏当作长期地盘的想法,故对江苏财政民政的原有秩序破坏极大,对苏社士绅的心理创伤极深。苏社中的要角,张謇"手下第一健将"刘厚生1926年即称,"我们江苏人普遍地怕胡子,恨胡子,江苏人决不欢迎奉军"。③

其次,1925年的奉系入苏破坏了"军民分治"的政治体制。1924年江浙战争结束后,苏社耆绅王清穆即主张如要恢复江苏元气,"必先军民分治","勿受军人牵制"为要。④1925年初齐燮元被免去江苏督军一职,江苏军政与民政悉归韩国钧,"勿受军人牵制"的目标一时达成。苏社士绅本打算趁机刷新省政,他们试图建立一支苏人自己掌控的军事武装。但不料奉系入苏后,江苏军民两政完全被奉系军阀这一外来势力支配。于宝轩即慨叹称"军民分治之希望,未免

---

① 时有报人称,"江苏军政界中,近两三月以来,各机关大小位置,几于完全动摇"。"齐燮元倒后,直系在苏人物,当然归于淘汰";郑、韩交替后,更换全省各机关官吏,"大一批小一批约达四百人之多"。左齐:《江苏军政界之最近现象》,《益世报》1925年3月7日,第2张第6版。
② 倚虹:《待罪之江苏》,《上海夜报》1925年2月8日,第2版。
③ 刘垣(厚生):《丁文江传记初稿》,欧阳哲生编:《丁文江先生学行录》,中华书局,2008年,第180页。参见谷小水:《"少数人"的责任——丁文江的思想与实践》,天津古籍出版社,2005年,第133—144页。
④ 王清穆研究会编注:《农隐庐日记》(7),甲子年九月十四日,东洋文库近代中国研究委员会:《近代中国研究汇报》第40期,第120页。

愈趋愈远也"。①当郑谦长苏,韩国钧暂行署理后,对韩不满已久的徐兆玮认为"省政非俟郑鸣之来实行军民分治,未易整理"。②郑谦长苏后,为获得稳固地位,逐渐与江苏地方势力达成一致,"军民分治"的局面虽稍有恢复,但仍难以与此前相较。

最后,1925年奉系入苏也悄然改变了"苏人治苏"的原有特质。奉系掌控下的江苏政局,尽管反直中央表面上仍采用"苏人治苏"原则,但江苏省政的人选已不再从辛亥以来的苏社人士中推举,而多是与苏社耆绅关系较浅的异地苏人。③无论是教育部委任的实业厅长徐兰墅、提名长苏的吴光新、言敦源,还是最终就职的郑谦、王其康、邓邦造,以及1925年9月教育部所派筹备员秦汾、谢冰、周开铨、伍崇学,均是北方苏人的回流。1925年夏季北京中央强力要求"教育厅长回避本籍",以湖南人胡庶华来代替江苏人沈彭年为教育厅长,这一举措更是对"苏人治苏"这一原则的有力冲击。

不过,"苏人治苏"这一理念有着极强的韧性。任何入主江苏的政治势力均需照顾、借助"苏人治苏"理念来维持政权的稳定性。1925年反直中央在"打破江苏旧局面"的同时仍维持"苏人治苏"就是最明显的例证。省长郑谦尽管为异地苏人,但他长苏后的诸多考虑仍得从江苏地方利益出发,仍得与苏社耆绅达成合作共识。苏社诸耆绅也正是借助郑谦这样一个看似代表中央,实则又受限于苏人的特殊身份,才得以有条件地平息东南大学易长风潮。1925年政局

---

① 《于宝轩致韩国钧函》(1925年1月21日),江苏省档案局编:《韩国钧朋僚函札史料选编》,第28页。
② 徐兆玮著,李向东等标点:《徐兆玮日记》(第4卷),1925年2月28日,第2661页。
③ 旅京苏人回流亦与北方政局混乱、财政困难有关。相关研究可参见王建伟:《逃离北京:1926年前后知识群体的南下潮流》,《广东社会科学》2013年第3期。

大变动中,原本每年四月举办的苏社常会亦告暂停。①

1925年东南大学易长风潮与北京女师大风潮南北勾连,使原本"统一的教育界"不复存在。②1922年黄炎培告诫中华教育改进社同人称:"公则合,和则合,合则力厚;须合全力以对外,对政府";"私则分,分则离,离则力薄,不可为也"。③正是在这一理念的推动下,他们认为"中国十二年来,政潮反复,而教育界卒未受其利用";"全国教育界,仍是统一的,并无畛域之见","实无南北的界限"。④但经此政潮,教育界从此分化。⑤1925年8月东南大学易长风潮僵持之际,陶行知在山西太原召开的中华职业教育改进社第四届年会上即感喟道:"去年开会的时候,中国教育界同人的精神是何等的融洽!"但不久,"少数政客稍存私意,害得教育界一波未平,一波又起"。⑥自此之后,江苏省教育会在时人中的声望也大大下降,"江苏教育会从此也要为全国教育界所诟病"。⑦

---

① 但苏社理事会在停办通告中仍宣称:"省政休戚,关系全省共同利害,同人仍视其力之所及,尽其天职。"《兵燹后之苏社》,《新无锡》1925年4月5日,第3版。
② 何树远:《在激进与保守之间:中华教育改进社与1920年代的三次学潮》,郑大华等主编:《中国近代史上的激进与保守》,社会科学文献出版社,2011年,第321—347页。
③ 黄炎培:《一个全国教育界的大问题》,《新教育》第4卷第3期,1922年。
④ 黄炎培:《第九届全国教育会联合会演说词》,中华职业教育社编:《黄炎培教育文集》,中国文史出版社,1994年,第397—398页。
⑤ 1925年6月初,中华文化教育基金第一届董事会在京召开。作为十五位董事之一的黄炎培北上,遍访颜惠庆、蒋梦麟、汪仲和等京中旧友。此时原本为江苏省教育会系统的蒋梦麟已与黄炎培等人渐行渐远,倾向蔡元培、胡适等北大同人与国民党势力。在庚款利益分配、东大风潮等事宜中,对江苏省教育会并未给予太大支持。故黄炎培在致蒋梦麟函中婉言指责蒋梦麟、胡适、汪仲和等北大一派,"一言一动可以致人于险"。此时自己处于最危险的境地,但蒋梦麟等人却为"机会当前,但求胜利,不顾其他","不知不觉中于厚道两字日离日远"。故他谏言道:"甚愿吾辈互以厚道两字相勉,才算不枉做一场朋友;更愿以此二字,各就相知辗转劝勉。"另,黄炎培此前赴京,多寓蒋梦麟家中,但此次却寓住丁文江家。参见中国社会科学院近代史研究所整理:《黄炎培日记》(第2卷),1923年6月5日,第233页。
⑥ 参见陶行知:《年会感言》,《新教育》第11卷第2期,1925年。
⑦ 虚生:《对于东南大学风潮的预测》,《猛进》1925年第7期,第2版。

附图

护送卢永祥南下之宣抚军第一路司令张宗昌(《国闻周报》1925年总第2卷第4期)

江苏督办杨宇霆(《东方杂志》1925年总第22卷第18期)

转任东南大学校长之蒋维乔(《光华年刊》1933年总第5期)

东南大学之校长潮(《图画时报》1925年总第241期)

东南大学校景图(《时兆月报》1926年总第20卷第5期)

第七章　再造辛亥：北伐大变局中的东南和平运动

> 民国成立之历史，确是先有各省而后有中央。……由是观之，各省之自治，实为辛亥革命之产物。
>
> ——褚辅成：《地方自治与国民革命》①

1926年8月24日，张謇在南通溘然长逝。沈恩孚在追悼会上称张謇生平所抱的宗旨是"和平建设"四字。所谓"和平建设"的方法是："以教育为立国的根本；以实业为教育的根本；以农工为商业的根本；以水利为农业的根本；以棉铁为工业的根本。""和平建设"也正是苏社集团诸人一致抱定的宗旨。②然而1926年，苏社集团渴望"和平建设"的愿景已难再求。③1925年底苏社集团引孙传芳入苏。在他们的扶助下，孙传芳在江苏站稳脚跟，形成以江浙为中心的东南五省联治之局。但是，他的北面有奉系的眈眈虎视，南面有广州国民

---

① 《浙江》第1卷第1期，1926年9月1日。
② 《追悼张季直先生大会纪》，《江苏省教育会月报》1926年第9期。
③ 江苏省教育会成立二十年之际，黄炎培不无感慨地称："今则两岁之中，数经战役，财政之枯窘愈甚，教育之施展尤难。"《江苏省教育会二十年概况》，《江苏教育公报》第9卷第7期，1926年7月。

第七章 再造辛亥：北伐大变局中的东南和平运动

政府的声声北伐，上游湖北则有貌合神离的吴佩孚。处在南北中间地带的孙传芳，处境并不从容。面对北伐军的步步紧逼，此时的苏社集团与浙江士绅东南士绅发起东南和平运动，试图调停蒋介石与孙传芳，并组建"江浙皖三省联合会"，以求在北方奉系与南方党军之间建立一个和平、独立、自治的士绅政权。

对北伐前后的三省联合会的和平运动，笠原十九司等学者已有初步讨论。其指出三省联合会的中心全浙公会，起源于浙江辛亥革命集团，此集团"在辛亥革命时期是以陈其美、褚辅成为中心形成的同盟会、光复会、咨议局、浙江新军及宁波帮等各种势力构成"。笠原十九司还进一步揭示出三省联合会与蒋孙关系的演变、三省联合会对上海自治运动的促进，指出蒋介石与孙传芳争夺江浙成功与否的一大关键就在于全浙公会与三省联合会的态度。①不过笠原十九司所用史料有限，难以窥及三省联合会在北伐前的聚合过程及其与蒋、孙、奉关系演变的内幕。北伐是广州国民政府与张作霖、吴佩孚、孙传芳、国民军等群雄间相互竞逐的大场域。在这种势均力敌，各方无法独大的形态下，联省自治（分区联治）是北伐时期非常重要的一种解决全国政局的思路。尤其是横亘在长江南北之间，处在南北夹击下的江浙士绅，他们是这一思路的主要倡导者。而这一

---

① 陈美祥、方加芬：《北伐前后的全浙公会》，《中山大学研究生学刊》1997年第1期。［日］笠原十九司著，李继锋译：《北伐时期的上海自治运动》，《民国档案》1994年第4期、1995年第1期。龙秋初：《论北伐时期的浙江战场》，《近代史研究》1988年第4期。冯筱才：《理想与利益——浙江省宪自治运动新探》，《近代史研究》2001年第2期。［日］大野三德：《国民革命时期所见江浙地区的军阀统治——军阀孙传芳与以大上海计划》，《名古屋大学东洋史研究报告》1980年第6辑。［日］大野三德：《江浙地区にみの国民革命の开展过程——军阀孙传芳统治的崩溃》，《信大史学》1982年第6辑。此外，戴海斌对孟森在1926年东南和平运动中的活动有讨论。参见戴海斌：《"大革命"前后的孟森》，《中华文史论丛》2021年第2期。

思路背后，又蕴含着辛亥革命的深厚影响。本章着重探讨此时期内孙传芳与江浙士绅的战略分合及其迎应过程，侧重全浙公会等浙江一方，以与苏社集团进行比较，进一步反思辛亥革命与北伐之间的关联。

一、"吴越一家"

1925年奉系入苏后，苏社集团对其深恶痛绝，故亟谋驱奉运动，其中运动最力者为刘厚生、陈陶遗与丁文江。①刘厚生是张謇的左右手，且与研究系关系极密。陈陶遗是苏社集团中的核心成员，在辛亥江苏光复中出力尤多。时人评论称"我苏在辛壬间，当易帜之际，能一尘不惊，旋即底定者，先生实阴与有力焉"。②对于"救援江苏运动"，刘厚生后来称，"奉天胡子的军队已经把江苏重要地点完全占领了。我们自己没有武力，急而求人，亦须看定一个角儿"，"为紧急自救起见，只有利用孙传芳"。③救援江苏运动也得到陈调元、白宝山、马玉仁等省内各镇守使的赞助。④孙传芳入苏后，"江浙对立"的态势一变为"吴越一家"。当时致力于江浙和平的《太平导报》即称：孙传芳入苏，"两省统一于一种军事组织之下，一扫十四年来对抗背驰之形势"。而且江浙皖赣闽五省"将成一种联治组织，其力尤较

---

① 《陈陶遗与曾孟朴》，《晶报》1925年12月6日，第2版。《晶报》的幕后操控者是袁世凯之子袁克文等人。
② 陈颖选编：《贞毅先生陈陶遗诗文集》，上海科学技术文献出版社，2015年，第163页。
③ 刘垣：《丁文江传记初稿》，欧阳哲生主编：《丁文江先生学行录》，中华书局，2008年，第180页。
④ 杨文恺：《我所知道的陈调元》，全国政协文史资料委员会编：《文史资料存稿选编·晚清、北洋》（下），中国文史出版社，2002年，第715页。

厚","江浙不犯人,人亦必不犯江浙"。故"自今以往,江浙两省不独有超出内乱旋涡之望,且有为全国进步先驱之可能"。①

1925年11月,孙传芳还在用兵徐州之际,江浙耆绅张一麐、章太炎、黄以霖、褚辅成、马士杰、顾乃斌、沈恩孚、殷汝骊、袁希涛、俞凤韶、陈陶遗、黄炎培、史量才、沈田莘、张君劢、赵正平就联名致电孙传芳,要求孙传芳废除北京政府的军制,收束两省军队,统一两省军政,使"两省财力,渐轻负担"。②此电一方面是在向孙传芳表明江浙士绅的政治诉求,一方面也是承认孙传芳统治江浙的合法性,而且对孙寄予了极大期望。时人即认为"南方经仲谋(孙传芳)布置,或者泛可少休"。③孙传芳也不负众望,他在江苏"首裁附加捐税,民誉大起"。④

孙传芳入苏、开府南京后,其统治重心从浙江北移到江苏,苏社集团的耆绅政治逐渐恢复。当时陈陶遗诸人"把传芳从杭州捧到了

① 《时局回顾》,《太平导报》第1卷第1期,1926年1月2日。《太平导报》的主笔是赵正平(1886—1945),字厚生,江苏宝山人。清末留学早稻田大学,入同盟会。辛亥前与冷遹等人主持桂林《南风报》。辛亥后曾任南京留守府交通司长。1917年受同乡袁希涛及黄炎培等江苏省教育会诸人之邀,担任暨南大学校长等职至1925年。此外,赵正平还长期出任江苏省教育会干事员、评议员。1926年创办《太平导报》,发起东南和平运动。晚年赵正平自称"奔走于杭州、南京、张家口、开封、洛阳的中间",是一段"鲁连兼苏张式的政治活动"。参见赵正平:《仁斋文选》,仁斋文选筹备会,1945年,第547页。对赵正平的研究,参见[日]吉川次郎:《作为启蒙知识分子的赵正平——面向南方的志趣和辛亥革命的精神》,[日]高柳信夫编,唐利国译:《中国"近代知识"的生成》,商务印书馆,2016年,第229—257页。
② 《江浙士绅致孙传芳电》,《申报》1925年11月26日,第9版。
③ 此处"仲谋"借代孙传芳。参见徐兆玮著,李向东等标点:《徐兆玮日记》(第4卷),1925年12月22日,第2752页。王清穆对孙传芳亦给予厚望,参见王清穆研究会编注:《农隐庐日记》(9),乙丑年十月初二日,东洋文库近代中国研究委员会:《近代中国研究汇报》第42期,第87页。
④ 徐一士:《一士类稿》,中华书局,2007年,第257页。时南京有童谣称"横征暴敛蒋介石,杀人放火张宗昌,假仁假义冯玉祥,爱民如子孙传芳"。卞白眉在日记中称"苏人独喜孙,想彼必有合人意者在也"。方兆麟编:《卞白眉日记》(第2册),天津古籍出版社,2008年,第39页。

南京,逐出了奉系的军队","自有他们的如意算盘的"。孙传芳在浙江颇为尊重地方士绅,苏社士绅在诸多要事上"可以左右孙传芳的意向"。①1925年底孙传芳攻克徐州后,即邀集"江南北各属耆绅"召开"苏绅会议"。会上重新确立了江苏原有"军民分治"的行政原则。此后又确定苏社核心人物陈陶遗出任江苏省长。②在苏社士绅的协助下,孙传芳在江苏的统治逐渐稳定。孙传芳也自称:入苏之后,"即思整顿内政,颇顾各方从内政之良痞上相竞,而不以军事之强弱相竞"。③

陈陶遗长省后,奉系入苏时期被裁汰打压的苏社士绅迅速恢复势力。有报人即指出,"省公署内,韩国钧任内所用之各掾属为郑谦所汰除者,得某某巨公之援引,概行恢复职务"。只有"元老之元老南通张謇","其嫡系人物,乘势崛起者甚少"。④陈陶遗长省后,经孙传芳与江苏省教育会众人商议,决定委曾朴为政务厅长、李锡纯为财政厅长、徐兰墅为实业厅长,后又委江恒源为教育厅长。此中,曾朴、李锡纯⑤、江恒源⑥均与苏社耆绅关系极密。此外,就旅京苏人而言,

---

① 曹聚仁:《将将之将:蒋百里传》,新星出版社,2016年,第41页。
② 《"苏绅"在宁会议之结果》,《民国日报》(上海)1925年12月3日,第3张第1版。
③ 《孙传芳致汪荣宝函》(1926年9月22日),中国社会科学院近代史研究所《近代史资料》编辑部编:《近代史资料》(1963年第4期),知识产权出版社,2006年,第109页。以下出版信息从略。
④ 《陈陶遗长苏后设施》,《晨报》1926年1月10日,第5版。
⑤ 1925年底孙传芳入苏之际,有人称,如李锡纯不接任财政厅长,"财政直无办法"。故苏社集团力促其出任长财厅。李锡纯就任后,其种种举措时时向退职在乡的韩国钧请教汇报,亦可见韩国钧对江苏省政的隐形操控。《蒋汝中致韩国钧函》(1925年11月8日、19日),江苏省档案局编:《韩国钧朋僚函札史料选编》,第699页。
⑥ 江恒源(1885—1961),字问渔,江苏灌云人。曾任北京政府农商部主事、北京中国大学教授、江苏省立第八师范学校校长等职。1926年4月至1927年4月,由黄炎培介绍任江苏省教育厅长。后任上海中华职业教育社办事部主任、总干事、评议会评议长、副理事长等职,是黄炎培的左右手。

孙传芳五省联治,独立于南北之间,他们再难像以往一样影响江苏政局。于宝轩在致韩国钧信中即慨叹道:"南中消息隔阂已久,省政自陶遗担任后,同人以现当混沌之中无具体主张,默察时机,白云苍狗,尚无已时。"①

江苏虽暂时安定,但"军民分治"的局面也很难恢复到战前状态。有报人称,孙传芳入苏之后,即将"各文武长官、军事长官自总司令以下师旅、团长、护军镇守各使、各司令统领,民政长官自省长以下,警务处长各道尹,各简任以上局长关监督,财教政实各厅官吏",一律重新委任,甚至包括原本属于中央官员的全国烟酒局总办、下关商埠督办、浦口商埠督办等职"亦经孙氏加委"。②省长陈陶遗"用人行政,一切必请命而行,其地位等于前清之布政使,民国之民政司"而已。③由于省长权力受军、绅两方限制,陈陶遗"对于用人行政完全取分治主义",凡是实业、财政等厅以及各道尹所辖人事,"皆由各厅道自行主持"。凡是关于实业事宜如南京电灯厂、江宁铁路局、省立各工厂等,"昔日全行隶属省署",如今全部交给实业厅长徐兰墅。财政亦复如是,他将"各税所局长撤差升调等事",完全交给李锡纯。④这是陈陶遗敢于大胆放权的特点,也是战时状态下江苏省长权力不断被挤缩的写照。

"治之本,造端于一县",陈陶遗长苏后,冯煦建议他将县知事中"非法所委与声名平常者一律撤销",所委任者"必有政治经验政治资格始可为之,且亦必须回避本道属"。⑤从中可见,冯煦此时已意

---

① 《于宝轩致韩国钧函》(1925年12月28日),江苏省档案局编:《韩国钧朋僚函札史料选编》,第35页。
② 《孙传芳加委三省官吏》,《时报》1926年2月20日,第1张。
③ 《陈陶遗复冯梦华书》,《申报》1925年12月26日,第13版。
④ 《陈陶遗治苏政策》,《民国日报》(上海)1926年3月18日,第1张第3版。
⑤ 《冯煦致陈陶遗论政书》,《申报》1925年12月23日,第13版。

识到"苏人治苏"在县域层面的弊端。为此陈陶遗与政务厅长曾朴商议决定对全省知事统一考试铨选。但候补官吏"系本中央法令及依法律而取得资格",一旦改为考试,不啻将候补资格取消,故"一般候补人员,反抗尤甚","而一般人士对于此种论调,亦持非议"。①是故陈陶遗长省半年,韩国钧秘书庞树森即称,"省政毫无进步,察吏选官其权亦均归江东,欲求吏治,真如画饼充饥"。②1926年3月王清穆与赵正平在沪宁车中偶遇,谈及孙传芳与陈陶遗的相处情形,两人均意识到:"吾苏人希望孙氏以治浙者治苏","孰知苏省实际与浙不同"。③

随着孙传芳统治重心的北移,他对浙江的控制略有减弱。当时"浙江有政治势力者,约分为三派":一是孙传芳派,后起的北洋军阀派;二是夏超派,野心勃勃的浙江小军阀派;三是褚辅成派,浙江新旧士绅的联治派。"该三派各有实力,明争暗斗,异常复杂。"褚辅成与夏超均为浙江辛亥革命集团中的重要人物。夏超早年曾为浙江辛亥革命领袖蒋尊簋和汤寿潜的幕僚,颇受两人器重,后长期把持浙江警政,自成一派势力。时任中共上海区委组织部长的庄文恭称,浙江的三派势力中:

> 惟褚氏一派,搜罗较宏,潜势力在民众中较为深厚,中小资产阶级与知识阶级多有联络……在内组织浙江自治同志会,在外组织全浙公会,罗致各县人物,为预备政治势力在将来浙江之

---

① 《陈陶遗辞苏省长》,《民国日报》(上海)1926年1月14日,第2张第1版。
② 《庞树森致韩国钧函》(1926年7月31日),江苏省档案局编:《韩国钧朋僚函札史料选编》,第445页。
③ 王清穆研究会编注:《农隐庐日记》(9),丙寅年二月二十四日,东洋文库近代中国研究委员会:《近代中国研究汇报》第42期,第110页。

统治者。①

褚辅成是浙江辛亥革命的首难者之一，早年曾留学日本，留日期间与同盟会、光复会两方均有交谊，回国后出任同盟会浙江支部长，与陈其美等关系要好。1908年光复会领导的浙皖起义失败后，他与顾乃斌、吕公望等谋划新军起义。1909年立宪运动中，他与同乡挚友沈钧儒及阮性存积极筹划浙江谘议局，后当选浙江谘议局常驻议员。1911年辛亥革命中，他积极联络陈其美、顾乃斌等人最终促成杭州光复，随后出任浙江军政府政务长、浙江省民政司长，主持全省官制架构的设置。1913年当选第一届国会众议员，在国会中自成"褚派"。1917年随孙中山南下广州护法，担任护法国会众议院副议长。1921年代褚辅成离粤回沪，致力于联省自治运动，是联治派的中坚人物，"各省联治派与自治运动者皆与有往还"。②

1922年随着全国省宪自治运动的展开，又目睹苏社对江苏自治事业的推进，褚辅成决定效仿苏社，在上海联合与之关系密切的旅沪浙人发起了"全浙公会"这一同乡组织。干事会是其领导决策层，最初选举产生的干事由三十一人组成，主要为褚辅成、虞洽卿、顾乃斌、杭辛斋、王孚川、张申之（1877—1952，名传保，浙江鄞县人、举人、国会议员）、阮性存、蒋智由、徐聘耕、周佩箴、姚吾刚等人。在正式当选

---

① 庄文恭：《杭州反英反孙运动之经过与教训》（1926年10月14日），中央档案馆、上海市档案馆编印：《上海革命历史文件汇集·中共上海区委文件》（1925—1926年），1990年，第389页。以下出版信息从略。
② 《浙江省党部报告——政治概况、反动军队情况、社会各阶级状况、反动派及各派别、我党组织及工作状况》（1926年6月6日），中央档案馆、浙江省档案馆编印：《浙江革命历史文件汇集·省委文件》（1926—1927年），1986年，第300—301页。

的干事之外,沈钧儒、魏炯、殷汝骊、周继濚、余名铨、赵舒、王廷扬等人亦与褚辅成交谊深厚,旨趣趋同。①上述诸人均是参与辛亥浙江光复的重要人物。他们在辛亥以后的浙江省政的历次变动中均扮演着重要角色。②

这仅从辛亥后十年间的四次"宁波独立运动"中即可见一斑。③三次宁波独立运动虽有浙人内斗因素,但整体而言是对浙江政局中北洋势力(亲北洋势力)的反抗。在这一系列事件中,辛亥革命时期光复会、同盟会、新军、立宪派等原本颇有界限的各方人物逐渐融合、凝聚成"浙江辛亥革命集团"。这一集团在反对北洋势力,主张"浙人治浙"上,态度基本趋同。1919年卢永祥督浙后,任用张载阳为省长,夏超为警察厅长,周继濚、沈钧业先后为省议长,很好地平衡了北洋与浙江本土军绅势力,卢永祥督浙期间还积极推动浙江省宪法的制定。而蔡元培、褚辅成、王廷扬、阮性存、吕公望、沈钧儒、周继濚、俞炜等全浙公会人一直是主要的参与者。1924年江浙战争爆发,卢永祥兵力不支退出浙江,直系孙传芳进据浙沪,但根基未

---

① 《全浙公会昨日成立》,《新闻报》1922年6月26日,第3张第1版。亦参见《附录:全浙公会暂行简章》,《全浙公会汇刊》第1期,1922年12月。卢临先:《全浙公会之往事谈》,《浙江》第1卷第1期,1926年9月1日。
② [日]笠原十九司著,李继锋译:《北伐时期的上海自治运动》,《民国档案》1994年第4期,第58页。
③ 1913年二次革命爆发,驻扎宁波的第四十九旅旅长顾乃斌积极响应,宣布宁波独立,事败后其旅长之位由周凤岐接任。1916年讨袁护国运动爆发,周凤岐即再度发起宁波独立,并与夏超、吕公望、魏炯、俞炜等联合驱走亲北洋的浙督朱瑞。朱瑞出走后,北洋中央派皖系杨善德督浙。闻此消息,褚辅成、章太炎、沈钧儒、沈定一等即在杭州组织公民大会号召"浙人治浙",反对杨善德督浙。反对无果后,1917年11月蒋尊簋、褚辅成、魏炯、徐聘耕、周凤岐、顾乃斌、叶焕华、李征五等人第三次发动宁波独立,号召"浙人治浙,独立反杨",但又遭到北洋势力的镇压。参见陈长河:《蒋尊簋与1917年宁波护法独立》,《历史档案》1994年第2期。亦参见金普森:《浙江通史·民国卷》(上),浙江人民出版社,2005年,第43—74页。

稳,浙江省政暂由夏超主持。于是蒋尊簋、褚辅成、吕公望、屈映光等第四次发起宁波独立,再次试图达到"浙人治浙"的目的,但起义最终被孙传芳分化消解。1925年初孙传芳被段祺瑞政府任命为浙江督办。

1926年4月,随着孙传芳统治下东南政局的稳定,褚辅成与魏炯、殷汝骊等决定扩充全浙公会。此时全浙公会成立已近五年,会员亦有千余人。但实际上全浙公会的核心圈层始终是以干事会为中心的二十余人。褚辅成等有感于全浙公会并未聚拢浙江所有府属的人士,而当时沪上浙江同乡团体大多以府为单位,彼此之间颇有界限,也缺乏联合。故此时褚辅成等试图将全浙公会扩充成沪上浙江各同乡会的联合组织。改组后的全浙公会领导机构从此前的"干事制"改为"会长-董事会制"。褚辅成任会长,魏炯、殷汝骊任副会长。董事增至六十三人,浙江各府属均有分布。常务董事每属一人,共十一人,分别为严慎予(杭)、黄献庭(嘉)、沈田莘(湖)、王晓籁(宁)、徐聘耕(绍)、余遂莘(台)、何炳松(金)、汪纪南(衢)、金华亭(严)、林炎夫(温)、刘劼夫(处)等。①

此外,全浙公会还设置名誉董事,由"各会董随时自由推举","以能援助本会者为标准"。最初被推定的名誉董事有旅京浙人孙宝琦、王正廷、马叙伦,国民党人戴季陶、蒋介石、张静江、蔡元培及上海银行家钱新之等。②因此,改革后的全浙公会,实际是将辛亥时期浙江"同盟会、光复会、谘议局、浙江新军及宁波、浙江帮等各种势力"重新聚合一气,③使团体成员的来源更广,对浙沪事务的话语权和干

---

① 《五月一日董事会成立会》,《浙江》第1卷第1期,1926年9月1日。
② 《会务报告》,《浙江》第1卷第1期,1926年9月1日。
③ [日]笠原十九司著,李继锋译:《北伐时期的上海自治运动》,《民国档案》1994年第4期、1995年第1期。

预度更强。1926年夏,全会开始策划出版会刊《浙江》。此后《浙江》成为全浙公会的喉舌,公会诸人"地方自治"的思想与行动可谓毕现于此。褚辅成等人在发刊宗旨即主张全会要"发扬联治精神","促进下级自治","督促省政进行",此外地方财政、水利、路政、教育、劳资、工商等均在公会诸人的瞩目范围之内。①

1926年2月初,孙传芳发布"保境息民"之通电,陈明"人不犯我,我不犯人"的态度,标示着其对内外方针的定型。②为强化江浙士绅的"联省自治",确保和巩固东南和平,3月初,张一麐、黄炎培、史量才、沈恩孚、袁希涛等以江苏省教育会士绅联合全浙公会成立"江浙协会"。这一组织在1924年江浙战争时期就已存在。它为缓和齐卢关系发挥了重要作用。此次张一麐等重启"江浙协会"可以说是"故技重施"。江浙协会宣称,"此协会之主要精神,一和平运动之精神也"。"江浙协会"的诸发起人以江浙战争为先例认为:"和平运动决不能收效于战机已熟之处,故必须努力于战机未曾酝酿之时间。"他们相信"当其战机或将酝酿也,每见微之士,居间疏导,片言足以解纠纷";否则一旦战机成熟,"虽竭大多数士大夫之呼吁,甚至痛哭流涕,九叩首以求亦无影响"。江浙协会诸发起人明确指出,和平"非为当局也,实所以拥护两省一切之辛〔幸〕福一切进步之源泉也"。③

因此1926年前半年,江、浙士绅与孙传芳在"东南和平"与"地方自治"上目标基本一致,且初有成效。不过江浙士绅与孙传芳在江浙省权问题上仍暗藏着诸多分歧和矛盾。无论是江苏省教育会

---

① 《全浙公会昨开董事会纪》,《申报》1926年7月11日,第15版。
② 《孙传芳保境息民通电》,《新闻报》1926年5月4日,第2张第1版。
③ 太平民(赵正平):《祝江浙协会之发起及成立》,《太平导报》第1卷第9期,1926年。

（苏社），还是全浙公会，强调以"省"为基本单位的"地方自治"，是这批江浙士绅始终的关怀所在。他们支持孙传芳，仅是让他对外"严守中立"，保障东南和平，对内恪守"军民分治"原则。①江浙士绅强调"军民分治"其实暗含着扩张"绅权"，限制"军权"的目的。褚辅成在全浙公会干事会上即指出，孙传芳所设总司令一职，"管辖不及乎地方职权，无关乎民政，且属临时性质"。此外，褚辅成尤其强调"省权在民"。他指出："长民政者不必专事请承，仰军阀之鼻息而各守其专职，则省治前途，庶乎有豸。"他以清代将军、巡抚类比督军、省长，认为"将军地位优崇于巡抚，而巡抚能行其完善之职权者，以各专其责故耳"。②对"绅权"的强调和"军权"的限制，无疑使江浙士绅与孙传芳之间构成了巨大张力。尤其是在战事吃紧之后，两者之间的矛盾更加突出。③

此外，孙传芳统治下"吴越一家"的局面并未完全消融民元以来"江浙对立"的形态。江、浙耆绅间仍存有不少歧异。最大的不同在于江苏诸耆绅在张謇、张一麐等人主导下，多主张立宪，其政治倾向较之浙江士绅更偏保守，对"党化革命"更为抵触。此时江苏省教育会正着力在苏沪有计划、有组织、有步骤地开展"公民教育"运动，抵制、消解三党的主义影响，且试图形塑出一条迥异于国、共、青三党的"主义"。而褚辅成领导下的浙江诸耆绅因同盟会、光复会的因素，大多与国民党有着千丝万缕的联系，他们在政治立场上与广州国民政府极有亲近感。1926年7月全国地方自治协进会联合会

---

① 《褚辅成致孙传芳电》，《新闻报》1926年2月21日，第2张第3版。
② 《全浙公会电主军民分治》，《申报》1926年1月26日，第13版。
③ 这在1926年夏秋的太湖放垦问题上尤为明显。1926年5月孙传芳因财政不支，打算开垦出售太湖湖田以资军饷，此策招致江浙士绅的极力反对。全浙公会诸人纷纷驳议。参见沈田莘：《对于太湖放垦之意见》，《浙江》第1卷第1期，1926年9月1日；《反对太湖放垦之理由》，《浙江》第1卷第2期，1926年10月1日。

上,褚辅成就表示"近时广东国民政府对自治主张,根本上绝对相同,毫无冲突"。①

二、"使民国十五年成为第二辛亥"

1926年,在孙传芳的五省联治之外,吴佩孚、张作霖、冯玉祥与广东国民政府各成一家,相互牵制,没有可以独立解决全国问题的一方。正是这种四分五裂般的时局,让时人感到全国统一无望,而东南"五省联治"的局面让联省自治又有极大可能。②曾任内阁总理的皖籍耆绅许世英即认为"中央因时制宜,应速召集联省会议,解决国是"。③此时倡导联省自治者大致有两派,一派为章太炎、熊希龄、唐绍仪等曾在民元时期出任要职,此时旅居京津沪的全国性名流;一派为东南士绅。此两派前有名望,后有实力,均以上海为据点,彼此相互援引,联治舆论随之再起。

1926年1月4日,熊希龄通电主张中央设立元帅府,段祺瑞、吴佩孚、孙传芳、冯玉祥"推居元帅之列,同住北京,统一全国军政,办理裁兵事业,划定军区,编立兵制,不准各省司令干涉民治"。④5日,张一麐亦发表"歌电"应和熊希龄。他进一步建议将全国划为五区,由冯玉祥、吴佩孚、孙传芳与张作霖分而联治。⑤月余之后,旅外两年之久的蔡元培回国莅沪。沪上报人、全浙公会干事严慎予向他询问时

---

① 《全国地方自治协联会开会》,《申报》1926年7月27日,第9版。
② 《孙传芳寿辰中之重要会议》,《新闻报》1926年4月15日,第3张第1版。
③ 《许阁拟召联省会议解决国是》,《京报》1926年1月18日,第3版。
④ 《公电》,《申报》1926年1月4日,第5版。
⑤ 熊希龄与张一麐应该事前就有商议。《张一麐主张》,《京报》1926年1月18日,第3版。

局主张,蔡直言"余赞同联省自治"。他称"各省能自治,则中央政制不成问题"。①蔡元培为士林人望,此一主张足以带动全国舆论。②3月,段祺瑞下台,中央无主。为此,章太炎、张一麐、董康、马相伯、褚辅成、孟森、殷汝骊等江浙士绅联电主张:根本改造之法应是"就各军所据之疆域,维持不动,各修内政,互止侵陵,俟他日各省自治完成,再图建置中央政府"。③上述士绅名流的一系列鼓动呼吁使全国形成了浓厚的联省自治的政治氛围。

1926年7月,广州国民政府宣布北伐。8月,"岳州为蒋介石所踞,直指武汉,长江震动"。④9月初,蒋介石下达"限于四十八小时内"攻下武昌的作战命令,消息传出为中外舆论所震惊。《大公报》主笔张季鸾称,"武昌之战,可谓民国史上一大事"。革命党攻到武汉已是侥幸之举,能继续北上的可能极小。他认为"今当长江形势大变之时",南北双方应该召开和平会议,"谋统一新政府之建设","使民国十五年成为第二辛亥"。⑤

此时江浙士绅力求弭兵,在保障东南和平的基础上试图乘势召集各方势力在武汉或上海召开"国民会议",以促成全国"分区联治"的局面。国民党方面,此时亦秉持这一方针,其在宣言中称"此时召集真正之民意代表者开国民会议,解决国事、巩固国本、组织统一政

---

① 《蔡元培回国后之谈话》,《申报》1926年2月5日,第13版。亦参见太平民(赵正平):《蔡孑民先生归国后之主张》,《太平导报》第1卷第6期,1926年2月6日。
② 当时蔡元培对北京政府已失望透顶。胡适等北大师生力劝其返校,被他坚拒。在致胡适信中,他称"今之北京状况,可以说是较彭允彝时代又降下几度,而我乃愿与合作,有是理乎?"《复胡适函》(1926年7月2日),高平叔编:《蔡元培全集》(第5卷),中华书局,1988年,第74页。
③ 《章炳麟等对时局主张》,《申报》1926年4月19日,第13版。
④ 徐兆玮著,李向东等标点:《徐兆玮日记》(第4卷),1926年8月29日,第2828页。
⑤ 《回头是岸》,《大公报》(天津)1926年9月4日,第1版。有《大公报》记者认为,以蒋介石之力肃清湘境已属侥幸,除非靠运气攻下武汉,否则毫无可能。参见冷观:《武汉告警中之大局写真》,《大公报》(天津)1926年9月1日,第2版。

府,规定地方制度";①中共亦是"国民会议"的支持者。②1926年瞿秋白即认为,如果国民军、国民政府和民众结成联合战线,"召集国民会议",国内的大部分武力由民众指挥,从而可以战胜奉直军阀。③因此,采用"国民会议"的方式,"使民国十五年成为第二辛亥"可以说是南北时人的一个主流观感。④

党军北上武汉,"五省联治"局面受到威胁,孙传芳面临着"援吴援赣"与"保境安民"的战略抉择。为达成东南和平、分区联治目的,江苏诸耆绅要求孙传芳恪守入苏之初保境安民的宣言,"勿以五省内经济军械接济任何方面"。⑤但8月底,"长江下游吃紧",孙传芳认为"今既境不得保,民不得安,则职责所在,自不能不以武力制止",决定出兵增防江西。⑥孙传芳虽号称五省联军,但所能直接掌控者仅有江浙。江西虽在五省之内,却是吴佩孚、蒋介石与孙传芳三大势力的交汇地。前任江西督办方本仁已投靠党军,现任督办邓如琢是吴佩孚部下,孙传芳并不放心。故增防江西,主要是预先"巩固本人在赣之势力"。8月底蔡培致函韩国钧,即称"当局本保境安民之旨,虽已出兵援赣,仍力求避免战事"。⑦

孙传芳五省势力处在南方党军与北方奉系之间。如果不出兵,

---

① 召开"国民会议"解决国是本就是孙中山生前的主张。具体讨论参见马飞:《孙中山的最后奋斗:1920年代中叶的国民会议运动再研究》,《广东社会科学》2018年第3期。
② 于化民:《民众运动与平民政权的实现——中共在国民会议运动中对政权问题的探索》,《晋阳学刊》2012年第2期。
③ 瞿秋白:《北京屠杀与国民革命之前途》(1926年4月7日),《瞿秋白文集》(第4卷),人民出版社,1993年,第26页。
④ 《国民党宣言》,《大公报》(天津)1926年9月14日,第2版。
⑤ 《全浙公会全体董事会》,《申报》1926年8月15日,第13版。
⑥ 《孙传芳致汪荣宝函》(1926年9月22日),《近代史资料》(1963年第4期),第109页。
⑦ 《蔡培致韩国钧函》(1926年8月26日),江苏省档案局编:《韩国钧朋僚函札史料选编》,第731页。

将会危及东南五省的安全;如果出兵援赣,江浙空虚,则北面奉系有可能乘机南下。此时奉系将乘机南下的传言四起,孙传芳的重要幕僚蒋百里即称:"东南处南北夹持之势,立境困难。"① 蒋介石方面亦极担心孙传芳援吴,他在致孙传芳的信中,"求其不受吴佩孚伪命,不扰我革命根据地",则他也会保证闽赣和平。② 受此条件影响,孙传芳战和不定,所增防的军队亦是且行且停,对吴佩孚亦未有切实援助。他自称"我军队虽已出发,而不愿作战之心,仍无间终始"。孙传芳这种犹豫不定的态度"既露于外,各方意旨,渐趋活跃",和平之声再度高涨,"运动之中坚,实为全浙公会,而主持之者褚君慧僧也"。③

1926年9月,面对党军北伐和五省联治的冲突,褚辅成撰写《地方自治与国民革命》一文,他对联省自治派"地方自治"与国共政党"国民革命"的异同与利弊得失详加剖析。他认为联治派与国共两党的目标是一致的:"均欲排除军阀",消弭"循环式之战争",培植"民治主义之基础"。两者不同之处在于联治派采用的是和平的、法律改革的手段;国共两党采用的是激烈的、武力改革的手段。但褚辅成也认为"地方自治与国民革命是相成的,而非相反的"。苏维埃制度"虽以农工兵为重心,而其团体终以地方为本位",这实是联治派的地方自治。苏俄又有加盟共和国联合而成,"正合国人所谓联省自治制也"。另一方面,他也充分认识到"地方自治"与"国民革命"均有不足:从"地方自治"一方来说,省宪自治无非是军阀之护符与爪牙,是在与虎谋皮。从"国民革命"一方来说,"苟无自治以善其后,亦恐不能得良好之结果"。因为"革命"无非是利诱部下倒戈,是"旧军阀去,新军阀来",是以暴易暴而已。因此他总结道:"革命攻邪

---

① 谭徐锋主编:《蒋百里全集》(第6卷),北京工业大学出版社,2015年,第93页。
② 中国第二历史档案馆编:《蒋介石年谱初稿》,档案出版社,1992年,第651页。
③ 《东南和平希望未断》,《大公报》(天津)1926年9月18日,第2版。

之道也,自治培本之道也。表里兼顾,事乃有济。"①相信"地方自治"与"国民革命"相辅相成,是褚辅成等全浙公会诸人与国民政府展开合作的重要动力。

1926年9月8日褚辅成召集全浙公会商议,劝孙、蒋"消融意见,合力防制"。②此后全浙公会决定:首先"电请双方军队暂缓前进","各守疆界,不相侵犯,共捍外患";"至将来根本解决,则赞成粤中所持之国民会议"。此后全浙公会殷汝骊、沈田莘、蒋尊簋③、魏伯桢在沪、宁与孙传芳、蒋介石之代表何成濬展开和谈。9月12日,蒋介石在致褚辅成信中指示,"如宁孙果有和平之诚意","请公代表中正与之接洽可也"。④蒋、孙此时在江西仅是小规模冲突,并未正式开战,而全浙公会、江浙协会在沪宁的和平运动声势高涨。故时人较为普遍的观感是:"北伐军之进行,以取得武汉为止。武汉定后,军事即当收束。国家建设问题,悉听国民自决。"在这种和平氛围下,褚辅成颇感召开"国民会议"已是水到渠成。故他直言"国民会议,其将应运而生乎!"褚辅成对"国民会议"更有详细筹划。他主张此时的中国应该效法北美十三州会议:

---

① 褚辅成:《地方自治与国民革命》,《浙江》第1卷第1期,1926年9月1日。
② 《全浙公会请孙蒋维持和平》,《申报》1926年9月9日,第13版。
③ 蒋尊簋(1882—1931),字伯器,浙江诸暨人,其父蒋智由为清末维新派名士。早年留学日本士官学校。清末历任浙江第二标标统,旋应广西巡抚张鸣岐之召赴广西,为督练公所总办。张升两广总督,蒋任广东混成协统。辛亥革命后,任广东军务部长暂兼都督,旋即谢去归浙江,一度任浙江都督。1917年夏秋应孙中山护法运动,与周凤岐一道宣布浙人治浙,反对浙督杨善德,未几失败。1920年任广东军政府参谋次长,后又任军政部次长等职。1926年北伐战争起,蒋奔走和平、斡旋南北甚力。1929年12月曾与许崇智、居正、熊式辉部反蒋,旋被捕,释放后寓居上海研究佛学。参见贾逸君编著:《民国名人传》(上),民主与建设出版社,2012年,第306页。
④ 《蒋中正电褚慧僧言孙传芳果有和平诚意速撤援赣苏浙各军》(1926年9月12日),台北"国史馆"藏:《蒋中正总统文物》,典藏号:002—020100—00003—012。

联合各部分，择一适中地点，暂设组织极简、权限极小之联合机关，如西南、西北、东南、东北各部，凡于国民会议表示赞成者，皆可自由加入。广州国民政府可不迁移，北京政府可认为东北局部之政府。东南西北创一新局面也可，维持现状亦可。各就管辖范围，收束军事，整理内政。

褚辅成主张这一联合机关，不设首领及各部，仅设外交委员会和国民会议筹备委员会，由各部分选派或共同推举，然后制定国民会议组织法，交国民会议筹备委员会执行。褚辅成认为"如此则国民会议不染军人色彩，不为一党之私。各方之猜疑悉泯，自能得全国民众一致拥护"。① 此一构想与张一麐所提倡的"分区自治"大体一致。9月中旬，褚辅成与江苏耆绅张一麐、沈恩孚、黄炎培、袁希涛，旅居京津沪的联治派名流张绍曾、孙宝琦、庄蕴宽、董康、汪大燮、熊希龄、唐绍仪、徐佛苏等之间函电往来，密议"分区自治"办法，达成"以武汉为缓冲地，以保安司令暂维持现状，请各元老到汉主盟，各派代表公开会议，暂定分治地域，再求解决国是"的共识。②

以后见之明观之，江浙士绅与联治派名流的分区自治构想近乎空中楼阁、纸上谈兵，但若重返历史现场顺流而观，其实亦是极有可能。从蒋介石一方来说，"武昌未下，江西开战，兵力不能抽动，运用不灵"，因此党军要全用武力战胜孙传芳非常吃力。③ 不仅如此，北

---

① 褚辅成:《国民会议之前提》,《浙江》第1卷第1期,1926年9月1日。
② 《唐绍仪等请息战》,《大公报》(天津)1926年9月14日,第2版。当时吴佩孚与张作霖亦在极力拉拢孙传芳,试图联合对付蒋介石。李烈钧闻此消息即致函唐绍仪、章太炎、蒋尊簋等沪上名流,请其劝孙传芳坚定蒋孙合作的决心。参见《李烈钧致章炳麟、唐绍仪、蒋尊簋函》(1926年7月29日),上海图书馆编:《上海图书馆藏唐绍仪中文档案》(27),上海人民出版社,2020年,第13667—13672页。
③ 斯坦福大学胡佛研究所档案馆藏:《蒋介石日记》,1926年9月8日。

伐军内部亦是明争暗斗，尤其是蒋介石与唐生智、李济深交恶甚烈。蒋介石开辟江西战场本就是受唐生智排挤的"避名位"之举。离开两湖后，蒋介石"立下游，希冀赣、浙"，唐生智、李济深"活动于上游"，专注两湖。两方"倒吴意见本一致，攻孙犹可，若目的已达，利害立异"。是故王宠惠推断称：唐、李均出自保定军校，两人在破吴后或"将组新保定系，抱合川、黔、鄂、湘、桂以成新局"。如此则南方将再度分裂为"西南"和"东南"两大方。正是看到党军内讧，"长江事了，南北均倦，无力他求"的态势后，王宠惠认为："此必众推南北共通之人出任，合一主持和平，立组新局。"① 王宠惠的这一判断与梁启超、蒋百里及江浙士绅的观感类同。蒋百里此时亦计划"把蒋、唐分开，蒋败后谋孙、唐联和"，如此"便将开一崭新局面"。②

此时孙传芳幕僚中大致可分为主战派和主和派两派。9月底，在主和派策士鼓动下，孙传芳与江浙协会等商议决定派张一麐、蒋尊簋、魏伯桢、赵正平、李次山等代表东南民众，葛敬恩③、徐培根代表孙传芳赴汉口议和。上述议和代表大致仍可分为苏人与浙人两方。苏

---

① 《王宠惠致汪荣宝函》(1926年10月12日)，《近代史资料》(1963年第4期)，第107页。
② 此时蒋百里在蒋孙争赣中发挥了重要作用。时梁启超致其子信中称："蒋、孙间所以久不决裂，都是由他斡旋。"《致孩子们的信》(1926年9月29日)，丁文江、赵丰田编：《梁启超年谱长编》，上海人民出版社，1983年，第1092页。大致到10月上旬，唐生智和孙传芳已初步议和，蒋介石在日记中称"知唐与孙擅约停战条件，且有蒋百里在赣为缓冲之谋，是置党于不问矣"。参见斯坦福大学胡佛研究所档案馆藏：《蒋介石日记》，1926年10月7日。
③ 葛敬恩(1889—1979)，字湛侯，浙江嘉兴人。辛亥革命时期，葛敬恩在杭州新军起义和南京之役中为军事参谋。1903年，考入浙江武备学堂，与黄郛同校。1906年与夏超、周凤岐同留浙江武备学堂任教。1907年得黄郛介绍入同盟会。辛亥革命时期，葛敬恩与陈其美、朱瑞、吕公望、顾乃斌等一同促成浙江光复。1913年二次革命时运动浙督朱瑞独立，事败后赴日本陆军大学留学。1924年陈仪任浙江第一师师长，因在第一师根基较浅，遂聘葛敬恩为参谋长。1926年北伐战争时期暗中助力蒋介石，奔走浙江独立运动。

人以张一麐、赵正平为核心；浙人以蒋尊簋、葛敬恩为核心。蒋尊簋与蒋介石在辛亥年间就有故交。葛敬恩与孙传芳、陈仪、蒋介石均为日本士官生，葛敬恩在"辛亥年杭州光复之夕与蒋介石见过面"，此时是浙军第一师陈仪的参谋长，他与陈仪"共事颇为亲密"。陈对葛"是言听计从"。葛此时"表面上是孙传芳的秘密代表，实际是陈仪和浙军第一师的代表"。①议和代表中苏浙两方主张似并不一致，苏人颇主联吴佩孚、唐生智，而浙人颇主联蒋介石，两派颇有暗自竞争议和主导权的迹象。

为此9月中秋，张一麐与江浙协会诸人从南京出发，乘船溯江而上到武昌，代表孙传芳及东南士绅与蒋介石、唐生智等北伐军议和。中秋之夜，议和途中，张一麐慨叹山雨欲来，时局丕变，引动满腔诗情。②9月28日议和代表抵达汉口后，张一麐、蒋尊簋一行与唐生智、邓演达、陈铭枢诸人有过反复晤谈。蒋介石亦在江西遥控议和进程。张一麐致函劝蒋称：

> 今革命军与孙军可以同一者，则讨绿（即绿林之绿）是也，奉张为帝国主义之健将，譬诸魏也；革命军则刘玄德，孙则仲谋也。吾侪此行如鲁肃之就商诸葛也。蜀吴分则曹氏得志；蜀吴合则曹氏司马氏无由造成五胡之局。

---

① 葛敬恩:《大革命时期的陈仪》,《陈仪生平及被害内幕》编写组编:《陈仪生平及被害内幕》,中国文史出版社,1985年,第6—7页。
② 其诗曰:"大江东去我西上,欲挽狂澜洗甲兵。如此江山忍撞碎,银河耿耿鼓鼙声。一样中秋月色明,可怜月照武昌城。吾侪造个中流筏,渡彼无辜照太平。"张一麐:《中秋过大江在黄埔舟中作》,《太平导报》第1卷第35期,1926年,第1页。张一麐晚年将此两诗收入自己的文集时,因议和结局昭然,心境思想已非复当时,对个别字句有修动。参见张一麐:《民国丛书·第3编·82·心太平室集》卷一〇,上海书店出版社,1991年,第7页。

在张一麐的构想中,蒋孙议和后,蒋沿京汉线北上河南,孙沿津浦线北上山东,然后会师直隶,则奉系将完全覆灭,全国大局从此可以底定。① 次日,蒋尊簋又独撰一函致蒋介石。蒋尊簋指出自己"与多数同志详细讨论",认为此时"党联两军携手合作问题实为第一要着","此乃为十五年来民国希有之重大关键"。他认为孙传芳两年来所防者,"在北不在南",故可以"抱扩大坦白之态度"与之联合。他称"武力非可常用,政略苟有所穷,则始不过济之以武力。武力随政略,政略不可因武力有所变更也",故劝蒋介石"适可而止",并建议"此后当以武力为后盾,政略为前驱"。② 因此,张一麐与蒋尊簋均在撮合蒋、孙共同对付出身土匪绿林的奉系。

10月初,浙派代表蒋尊簋、葛敬恩的促和颇有进展。当时孙传芳听从蒋尊簋的建议,双方初步达成10月3日停战的共识。10月10日前后,阎锡山在北京的密探李庆芳、潘连茹侦得密报称,"孙蒋和议"已由蒋尊簋等斡旋成立,孙传芳现在下令停战,"北方大势顿形悲观"。③ 外界看来,蒋介石以及国民党此时解决国是的办法仍是召开略具"联省自治"性质的"先开和平会议,次开国民会议"。④ 此时,国民党方面的确筹划在武汉召开"国民会议"。陈独秀对此会亦抱

---

① 《张一麐蒋尊簋等函蒋中正建议与孙传芳停战言和可无东西顾之忧且出鲁豫人民于水火》(1926年9月28日),台北"国史馆"藏:《蒋中正总统文物》,典藏号:002—080200—00006—042。
② 《蒋尊簋呈蒋中正孙传芳此次诚意言和建议接纳感化和平解决战事》(1926年9月29日,注:"国史馆"标明时间为1927年,有误),台北"国史馆"藏:《蒋中正总统文物》,典藏号:002—080200—00027—039。
③ 《李庆芳电阎锡山孙蒋和议告成唐生智长湘刘佐龙长鄂》(1926年10月10日),台北"国史馆"藏:《阎锡山史料》,典藏号:116—010101—0034—147;《潘连茹电阎锡山传孙蒋议和双方停战》(1926年10月10日),台北"国史馆"藏:《阎锡山史料》,典藏号:116—010101—0034—150。
④ 《温寿泉等电阎锡山党军声势勇锐联军举棋不定》(1926年9月26日),台北"国史馆"藏:《阎锡山史料》,典藏号:116—010101—0034—124。

有相当大的期望,他称,此次会议"所可决定的只是国民会议本身代替国会制度的问题"。① 这也表明,尽管国共政党与东南士绅等的政见迥然不同,但均认识到召开"国民会议"解决国是的迫切性。

但战事瞬息万变,两方却并未如约停战。10月张一麐回到南京后称:"孙蒋两方虽表示赞成和平,但所提条件各以撤退对方入赣军队为前提,未易接近,且双方均恐堕缓兵之计。"② 不过经过议和,浙方代表与蒋介石之间的联系加强,且对党军的实际情况有进一步了解,他们在政治立场上更加倾向蒋介石一方。10月中旬,蒋介石邀请蒋尊簋、葛敬恩、魏伯桢赴江西面谈。与蒋介石晤谈后,这几人立场似有较大转变。此后蒋尊簋、葛敬恩函电交驰于蒋介石与孙、陈之间,成为三方关系的"润滑剂"与讯息的"中转站"。而褚辅成自从北伐军攻克武汉后,即向人表示,"他对于K.M.T现在的主张,仅反对二点:'以党治国''训政时期',其他都可接受"。③

此时北伐军与国民党方面在积极争取孙传芳属下的小军阀反水独立。在江西战场,北伐军极力争取周凤岐④;在孙传芳的大后方浙

---

① 《对国民党中央会议的希望》(1926年10月19日),《陈独秀文集》(第3卷),人民出版社,2013年,第519页。
② 《南京快信》,《申报》1926年10月4日,第7版。
③ 庄文恭:《杭州反英反孙运动之经过与教训》(1926年10月14日),中央档案馆、上海市档案馆编印:《上海革命历史文件汇集·中共上海区委文件》(1925—1926年),第394页。
④ 周凤岐(1879—1938),字恭先,浙江长兴人。清末秀才。杭州武备学堂第四期、保定陆军军官学校第三期学员,其间入光复会。1912年8月任浙江都督府参谋长,1913年顾乃斌宁波独立失败,掌顾乃斌的第四十九旅,任旅长。1916—1917年浙江政局变动剧烈,曾参与反对浙江督军朱瑞与杨善德的活动,事败赴日。1917年蒋尊簋倡导浙人治浙,在宁波独立,周凤岐与顾乃斌深度参与。1919年卢永祥任浙江督军,回国任浙江警备司令部总参议。1924年江浙战争期间,与夏超一道密谋驱逐卢永祥,迎接孙传芳入浙,被孙传芳任命为浙军第一师师长。1925年底蒋尊簋在宁波独立,周凤岐曾奉命围剿。1926年奉命赴九江与北伐军作战,1926年12月投诚,任北伐军第二十六军军长。1927年4月被蒋介石调往上海,参加"四·一二"大屠杀。后受蒋排斥,曾参与反蒋活动,抗战时期投靠日本,被刺身亡。

江,省长夏超谋划与国民政府秘密联络,准备反孙独立。全浙公会亦深度参与这一"后方点火"的密谋之中。前述褚辅成等全浙公会诸人本与夏超分属两派,并不相和,但"褚氏与夏超之'反孙'态度是一致的"。因此在夏超准备反水时,全浙公会与国民党人给予了相当大的援助。蒋介石派钮永建等赴沪联络上海国共党部及全浙公会,准备在夏超独立的同时,在上海亦发起武装起义,促成浙沪独立。10月15日,夏超宣布正式独立,并组织浙江政务委员会,以马叙伦等13人为政务委员,并派人赴汉口联络党军。全浙公会的沈钧儒亦密赴徐州劝陈仪响应。但孙传芳对于夏超早有戒备,夏超起事后他立即展开围剿,起义遂失败。①

夏超起义虽被扑灭,但对孙传芳也是一记重创,这使他难以集中兵力于江西前线。当时沪上传闻孙传芳在江西败局已定,南京城内人心惶惶。10月下旬,江浙协会又派董康与陈其采赴汉再度劝孙传芳展开蒋孙议和。②董康被推举为和议代表抵达九江后,他建议孙传芳趁赣事败局未定而后方不稳之际,从速回宁坐镇,以稳固浙江局势,防止北伐军由闽入浙。此时奉系南下之说已是不绝于耳。回宁坐镇亦可防止奉军南下,以免奉军与党军形成南北夹击之势,亦可将江西作为缓冲区域,然后徐图与蒋介石议和。但孙传芳并未听从。③董康劝阻无效回到苏沪不过数日,九江失守。孙传芳败走南京。蒋介石在日记中直言,"东南之大患除矣"。④

---

① 沈钧儒晚年称,"上海方面想劝陈独立,拆孙传芳的台,我曾以全浙公会名义专为此事前赴徐州"。沈谱、沈人骅:《沈钧儒年谱》,群言出版社,2013年,第93页。马楠认为夏超起义的失败,其实是在浙国共两党的失败。参见马楠:《中共在浙江的早期组织与两个国民党省部之争(1922—1926)》,《中共党史研究》2021年第1期。
② 《和平运动之两电》,《申报》1926年10月9日,第13版。
③ 《和平代表董康回沪后之谈话》,《申报》1926年11月5日,第13版。
④ 斯坦福大学胡佛研究所档案馆藏:《蒋介石日记》,1926年11月9日。

三、"奉军不南下,党军不北上"

孙传芳在江西战场的失败,一方面导致其"实力消灭十分之六七,很难统治江、浙、皖",一方面也致使东南士绅"分区自治"的构想无形破灭。① 此时奉军旦夕南下,全国"政局与军事的重心,渐渐的移动到了长江下游之皖、江、浙,这三省的问题突然表现重要"。② 处在"南党"与"北阀"之间的东南士绅"惧无团结,不能相机周旋",遂开始谋划江浙皖三省士绅间的大联合。③

首先展开联合的是江苏士绅。当时江苏虽有江苏省教育会这一大势力,又有其主导下的"江浙协会"这一两省士绅联合组织,但因职业色彩、党派之争而无法统摄全省。因此,大致在蒋孙争赣的9月,回到江苏的旅京苏人王绍鏊与庞树森等即谋划"取法全浙公会","约集全省绅耆及优秀份子组织一江苏公会","专以运动和平为宗旨"。当时蔡培致函韩国钧称,他与庞树森等人熟商,深觉"非得德望素著者列名发起不足以资号召",当时苏社集团中,黄以霖、张一麐"均在发起之列",冷遹"已约定开会后加入"。④ 王绍鏊在"江

---

① 罗亦农:《天津会议后的政治局势与上海自治运动》(1926年11月25日),《罗亦农文集》,人民出版社,2011年,第192页。
② 赵世炎:《最近政治状况与工作》(1926年10月5日),《赵世炎文集》,人民出版社,2013年,第506页。
③ 曹汝霖在致汪荣宝的信函中即称"惜乎南党北阀,均无彻底觉悟之意,为可忧耳"。《曹汝霖致汪荣宝函》(1926年11月7日),《近代史资料》(1963年第4期),第112页。
④ 蔡培鼓动韩国钧列名加入,其称"倘不便发起,则俟开大会后敦请加入,亦无不可"。不过韩国钧此时似乎比较消极。《蔡培致韩国钧函》(1926年9月8日),江苏省档案局编:《韩国钧朋僚函札史料选编》,第731页。

苏公会"成立大会上即称,"时局变化,不可思议,苏省地位关系重要","实有组织大规模自卫团体之必要","苏省向来只注意文化,不过问政事,今后应付潮流,须联合军政绅商学各界,融洽一致,团结精神,俾人民减少苦痛而获公共利益"。①

10月底,新苏公会选举黄以霖、张一麐、董康、袁希涛、王栋(字彬彦,闸北保卫团团总、上海总商会总务委员)、朱叔源、王绍鏊、钱崇固、苏民生、解朝东、单毓华、孙铭(字少江,浙江人,蒋介石保定军校同学)、王汝圻、张宏业、孟森、姚文枬、杨天骥(长期游宦北京,供职于教育部)、伍崇学、李味青、武同举、李征五等二十二人为理事。其中常务理事为董康、王绍鏊、朱叔源三人,此即新苏公会的核心领导人,此外杨天骥与孟森也极活跃。②新苏公会是张謇去世后江苏士绅内部的一次大联合。新苏公会宗旨、组织与盛极一时的"全浙公会"极为相似,因此江苏士绅纷纷加入此会。时有报人称,此会"凡稍负时望之流,多半加入;向有之各政系,几于合冶一炉,因时势之需要,得此大联合"。③

不过,从名称也可看出,新苏公会也是对苏社的效仿与恢复。因此它与黄炎培等人组织的"江浙协会"形成了竞争关系。新苏公会的主导者多是1925年前后回流江苏的旅外苏人。如王绍鏊、解朝

---

① 江苏公会当选理事,金陵道有王景常、朱积祺、王纲、屠宜厚、王春生、艾善浚、马相伯、陈义、张斯麐,候补当选人有杨诚、夏渭卿、马安定、茅乃封、庞振乾、陶保晋。苏常道有王绍鏊、钱崇固、张一麐、徐果人、董康、杨择、庞树森、蔡培、高朔,候补当选人有孟森、钱廷梁、陈琛、宗嘉禄、刘勋麟、朱先志。参见《江苏公会成立会记》,《申报》1926年10月19日,第6版。
② 《新苏公会昨日成立》,《时事新报》1926年10月30日,第3张第1版。
③ 《新苏公会组织之经过》,《大公报》(天津)1926年11月6日,第6版。除新苏公会、全浙公会这两个耆绅团体外,一些府县绅商亦纷纷抱团,因此诸如"五省和平祈祷会"等小团体突然涌现,一时间纷然杂陈。

东、单毓华①、余炳忠、董康、杨天骥、伍崇学等都曾长期在省外任职。王绍鏊长期为国会议员，1917年南下广州参加护法，与全浙公会褚辅成及国民党方面关系密切。他们对于黄炎培等江苏省教育会势力依靠直系军阀把持江苏省政的做法久为不满。因此江苏省教育会势力虽有加入新苏公会，但受到了排挤。王绍鏊后来称："当时，江苏职教社一派，以拥护孙传芳为宗旨，和全浙公会合组江浙协会，以和平相号召，我设法先分化该社的袁希涛一派，后紧紧拉拢江南的张一麐、钱崇固，苏北的黄以霖、朱绍文，然后集全省开明绅士的力量，以与江浙协会为敌。"②

新苏公会成立之后，张一麐还与熊希龄、孙宝琦、汪大燮、张绍曾、庄蕴宽等人协定起草了南北和平运动电文。该电文历数民国以来各军阀被"武力统一说"所误。主张"各捐成见、力止战争。一切建设问题，拟开国民会议、共定国是"。在此电文中，张一麐等还隐然指责广东国民政府借助苏俄势力北伐长江，造成中国半壁赤化。他

---

① 单毓华(1883—1955)，字眉叔，江苏泰州人。早年就读于两江实业学堂，后官费留学日本法政大学，应殿试，授法科举人，内阁中书。他自1915年起就长期在京师高等审判厅、大理院任职，先后出任高等审判厅推事、大理院推事。1921年出任直隶天津地方审判厅长，1926年前后才辞职归沪。1930年代隐居沪上时期，与黄炎培等前苏社集团诸人才联系紧密，《余音》部分还会有提及。单家有兄弟四人，分别为毓元、毓年、毓华、毓斌。韩国钧担任省长时，单毓斌曾任省署第四科科长。其妹夫为周镜芙，在闸北水电厂任职。参见王均：《原司法界知名人士单毓华》，泰州市政协文史资料研究委员会编：《泰州文史资料》(第5辑)，内部发行，1991年，第130—132页。
② 王绍鏊在后来自称段祺瑞执政后，"我对国事，灰心达到极点，颇思对于省政有所贡献，于是决计南归"。从中可见此时旅外苏人的回流。参见王绍鏊撰稿，陈正卿整理：《王绍鏊自传》，上海市档案馆编：《上海档案史料研究》(第10辑)，上海三联书店，2011年，第121页。时有报纸注意到韩国钧、唐文治有欢迎直鲁联军南下援苏的电文。此消息引来新苏公会的强烈反对，公会领导人董康、朱淑源、王绍鏊等联名质询韩国钧诸人，要求其通电否认。可见江苏士绅在此问题上的分歧。参见《新苏公会电询韩唐对奉军态度》，《申报》1926年11月20日，第13版。《新苏公会理事会纪》，《申报》1926年11月8日，第9版。

指出"主义与政策必须根据本国历史民情,以定施行之方针,维新守旧,苟各趋于极端,与其国之历史民情相反,过与不及,均足以为国家之大害"。如今战争"外人操纵于其间","彼为御人,吾为牛马,势必使吾国变为巴尔干半岛"。①但是对于张一麐等人的呼吁,北京政府方面深知,"和战权早不在政府,只好装作不知道"。②

几乎在王绍鏊、董康等人发起新苏公会的同时,江浙皖旅沪士绅开始谋划三省联合事宜。蒋孙争赣之际,江浙协会就曾联合五省耆绅发起"东南和平运动联合会"。11月9日九江失守后,全浙公会褚辅成等向江苏、安徽两省耆绅协商联合办法。他们认为"三省形势不同",但都拥有"主张民治之共同目标",故对于"如何保境,如何实行民治",应该商定出一致办法,共同进行。③ 11日,全浙公会、新苏公会与安徽旅沪士绅三十余人在上海讨论"江浙皖三省联合会"(又名"苏浙皖三省联合会")成立事宜。三省耆绅联合的共识与基础在于:他们不愿意"土匪绿林"出身的奉鲁军统治东南;亦不愿意"共产、赤化"色彩的党军统治东南;他们希望建立一个由士绅主导的三省联治局面,至少是恢复到北伐前绅军合治的状态。三省联合会的活动场域主要是在上海,因此其核心目标则是"上海自治"。陈独秀即指出"此种自治运动,首先发生于上海市,远在齐卢战争以后,由上海市自治运动,扩大到环太湖区域"。"孙传芳在江西战争不利,上海市自治运动又重新起来。"④ 在此共识下,三省联合会在最初

---

① 署名者有孙宝琦、熊希龄、张绍曾、汪大燮、徐绍桢、庄蕴宽、董康、张一麐、汪瑞闿、李国筠、褚辅成、蒋尊簋、沈恩孚、黄炎培、袁希涛、赵锡恩。《南北名流之呼吁和平电》,《申报》1926年11月4日,第6版。
② 《南北名流呼吁和平》,《申报》1926年10月31日,第5版。
③ 《全浙公会昨开会董会》,《新闻报》1926年11月14日,第4张第1版。
④ 陈独秀:《孙传芳败后之东南》(1926年12月5日),《陈独秀文集》(第3卷),人民出版社,2013年,第557页。

拟定的成立宣言中主张：

（一）划皖苏浙三省为自治区域，一切政治应即由人民分别推举委员组织委员会参加处理。（二）上海应为特别自治市，治同前条。（三）广州暨奉天直鲁方面接洽和平，应即由三省人民直接推举代表，任其职责。（四）三省军事当局应即请其停止一切战争行为。①

11月13日，新苏公会理事董康、姚文枏、袁希涛、王绍鏊、杨天骥、张宏业、孟森、王彦彬、李静涵、朱叔源等聚议，决定新苏公会以团体名义加入三省联合会，并对三省联合会宣言内容提出修改意见。同日，全浙公会褚辅成、顾乃斌、魏伯桢、王廷扬、沈田莘、殷汝骊等亦召集紧急董事会，商议与新苏公会、安徽旅沪同乡会的联合办法。② 11月14日，三省联合会召开正式成立大会。会上，将上述宣言第一条中的"自治"改为"民治"，"一切政治"改为"一切军政民政"。将"自治"改为"民治"是因"自治二字范围似过狭小"，仅是以"士绅"为主体，而"民治"可将农工商学等各界人士都纳入其中，这也暗示出三省联合会已逐渐容纳国民党势力；③ 将"政治"改为"军政民政"表明三省联合会意识到"军事"在此大变局中的重要性，并且已隐约透露出其脱离孙传芳，开始谋划自己武装力量的意味。三省联合会成立之初在上海的全浙公会办公，这也表明全浙公会在三省联合会中的主导性作用。

11月21日，三省联合会由每省十二人，共计三十六名委员组成

---

① 《皖苏浙三省将组联合会》，《申报》1926年11月12日，第9版。
② 《新苏公会理事记》，《新闻报》1926年11月14日，第4张第1版。
③ 此点沈钧儒即在《联省民治谈》一文中有所讨论。参见沈钧儒：《联省民治谈》，《浙江》第1卷第2期，1926年10月1日。

委员会,是为联合会的领导机构。其中浙江委员为:蔡元培、虞洽卿、褚辅成、魏炯、殷汝骊、王晓籁、邬志豪、沈钧儒、顾乃斌、毛云鹏、王廷扬、周继漾十二人,沈田莘、姚吾刚等为候补。① 江苏为张一麐、袁希涛、朱叔源、王绍鏊、张宏业、孟森、王汝圻、李味青、王栋、赵锡恩(字晋卿,上海浸礼会教堂领袖)、孙铭(后由余炳忠代替,亦浙人)、杨天骥。② 委员会之外,亦有干事会,每省各推干事三人,江苏为杨天骥、孟森、朱赓石,浙江为沈钧儒、魏炯、王晓籁,安徽为王龙亭、关芸农、孙希文。三省联合会后又组建军事、外交委员会,外交委员会为王正廷、殷汝耕、赵锡恩等,负责涉外事宜。③ 大体而言,浙省委员多为军政人物,苏省委员中教育界人士仍占一定比重,皖省委员则以沪商为主。就其代际而言,三省委员绝大部分出生于1860—1880年,在辛亥之际正当青壮,在本省光复中扮演了重要角色。④

---

① 三省联合会的浙江委员推定地点在宁波同乡会,显示出宁波帮的势力。《三省联合会定期推选浙委员》,《新闻报》1926年11月19日,第4张第1版。
② 此外朱绍文、袁希洛等为候补理事。参见《新苏公会理事记》,《新闻报》1926年11月19日,第4张第1版。《新苏公会理事纪》,《时事新报》1926年12月5日,第3张第1版。
③ 《三省联合会第二次委员会》,《时事新报》1926年11月24日,第3张第1版。
④ 安徽为许世英(曾任国务总理)、李国杰(李鸿章嫡孙)、程源铨(上海"地皮大王"、安福国会议员)、关建藩(安福国会议员)、王庆云(国会议员)、李次山(安徽省议员)、陈仁梅(旅沪绅商)、汪禹丞(上海青帮头目)、江炜(曾为安徽省教育司长)、李少川(李鸿章侄孙)、曹叔琴(旅沪绅商)、汪幼农;安徽旅沪同乡会素来与段祺瑞皖系势力,以及浙沪的皖系军阀关系密切。这一组织肇始于辛亥鼎革之际。当时因政局不定,皖人服官者多避居沪上,如李经羲、余成格等。民国元年他们曾以"全皖同乡会名义"调停安徽政局中的"孙黎之争",深孚安徽本土士绅众望。1919年南北议和,皖人王揖唐以北方代表名义南下沪上,旅沪皖人在沪集资修建全皖会馆,势力更加丰厚。此时期安徽旅沪同乡主要以商人为主,不过这一时期的旅沪皖人仍是松散的同乡关系网络,尚未有明确的组织团体。1922年刘鸿生案中,他们以同乡会名义为刘案声援,此案结束后他们谋划正式组织,1923年4月安徽旅沪同乡会成立,李经羲为理事长。1925年春因江浙战争及李经羲去世,同乡会改组,许世英为委员长。三省联合会的安徽委员多出于此。《三省联合会今日成立》,《新闻报》1926年11月22日,第4张第1版。笠原十九司对三省联合会委员的名录识读多有讹误。

表9　三省联合会浙江省委员简历表

姓名	字别	生卒	籍贯	功名/学历	履　历
蔡元培	鹤卿	1868—1940	浙江山阴	进士	翰林院编修 南京临时政府教育总长 北京大学校长
虞洽卿	和德	1867—1945	浙江镇海		上海军政府外交次长 上海总商会会长
褚辅成	慧僧	1873—1948	浙江嘉兴	监生 日本东洋大学	浙江辛亥革命主导人 1913年参与二次革命 1916年南下护法 1924年参与宁波独立
魏伯桢	炯	1877—1975	浙江鄞县	日本法政大学	宁波光复主导人 1917年参与宁波独立
殷汝骊	铸夫	1883—1940	浙江平阳	早稻田大学	同盟会、欧事研究会会员 国会众议员 1913年参与浙江独立运动
王晓籁	得天	1887—1967	浙江嵊县		"海上十闻人"之一 1913年参与浙江独立运动
邬志豪		1886—1946	浙江奉化		上海"衣庄大王" 上海福建路商会会长 南京路商会会长
沈钧儒	衡山	1875—1963	浙江嘉兴	进士 日本法政大学	欧事研究会会员 浙江省谘议局副议长 浙江省教育司司长 1916年曾南下护法
顾乃斌	子才		直隶大兴	浙江武备学堂	浙江辛亥革命主导人 1913年发起浙江独立运动 1917年再度发起宁波独立

续　表

姓名	字别	生卒	籍贯	功名/学历	履　历
毛云鹏	酉峰	1875—1943	浙江江山	廪贡生	同盟会会员 江山县劝学所总董 浙江省议员 1913年参与浙江独立运动
王廷扬	孚川	1866—1937	浙江金华	进士	浙江省议员 1917年参与浙人治浙运动
周继漺	萍泂	1878—1933	浙江临海	举人 日本法政大学	浙江省议长
沈泽春	田莘	1884—1952	浙江吴兴		与陈其采、陈立夫同乡
姚桐豫	吾刚	1869—？	浙江临海	日本法政大学	1912年任浙江都督府秘书长 1913年任国会众议员 1917年任护法国会众议员 1922年任国会众议员

这时既与东南士绅关系匪浅，又与南方国民党政府声气相通的蔡元培逐渐成为三省联合会的中心人物。但三省联合会的会员加入并没有严格的标准和机制，大多是依靠私人关系网络来推选引荐，故其成员鱼龙混杂，目的与主张各异。时有报人即称："三省联合会会员非民意选举也，更非法定团体若省议会、教育会、总商会所推出也，吾欲为会员，斯会员矣。"①

因此三省联合会内部分歧很大，尤其是在对孙传芳的态度上。

---

① 炯炯：《三省联合会之份子》，《晶报》1926年12月15日，第2版。有时人即担心联合会宗旨飘忽，或为失势政客军人乘机活动，或为一党一系独断专裁。《各团体联会致三省联合会函》，《新闻报》1926年11月14日，第4张第1版。

"全浙公会有二派,一左派,一右派。"左派主张孙传芳下野,请其部下将领宣布停战,以此来抵拒奉鲁军,其中左派士绅主要是王晓籁、虞洽卿、钮永建、杨杏佛、吴稚晖等人。"此派主张多数已占胜利。""右派主维持孙之地位。"右派方面主要是上海总商会会董邬志豪、傅筱庵等,他们两人"都是孙传芳的鸦片经理",自然支持孙传芳。即使是在"反孙"的旗帜下,各方目的也不相同:"如全苏公会派因迎奉而反孙。"不仅各派主张不一,即使是同一派别随着时局变化而立场前后不一。总体而言,三省联合会的诉求在"和平中立"与"三省自治"这两大方面,他们的"共同目的在得到政权"。①

实际上,"和平中立"与"三省自治"此时已成为一张人人皆可利用的招牌,因为任何政治主张均可以用"和平"和"自治"来包装。因此除三省士绅之外,各方政治势力也纷纷投入三省联合会的自治运动中。这使得"上海的政治情形弄得非常复杂,各方面活动的人非常之多,有资产阶级的虞洽卿派,有民校左派的钮永建派,有政客褚辅成派,还有全苏公会、研究系等等。杨宇霆、张学良也派代表来沪活动,孙传芳当然仍想把持"。②这其中,"孙传芳本来是反对这个上海市自治运动",但他知道他无法"拒绝北伐军东下",因此也想利用上海市民自治运动阻北伐军;奉系杨宇霆、张学良亦知江苏不归北伐军或者张宗昌所有,"亦想利用上海自治市而自己能操纵一部分

---

① 《上海区委主席团会议记录——关于上海自治运动和总罢工、罢课等问题》(1926年11月8日),中央档案馆、上海市档案馆编印:《上海革命历史文件汇集·上海区委会议记录》(1926年10月—1926年11月),第306、318页。傅筱庵此时为上海总商会会长,其之所以能够当选,主要是孙传芳的支持。参见李达嘉:《上海商会领导层更迭问题的再思考》,《"中研院"近代史所集刊》第49期,2005年9月。
② 《上海区委通告枢字第八十六号——关于组织领导上海市民暴动问题以及具体工作方针》(1926年11月9日),中央档案馆、上海市档案馆编印:《上海革命历史文件汇集·中共上海区委文件》(1926—1927年),第4—5页。

势力"。中共上海区委即反复指出"现在上海是个投机社会"。①

11月中旬孙传芳秘密赴天津,参加由张作霖主导,张宗昌、吴佩孚的直系代表参加的具有"北方讨赤大联盟"性质的"蔡园会议"。孙传芳赴津后,时人多以为是兵败后"弃军他往",而黄炎培等人深悉孙传芳此去,"奉鲁军必来苏"。于是,黄炎培、刘厚生、冷遹、袁希涛、张一麐、陈陶遗、马士杰、沈钧儒等连夜展开密集商议。②当时浙江有本省军队两师,但江苏却无本省军队。对此王清穆主张"募兵不分省界",可以改编驻扎在江苏境内的各省军队,但军长须由苏人推举。③最终,三省联合会主张与孙决裂,他们称以后孙氏行动"完全与三省无涉";"现在三省范围以内军队,赞护三省民治主张,吾三省人民应供其给养,仍认捍卫地方之责,否则视为公敌"。他们把希望寄托于三省中的小军阀:如尽可能争取浙江之周凤岐、陈仪,安徽之王普,江苏之白宝山,上海之李宝章来支持三省联合会的自治运动。④

三省联合会自治运动的基本趋向是达成"奉军不南下,党军不北上"的局面。起初,三省联合会对与党军声气相通的江浙皖沪的四省国民党党部及其领导下的左翼学生组织颇为排斥。但在蔡元培等人的主张下,三省联合会很快将国共党部亦吸纳其中,这一现象"为历来所无"。此时国共党部亦想借重三省联合会的自治声势与旗号,故中共上海区委在开会讨论时,罗亦农直言:"现在我们要利

---

① 《上海区委关于上海第一次武装暴动的总结报告》(1926年11月24日),中央档案馆、上海市档案馆编印:《上海革命历史文件汇集·中共上海区委文件》(1926—1927年),第37页。
② 中国社会科学院近代史研究所整理:《黄炎培日记》(第2卷),1926年11月18日、19日、21日、22日、23日、24日、25日,第282页。
③ 王清穆研究会编注:《农隐庐日记》(10),丙寅年十一月初九日,东洋文库近代中国研究委员会:《近代中国研究汇报》第43期,东洋文库,2021年,第52页。
④ 《三省联合会二次委员会纪》,《申报》1926年11月24日,第9版。

用这会做民众运动。"① 此后自治运动在两方彼此借重下展开。11月28日,国民党江浙皖沪四党部还专门宴请三省联合会要人如褚辅成、沈钧儒、王廷扬、魏伯桢、毛云鹏、周继潆、殷汝骊、朱叔源、王绍鏊、孟森、杨天骥、汪同尘等人。双方在拒绝奉鲁军南下,要求三省自治,上海设特别市,否认孙传芳继续主持军民政治诸要端上,大致达成了一致意见。此次晤谈后,褚辅成即向上海区委称:"民校(按:国民党)为民众的指导者,三省联合会为民众的介绍者,现在与民校一致行动。"②

由于孙传芳北上,东南士绅又与江浙国民党党部形成了大联合,因此罗亦农认为:

> 此自治运动可能性很大,昨天三省联合会所发表宣言,有三目标很对:一、反孙;二、拒奉鲁军;三、江浙军队应赞成人民自治,都与我们主旨相同。此会之分子如蔡元培、虞洽卿、褚辅成等重要名流都已参加,如果力量发展很有力,可以促成他们更左倾,更有成功希望。③

此时上海区委已经在策划第二次武装起义。中共上海区委主张"行动上仍拉资产阶级为主体,由他们先嚷起要求和平、上海永不驻兵、上海市民管理市政、请孙下野等口号,再进一步到工人学生的罢工罢

---

① 《上海区委全体委员会议记录——政治报告及海员罢工、农运和正式组织军委等问题》(1926年11月16日),中央档案馆、上海市档案馆编印:《上海革命历史文件汇集·上海区委会议记录》(1926年10—11月),第358页。
② 《上海区委行动委员会会议记录——各项工作汇报及讨论》(1926年11月29日),中央档案馆、上海市档案馆编印:《上海革命历史文件汇集·上海区委会议记录》(1926年10—11月),第484页。
③ 罗亦农:《天津会议后的政治局势与上海自治运动》(1926年11月25日),《罗亦农文集》,人民出版社,2011年,第196页。

课,实现最后的夺取政权"。①

孙传芳赴津后,负责上海安防的李宝章与三省联合会及国共党部之间暗通款曲,对上海自治运动放任自流。因是之故,"脱离孙传芳统治";"反对奉鲁军南下,划三省为民治区域";"促三省原有军队赞护三省民治主张"成为三省联合会"完全确定的政纲"。中共上海区委认为"有此政纲后,他们的态度乃日益明显,行动也很是积极","确能代表民众说话"。②国共党部亦借助三省联合会的实力"与政客、绅士、商界发生关系",发动声势浩大的"市民自治大会",组织"市民公会",意在成立"上海特别市自治政府","准备创造一个上海的巴黎公社"。③

不过需要指出的是,虽然"国民党与三省联合会现在关系很好",④但这种密切合作的关系仅是建立在"反孙"与"反奉"的基础上。在此之外的诸多事宜上,两者之间仍有相当大的差异。最大的差异就在于三省联合会中的相当一部分绅商并不愿意党军北上江浙。陈独秀也指出,"去了孙传芳,还要拒绝奉鲁军,苏浙皖三省联合会若不于开会通电之外,有更大的努力更大的牺牲,此次自治运动之成败正自难言"。⑤

---

① 《上海区委关于上海第一次武装暴动的报告》(1926年11月24日),中央档案馆、上海市档案馆编印:《上海革命历史文件汇集·中共上海区委文件》(1926—1927年),第37页。
② 《上海区委关于上海自治运动中苏浙皖三省联合会情况的报告》(1926年12月18日),中央档案馆、上海市档案馆编印:《上海革命历史文件汇集·中共上海区委文件》(1926—1927年),第100—101页。
③ 《上海区委全体委员会议记录——政治报告、组织及工会工作报告》(1926年12月7日),中央档案馆、上海市档案馆编印:《上海革命历史文件汇集·上海区委会议记录》(1926年12月—1927年10月),第30页。
④ 《上海区委行动委员会会议记录——各项工作汇报及讨论》(1926年11月29日),中央档案馆、上海市档案馆编印:《上海革命历史文件汇集·上海区委会议记录》(1926年10—11月),第486页。
⑤ 独秀:《孙传芳败后之东南》,《向导》第180期,1926年12月5日。

四、"宁欢迎赤化而不欢迎绿化"

孙传芳北上天津后,罗亦农分析称:长江下游将有两种运动,"一为军事运动,一为自治运动。现在此两运动有渐合为一之倾向"。此外,罗亦农认为孙走后其部下也有两种结合之可能:"一为浙江周凤歧、陈仪等之独立,一为江苏卢香亭、李宝章、白宝山等之结合。"这两种结合可以遏制奉鲁军南下,"而北伐军可不直接与奉鲁军冲突"。因此,只要"北伐军军事外交政策用得好","多用点奔走之劳","使军事结合促成自治运动",则"北伐已有了缓冲,可以休息,将来再与奉鲁战争"。① 这表明在罗亦农的构想中,促成东南自治运动是为了在党军与奉鲁军之间形成让党军"可以休息"的缓冲地带。这一点与蒋介石的思路大体一致。蒋介石也希图在和战并进中促成东南自治,因此他非常关心孙传芳部下的立场。

此时孙传芳部下据守闽、浙的小军阀周凤歧、周荫人、陈仪成为蒋、孙两大势力的中间缓冲带。他们的立场对党军北伐关系极大。为此蒋介石反复电询蒋尊簋:"联军有否反奉决心,如果反奉,其军队及计划如何?倘此方与其合作,彼希望如何,请详示。"② 孙传芳的议和条件是:周荫人撤出福州,驻扎闽北,"福建让福州以南"。浙江仍属孙传芳;双方对抗奉鲁军。③ 这表明孙传芳方面已意识到福建难

---

① 《上海区委召开活动分子会议记录——区委报告政治军事形势及上海自治运动问题》(1926年11月25日),中央档案馆、上海市档案馆编印:《上海革命历史文件汇集·上海区委会议记录》(1926年10—11月),第416页。
② 《蒋中正电蒋尊簋询联军有否反奉决心及计划》(1926年11月21日),台北"国史馆"藏:《蒋中正总统文物》,典藏号:002—020100—00003—021。
③ 《蒋尊簋电蒋中正将尊意转达孙传芳允饬各军停战回防》(1926年11月16日),台北"国史馆"藏:《蒋中正总统文物》,典藏号:002—020100—00003—019。

保,故放弃福建给蒋,而意在固守江浙。但蒋介石得到孙传芳底牌后,即密电何应钦,令"从速取福州后,勿稍停留,向浙进击为要"。①

见蒋介石步步紧逼。浙江陈仪、上海李宝章遂暗中联络奉系入苏,并通电"中立"。这实际上是在引奉系以抗党军。蒋尊簋即向蒋介石指出,孙传芳北上天津后其部属将领态度两可:"应付当,则反奉;迫之急,则联奉。"因此,他建议蒋介石对孙传芳及其部将"不宜逼之以资奉"。②陈仪、周凤岐在致蒋介石的信中亦表示"浙中军队对党军行动本愿合作",但前提是党军"不入浙境,浙可先行独立,以表诚意";如果党军提前入浙,则奉必夕至。③可以说,"党军不入浙"是孙传芳与蒋介石合作的基本条件。

11月底,见蒋介石步步紧逼,且"奉、鲁军之冲突非常厉害",奉方尤不愿鲁方势力独占东南,故放回孙传芳牵制鲁张与党军。12月4日,孙传芳从天津南下,与张宗昌同时出任安国军副总司令,东南政局由此丕变。在孙传芳未回前,"所有江、浙各小军阀都很摇动,都有代表到南昌。现在孙已回来,诸将领都改变态度"。陈仪、卢香亭、白宝山、李宝章等"都很靠不住,且表示积极助孙"。④孙传芳回南后,一改对东南士绅的优容态度。这使全浙公会诸人愈发倾

---

① 《蒋中正电何应钦现孙传芳托蒋方震来电约我方反奉及周荫人部退出福州等情故国军须从速进取福州并向浙追击勿停》(1926年11月24日),台北"国史馆"藏:《蒋中正总统文物》,典藏号:002—090101—00001—127。
② 《蒋尊簋电蒋中正联军自孙传芳去意志两可如我应付当则反奉》(1926年12月1日),台北"国史馆"藏:《蒋中正总统文物》,典藏号:002—020100—00003—042。
③ 《陈仪周凤岐电蒋中正党军不入浙则浙愿独立以表诚意及敌孙传芳拒绝与奉系合作并愿面商一切》(1926年12月5日,"国史馆"将此电时间判定为1927年1月5日,有误),台北"国史馆"藏:《蒋中正总统文物》,典藏号:002—090101—00007—005。
④ 《上海区委召开党、团书记会议记录——讨论第二次市民大会问题》(1926年12月2日),中央档案馆、上海市档案馆编印:《上海革命历史文件汇集·上海区委会议记录》(1926年12月—1927年2月),第29页。

向党军。①罗亦农称此时"现在这批绅士,差不多都成了国民党"。三省联合会中全皖公会派自认为自己是共产派,"新苏公会派也很左";此时"江、浙绅士发生分化",黄炎培的江苏省教育会派"反对北伐军,反对自治,而是要成为不推倒孙传芳的自治"。因此,黄炎培等"组织苏常太联合会反对三省联合会","且主江苏人自己管理江苏"。②

此时全浙公会表示:"宁欢迎赤化而不欢迎绿化(因奉张、鲁张均出身绿林)。"他们的工作重心有二,一在上海,主要是与上海国共党部联手展开"倒孙—自治运动"。当时孙传芳为扩军充饷,向三省强力征税。为此,三省联合会鼓动与之关系密切的商界、银行界、实业界士绅合力展开抵制。他们要求各银行勿借饷于孙传芳,勿使用奉、孙所发之军用券。此外,三省联合会的外交委员会还着力阻断孙传芳的外援,如劝阻日本军火贩运来华援助孙传芳,反对北京美日英法意奥等各国公使借款于北方奉、孙军阀,将各国借款传闻公诸报章并且专电征询,以造成舆论声势等。③

全浙公会的另一重心在杭州,主要是与陈仪、周凤岐等筹划浙江中立自治。此时周凤岐已接受党军第二十九军军长一职。12月15日前后,孙传芳的联军陈兵淞沪,党军则进至富阳,中隔杭州,"两方相距约百二十里"。因此杭州"谣言蠭起、人心惶恐,浙绅商求免兵祸,竭力促进省自治"。④12月19日,陈仪、周凤岐与全浙公会主导下的浙江各界联合会委员会决定"自组政府"。他们举蒋尊

---

① 独秀:《孙传芳败后之东南》,《向导》第180期,1926年12月5日。
② 《上海区委主席团会议记录——军政形势与区委工作方针以及工会、办党校等问题》(1926年12月24日),中央档案馆、上海市档案馆印:《上海革命历史文件汇集·上海区委会议记录》(1926年12月—1927年2月),第145、164页。
③ 《三省联合会昨开委员会》,《新闻报》1926年12月16日,第3张第1版。
④ 《浙局最近之形势》,《申报》1926年12月21日,第6版。

篡、陈仪、周凤岐、蔡元培、褚辅成、黄郛、陈其采、周承芙、张载阳①为省务委员会委员主持省政,其中蒋尊篡负责军政,陈仪负责民政。这一记名投票所选举出的省务委员是在"浙人治浙"这一隐性"省是"下各方势力均衡的结果。其中张载阳是辛亥以来杭州本土士绅势力的代表。黄郛、陈其采包括蔡元培此时与蒋介石均是心腹之交。

浙江各界委员会在致蒋、孙电文中宣称,他们所成立的仅为临时政府,"凡浙省以外问题,任何一方面绝不添加,一俟国是底定,中央政府足以代表人民利益,即当仍归统治"。②实际上,这一临时政府就是在为党军打前站。他们援照党军在湖北、江西先例,设政治会议为最高权力机关,设政务委员会及财政委员会为执行机关。其中,最高权力机关政治会议委员人选为:戴任③、褚辅成、沈钧儒、王廷扬、张静江、蒋尊篡、周凤岐、宣中华、丁济美、蒋梦麟、殷汝骊、戴季陶。政务委员人选为:蔡元培、蒋尊篡、戴任、经亨颐、周凤岐、沈钧儒、王廷扬、韩

---

① 张载阳(1873—1945),字春曦,浙江新昌人,1898年入浙江武备学堂,后参加浙江新军,期间入光复会。辛亥期间曾主导镇海光复运动。1912年任浙江第二十五师第五十旅旅长,1913年任台州镇守使。二次革命时期为浙江省城卫戍司令。1916年护国运动期间发起浙人治浙运动,驱走亲袁的浙督朱瑞。1917年杨善德任浙督,张载阳力主反对张勋复辟。1919年卢永祥任浙督,张载阳为浙江军务会办、浙江省长。江浙战争期间因部下反水,被迫下野。
② 《杭州浙江各界联合会电蒋中正孙传芳等通电宣布浙江省自治并商定组织及选举陈仪蒋尊篡等为省府委员并主持民军政等待国事奠定即回归统治》(1926年12月19日),台北"国史馆"藏:《蒋中正总统文物》,典藏号:002—090101—00002—014。
③ 戴任(1862—1937),别号立夫、笠夫,浙江永嘉人。早年留日,期间加入同盟会。武昌起义爆发后,奉命在上海和武汉新军中进行策动联络工作。1912年任金陵兵工厂厂长。1923年4月任广州大本营参军。1924年在杭州加入中国共产党,被国民党浙江省党部推选为代表,赴广州出席国民党一大。同年秋任黄埔军校管理处处长。1925年任黄埔军校管理部主任。1926年3月中山事件后,脱离中共组织关系。北伐期间任东路军总指挥部政务处处长兼军法处处长,福建攻克后任福建省政务委员会主任委员、国民党中政会福建分会委员。

宝华①、褚辅成、张静江。候备人员为：魏伯桢、王正廷、顾乃斌、周继漾、毛云鹏、赵舒、沈钧业等。财务委员为：陈其采、张申之、俞炜、殷汝骊、姚传驹（曾为中国银行长春分行行长）、萧鉴（孙传芳任上的政务厅长，褚辅成派）、徐鼎年（卢永祥任上曾为政务厅长）。候备人员为：俞凤韶、金百顺、叶焕华②、郑文易（吕公望任上曾为钱塘道尹）。

  这一名单是由蔡元培与褚辅成各自拟出，蒋介石的驻沪代表张群、钮永建酌商，最终交由蒋介石拍板。③其中蔡元培所拟名单中上述人选绝大部分为浙江人，主体依然是"浙江辛亥革命集团"人物。如赵舒、俞炜、俞凤韶、沈钧业、顾乃斌、张申之、张载阳、王廷扬等均在辛亥浙沪光复中发挥了重要作用。戴任辛亥前后曾奔赴沪汉的新军之间，后任金陵兵工厂厂长。其次，它是全浙公会、蒋介石以及共产党势力的合组。如戴任1920年代在黄埔任职，此时是蒋介石的代表。韩宝华、周继漾是与褚辅成齐名的联治派。宣中华、丁济美、韩宝华是国民党浙江省左派党部的领导人，亦是共产党员。④

---

① 韩宝华（1878—1930），浙江安吉人，1921年、1925年先后当选为浙江省宪法会议议员，浙江省自治法会议代表。时人称韩宝华、沈钧儒、褚辅成等为"联省自治派"。1924年经张继介绍加入国民党，为浙江士绅中的左派人士。1926年参与夏超起义，失败后赴江西，引北伐军入浙，先后担任浙江省党部执行委员会委员兼工人部部长、浙江省政治委员会委员。"四·一二"政变期间遭通缉。
② 叶焕华，同盟会会员，蒋尊簋旧部，1914年任浙江第十一旅旅长。1917年曾与顾乃斌、周凤岐等人参加由蒋尊簋发起的宁波独立运动，时为浙江第三旅旅长，驻军宁波。
③ 《钮永建函蒋中正查浙江局势有变将请胡素来江西报告一切并附蔡元培褚辅成所拟浙江省委员名单》（1926年12月24日），台北"国史馆"藏：《蒋中正总统文物》，典藏号：002—080200—00618—039。此名单之中原本拟定有沈定一，后"因未悔悟"，被蔡元培"亲笔抹去"，后加上了陈果夫。蔡元培最初所拟名单，参见蔡元培著，中国蔡元培研究会编：《蔡元培全集》（第16卷·日记），浙江教育出版社，1998年，第280页。
④ 马楠：《中共在浙江的早期组织与两个国民党党部之争（1922—1926）》，《中共党史研究》2021年第1期。1926年3月左派成立的浙江省党部中，丁济美、宣中华以及潘念之为国民党浙江省党部常务委员，韩宝华等为执行委员。

但数日后形势丕变。全浙公会与陈仪、周凤岐等人原本以为蒋孙在杭州附近的战事,蒋介石必胜无疑,但结果却截然相反。12月25日前后,孙传芳部将孟昭月占领杭州,陈仪被拘,周凤岐出走。三省联合会借助陈、周势力在杭州建立"自治政府"的计划落空。这也让孙传芳意识到全浙公会的真实目的和潜在威胁。他直言"自治即赤化",遂下令解散三省联合会、全浙公会与新苏公会,通缉且派人暗杀褚辅成、沈钧儒、董康、蔡元培、邬志豪、殷汝骊等三省联合会领导者。①经此打击后,"三联会中人已不谈自治","大家觉得谈自治太空泛","觉非军事解决不可"。②因此他们决定在党军势力范围内再组浙江临时政府,以为党军入浙做准备。

当时浙东宁波尚在党军势力范围,蔡元培、褚辅成等遂打算将临时政府设于宁波。12月30日,全浙公会与浙江国民党人成立浙江政治会议、政务财务各委员会,蒋介石指定褚辅成、陈其采为主任,他要求"所有民财政概归该两委员会主持,各军不得干涉"。③1月8日,他们在宁波公开就职。但数日后,宁波又被联军所占,临时政府再度停顿。直至2月底,党军攻克杭州,浙江临时政治会议在杭州行使职权,省长公署于3月1日起设立浙江省政治委员会,"以后全省政务,均由该委员会执行"。此时的政务委员为张静江、褚辅成、潘念之④、查人

---

① 《孙传芳与三省联合会》,《申报》1926年12月27日,第4版。《上海区委召开各部委书记会议记录——各部委汇报工作及讨论民众工作、发展党员和训练人才问题》(1926年12月25日),中央档案馆、上海市档案馆编印:《上海革命历史文件汇集·上海区委会议记录》(1926年12月—1927年2月),第164页。
② 《上海区委主席团会议记录——全国军政形势和区委对浙江、上海的工作方针、口号以及工会问题》,中央档案馆、上海市档案馆编印:《上海革命历史文件汇集·上海区委会议记录》(1926年12月—1927年2月),第171页。
③ 《蒋中正电周凤岐等浙江省政务与财政委员会由褚辅成陈其采主持》(1927年1月5日),台北"国史馆"藏:《蒋中正总统文物》,典藏号:002—020100—00027—090。
④ 潘念之(1902—1988),字枫涂、湘澄,浙江新昌人。1919年就读于浙江省立第四师范学校、江苏第二师范学校。1924年加入中国共产党。1925年主编《火曜》周刊。同年任教于上海大学附中。后任共青团宁波地委书记。

伟①、马叙伦、蔡元培、朱兆莘②、王廷扬、魏伯桢、沈钧儒、蒋尊簋、庄崧甫③等。实际上,浙江政务实际主导者为褚辅成、沈钧儒等全浙公会诸人。褚辅成、沈钧儒等人之所以能成为浙江临时政府的负责者,很重要的原因就在于他们与浙江各方势力之间都有着或深或浅的交集,能够在党军未站稳脚跟之际笼络和团结各方势力,迅速稳定浙江局面。蒋介石在挑选浙江政务主席时,蔡元培即直言,褚辅成"在政界有十馀年之经验,与吾浙军事家及政治家多所联络",是非常适合的人选。④

但褚辅成等全浙公会诸人也难以有效应对大变局下的浙江政局。他们与东征军、国民党左右派之间在政见、职权、人事上引发一系列纷争和暗潮。当时东路军政治部代表在一次联席会议中就公开斥责:"我们国民革命军流血,联省自治者做官(即指褚辅成)。"⑤从2月底临时政府成立到"四·一二"政变,不到两个月时间,省政府内部斗争主要表现在两个问题:一为人事问题,一为政策问题。人事问题上,"当时在新旧交替之间,许多机关要改组",特别是县长、警察局长等职位成为要职。一方面说项求职者络绎不绝,另一方面各方

---

① 查人伟(1887—1949),字仲坚、诵坚,浙江海宁人。出身名门望族。清末秀才,先后就读于浙江武备学堂、浙江法政学堂,入同盟会。辛亥革命爆发后,主导海宁光复。1917年当选浙江省议员。1924年入国民党。1926年3月国民党浙江省党部成立,任监察委员,与宋云彬创办左派色彩的《新浙江报》,反对孙传芳,遭通缉。1927年"四·一二"政变中被捕,后被释放。
② 朱兆莘(1879—1932),字鼎青,广东花县人,1907年由清廷学部派往美国留学,先后获商科学士、法科硕士学位。1912年回国,1913年当选为参议院华侨议员,兼北京大学商科主任、总统府秘书、谘议等职。后入外交部先后担任国际联盟、万国禁烟会议中国代表。1925年由段祺瑞政府特任为驻意大利全权公使。1927年初回国。
③ 庄崧甫(1860—1939),名景仲,浙江奉化人。1908年加入同盟会,在江浙从事革命活动,参与上海光复。民初,任浙江军政府财政司长、浙江省议员、奉化县议长。1927年任浙江省政府委员、中央政治会议浙江分会委员等职。
④ 《复蒋介石函》(1926年12月),高平叔编:《蔡元培全集》(第5卷),第102页。
⑤ 王梓良:《褚辅成先生的一生》,《浙江》第121期,1979年5月。

势力亦在极力抢占和安插自己的人选,以扩张本派势力。故褚、沈的全浙公会派,蔡元培、蒋梦麟、马叙伦的北大派,张静江、戴季陶等国民党右派,宣中华的左派及东路军之间互相难以平衡。马叙伦的北大派即称:"此次省政府内教育、建设二科被C.P.拿去,我们已经失败,徒然拿了几个秘书亦无用处;现在C.P.与联治派联络打倒我们北大派。"因此他主张北大派要"多介绍党员抢夺下届省党部"。① 由此可见各方势力在政权鼎革之际的竞争态势。

此外,褚辅成、沈钧儒等全浙公会诸人与浙江省左右党部、东征军之间在对待工人运动、农民运动等问题上分歧极大。此时国民党左右之争亦即国共之争已到间不容发的地步。譬如二五减租的具体政策在省政务会议上"很顺利地通过",但到县乡开展后,农民与地主富农发生剧烈的摩擦,双方闹到省政府后,"政府中就产生分歧"。② 另一方面党、政、军三方在政策与职权上纷乱混沌且相互扞格。其中省县党部又分为左派党部与右派党部。在党权高于政权之际,各地方的两派党部均极力干预地方政治,扩张各自的权势。为此,浙江省务委员会不得不规定"县党部对于县长居于监督地位,只有建议及弹劾之权",县党部对于一切行政司法"不得直接处理"。③ 沈钧儒亦坦言:"省党部及省行政机关间,县党部及县行政机关间范围、职权尚未有一种详细明白之规定,最成问题。"④

"四・一二"政变前夕,浙江工潮连连,而褚辅成、沈钧儒、魏伯

---

① 《文恭关于右派进攻总工会的报告》(1927年3月17日),中央档案馆、上海市档案馆编印:《上海革命历史文件汇集・杭州、绍兴、嘉兴、温州地区》(1925—1927年),第153页。
② 潘念之:《怀念沈衡老》,《沈钧儒纪念集》编写组:《沈钧儒纪念集》,生活・读书・新知三联书店,1984年,第130页。
③ 《浙江省政务委员会纠正党部及法团越轨行动通令》,《净业月刊》1927年第13期。
④ 衡山(沈钧儒):《楼居七日记》,《浙江》第1卷第4期,1927年7月15日。

桢与中共方面关系颇密。中共浙江地下党员潘念之后来称,中共与"褚辅成、沈钧儒的关系是比较好的,庄崧甫、王廷扬、魏伯桢也比较同情我们"。①因此,褚辅成对浙江工潮采用调和办法。但在左右之争已间不容发之际,调和反令两方均不满。②清党前后,政局瞬息万变,褚辅成亦难以把握,态度也暧昧不明。清党后,"省政府和省党部的委员,除阮性存、沈钧儒、褚辅成几人外,全数逃避一空"。③右派谣称褚、沈等人"私购军火,勾结兵队",与中共有所密谋。④当时对褚、沈的处置实际上操之蔡元培。4月16日,蔡元培要求褚、沈"拘留优待","候大局粗定,再议开释"。⑤蒋介石亦要求褚辅成"明白表示态度"。⑥经此之后,全浙公会在浙沪政务上已无话语权。⑦

小　结

"战"与"和"是一对孪生兄弟,彼此一表一里,一显一隐,共同

---

① 潘念之:《大革命时期浙江的反对国民党右派斗争》,浙江省政协文史资料研究委员会:《浙江文史资料选辑》(第15辑),浙江人民出版社,1980年,第13页。
② 《褚辅成电蒋中正杭州总工会下令总罢工本日委员会决议先令恢复关于公共秩序诸工作勉告安谧惟善后各事困难特推查人伟转沪请示》(1927年3月31日),台北"国史馆"藏:《蒋中正总统文物》,典藏号:002—090300—00012—005;《褚辅成电蒋中正本日经陈继承季方与党部总商会等磋商杭州复工问题解决办法为公安局执行命令平时受省政府指挥戒严时受军政当局指挥等九项》(1927年4月1日),台北"国史馆"藏:《蒋中正总统文物》,典藏号:002—090300—00012—004。
③ 骆正葵:《慧老往事数则》,嘉兴市政协文史资料委员会编:《嘉兴市文史资料·褚辅成专辑》(第3辑),浙江人民出版社,1991年,第48、49页。
④ 衡山(沈钧儒):《楼居七日记》,《浙江》第1卷第4期,1927年7月15日。
⑤ 《蒋中正电罗主任因褚沈阮有勾结反对派嫌疑应即拘留俟大局粗定再议开释》(1927年4月16日),台北"国史馆"藏:《蒋中正总统文物》,典藏号:002—080200—00022—028。
⑥ 《蒋中正电褚辅成此次清党应明白表示态度并请远绝西比以释群疑》,台北"国史馆"藏:《蒋中正总统文物》,典藏号:002—090300—00001—148。
⑦ 《杭州市民大会电蒋中正请代督促张人杰回浙主持省务党务》,台北"国史馆"藏:《蒋中正总统文物》,典藏号:002—080200—00022—027。

主导着历史的演进。然而学界对北伐史的研究,在"国民党史观"的影响下,较多探讨广州国民政府"战伐"的过程,较少关注处于东南地区"和平"的愿求。北伐之所以迅速胜利,正是"里应外合""和战并用"的结果。湖南因与国民政府接壤,故得之甚易。但湖北吴佩孚是北伐军的核心对手,两方几乎无可议和之处,故北伐军在湖北战场上费力极大,蒋介石不得已才转战江西。江西处于孙传芳与吴佩孚两大直系的边缘交错地带,孙传芳战和不定,遂造成浓厚的议和氛围。蒋介石以和促战,遂得江西。此后蒋介石一直采取此策。前述北伐军之所以长驱直入得闽浙,主要源于孙传芳的主动退守,而非两方在战场上决战的结果。此中最重要的是那些聚拢在孙传芳麾下的军、师级部将。在北洋防区制的长期实行下,这些小军阀的投机性极强,成为北伐军"蚕食鲸吞"的对象。

如果跳脱"国民党史观",从东南士绅的视角看待北伐大变局,则南方国民党起初未必是东南士绅最为关切之事,相反他们目力常集中于北方的奉系。这当然与1925年奉系入苏给东南士绅的创伤太深有关。孙传芳据守东南后,一面回向传统,严禁党化;一面重用江苏耆绅,颇得苏社人士支持。当孙传芳在江西战场失败,北上联奉,这才使东南士绅与孙传芳公开决裂,三省联合会随之而起。但随着党军不断北上东进,东南士绅的"独立""自治"愈趋愈小,最终全浙公会主导下的三省联合会沦为党军的内应。

一部"军阀混战史"的背面,就是一部"士绅议和史"。1926年三省联合会的和平自治运动,蕴含着深厚的"省人治省"观念,其大致有对内、对外两个诉求。对内的核心诉求即是要求排除外来军阀,由本省绅军势力主导省政,实行自治(民治);对外的政治诉求即是在"省人治省"的基础上,以各省区代表组建国会大会,实行全国的联合共治。这两大诉求并非起于1926年,而是东南士绅自辛亥以来长期追求的政治目标。就浙江省而言,无论是历次宁波独立运动,还是省宪自治运动,抑或是1926年的东南和平运动,他们最直接的诉求就是驱逐北洋军阀势力,实行"浙人治浙"。"省人治省"的观念来自辛亥革命的直接影响。辛亥革命最显著的特质就在于"采取了各省独立的形态"。①

在辛亥后十六年间,这些促成本省光复的绅军势力逐渐凝聚结合,在对抗北洋势力,主张"省人治省"的过程中,形成操控本省政局的士绅集团网络。辛亥后十余年间,尽管本省势力内斗不断,但在"省人治省"这一问题上拥有共识。辛亥革命另一重要的特质就是在各省独立的基础上采用和平会议的方式促成国家再造。这一成功的建国路径产生了一种无形的"历史惯性",推动东南士绅遵循着先有"一省之自治""而后有中央"的思路来解决时局。因此采用和平手段召开国民大会成为东南士绅解决国是的惯常思路。②这固然有商人"在商言商"下追求"产权与秩序"的因素,③但也昭示着东南士绅的政治野心。全浙公会与苏社集团中人大多是主导本省光复的重要人物,这两大士绅群体可以说同为"辛亥革命集团"。但由于辛亥时期主导两省光复的核心群体不同,主导江苏光复的多为亲北京的立宪派,而主导浙江光复的多为新军与革命党人。因此在北伐前夕

---

① [日]沟口雄三著,乔志航等译:《中国的历史脉动》,生活·读书·新知三联书店,2014年,第266页。东南士绅早已意识到,"省"才是促成倾覆清室、肇建民国的内在动力。黄炎培:《省宪特刊导言》,《苏社特刊》第1期再版,1922年9月。褚辅成:《地方自治与国民革命》,《浙江》第1卷第1期,1926年9月1日。
② 1911年辛亥南北议和成功后,有1919年的南北议和。1921年庐山国是会议,张一麐等主张召开"仿美十三洲会议"。1922年东南士绅召开全国八团体国是会议,制定《国是会议宪草》,定中华民国为联省共和国。1925年善后会议,褚辅成再倡此议。即使到1926年底"南北新旧之争,已至肉迫时候",远离政坛的曹汝霖亦认为,"国民会议诚为解决之不二法门"。《曹汝霖致汪荣宝函》(1926年11月7日),《近代史资料》(1963年第4期),第112页。
③ 冯筱才:《在商言商:政治变局中的江浙商人》,上海教育出版社,2019年。

苏社集团更亲直系；全浙公会诸人则更亲南方国民党人，与他们有着盘根错节的关系网络。

最后，东南士绅的地域处境也影响了其政治倾向。从地域处境来说，其刚好在"南党"与"北阀"之间的"中间地带"。《太平导报》的主笔赵正平即称，当"新与旧，南与北，革命与安国，国民党与讨赤派"，两种相反势力互斗时，他们自身处在"两种运动纵横交错之地"。因此只能始终保持"持中"的政治立场。1927年《太平导报》卷头言即称："太平之关键何在乎？在于中，尤在于强者之得中。"① 这种"中"实际上也是摇摆不定的，赵正平自称其为"多元政治"，所谓多元者，既认可"向善之军阀"，同时又认可"党治之国民政府"。职是之故，他们不得不依违于两者之间。当情势变易，"多元的统一之说，殆无存在余地"之后，他们只好借党军以御奉军。②

---

① 《本志第二年卷头言》，《太平导报》第2卷第1期，1927年1月15日。
② 太平民（赵正平）:《敬告蒋介石及国民党员关于时局五告之一》，《太平导报》第2卷第1期，1927年1月15日。

附图

褚辅成
(《国闻周报》1926年总第3卷第38期)

1925年底孙传芳与徐树铮赴南通拜见张謇父子照
(《上海画报》1926年总第72期)

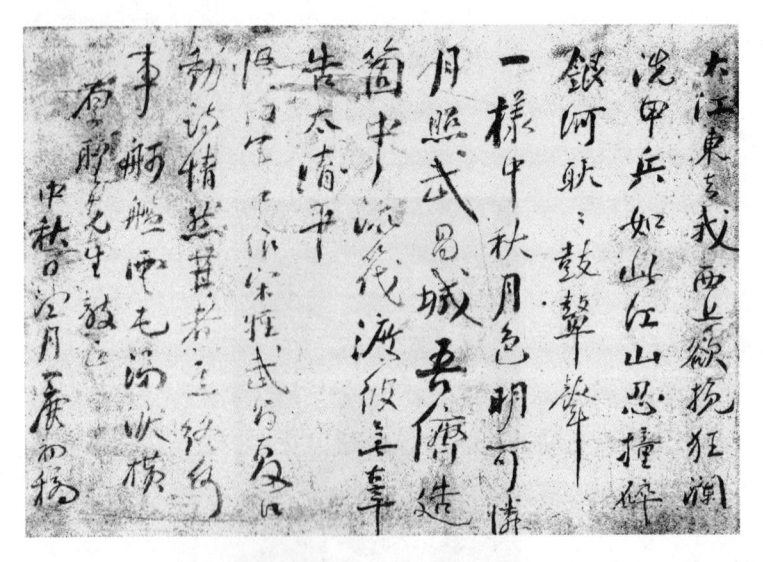

1926年中秋张一麐赴武昌议和舟中所作诗（《太平导报》1926年第1卷第35期）

讽刺孙传芳与三省联合会决裂的漫画（《三日画报》1927年总第162期）

1926年全浙公会在宁波同乡会召开年会合影,会员有百人(《浙江》1926年第1卷第1期)

第八章 以民为国:江苏省治运动的侧面

> 自由之中国以内,始能有自由之省。一省以内所有经济问题、政治问题、社会问题,唯有于全国之规模中始能解决。
> ——《中国国民党第一次全国代表大会宣言》(1924年)①

1926年9月广州国民政府攻下武汉,王清穆闻此消息,感叹"东南风云变色,正不知祸之所届也"。此时"革命斗争,像野火般蔓延开来,整个南中国的天际被烧的通红"。此前王清穆游历北方,在京与庄蕴宽、赵椿年、钮永建等聚议时局乡事。王清穆仍鼓动孙传芳、段祺瑞废除"督军–镇守使"体制,重新划分军区等。但同为苏人的国民党人钮永建已不赞同苏社集团"所持联省自治,苏人治苏等说",认为这些"终无下手处"。他主张只有"先从全局着手,俟有眉目,再谈局部之事"。②钮永建此言展现出国共党人着眼于"全国"的国民革命与苏社

---

① 荣孟源主编:《中国国民党历次代表大会及中央全会资料》(上),光明日报出版社,1985年,第14页。
② 他们谈论甚久,却唯有"相与咨嗟太息而已"。王清穆研究会编注:《农隐庐日记》(9),乙丑年十月十六日,东洋文库近代中国研究委员会:《近代中国研究汇报》第42期,第89页。亦参见王清穆研究会编注:《农隐庐日记》(10),丙寅年八月初四日,东洋文库近代中国研究委员会:《近代中国研究汇报》第43期,东洋文库,2021年,第33页。王凡西:《双山回忆录》,现代史料编刊社,1980年,第22页。

集团着眼于"地方"的省宪自治之间的巨大张力。

1920年代前期,北京中央相对稳定但又显疲弱,这反而给予苏社集团相当大的自治空间,他们全力以赴制定省宪法,开展省自治,谋求省联合,规划新国家。但到1920年代后期,江浙战争、北伐战争等接踵而来的全国性大变局让苏社集团的省治构想失去了开展的外部环境;与此同时,议会政治呈现出衰微没落的态势,也使江苏省治运动失去了开展的内部机制。此时随着国民革命兴起,中国开始进入了全新的"主义时代"。① 自此之后,苏社集团面临两大强劲的对手,一是日渐丧失政治伦理的军阀政治,一是日渐高涨的国民革命。这两大对手都针对辛亥革命造就的代议制民主政治。苏社集团所要全力应对的,就是如何从根本处维护并再造辛亥革命所缔造的民主共和国。

一、制定省自治法的进程

自1920年初苏社集团发起江苏省治运动之始,他们就试图制定省宪法或省自治法,来厘清省权与国权之间的关系,明确省自治的基本权限、组织架构与实际运行问题。五四时期"民治主义"与"民族自决"思潮的影响甚大,苏社同人即称"今世界民治主义发达,欧美先进,方盛倡民族自决之说,政治原动力,在下而不在上,在国民而不在政府"。② 1920年"苏人治苏"运动进一步强化了苏社集团制定省

---

① 罗志田指出:北伐前后"新俄"的思想和体制,既提供了"西方"之中不一样的模仿选项,也带来强有力的冲击。罗志田:《道出于三:西方在中国的再次分裂及其影响》,《南京大学学报》2018年第6期。
② 朱绍文、陈大猷:《江苏省制草案》,《苏社特刊》第1期再版,1922年9月。

宪法的决心，是年秋，苏社同人就有"草拟省制之动议"。①次年，湖南、浙江、广东等省发起的省宪运动已在全国范围内如火如荼地展开，推动湖南制宪的熊希龄等人鼓动苏社士绅赶制江苏省宪。为此，1921年3月，苏社理事推举朱绍文、陈大猷、刘伯昌、黄守孚、蔡钧枢、王汝圻、张援、孟森、金侯臣等草拟制定出《江苏省制草案》②。这些人中相当一部分是与苏社集团关系较密的国会及省议员。

苏社集团创办的《苏社特刊》第一期即以"省宪"为主题，专门讨论这一重大问题，张一麐、黄炎培分别撰写发刊词，朱绍文、陈大猷等人制定的《江苏省制草案》亦收录其中，并附录有浙江、江西、四川、陕西等省的省宪法会议组织法案。此外，朱绍文、瞿钺、蔡璜等对于如何制定省宪法均有详细切实的长文议论。黄炎培在《苏社特刊》"省宪"的导言中即指出，无论是东南互保，还是辛亥革命都得益于"各省之力"，"省"之于立国根基如此重要，更应在法律上予以"确实稳固之地位"。③他们相信，"我苏于宪法上如能略定基础，于省政前途必有裨益"。④当时部分旅京苏人亦主张"以省治植共和之基础，联省完国家之组织"，只有各省的省宪法制定完成，进而联合各省确定国会、制定国宪，才是国家建构的不二途径。⑤

在当时，许多人或认为中国没有自治能力，或认为共和导致民国乱象纷纭。对此张一麐在《苏社特刊》导言中认为，民国成立十年以来，

---

① 《江苏省宪运动之经过》，《苏社特刊》第1期再版，1922年9月。参见《苏社临时会议事纪》，《申报》1920年9月19日，第10版。
② 此草案最先在1921年3月《湖南筹备自治周刊》第5期上选载，次年才在《苏社特刊》第1期中刊登。参见《江苏省制草案》，《湖南筹备自治周刊》第5期，1921年3月27日。
③ 黄炎培：《省宪特刊导言》，《苏社特刊》第1期再版，1922年9月。
④ 《黄炎培致韩国钧函》（1924年3月17日），江苏省档案局编：《韩国钧朋僚函札史料选编》，第662页。
⑤ 吹万：《旅京苏人之省宪运动》，《申报》1923年7月7日，第10版。

之所以乱象丛生，并非"共和""自治"之过，而是国人被"他治"太久，惯于他人奴役，缺乏自治训练。这如儿童受絷过久，一旦初予自由，即横逸四出，是正常的过渡现象，不能就此轻易否定国人没有自治能力。他也强调中国本身就有自治传统，这实际上是在论证中国有"地方自治"的条件和能力，从而为地方自治寻找到合法性和立足点。①

对于时人认为省自治会妨碍国家统一的看法，瞿钺认为"省自为治，绝不妨于中央之统一"。②朱绍文、陈大猷认为近代以来，无论是"外轻内重"还是"内轻外重"的格局，均是因将"国权兵权，委之中央"。苏社集团倡导"省宪自治"，并非旨在脱离中央独立。实际上，当求自治不得，欲向中央争权时，省宪自治的倡导者往往强调与中央分离的一面。③但一旦进入规划省宪层面，省宪自治的倡导者反而会明确，甚至强调"省"与"国"之间的联系。这亦是湖南、浙江、广东等省宪法的共同特色。湖南省宪法和浙江省宪法均强调"不抵触国宪"。瞿钺称"省宪不独不与国宪抵触，更有推崇国宪之意"；④张一麐认为，实行省自治，不仅有利于省民，对于中央及各省督长均有利处。于中央而言，与其在集权体制下养无数军队而不能调遣一卒，财税为外省截留，不如允许各省自治，则事权明确，而矛盾减少；于各省督军而言，与其常常遭到省民弹劾抵制，不如以省宪法的方式制定明确的军民分治之法，明确军民权责。⑤

---

① 张一麐：《苏社第二期特刊导言》，《苏社特刊》第2期，1922年6月。
② 瞿钺：《论省自治之必要》，《苏社特刊》第1期再版，1922年9月。
③ 如江苏省农会会长徐瀛称，民元以后十年之间，北洋政府"悉将吾人服兵权、警察权、财政权、收税权、官吏权，以及其他关于地方自治各权，剥蚀净尽"，江苏"几成为北洋系之征服地"。《北京苏同乡怀疑韩国钧之反响》，《时报》1922年6月26日，第5版。
④ 瞿钺：《论省宪与国宪》，《苏社特刊》第1期再版，1922年9月。
⑤ 张一麐：《苏社第二期特刊导言》，《苏社特刊》第2期，1922年6月。蔡璜在《江苏省宪法刍议》中亦认为，中国只是武人政客的分裂，而非民众的分裂。"南北对峙，而民则犹是一家。"蔡璜：《江苏省宪法刍议》，《苏社特刊》第1期再版，1922年9月。

在1921年《江苏省制草案》中,朱绍文等人将"省"定义为"地方自治行政之集合体"。相较于浙江、湖南、广东等省宪法规定本省为"中华民国之自治省",江苏省宪草案将"省"定义为"地方自治行政之集合",并未定义为"自治省",且不称之为"省宪法"而称之为"省自治法",这些均突出了服从中央的统一面相。《省制草案》规定中央专管外交、国防及最高司法,内务行政与地方司法事务归省政府。省一级设省议会、省行政署和省法院三大机构。在中央与省关系上,省议会与省行政署在法律上的争议,取决于最高法院;政治上的争议,取决于省公民总投票。朱绍文等人的构想中,省长由省团体民选推举多人,经中央任命。但省长仍可接受中央委任兼理中央行政事务。1921年《江苏省制草案》重心在"省"而非县,故对县乡自治的规划并不多。在规划省制时,对县及县以下自治组织,仅主张"采促进主义,以省政府负责监督指挥"。中央与省的事权划分,最重要的是划分"国税与地税"。朱绍文主张将盐税、关税、烟酒税、印花税归中央,县税归各县,其他在本省范围内之地税、现有杂税归省收入。中央收入不济,可征请省议会补助。由于此时苏社集团诸人对议会政治已较为熟稔,故此份草案中,规定最周密详实的,要属省议会。其他如立法、司法、财税、行政等问题,规划均较简略。①

省自治不仅是为解决中央与省之关系,更是为寻求近代中国民主政治的一条途径。相较于朱绍文等人起草的《省制草案》,《苏社特刊》"省宪"一期中收入蔡璜的《省宪法刍议》更注重社会、民主问题。蔡璜即认识到"国是不得其平,则起政治革命;社会不得其平,必致生计革命"。因此,为预防无产阶级所引发的社会革命的发生,蔡璜主张扩大政治参与,给予民众投票问政的权力。在立法机构方面,蔡璜首

---

① 朱绍文:《江苏省制草案》,《苏社特刊》第1期再版,1922年9月。

先指出现行省议会贿选与派系之弊。故他主张"选举取公民直接"，并提高省内各法团的地位，以防止省长等职务权力过大。在省行政机关方面，由于"省之地位，一方代表国家行政，一方综撷地方自治"，故省行政机关可兼采独任制与合议制。省长负责行政全责，设立"省务院"以贯彻自治大原。省长、省务员由省民直接选举。在经济实业方面，"应仿照德国新例"，"对于劳农劳工，完全取保护调剂政策；对于资本地主，参取扶持限制政策"，使经济平衡，社会和平稳实。①

1921年3月朱绍文等人制定出《江苏省制草案》，这仅仅只是苏社集团诸人内部草定的方案。省宪法的制定彼时还离不开省议会这一立法机关。此时湖南、四川已经将自治大纲通电全国，湖北亦提出草案若干条。1921年4月常属议员张援、华彦铨等在江苏省议会提议称"年来国事纠纷，政治趋势多注重在省自治一途"，因此江苏制定省宪刻不容缓。他们认为虽然制定省宪法"省议会实责无旁贷"，但省宪关系全省命运，必须联合全省教育会、农会、商会等公团推举委员共同起草。②5月张援、华彦铨再度提议，主张由省议会十一人，省教育会、省商会、省农会各推举四人，共计二十三人组成省宪起草委员会。③

1921年6月初江苏省议会最终接受了张援、华彦铨等议员的提案，并商讨制定、三读通过了《江苏省制宪规程》（以下简称《制宪规程》）。《制宪规程》是制定省宪法的守则和指南，它明确了起草、审查委员会的名额、资格和产生方式。就审查环节而言，省议会提出设置"省宪审查委员会"，审查起草委员制定的省宪法。审查委员会由省议会推举十一人，江苏省教育会十一人，省农会四人，省商会四人，江宁、上海、淮阴律师公会各一人组成。此中可见江苏省

---

① 蔡璜：《江苏省宪法刍议》，《苏社特刊》第1期再版，1922年9月。
② 《江苏制定省宪法之动机》，《申报》1921年4月19日，第7版。
③ 《苏省会议员提议案两则》，《申报》1921年5月5日，第10版。

教育会的地位已与省议会趋同。就公示环节而言，省议会议决设立"省民大会"公议"省宪审查委员会"审查后的省宪法。省民大会由各县教育会、农会、商会组成，这实际上是将省民大会的权力放置到更基层的县层面。①

《制宪规程》通过时，正值第二届省议会末期，故未及按照规程进一步选举起草委员，省议会就已经闭幕。1921年10月第三届省议会议长之争，导致省议会内部派分严重激化。自此之后至1924年，省议会因党派内耗而急剧衰颓。第三届省议会期间，蔡璜、冯世德等议员本提出修订《制宪规程》案。之所以要修订，是因为有部分团体对于起草、审查与公示委员会的组成方式并不满意。如江苏旅京同乡会就希望本团体也能够列入起草委员会中，旅京苏籍国会议员谢翊元称"既有教育会、农会、商会、律师公会、银行公会加入起草分子之列，则吾们同乡会似应随之列入"。②从中可见旅京同乡会试图介入省制制定的努力。最终在各方争执下，修订"制宪规程案""未及提出而闭会矣"。③

1923年是制定江苏省制法案的第二个密集讨论期。此时距《制宪规程》公布已两年。是年4月，苏社公电质询江苏省议会，要求其明确表示：究竟是由省议会召集起草委员会议，抑或是由本省各公团自动发起制宪会议。④这一质询背后其实体现出，省议会商讨制定省宪法的合法性已逐渐动摇，但本省各公团自动发起制宪会议的合法性又并不充分。6月13日，曹锟驱逐总统黎元洪，中央政局陷入混乱，江浙关系再度陷入紧张。苏社集团诸人闻此消息云集沪上，他们

---

① 《江苏省制宪规程》，《新闻报》1921年6月17日，第2张第2版。
② 吹万：《旅京苏同乡会之省宪谈》，《申报》1921年12月29日，第8版。
③ 《江苏省宪运动之经过》，《苏社特刊》第1期再版，1922年9月。
④ 《提议制订省宪之苏社公函》，《申报》1923年4月11日，第14版。

在商议江浙和平策略的同时，又进一步催促省议会赶制省宪。他们试图利用省宪法一方面来抵制中央政局对江苏的影响，一方面可以限制本省军阀权力，拱卫江苏和平。6月19日，他们以江苏省教育会名义公电全省各公团称："非速谋联省自治，难救危亡，尤非速制适宜之省宪，难期联省自治之实行。"①

1923年6月26日，苏社集团以苏社名义公电江苏全省各自治公团称："中央政局如斯，从此恐无宁岁。若不急图省治，必将无以自救。"苏社诸理事非常清醒地意识到，江苏之所以未受"中央政争之影响"，并不是因为"人民自治之力"，而是"军民两长震慑之功"，但这种震慑实是"人治而非法治"，而"人治不可久待"。他们担心"中央政局日非"，而"省权未定"；"省之权利，惟中央能予夺之"；"省之治乱，一任中央治乱为转移"。因此唯有从速以省宪法形式确立省权，才能巩固省治之基。②由省议会发起起草委员会起草省宪法和由全省各公团发起制宪会议两种制宪路径中，苏社集团还是认为前者"较为便捷"，他们决定"如经过省议会开会期间，仍不实行，再筹其他方法"。③苏社诸理事除函催省议会赶制省宪外，还联络江苏全省农会、教育会、商会等职业团体在报刊发声，使之形成舆论力量。④

但省议会声称"因赶办十二年度预算，致省宪起草员仍未选举"。⑤实际上当时有部分省议员提出查办官产处处长曾朴案，曾朴"嗾使同党消极抵制"，致使省议会常常不足法定人数，无法开议。在龚廷鹗、周乃文、周凯、侯兆圭、宋铭勋等议员极力劝说下，才够开议

---

① 《省教育会促制省宪之通电》，《申报》1923年6月20日，第14版。亦参见《江苏省教育会年鉴》第9期，1924年7月，第15页。
② 《苏社致齐燮元函》，《申报》1923年6月20日，第13版。
③ 《苏社促制省宪之要函》，《申报》1923年6月26日，第13版。
④ 《苏社理事会促制省宪》，《无锡新报》1923年6月27日，第2版。
⑤ 《苏议员督促省宪电》，《申报》1923年7月2日，第10版。

人数。"然距闭会仅四日矣",当预算案三读终了后,已在法定闭会之日。部分省议会之所以拖延会期,亦是试图省议会召开临时会,以增加议员公旅费。这其中尤以正社议员为主。①

1923年7月底,眼见省议会已无法组织省宪法的起草,苏社集团诸人又主张撇开省议会,直接由"各法团自动制宪",可见他们在此事上的急切态度。②一直在呼吁制定省宪法的张援等省议员称,"江苏省议会议员暮气过深,人尽涣散,对于此种大业不但非其智所能及,抑且非其力所能胜"。张援更称省议会与省教育会、农会、商会、律师公会的地位等同,"本无制定制宪规程之职权"。这实际上是从法理上否认了省议会制定省宪法的合法性。③至1924年,孟森即直言省议会"不足仰望,已成事实"。④

省议会急剧衰颓的同时,国会政治也日渐堕落。1923年10月曹锟通过贿选国会议员当选大总统,自此部分旅京苏籍国会议员对国会政治失望,他们对韩国钧政府与苏社主导下的江苏省政也并不满意,因此开始谋划组建新的全省自治团体。1923年底,未参与贿选的二十名苏籍国会议员发起具有"省之政团"性质的"全社"(因"全"可拆分"二十人",又因他们旨在"谋苏省地方之健全发展")。此二十人为凌鸿寿、姚文枏、沈惟贤、汪秉忠、沙彦楷、王汝圻、胡应庚、徐兰墅、蒋凤梧、蒋曾燠(字哲卿,无锡人)、张相文、陈士髦、孟森、茅祖权、徐兆玮、瞿启甲、王立廷、解树强、王绍鏊等。组建"全社"想法

---

① 《苏议员宣布制宪迟滞原因电》,《申报》1923年7月3日,第10版。参见《省议员对于制订省宪之宣言》,《申报》1923年7月7日,第14版。《苏省宪之又一督促者》,《申报》1923年7月9日,第10版。
② 《苏社请各法团筹备制省宪》,《新闻报》1923年7月28日,第3张第1版。
③ 《省议员季通张援致教育会电》,《申报》1923年6月24日,第14版。
④ 孟森:《江苏制定省自治法之中心点》(1924年1月21日),孙家红编:《孟森政论文集刊》(下),中华书局,2008年,第903页。

得到部分苏社集团之人如陈陶遗、冷遹的支持。全社第一次发起会与会者,除苏籍国会议员外,绅学界方面有陈陶遗、冷遹、张君劢、黄守孚等四十余人。他们确定全社社纲主要为"发挥民治""监督地方财政""注重要方教育实业"。①他们推举陈陶遗、冷遹、王汝圻、徐兰墅、汪秉忠、蒋曾燠、刘平汀为临时干事;创办《江苏》杂志,以研究运河、浚浦、交通、财政、教育、自治等各问题。②此外,全社发起诸人痛感苏社内部彼此"操纵利用",故主张"遇事悉取公开之态度"。全社成立之初,"对于社员之征求,力谋普及",似有"求全"之意。他们试图吸收江苏六十县的各法团代表加入。当时预备加入者已遍布全省三十余县。可以看出,全社的旨趣、运行规则都与苏社极为相似。这实际上是苏籍国会议员对苏社的"反叛",但又是对苏社的"仿照"。③全社诸发起人原本预定在1924年9月齐集全省代表,召开正式成立大会,但被江浙战争阻遏,因而无形流产。④

如果说此前苏籍国会议员还是以非正式的同人关系网络来参与本省政治的话,1923年至1924年之交全社的建立表明,原本重心在中央的苏籍国会议员,因中央政治的衰败大量南下,以正式组织的方式全面而又公开化地参与本省政治。他们试图凭借"国会议员"这一全国性身份,来刷新和改善"苏人治苏"下的省政。他们也积极推动省制法案的制定与实行。

---

① 全社设理事七人,记名投票选举,一年一任。设文牍、会计、庶务各一人,由理事聘任。常会每年两次,于3月、9月举行理事会,每月一次,遇有紧要事件开临时社员大会。常会、临时会由理事互推一人为主席,理事会依年龄轮流主持。参见《江苏全社发起详志》,《申报》1923年12月8日,第13版。
② 他们嘲讽韩国钧政府的全省政务会议,是在督军署的宴会酬酢中召开确定的。慎言:《江苏政务会议之缘起》,《江苏》第2期,1924年6月。
③ 陈陶遗:《全社成立之经过及其主旨》,《江苏》第1期,1924年5月10日。
④ 《全社之成立大会期》,《申报》1924年7月30日,第13版。

1924年秋,沙彦楷①、孟森等苏籍国会议员组成的"全社"私拟出一份《江苏省自治法草案》。相较于湖南、浙江公然揭出"省宪法"这一称谓,此时江苏省远不如这两省独立,故只是以"省自治法"为名。此草案深受1923年曹锟宪法影响,较1921年朱绍文、陈大猷所拟《江苏省制草案》亦更详细。除"省务院"这一机构外,还设有"省参事厅",由省务院实业、教育、财政、警察、内务五司长组成。此外还设有"省监察委员会""审计委员会",其对县市乡的权限设置得更大,县议会议员由县公民直接投票选出,县公民也可以弹劾检举县知事、县官吏。这份草案直言,"议会政治,业已破产",因此强调以商会、教育会、农会、律师公会等法定职业团体组成制宪大会,代表全民。②

　　加入省制论争的还有县联会。曹锟当选总统后,颁布了"曹氏宪法"。当时江苏部分士绅因曹锟宪法对省县自治给予了较大权限,对此宪法颇为认可。根据曹锟宪法,县议会"实为省自治法会议之主体"。省自治法会议,县议会代表占半数以上,省议会与省教育会等其他各法定职业团体代表各占四分之一。因此县联会领导人李味青、方家珍、俞惟珏、狄恩霖等组织成立"江苏省自治法会议组织法筹备会",积极开展省自治法的制定。③但县联会毕竟资望不够,难以鼓动全省各大士绅团体。故他们不得不频频求援于苏社集团等全

---

① 沙彦楷(1875—1970),字武曾,江苏宜兴人,回族,举人。1910年毕业于京师法律学堂,纳款候补浙江监使。辛亥革命后,历任江苏第一高等审判分庭推事兼民事庭长、北京地方审判厅推事兼署民事庭长、京师高等审判厅推事兼庭长、国会议员等。1923年因反对曹锟贿选挂冠而去。1925年与沈钧儒合设上海律师事务所。1936年在"七君子事件"中,为营救沈钧儒等民主人士而奔走。全面抗战爆发后回乡闭门著述。参见宋林飞主编:《江苏历代名人词典》,江苏人民出版社,2019年,第297页。
② 《私拟江苏省自治法草案》,《江苏》第1期,1924年5月10日。
③ 《县联会各县代表大会再纪》,《申报》1923年12月18日,第13版。

省耆硕与旅京同乡的一致赞助。① 按照曹锟宪法,省自治法制定会议必须有省议会参与。但县联会发起江苏省自治法会议组织法筹备会后,"省议员应者寥寥"。1924年7月,县联会主导的江苏省自治法会议组织法筹备会在上海也是园召开。面对省议会在省自治法问题上的不予置闻,他们只能通过舆论等种种手段极力敦促省议会商议此问题。② 但省议会各党派领袖徐果人、王景常、朱绍文、王彭年、闵瓛、陈端、张葆培对此均置之不理。③ 因此县联会指责称"江苏省自治法,虽在筹备之中,迄未实行,此不能不归咎于省议会"。④

1925年执政府成立后,取消曹锟的贿选国会,推翻曹锟宪法,是故曹锟宪法中所设定的"省自治法"也失去效力。此时苏省两经兵燹,创伤痛深,江苏各方士绅均认为"若不从速制定省宪,不足以苏民困"。江苏"省宪运动"因而再起,其中包括停滞许久的省议会,他们拟将1921年制定的《江苏省制宪规程》稍加修改后实行。由于《江苏省制宪规程》中县议会没有起草权、审查权,仅县职业团体有部分表决权。这引发县联会反对。他们准备重新修订出一套以县议会为主导的制宪规程。⑤ 1926年初,孙传芳五省联治局面初定后,江苏省宪法会议筹备会推举起草员,草拟组织法草案。江苏省宪法会议组织法筹备会,公推起草员依清代十一府属,每府二人,推定二十

---

① 所列举的全省耆硕主要有南通张謇、张詧,宿迁黄以霖,崇明王清穆,萧县段书云,太仓唐文治,如皋沙元炳,昆山方还,吴县张一麐,武进孟森、陈大猷,高邮马士杰,江宁仇继恒,吴江钱崇固,宝山袁希涛,上海李平书、姚文枏、史量才、秦锡田、莫锡纶、沈恩孚、黄炎培等。上述诸人基本上都是苏社集团之人。《省自治法筹备会通告耆硕》,《申报》1924年1月12日,第14版。《县联会暨省自治会宴请耆硕纪》,《申报》1926年1月7日,第13版。
② 《省自治法筹备大会纪》,《申报》1924年7月3日,第13版。
③ 《省自治法筹备会责难省会》,《申报》1924年2月20日,第13版。
④ 《促进江苏省自治法之我见言》,《申报》1924年3月20日,第20版。
⑤ 《今日县联会省宪大会之提议案》,《申报》1925年5月1日,第13版。《县联会讨论省宪大会纪》,《申报》1925年5月2日,第13版。

二人为起草员。①但对于起草委员选举的合法性、组织法的制定方式都引发许多纷争。如名为"全苏公会"的团体即指责江苏省宪"为少数野心家所包办,一切进行全不公开"。②

从1921年江苏省各方士绅开始倡议制定省宪开始,到1927年党军进入苏沪为止。六七年间,苏社集团、省议会、县议会联合会、苏籍旅京国会议员等各方士绅对构建何种省治蓝图,均有种种详尽构想,但均未有明显效果。省议会迟迟无法制定省宪法,背后显示出江苏督军的不支持。而议会党派互斗背后,均是督军与省政府在操弄。孟森即称议会党派实际上"同出于一源","其实乃官僚之弄丸",不过"丸分赤白"而已。③湖南、浙江、广东三省省宪法的制定之所以进展迅速且卓有成效,得益于三省军阀。如湖南赵恒惕、浙江卢永祥、广东陈炯明均赞同省宪,且在极力推动。④但江苏督军齐燮元则不然。江苏省宪法制定之所以日趋缓慢,与齐燮元并不特别支持关系极大。有时人即指出"江浙两省之省宪,已有相竞而动之机矣,所异者,浙江之督军亦出而主张省宪,而江苏之督军则尚无所闻耳"。⑤

此外,无论是江苏省还是其他各省,省宪法(省自治法)的制定往往回避或淡化了军权与财权的隶属问题。就江苏省而言,正是由于不

---

① 这二十二人分别为张一鹏、费廷璜、李味青、姚文枏、孟森、杨荫杭、狄乃健、荆葆宸、陈传德、蔡倪培、孔宪功、陶保晋、方家珍、张君劢、刘伯昌、王浩然、杜廷鸢、汪庆余、郝昭宸、左仍第、胡震、王鸿藻。参见《江苏省宪问题之纠纷》,《新闻报》1926年3月29日,第4张第1版。
② 《全苏公会否认省宪会议》,《申报》1926年4月13日,第13版。
③ 心史:《江苏省自治法》,《江苏》第2期,1924年6月。
④ 1921年9月9日,《浙江省宪法》正式公布,时亦称"九九宪法"。1921年12月19日,广东省议会表决通过《广东省宪法草案》;大约与此同时,湖南省宪法经过起草、审查和公民复决三步骤,于1922年元旦正式公布。对于此三省宪法的研究,参见严泉:《"联省自治"运动中的省宪研究——民国初年"联省自治"的制度探析》,《学术界》2005年第6期。
⑤ 《江浙之省宪》,《申报》1921年6月7日,第11版。

能触及这两大根本性的问题,才导致省自治法的不了了之。对此张君劢就有极为犀利的批评。他认为如果仅以制定一部省宪法为能事,而不考虑可否实行,此不过一纸空文,其所为大费周章而毫无意义。在他的设想中,要增大省议会的权力,将军权"收之于省议会之手",由省议会来决定军额军费,"且对外和战须取决于省议会之同意"。如此则"全国少数军人之争,一转手间移于省民之身,而政争上或者开一新局面乎"。①但是张君劢的这一构想,又不得不面对省议会日渐衰颓的难题。因此当督军不支持,省议会又失合法性,如何制定省自治法就陷入聚讼纷纭的状态。而召开省自治法会议以替代省议会,本是全省共识;但会议代表的选举办法、产生方式更是成为争论不休的问题。

二、救济议会政治的尝试

自清末立宪运动以来,议会政治体制被时人给予极大期望,他们将这一制度看作是国家政治体制转型的一大关键。但到1920年代,议会能否代表人民,能否代达民意,成为被普遍质疑的问题。②这其中曹锟贿选的影响更是极为恶劣。1924年11月冯玉祥发动北京政变,曹锟被逐,段祺瑞临时执政后,黄炎培即致电段祺瑞请求严惩贿选议员,"庶几挽救全国各级议会贿赂公行之恶习",他痛感一次贿选毁掉了十余年国民教育之成果。③

---

① 张君劢:《省宪运动之目标》,《东方杂志》第12卷第3期,1923年2月10日。
② 杨国强:《民初政治的挫窒和中国人的反思——约法、议会、政党的因名而起与以实而败》,《华东师范大学学报》2018年第1期。实际上议会政治在清末推行之始,就已出现种种运动舞弊风潮。参见瞿骏:《"走向现代"的悖论——论清末江浙地区的谘议局、地方自治选举》,《史林》2006年第2期。
③ 《黄炎培对于时局之表示》,《新闻报》1924年11月18日,第3张第1版。

但是面对"议会制度的破产",包括苏社集团在内的相当一部分人又深知"议会制度的不能免"。①因此如何从根本处拯救议会政治,就成为苏社集团诸人迫切思索的问题。他们试图培养出训练有素的政治人才,来一洗"猪仔议员"对议会政治的破坏。为此他们与张君劢等研究系联合发起自治学院。自治学院动议于1923年夏,发起人乃是张君劢。②1922年张君劢在南京讲学,与韩国钧讨论"国民政治能力养成之法"时,提出创办自治学院计划。③

张君劢虽属研究系,但是江苏宝山人,他和兄长张嘉璈与袁希涛有同乡师生之谊。在筹办江苏自治学院之前,张君劢与江苏省教育会往来密切。④1922年初张君劢甫一回国,即受邀参加在上海召开的苏社第二届年会,张君劢演讲英美市制问题,后被收入《苏社特刊》。此外,张君劢还受邀出任吴淞市政筹备处副主任,而袁希涛为主任、沈恩孚为另一副主任。⑤1922年夏,苏社集团发起八团体国是会议,张君劢参与商讨国宪草案问题,且发表《国宪中的省宪大纲》等文。⑥

---

① 张东荪:《宪法上的议会问题》,《东方杂志》第19卷第21号"宪法问题号"上册,1922年11月10日。
② 《苏省筹设自治学院》,《新闻报》1923年8月11日,第4张第3版。
③ 《本校为增费事与陈省长往来公牍》,《政治家》第1卷第11期。张茜对张君劢与自治学院成立始末有专文探讨,但她对自治学院与江苏省政,与党派纷争等内情较少关注。参见张茜:《张君劢与国立自治学院始末》,《中国国家博物馆馆刊》2023年第9期。
④ 1911年辛亥革命时张君劢被推举为宝山县议长,后又出任民主党干事。后留学德国,获德国柏林大学博士学位。1916年袁世凯复辟失败,张君劢迅速归国,投身政治运动,出任冯国璋秘书,但因冯段之争辞职。又与梁启超再度赴欧洲游历,且参与巴黎和会事。这两段国内政治活动,张君劢与江苏省教育会诸人联系密切。
⑤ 吴淞市政筹备处是配合吴淞商埠局而建。吴淞是上海的海上门户,张謇等苏沪实业家对此早有注意,试图将其建设成商埠和港口合二为一的港埠。故1920年11月,在张謇集团的运作下,北京中央委任张謇为吴淞商埠局督办,坐办为金其照。1921年,吴淞乡商会代表王正廷建议设立吴淞市政机关,张謇遂批准袁希涛、沈恩孚出任筹备处正副主任。张君劢回国后,兼任此职,与袁希涛有极大关系。
⑥ 李贵忠:《张君劢年谱长编》,中国社会科学出版社,2016年,第47页。

张君劢留学欧洲期间深受伯格森思想影响，主张唯心史观，强调历史演进全由意志主导，强调个人"修省克治之功夫"。他认为"今日之政象"，"政府受议会之牵制"，"名为选举，实同买卖"，而"士大夫之无耻，其总病根也"，①他主张"中西儒学心理相同，古人诚意正心即为今日转移风气之根源"。②这些看法均与苏社集团诸人的理念相契合。③

自治学院的创办亦得到拒绝参与曹锟贿选的苏籍国会议员的极力支持。前述1923年夏曹锟贿选，姚文枏等苏籍国会议员拒绝贿选，集体南下，创立"全社"以求刷新省政。此时省议会中正社与仁社相互倾轧，纷争不已，而县议会仍在恢复中。因此姚文枏等国会议员深感议员素质之低劣，议会政治之腐朽，试图创办一所培养议会体制下地方自治人才的专门学校。时袁希涛、黄炎培等"亦有同类书函致省长"。此时省长韩国钧深陷议会党派之争，"对于现在政治，感受痛苦，觉欲促进民治，发扬法治，养成自治人才实为首要"，故对于创办自治学院十分赞成。④可以说，痛感于议会政治的恶化，试图培养合格的议会政治人才，刷新和再造议会政治，是当时苏社集团诸人的一致共识。

苏社集团诸人发起自治学院，其间还蕴含着效法自治对象从"以日为师"向"以美为师"的转变。自晚清以来的议会体制与自治模式基本都是师法日本，各类自治讲习所与法政学校的设置亦是如此，到1920年代随着议会政治在具体运行中展现出种种乱象，苏社集团诸人已开始反思日本模式的弊端。姚文枏即称"我国政治日趋

---

① 张君劢：《自治学院开学训勉学生词》，《教育与人生》第22期，1924年3月17日。
② 《旅京苏同乡函请维持自治学院》，《新闻报》1924年8月16日，第3张第3版。
③ 对于张君劢早年社会主义思想的探讨，参见潘光哲：《张君劢对社会主义体制的观察》(1919—1922)，郑大华、邹小站主编：《中国近代史上的社会主义》，社会科学文献出版社，2011年，第289—316页。
④ 《国立自治学院发起及创办经过的报告》(1923年12月28日)，中国第二历史档案馆编：《中华民国史档案资料汇编(三)·教育》，江苏古籍出版社，1991年，第248页。以下出版信息从略。

恶浊，全为东瀛卑劣政风所熏染"，"而英美政治家，类皆有光明伟大之精神，堪为革新政治之模范"。①张君劢认为此时的议会政治，实际上是"以科举时代之方式，为个人名利之争逐"。他对自治学院的设想，即是以英国牛津、剑桥为典范。在他看来，这两所大学最看重的不是知识的灌输与职业的培养，而是人格品德的训育。其培养模式注重自治与合作，又是师徒相授的小班制，类似于传统书院，与日本法政学堂那种"一出教室，师生便不相识"的情形决然不同。②

起初苏社集团诸人计划将自治学院附设于南京的东南大学，如此可以直接因利乘便利用东南大学的校址、师资与经费等。但1923年9月22日，江苏省教育会会长袁希涛、黄炎培，东南大学郭秉文，教育厅长蒋维乔，法政专门学校校长王汝圻，政务厅长傅疆等开会讨论自治学院的具体筹办方式时，认为附设东大有诸多困难。最大的困难在于如何处理自治学院与东南大学的关系，其中核心是经费的分配。东南大学自开创以来，就一直处于经费支绌的状态。如果附设于东大，经费势必由东大支出，这必然会削减东大在其他方面的经费分配。此外，东大内部此时已发展出一拨苏社集团的异见势力。自治学院有明显政治意味，故副校长刘伯明以及相当一部分教授不愿将政治引入大学。③

最终苏社集团诸人会商决定以国立名义在上海单独设立，如此可以向北京教育部争取经费，从而可缓解江苏财政紧张的问题，亦达到"借鸡下蛋"的目的。1923年8月，韩国钧与江苏省教育会诸人请张君劢主持院务，在北京的张君劢闻讯立即南下，与江苏省教育会、

---

① 而张君劢与"美国政治学者素有渊源"，因此姚文枏劝韩国钧万不可因经费紧张便因陋就简，去实存名。《苏省筹设自治学院之起源》，《新闻报》1923年8月20日，第4张第3版。
② 《本校为增费事与陈省长往来公牍》，《政治家》第1卷第11期。
③ 林盼、胡欣轩、王卫东整理：《蒋维乔日记》（第3册），1923年9月22日，第1465页。

国会议员诸人开始逐一规划校址、经费、章程等事宜。最终确定校址在上海吴淞商埠附近,但暂在上海爱文义路租用校舍。①

自治学院设立有董事会,由二十五位董事组成,每位董事任期不同,分为二、四、六年,抽签决定。董事会决定自治学院的经费、计划、院长等重大事务。1923年12月韩国钧确定的二十五位董事中,苏社集团占相当一部分,有张謇、袁希涛、黄炎培、沈恩孚、王汝圻、严家炽、段书云、黄以霖、冷遹、张一麐、蒋维乔、史量才、郭秉文等,亦有苏籍银行家钱新之、周作民,苏籍国会议员沙彦楷、姚文枏等。②自治学院分为四科(系),分别为省政科、市政科、乡政科、社会科。其修学年限为预科一年,本科三年。③在后来修订的课程计划中,本科三、四年级有议院法、议员实习等课程,亦有"俄国革命之因果""社会主义之趋势"等课程,还有以议会制运营的各种自治会和辩论会。④也请列德雷等人演讲《评马克思之唯物史观》等内容。⑤1925年9月,章士钊接任教育部总长后,认为自治学院名称不符合部章,遂改名为国立政治大学,经费仍由江苏省国库下拨。⑥此时张君劢支持学生创办半月刊《政治家》,任命学生祝平(后为著名地政学家)为总编辑。《政治家》存续约两年,共发行十余期,其主题有三:一是讨论如何成为政治家;一是讨论时局变动,批评共产、赤化思想;一是强调孔孟思

---

① 《自治学院收地集捐之经过》,《新闻报》1923年12月7日,第4张第3版。
② 《国立自治学院董事年限表》(1923年12月18日),中国第二历史档案馆编:《中华民国史档案资料汇编(三)·教育》,第245页。1924年4月又新增董事马士杰。参见《自治学院聘请新董事》,《新闻报》1925年4月12日,第3张第4版。
③ 张嘉森:《自治学院方案理由书》,《新闻报》1923年10月29日,第4张第3版。
④ 《国立自治学院章程》(1923年9月),中国第二历史档案馆编:《中华民国史档案资料汇编(三)·教育》,第237页。
⑤ 列德雷讲演,金井羊、祝平记录:《评马克思之唯物史观》(上),《晨报副刊》第82期,1925年4月13日。
⑥ 《本校更名经过》,《政治家》第1卷第1期,1925年12月1日。

想对现代政治家的训育。①

1923年12月29日,自治学院在上海正式成立,报名录取者有五十余人。次年2月27日自治学院举行开学典礼,张君劢、蒋维乔、沈恩孚、章太炎等均发表演说。②张君劢指出,自治学院的宗旨是"发达人民之政治品格及自治行政之智识","将"品格"置于"智识"之前,亦可见其心旨。③张君劢向诸学生强调,创办自治学院的目的,一为"明晓共和大义,以为善良公民";二为"研求各国政治制度,以期中国得一良方案"。④沈恩孚代表董事会致辞,强调"设立自治学院之宗旨,在养成有道德的政治人才"。韩国钧的书面致辞由蒋维乔宣读,韩国钧告诫诸学生称"世界之眼光固不可缺,而国家之观念尤不可不明;社会之责任固不可荒,而个人之本务尤不可不尽"。韩国钧特别强调"道德之精神尤为从政之大原,不可不保守"。而章太炎则以省宪自治为主旨,认为"省自治乃现今中国政治惟一之途径"。⑤1924年自治学院周年纪念会上,黄炎培亦称教育不仅仅是为解决民众的物质生活,"精神方面亦属重要"。他期待自治学院能够"跳出功利范围",以养成像诸葛亮一样"有精神修养之政治家"和以"造成艺术化之社会"为目标。⑥可以说,自治学院的办学风格既深受欧

---

① 如古京元《如何来解决中国的共产党》、杨义权《中国共产党觉悟否?》、陈廷章《共产主义与中国及其信仰共产主义之心理上解释》等,参见《政治家》第1卷第5、6、9期,1926年4月1日、4月15日、6月1日。张君劢:《革命与反革命》,《政治家》第1卷第10期,1926年6月15日。
② 林盼、胡欣轩、王卫东整理:《蒋维乔日记》(第3册),1924年2月27日,第1498页。
③ 《国立自治学院章程》(1923年9月),中国第二历史档案馆编:《中华民国史档案资料汇编(三)·教育》,第237页。
④ 张君劢:《自治学院开学训勉学生词》,《教育与人生》第22期,1924年3月17日。
⑤ 《国立自治学院开学纪》,《申报》1924年2月28日,第14版。
⑥ 《国立自治学院之周年纪念》,《新闻报》1925年12月31日,第5张第3版。黄炎培对诸葛亮之钦慕,见黄炎培:《一千五百年前之模范政治家》,《云南教育会月刊》1925年第2卷第3期。

美唯心一脉的政治学影响,一定程度上又接续宋明理学的传统。①

但自治学院开学后,经费问题究竟由中央下拨抑或江苏省下拨,迟迟未能明确。江苏省署将自治学院由中央下拨经费的呈请交送北京教育部、财政部后,财政部转内阁会议意见认为,此项学院系为"养成地方自治人才"而设,而且其学制名称也与教育部章不符,因此所有应需经费,自应由江苏省地方预算内自行设法筹集。②但在钱新之、张嘉璈、周作民等苏籍银行家极力游说之下,国务会议最终决定经费由江苏省国库款项下拨。③于是韩国钧政府划拨七万九千二百元作为自治学院经费。彼时韩国钧政府的财政经费极为混乱支绌,故成立整理江苏财政委员会进行系统清理。面对自治学院的经费请求,起初江苏整理财政委员会开会决议削减经费七千元,但不久再度开会时,众委员商议决定完全停拨,将自治学院裁撤合并。④由于反对者中亦有部分苏社集团之人,故会议时"坐中教育名流黄任之、袁观澜、沈信卿辈,举嘿无一言,君劢大愤"。⑤不得已,张君劢向各报界公电"自治学院无端兴废事",一度引发舆论关注。

江苏自治学院停办风波背后有"倒韩派"势力在作祟,其中尤以金陵俱乐部议员为主。1923年自治学院创办之初,"倒韩派"主将、曾经的金陵俱乐部议员屠宜厚即公电指出全省各道县原本就设有自

---

① 《国立自治学院缘起》(1923年7月),中国第二历史档案馆编:《中华民国史档案资料汇编(三)·教育》,第237页。
② 《国立自治学院发起及创办经过的报告》(1923年12月28日),中国第二历史档案馆编:《中华民国史档案资料汇编(三)·教育》,第248页。
③ 《旅京苏同乡函电维持自治学院》,《新闻报》1924年8月16日,第3张第3版。
④ 《省署解释东大及自治学院经费》,《新闻报》1924年5月17日,第5张第3版。《自治学院经费问题之所闻》,《新闻报》1924年7月4日,第5张第3版。
⑤ 章士钊:《论上海自治学院无端兴废事》,《章士钊全集》(第4卷),第394页。

治讲习所等机构,又有法政学校,何必浪费公款再设自治学院。①1924年5月省议员吴辅勋质询省政府称,同为国立的东南大学经费是东南数省分摊,何以自治学院由江苏省一省承担。②1924年6月29日江苏财政会议首日,"倒韩派"主将、宁属省议员庞振乾"有太湖局不当裁而裁、自治学院当裁而不裁之语",沈恩孚等"起而驳之,相持至三小时之久"。③当江苏省财政委员会议决自治学院裁并停办后,以苏社集团为核心的自治学院诸校董集议应对办法。最终在韩国钧与苏社集团诸人转圜下,江苏省财政委员会更改前议,仍然决定拨款维持。

此外自治学院遭到陈独秀等国共党人的暗中阻挠。风闻江苏省教育会与研究系动议自治学院,陈独秀便大加反对。他先是密函北大新派领袖蒋梦麟、胡适,指责"此学院名称不见于新学制,且北京教育费奇窘",并质询称"京学界对此有无抗议"。④此后,他又采用舆论手段,在《向导》上撰文。陈独秀之所以对自治学院大加反对,有着非常紧密的时代关系。1923年,新文化运动已经从坐而言走向起而行的阶段,研究系、国民党、北大新青年同人以及新兴的共产党都在抢占舆论阵地,扩张各自势力。此时的研究系已有中国公学这一阵地,陈独秀担心研究系一旦再建自治学院,则"不知要毒害多少青年"。他斥责成立自治学院是江苏人"不要战、脑袋要紧"的顺民心理。⑤恽代英亦讽刺苏社集团诸人"没有打破现状的决心","只有

---

① 《苏议员对筹设自治学院之异议》,《新闻报》1923年8月19日,第4张第3版。
② 《东大与自治学院经费案之质问》,《新闻报》1924年6月6日,第4张第3版。
③ 《张君劢对于江苏财政会议议决停办自治学院之抗议》,《申报》1924年7月14日,第15版。
④ 《陈独秀致蒋梦麟、胡适函》(1923年12月11日),中国社会科学院近代史研究所中华民国史研究室编:《胡适来往书信选》(上),社会科学文献出版社,2013年,第127页。
⑤ 致中:《宪法与自治学院》,《向导》第49期,1923年12月19日。

依阿取容于军阀议员,以维持他们自己的地位与他们的所谓"事业""。①

议会政治失灵,自治学院缓不济急,此时他们更加推崇以商会、教育会、农会、律师公会等为主体的职业政治。1924年底,有报人即称"代议制度,近之各国行之数十年,弊窦滋多,已有废弃之者。其在吾国诚亦未见其利。如能易以联省会议,以杜少数政客垄断之弊,而树各省自治之基"。②1924年自治学院院长张君劢在《政治学之改造》一文中明确表示,此时的国家制度较二十年前已经发生"一种绝大变化","昔以议会为分区选举代表之结合地者,则易为分业代表矣"。③1924年3月在苏社第五次年会中,张君劢着重阐释了"联省自治与公民票选宪法问题"。他认为联省自治这一制度,"真正是我们中国拨乱反正的关键"。联省自治的关键"是省宪,或者说省自治法"。实现省自治法的手段,是公民票决。张君劢称"贿选之后,议员的名节已经扫地无余了","非用公民投票的办法,不能维持宪法的庄严",只有用此办法,将制宪权"从议员手里夺来,交还国民"。④

孟森更是在1923年至1924年连续撰写一系列"职业政治"的文论。他指出"民国以来最误者,在信用名流,侈谈政策,视职业之官,充其量不过目为事务官"。孟森所言"职业者"含义有二:一是有专业、有技术之人;一是指民众、大众、中下层行业者。孟森将职业政治与省宪自治联系起来,认为地方自治,需要"自治员"这一职业官

---

① 恽代英:《"江苏人之人格"》(1924年7月20日),《恽代英文集》(第6卷),人民出版社,2014年,第459页。
② 《南京各界要求废督》,《民国日报》(上海)1924年11月25日,第1张第3版。
③ 张君劢:《政治学之改造》,《东方杂志》第21卷第1期,1924年1月10日。
④ 张君劢:《联省自治与公民票选宪法问题》,《时事新报》1924年4月2日,第3张第4版。

充分指导,从而训练民治能力。他认为"非经此一关",方能改变"国民程度之不及",方能达到"吏治之澄清"。①孟森只担任过苏社第一届候补理事,在苏社集团中并非核心人物。他对韩国钧政府多有微词。②1923年底更与拒绝贿选苏籍国会议员一道组织"全社"。但在省宪自治问题上,"全社"与苏社集团之间并无太大差异。他们均认为江苏省自治法成败之枢纽者,"惟法定职业公团是望","公团之范围,以农、商、教育及律师公会为限"。全省、全县各公团推举三十人以内的代表,组织省自治法会议,则"法团之代表额数能自确定之日,即省自治法已可为告成"。③

这也使得在国民革命兴起后,无论是苏社集团诸人还是国共党人,都开始转向职业代表制。1923年初,陈独秀撰文指责议员与军人这两种职业"为中国之大患"。他说"各级议会的议员都没有相当的职业,这种以议员为职业的议员,自不得不视职业为谋利的工具","救济之道,惟有用革命的手段废去现行各级议会的组织法及选举法,改用由现存的团体(如工会、商会、教育会、律师公会等)选举的国民会议"。④倡导职业团体代表制的背后,有四民社会的传统余续,也有基尔特社会主义的影响。⑤1924年1月恽代英也认为,"想把

---

① 孟森:《再谈职业政治》(1923年8月20日),孙家红编:《孟森政论文集刊》(中),中华书局,2008年,第775页。
② 如孟森称"省长方以苏人治苏为名","其为处心积虑,阻挠省自治之基础,盖灼然矣"。孟森:《江苏制定省自治法之中心点》(1924年1月21日),孙家红编:《孟森政论文集刊》(下),中华书局,2008年,第902页。
③ 孟森:《江苏制定省自治法之中心点》(1924年1月21日),孙家红编:《孟森政论文集刊》(下),中华书局,2008年,第903页。沙彦楷:《江苏杂志叙言》,《江苏》第1期,1924年5月10日。
④ 《中国之大患——职业兵与职业议员》(1923年2月7日),陈独秀:《陈独秀文集》(第2卷),人民出版社,2013年,第328—329页。
⑤ 孟森主张将职业教育翻译成"业教",将基尔特主义翻译成"业治"。参见孟森:《自治学院与职业学堂(上)》(1924年7月18日),孙家红编:《孟森政论文集刊》(中),中华书局,2008年,第1075—1076页。

中国的政治彻底的改良，建设一个平民政治除了实行职业选举制度以外，再无良法了"。①可以说，主张采用"职业团体代表制"来改良或者替代议会政治，以"国民会议"的方式解决国是、达到国家统一目的，是地方自治者和国民革命者较为共通的思路。但在具体手段上，地方自治者希图以温和渐进的方式，集地方之力以促成国家统一，与国民革命者主张以激进的革命方式，在全国范围内动员全民力量刷新全国政治，这两者之间，存在着巨大张力。

三、主义时代的公民教育

目睹议会政治的衰颓与军阀混战的持续不断，1924年之后的苏社集团意识到，军阀政治之所以愈加失道，议会政治之所以愈加无能，国际外交之所以愈加失措，民众运动之所以愈加高涨，皆源于"民"与"国"不发生关系。②苏社集团诸人深知，要根本拯救议会政治，仅靠自治学院一类的学校教育还远远不够，若要塑造良好的代议制民主政治，就必须开展大规模社会启蒙运动，将普通国民训练成负有公共责任的公民，才能达到救国目的。1925年江苏省教育会与基督教青年会联手推动"公民教育"运动在苏沪地区的展开，即是这一

---

① 恽代英：《实行职业普选的必要》（1924年1月25日），《恽代英文集》（第6卷），人民出版社，2014年，第64—65页。但4月恽代英已认为"职业界联合起来，以不合作为革命的手段，在事实上是不可能的事"。恽代英：《中国革命的基本势力》（1924年4月20日），《恽代英文集》（第6卷），人民出版社，2014年，第254—255页。
② 严复在清末即观察到"国之与民，久已打成两撅"。五四时期就有"民国无民，国民无国"的说法流行。参见严复：《辟韩》（1895年），王栻主编：《严复集》第1册，中华书局，1986年，第35页。

理念的实践。①

江苏省教育会与基督教青年会对"公民教育"的倡导与推行甚早，大致始于袁世凯称帝前后。为迎合袁世凯称帝，官方发起浓厚的尊孔、复古思潮。这些思潮反映到教育界，即是在中小学修身科中不再强调民主共和精神与宪政法律制度这些国民（公民）思想，而是"教作良民"。袁世凯去世后，教育界开始反思复辟得以发生的深层动因。他们认为教育应注重"共和立宪国民之养成"，"非实施公民教育不可"，②只有提倡公民教育，才能"坚固共和政体之基础"，"以矫正其冷淡国事之弊，使之对于国家有献身奉公之精神，对于一己有自营自主之能力，此公民教育之意义也"。③

这一时期，美国的公民教育运动正在兴起，它为江苏省教育会提供了典范。1915年美国劳工部归化局与国家公立学校合作开展大规模公民教育运动。1920年代中期，公民学已成为全美几乎所有公立中学的必修课。20世纪初美国公民教育运动，针对的是大量涌入美国，拥有不同信仰、不同政治认同的世界各地移民。通过公民教育运动，联邦政府试图将大量的外来移民"转变为一个有思想、可从事生

---

① 学界以往对"公民教育运动"的探讨，目力集中于基督教青年会，忽视五卅运动至北伐时期苏社集团诸人的大力响应与全省推广。相关研究参见赵晓阳：《中国基督教青年会与公民教育》，《基督宗教研究》（第8辑），宗教文化出版社，2005年，第244—258页。黄文治：《中华基督教青年会与公民教育运动（1923—1930）》，《甘肃社会科学》2010年第6期。王成勉：《余日章与公民教育运动》，《基督教与中国现代化国际学术研讨会论文集》，宇宙光出版社，1994年，第501—533页。陈志霞、苏智良：《批判与改良：非基督运动的爆发与基督徒知识分子的选择——以刘湛恩为考察》，《都市文化研究》2019年第1期。教育学界对公民教育运动的研究，主要有翟楠：《近代中国中小学公民教育研究》，江苏大学出版社，2018年。刘争先：《公民教育与国家建构的互动关系研究：基于中国近代公民教育史的考察》，浙江教育出版社，2021年。
② 朱元善：《今后之教育方针》，《教育杂志》1916年第4期，第5页。
③ 王揆：《今后教育改进之意见》，《教育杂志》1916年第11期，第170页。

产、忠诚、爱国的美国公民"。①这些举措对国内公民教育运动的理念和展开方式都有极大影响。

公民教育的理念逐渐明确,也得益于杜威等西方名哲的访华讲演。五四运动时期杜威在新文化运动各方力量的拥护下访华。他大力倡导"民治主义"和"公民教育"理念,为江苏省教育会诸人所接受。1920年夏,杜威在黄炎培曾主持的浦东中学讲演"公民教育"。②他特别强调"社会的民治主义",认为"民治便是教育,便是继续不断的教育;出了学校,在民治的社会中服务,处处都得着训练,与学校里一样"。因此教育与民治之间是互相转化的,"学校即民主社会"。这一理念对彼时中国公民教育进入学校,走向社会起到了理论助力的作用。③而江苏省教育会深受这一理念影响。④

1922年初,江苏省教育会、研究系联合南北同人发起的中华教育改进社,社中即设公民教育组,旨在商讨公民教育问题,成员有程湘帆(1924年任中华基督教教育会总干事,为国内较早倡议公民教育之人)等人。在当年10月济南召开第一次年会上,众人动议将中小学课程中"修身科"改为"公民科"时,公民教育组主任程湘帆就称:"修身范围太窄,仅斤斤于个人之修养,务使个人适应社会,公民学则改良社会以适应个人,故修身不适应于共和的社会。"⑤

---

① 参见王媛:《公民教育的制度化:美国联邦政府在美国化运动中的作用》,《外国问题研究》2022年第3期。
② 《杜威博士在浦东中学演讲纪》,《申报》1920年6月4日,第10版。《杜威博士讲演公民教育》,《新闻报》1920年6月4日,第3张第1版。
③ 彭姗姗:《杜威与五四新文化运动》,《中国文化研究》2019年第2期。
④ 朱经农即总结民治主义的教育理念为:对内和衷共济;对外开诚布公;以教育改善社会。这一总结虽显简单,但大致展现出江苏省教育会的政教理念。参见朱经农:《公民训练与初级中学》,《教育与人生》第32期,1924年5月26日。
⑤ 《分组会议记录:公民教育组》,《新教育》第5卷第3期,1922年10月。金海观即强调"公民科尤不能和社会分离"。金海观:《公民科的目的怎样》,《中华教育界》第11卷第6期,1922年1月1日,第1页。

1922年10月，在江苏省教育会、中华教育改进社的推动下，教育部正式颁布壬戌新学制，并在初小设社会科，高小、初中为公民科。自此之后，学校公民教育随着新学制逐渐开展，"各学校之实行注重公民学，自兹始"。①但此时江苏省教育会并不将公民教育视作首要任务，而仅仅将它视作中小学国民教育的进一步发展，其开展的范围主要集中在各类中小学校，并未打算将其扩展成社会运动。中华教育改进社成立后次年的年会上，公民教育组提出"群众公民之教育"等建议案，未被全体学术会议通过，显示出中华教育改进社虽设公民教育组，但公民教育此时并非社中同人关注的重点。②

"公民教育"真正意义上开始发展成大规模社会运动，始于1924年，发起人是全国协会总干事余日章，实际主持者是全国协会智育部主任刘湛恩。余日章公民教育理念的确立是在1922年。1921年底余日章以国民外交代表身份赴美参加华盛顿会议。③华盛顿会议上，中国外交代表未实现预定目标，会后余日章认为这固然源于"代表团未能尽责，然国内政治不修，民权民治民格未能做到，亦为失败之因"。④余日章赴美参会期间，正值美国公民教育运动日臻成熟之际。他既钦慕美国国民素养之高，亦深感国民素养与国际地位紧密相关。在后来的演讲中，他直言"国民程度愈高，则国际地位亦愈

---

① 刘湛恩：《五年来之公民教育运动》，上海理工大学档案馆编：《刘湛恩文集》，上海交通大学出版社，2011年，第56页。当时中华教育改进社编辑有诸多公民学教科书。如王仲和《初中公民学教本》（中华教育改进社丛书），1924年9月出版。1914年出版的《公民鉴》，则强调个人的修身，较少揭示公民与社会、国家的关系，也较少揭示法律、政府常识。参见《公民鉴》，上海商务印书馆，1914年。
② 《分组会议纪录：公民教育组》，《新教育》第7卷第2、3期，1923年10月。
③ 具体研究参见马建标：《多方的博弈：余日章、蒋梦麟与华盛顿会议》，《史林》2011年第6期。
④ 王成勉：《余日章与青年会———一位基督教领袖的爱国之道，"中研院"近代史研究所编印：《近代中国历史人物论文集》，1993年，第709页。

高"。他痛感国人"对于国家之观念与责任异常薄弱",对政治、外交事务常抱着"让政府去做,我们静观其效"的漠然态度。①故他主张以"公民教育为救国急务"。②

在萌发公民教育运动的想法后,余日章最重要的决定,就是邀聘在美留学的湖北同乡、基督教友刘湛恩加入青年会,"请其主持公民教育"。③刘湛恩(1895—1938),湖北阳新人。1914年就读于苏州东吴大学,后赴美留学,获芝加哥大学教育学硕士,转赴哥伦比亚大学攻读教育学博士学位。刘湛恩在美期间关心公共事务,热心社会运动。华盛顿会议闭幕前夕因质问美国总统哈定而在留美学生界声誉大起。④或正是源于此,他才得以与时亦在美国的余日章建立联系。⑤刘湛恩归国后即加入基督教青年会,任全国协会教育教育部主任,在余日章的策动下立即筹划公民教育运动事宜。

余日章、刘湛恩之所以在此时鼓动全国各地青年会,发起大规模公民教育运动,有两个现实因素的直接刺激:一是曹锟贿选。陶行知即称"前年的贿选是国家内政的大耻,引起了去年的公民教育"。⑥刘湛恩认为"选举者为公民最大之权利,亦为最大之义务也。乃多数人都不知选举为何事,以致受人利用,弊端百出,如此所选出之议员,自然不能代表民意"。⑦目睹此种现象,刘湛恩呼吁知

---

① 余日章:《中国在国际间之地位》,《青年进步》第73册,1924年5月。
② 刘湛恩:《五年来之公民教育运动》,上海理工大学档案馆编:《刘湛恩文集》,上海交通大学出版社,2011年,第56页。
③ 《刘湛恩博士逝世一周纪念悼词》,《同工》第179期,1939年3月,第27页。
④ 刘绍唐主编:《民国人物小传》(第9册),上海三联书店,2015年,第412页。
⑤ 《刘湛恩博士逝世一周纪念悼词》,《同工》第179期,1939年3月,第27页。
⑥ 陶行知:《1924年中国教育之回顾》,《陶行知全集》(第11卷),四川教育出版社,2005年,第191页。
⑦ 刘湛恩:《五年来之公民教育运动》,上海理工大学档案馆编:《刘湛恩文集》,上海交通大学出版社,2011年,第55页。

识阶级不应置身事外,"唱不谈国事的高调";应该积极培育好公民,改变恶政府。也正是认为"我国许多领袖人物,握有权势,莫不人格破产",①故基督教青年会的公民教育理念极为注重"人格"的训育。余日章即强调他所期待的有人格的国民,是"把个人和国家的高尚人格看做唯一无二的生命,极力担任保护培养的责任,不肯诿卸"。②

二是针对国民革命,尤其是为消解与抵制国共两党发起的非基运动。"基督教在中国影响的扩大,就是美国生活方式和社会制度在中国影响的扩大。"这对于以俄为师的共产党人来说无疑是一种巨大的发展阻碍。③非基运动始于1922年,但是真正成为强劲的运动,则在1924年秋国民革命兴起后。非基运动强调基督教会与西方列强的紧密联系,指责其忽视爱国立场,无视民族利益。共产党人林育南即称"反对基督教,不但因为它是违反科学","尤其要攻击它的,是因为它是帝国主义的工具"。④通过反帝的民族主义话语,非基运动将大量知识青年从亲美立场,转移到强调国家主权与劳工大众利益的国共政党中间。正是源于非基运动对于基督教会的批评,余日章、刘湛恩特别强化青年会的爱国色彩。他们试图以公民教育运动

---

① 刘湛恩:《公民教育运动报告》,《教育与人生》第32期,1924年5月26日。
② 1923年10月第九次青年会大会余日章亦提出"人格救国"的理念。余日章:《中国在国际间之地位》,《青年进步》第73册,1924年5月。
③ 陶飞亚:《共产国际代表与中国非基督教运动》,《近代史研究》2003年第5期。石川祯浩:《走进"信仰"的年代——1922年反基督教运动初探》,《中国近代历史的表与里》,北京大学出版社,2015年,第167—191页。马建标、陆祯严:《国际竞争的中国回响:1920年代非基督教运动再探》,《社会科学研究》2023年第4期。
④ 林育南:《两年来的中国青年运动》(1925年10月10日),中共中央党史文献研究院、中央档案馆编:《中国共产党重要文献汇编(第六卷)》(1925年7月—1925年12月),人民出版社,2022年,第194页。

为抓手，促使各教会学校"以养成中国良好公民为教育宗旨"；①使信教与爱国合二为一，成为"基督化的中华民国的公民"。

1923年10月基督教青年会第九次全国大会筹备会议上，刘湛恩当选为青年会智育部学校科主任干事，大会成立青年会公民教育委员会，以推动公民教育运动的开展。1924年3月，在刘湛恩的策划推动下，基督教青年会全国协会智育部公布公民教育运动宣言与计划书。宣言书指出民国成立十三年以来国是纷扰，全是源于我国民众不知公民责任，不能履行公民义务。民众对于国事往往从来不去理会，或抱着作壁上观的冷漠态度。刘湛恩认为"这就是今日中国争竞分裂的大病根！"他们直言，"'民'和'国'不发生密切关系，如何能成为民国呢？"故公民教育运动试图强化"民"与"国"的双向联系，使民国成为真正意义上的"民国"。②宣言进一步强调，他们发起公民教育运动，是为"唤起国人之公民观念，致力于修养公民人格，且更注意于广义的建设的爱国心"。③而之所以强调"广义的建设的爱国心"，是与激进的、破坏的爱国运动相区隔，其暗中指涉赤化思潮。

他们决定将每年"五四"和"五九"两大纪念日期间，定为公民教育运动周，通函全国四十一处城市青年会，要求各地青年会同时举行。这一运动展开的形式明显是在模仿美国教育周。④之所以将公

---

① 刘湛恩：《反对基督教教育之一般评论》，上海中华全国基督教协进会编：《中华基督教会年鉴》第8期，1925年，第123页。亦参见陈志霞、苏智良：《批判与改良：非基督运动的爆发与基督徒知识分子的选择——以刘湛恩为考察》，《都市文化研究》2019年第1期。
② 全国协会智育部：《公民教育运动的宣言及计划》，《青年进步》第71期，1924年3月，第97页。《青年协会拟办公民教育运动》，《申报》1924年3月23日，第14版。亦参见《青年会发起公民运动宣言》，《新闻报》1924年4月25日，第4张第3版。
③ 《青年会公民教育运动之筹备》，《申报》1924年4月27日，第14版。
④ 1923年起美国确定将每年11月17日至24日定为"教育周"。刘炳藜：《美国教育周述要》，《国家与教育》第13期，1926年4月17日，第4版。

民教育运动周定在"五四""五九"期间,其宣称是为"纪念'五九国耻'之真象,光大'五四运动'之精神"。实际上,"五四""五九"去时不远,其与"国家观念"紧密相连,既蕴含着国耻记忆,又蕴含着国民意识和爱国精神,利用和借助国耻纪念日来推动公民教育运动的开展,无疑具有相当大的便利。

运动展开的具体形式,主要为刊物宣传、名人演讲、陈列展览、有奖征文、学生游艺、编发印刷品等。其中陈列展览主要有在青年会所及其他公共机关中陈列公民教育图表、国旗与地图、国歌与爱国歌等。在编发印刷品方面主要有由青年会编定《怎样做公民》《公民纲要》①《公民测验》《公民图表》等小册子。②《公民图表》内容涉及赔款、割地、公债、关税、中日二十一条等"关乎吾国目前重要问题",也包含诸葛亮、岳飞等古代爱国典范人物图。青年会全国协会将这些小册子分发各地青年会,倡议各地青年会举行展览及讨论。③为扩大公民教育的参与度,青年会全国协会还以"怎样做得中华民国的一个良好公民"为题举行有奖征文比赛。优秀征文在青年会会刊《青年进步》月刊发表。④此外全国青年会还通函各地教会教堂,在礼拜日以"何谓基督化的公民"为题展开讲演。⑤

1923年刘湛恩赴沪加入基督教青年会的同时,亦受黄炎培之邀加入中华职业教育社,负责筹划职业指导运动。他也由此逐渐成为

---

① 参见青年协会书报部编辑,孙祖基增订:《公民纲要》,青年协会书报部,1925年。该书侧重法律常识与社会问题的解说。
② 《青年会公民教育运动之筹备》,《申报》1924年4月27日,第14版。
③ 《公民教育运动之举行》,《申报》1924年5月4日,第2版。
④ 施云英:《怎样做一个中华民国的良好公民》,《青年进步》第76期,1924年3月,第73—87页。
⑤ 《青年协会提倡公民教育》,《申报》1924年4月20日,第14版。亦参见《全国青年会将同时举行公民教育运动》,《教育与人生》第29期,1924年5月5日。

江苏省教育会中的重要成员。①1924年5月青年会的公民教育运动在苏沪乃至全国重要城市大规模开展,江苏省教育会也旋即开始重视。1924年8月江苏省教育会新职员会议上,诸位与会干事一致认为"公民教育关系重要",遂将其列为议案。②9月,江苏省教育会成立"公民教育委员会"。后又由贾丰臻、沈恩孚、张君劢组织"公民教育研究会",并举办公民教育临时讲习科。③但委员会成立之后,并未展开实际活动,这或是源于遭逢江浙、浙奉战争接连梗阻。但此时刘湛恩的加入进一步强化了青年会与江苏省教育会的合作,也正是基督教青年会的发起,将公民教育从"学校教育"扩展为"社会运动"。但作为社会运动的公民教育规模日渐扩大,广泛开展,则得益于江苏省教育会的大力推动。

五卅运动之后,随着国共政党学生运动的加剧,江苏省教育会真正着手开展公民教育运动。④自民初以来,江苏省教育会的教育理念一直是关注最基础、最实用的普及教育,其目的是培育良好的国民(公民)。⑤欧战以还,他们致力于普及教育,还有一重大目的,那就是预防社会革命。十月革命爆发后,苏俄国内陷入了短暂的混乱时期。对此袁希涛即认为这是"未受教育,无定识定力以持之"的"蚩蚩愚民"接受了"过激主义之学说"导致的结果。他直言:

---

① 邹韬奋:《经历·患难余生记》,生活·读书·新知三联书店,2018年,第103页。
② 《省教育会新职员会纪要》,《申报》1924年8月23日,第14版。《省教育会开公民教育研究会》,《新闻报》1924年9月27日,第2张第3版。
③ 《组织公民教育研究会之集议》,《新闻报》1924年9月5日,第4张第4版。
④ 时人即称"公民教育提倡有年,因五卅而益激烈耳"。曹思齐:《我对于省教育会附设公民教育研究会订定公民信条之意见》,《弘毅月刊》第1卷第6期,1926年6月1日,第8页。
⑤ 袁希涛即认为"人才教育越高越好;国民教育越普越好"。《前教育部次长袁观澜先生对山西模范示教学员讲演》,《来复》第65期,1919年7月6日。

> 俄罗斯,东欧之大国也,自过激派得势,推翻帝制,实行共产;而举国骚然,迄无宁岁。盖其国中教育幼稚,民智闭塞,故一发而不可收拾也。

在袁希涛看来,同在欧战中遭受巨大创伤的德国却与之不同,"其国内秩序井然",之所以如此,是因为其有"根深蒂固之教育"以维持,"而卓然不可动摇也"。①黄炎培发展职业教育,亦是为了避免"莘莘学子得业于学校,失业于社会",成为影响社会稳定的"高等游民"。②

1925年初的东南大学易长风潮,亦深受国民革命的影响,夹杂着浓重的"党化教育"的冲击。此时青年学生受国共政党运动,思想激进,常以爱国为名,以罢课为利器,动辄倡言自治,而不愿受纪律约束,不愿修身自省。不久五卅运动接踵而来,运动高涨之际,蒋维乔的弟子支伟成致函韩国钧称,"比者学潮扩大,交涉棘手,盖由血气未定之青年受少数共产党人之鼓惑,群起暴动,致酿此祸。而推原祸,始则国学衰微,道德沦胥,实为厉阶"。③支伟成还称:"过激隐患日深,至可危惧。""黄任之等亲见亲闻,敢怒而不敢言,则因暴徒四布,将有狙击之虑也。似此阴谋暴行必使全国赤化,资本尽绝,百业停滞,国际经济地位陷落无余。"④至运动过后,沈恩孚感叹,"五卅惨案

---

① 殷士杰、杨宗侃记录:《袁观澜先生讲演义务教育》,《宝山县教育会年刊》第2期,1921年8月。
② 《本社呈教育部及江苏省长公署请予备案文》,《教育与职业》1917年第2期,第7—8页。
③ 《支伟成致韩国钧函》(1925年6月13日),江苏省档案局编:《韩国钧朋僚函札史料选编》,第103页。支伟成(1899—1929),江苏丹徒人。先后肄业于上海省立商业学校及大同大学,师从蒋维乔。1925年任江苏省立第一图书馆主任。
④ 《支伟成致韩国钧函》(1925年7月8日),江苏省档案局编:《韩国钧朋僚函札史料选编》,第105页。

以来,青年学子力谋对外,以致学业荒弃,学校校务亦因之停顿,再加时势所趋,学潮澎湃,更足令人隐忧"。①

面对国共政党发动的国民革命运动,苏社集团内心极不认同。出生于1860、1870年代的士绅群体,在他们的成长过程中,共享着太平天国的历史记忆。这一记忆塑造了他们对于群众运动的态度:"他们十分惧怕失控的群众运动。"②国共政党用激进的群众运动推翻旧有的军阀及帝国主义的政治理念,与苏社集团诸人强调稳定、渐进,依赖军阀维护地方自治的理念构成了巨大张力。王清穆即称"一般急烈派分子","只有谋破坏的倾向,而不谋建设"。③汹汹而来的国民革命,迫使苏社集团在思想和行动上不得不迎应日渐激进的革命思潮。五卅运动期间,江苏省教育会力求缩小罢工范围,倡议"不宜为过度之牺牲,自增损失"。与此同时,他们更加意识到应该加强对青年学子的训练,使他们有知识素养、有理性判断、不易受煽动蛊惑、拥有国际视野、通晓外交事务,能够采用合理途径解决外交争端。为此他们呼吁各校职教员学生,应趁此停课期间,将我国法律及国际公法、先例详加研究,"以立公民教育之根本,以为此事之后援"。④这一系列变乱都让他们愈觉公民教育——"此项培养根本之教育,未可或缓"。⑤

1925年8月3日,江苏省教育会下设的"公民教育委员会"第二次委员会决定在江苏省推行公民教育。公民教育委员会每月第一周

---

① 《江苏省教育会常年大会纪》,《申报》1925年8月27日,第9版。
② [美]萧邦奇著,徐立望等译:《中国精英与政治变迁:20世纪初的浙江》,江苏人民出版社,2021年,第239—240页。
③ 王清穆研究会编注:《农隐庐日记》(11),1927年4月13日,东洋文库近代中国研究委员会:《近代中国研究汇报》第44期,东洋文库,2022年,第62页。
④ 《代电全国发表对内对外之表示文》,《江苏省教育会月报》1925年第6期。
⑤ 《省教育会提倡公教育之通告》,《申报》1925年9月6日,第9版。

周四开常会一次，总结运动成效、商讨运动计划。公民教育委员会的委员最初有沈恩孚、潘仰尧、刘湛恩（基督教青年会"公民教育运动"的主导人）等人。此后又加入杨聘渔、杨卫玉、张君劢、顾树森、程湘帆、沈蒁斋、赵霭吴、俞庆棠等中华职业教育社重要成员。[①]1925年9月，江苏省教育会的公民教育运动在苏沪地区正式展开，运动形式基本仿照青年会，最初活动有两项，一是在江苏省教育会内部召开公民教育会，通告全省各县派代表参加，由沈恩孚、刘湛恩和张君劢进行主题讲演。二是在10月10日国庆日举行公民教育大会，仍请各县各学校派代表参加。他们通函各省区教育会，本省各县教育会，各中等以上学校，上海国立、省县市乡立各学校请一致提倡进行。起初全省有十余所教育机构复函响应。与1924年借助"五四""五九"纪念日展开的五月公民教育运动周相比，增设10月公民教育运动周，是1925年公民教育运动的一大特色。

在公民教育运动中，他们尤其注重公民选举训练。[②] 1923年10月曹锟贿选后，江苏省教育会即将10月5日定为国耻日，他们直言"惟毁弃人格，违反公意"乃国家之衰败中最无可救药之方。他们认为培养公民，除集会演讲之外，更要"养成公民守法习惯"，而这一习惯的培养应从举办模范学生选举入手，逐渐训练学生养成"不为利诱，不为威胁"的志节，如此一旦参加正式选举，则可以"一矫从前恶俗"。[③]1926年4月1日，江苏省教育会公民教育委员会第九次委员会议，决定在公民教育运动周期间举行"模范公民之选举活动"，请黄炎培、沈恩孚、张君劢三人拟定选举办法，并通知各学校照办。江苏

[①] 《公民教育委员会开会纪》，《江苏省教育会月报》1925年第10期。
[②] 《救国之两要点》，《申报》1923年2月24日，第19版。
[③] 《致各中等学校征求模范学生选举办法函》，《江苏省教育会月报》1926年第5期。

省教育会发出此一号召后,与之关系密切的浦东中学、江苏省立第二师范学校、中华职业学校相继制定选举标准与办法,展开模范学生选举的试行活动。①此外江苏省教育会还决定以"公民教育"为主体举行全省中等以上学校征文活动。征文活动评选结束后将对个人、学校进行象征性奖励,如颁发纪念奖章、证书等。②

公民教育运动效果究竟如何,是一个颇值追究的问题。③前述1926年4月公民教育讲习会,是江苏省教育会邀请省内各县教育界、文化界人物举办的一次公民教育运动"培训会",参加者多是各县公民教育运动的重要负责人,因此这次会议颇为隆重。对此有位观众记录了这次讲习会的具体情形,成为观察公民教育运动的一个窗口。他称,讲习会正式开始前,刘湛恩领唱国歌,听讲员一百二十余人中,能和唱者不及半数,"故歌声极低"。沈恩孚用苏州国语领读公民信条,"每念一句,会员同喝一句,极似从前小学教员教国文"。而讲演会中,最能博得掌声者,是黄炎培讲演"履行法定义务"。但观众之所以鼓掌,是因为黄炎培戏称,不知法律者犯法无罪,故上海的绑匪,"明明是不知法律的,把他们一一枪毙,岂不冤枉"。④作为运动发起方,江苏省教育会主办的公民教育讲习会情形如此,其他各地则亦可见一斑。

大致看来,在江苏省内作为"社会运动"的公民教育,主导方主要是各县教育会、通俗教育馆以及中小学,以演讲、展览、游艺等为

---

① 《浦东中学复知试办模范学生选举函》,《江苏省教育会月报》1926年第6期。
② 《致沈信卿张君劢黄任之三君拟定模范公民选举方法函》《致江问渔君请详阅公民教育征文函》,《江苏省教育会月报》1926年第4期。
③ 江苏省教育会及江苏省教育厅亦重视考察公民教育运动的实施效果。1925年江苏省教育会致函全省各中等以上学校及县教育局,要求填寄各学校实施公民教育现况的调查表。上海县教育局亦对全县公民教育状况展开调查。《通知各校实施公民教育概况》,《上海县公报》第5期,1925年11月。
④ 水令:《公民教育讲习会听讲琐记》,《新闻报》1926年4月15日,第5张第1版。

主，不免流于形式。但这一浓厚的运动氛围，推动了作为"学校课程"的公民教育。全省各地中小学对公民课程及对学生的公民训练愈加重视。譬如如皋县第六小学对于江苏省教育会倡议的公民选举极为重视，对于选举办法作出了详细规定和说明。他们将"好公民"的标准定位为六类，即"健全的身体；良好的习惯；优良的学业；忠勇的服务；正义的助人；正当的娱乐"，分类进行选举。选举活动在公民教育周隆重举行。他们还将选举过程与结果撰成报告，刊发在《中华教育界》的"公民教育"专号中。① 还如江苏第三师范附属小学，将公民课程讲授与公民日常训练相结合。它与如皋县第六小学举行选举活动不同，特注重学生日常的考察。制作出日常考察表，供家长与教师记录打分，其功用类似于"功过格"。②

1920年代大革命兴起后，"以民为国"，通过运动民众，自下而上地展开政治实践，基本成为各方政治势力的一致理念。③ 但在具体的手段、方法和目标上，彼此有着相当大的悬殊。作为公民教育运动的发起方，江苏省教育会、基督教青年会试图以公民教育运动来应对军阀政治与国民革命，以公民信条来与共产主义、三民主义相竞争。但究其实质，公民教育运动的核心目标，还是塑造知识青年的"国家利权"与"公民权责"这两大观念，其底色还是五四时期杜威的民治主

---

① 朱仲陶等：《选举好公民的报告》，《中华教育界》（公民教育号）第16卷第6期，1926年12月。
② 《江苏第三师范附属小学校公民教育实施概况》，《小学教育月刊》第2卷第1期，1926年6月。
③ 基督教青年会、江苏省教育会等亦是对胡适"好人政府"的一种回应。与胡适等人自上而下的路径改造不同，他们采取的是自下而上的路径，通过广泛的社会启蒙运动，以培育公民来更新国家（而非以"好人"来治理国家）。他们相信，唯有通过培育良好公民参与政治，才能够建立一个胡适所期待的公开的、有计划的、宪政的政府。对胡适等"好人政府"主张的探讨，参见罗志田：《把天下的取向嵌入国家：民初"好人政府"的尝试》，《近代史研究》2019年第5期。

义思想。①只是此时由于面临代议制的危机,故更侧重选举训练而已。民治主义理念承认群体间的差异性,且认为是可以采用民主教育的方式来促成差异的缩减。他们认为民主社会"只能从民主生活、从民主教育中获得,而不可能通过激进革命的方式获得",这也由此与国共党人的革命路线产生了分殊。②

小 结

自代议制引入中国之初,国人就不乏对代议制的批评。③他们批评最多者,主要是认为议会政治实际上隐含着很深的贵族政治的传统。在近代中国,"贵族政治"实际就是士绅政治。五四时期思想界对于代议制的改造方案有两种:一种是对代议制政治的改良与修补,一种是对代议制政治的否定和替换。④苏社集团选择的是前者。此时期世界正经历第一波民主化浪潮,西方各国也面临着代议制危机。因此如何改造代议制民主政治,苏社集团诸人也缺乏明确的效仿对象。当基尔特社会主义传入后,苏社集团一方面试图培养自治

---

① 譬如在中国青年党眼中,江苏省教育会属于"民治主义派"。参见《民治主义派之公民教育信条》,《中华教育界》第15卷第10期,1926年4月,第4页。
② 彭姗姗:《杜威与五四新文化运动》,《中国文化研究》2019年第2期。常乃悳即总结称"提倡公民教育的人们,大半多注意美国的办法,注意集中到社会方面,所以他们理想的公民只是谨守秩序、关心地方、多行慈善事业等等,并且多好引杜威的社会的教育说以为辩护"。常乃悳:《国民教育与公民教育》,《国家与教育》第15期,1926年5月1日,第6—7页。
③ 邹小站:《批评、改造与超越——20世纪20年代中国思想界的改造代议制思潮》,郑大华等主编:《中国近代史上的激进与保守》,社会科学文献出版社,2011年,第195—231页。
④ 参见邓丽兰:《中国知识界对议会政治的认知与民国政制的演变》,《河北学刊》2004年第5期。

人才来改造地方自治,一方面也赞同用职业代表制补救议会政治。但是他们眼中的职业团体,仅包括教育会、商会、农会、律师公会等地方自治公团,这些团体是清末新政以来由士绅群体组建、分化而成,主导力量是士绅而非民众。他们也支持以"国民大会"来解决国是纷争,但是国民大会的代表团体中,自然将国共党人发起的学生会、工会、农民协会等排除在外。国共党人虽然也赞同职业代表制,但他们更倾向于直接民主,也更强调职业中的"阶级"不平等。

苏社集团在补救议会政治的同时,之所以对此制度抱着相当大的期望,是因为这一制度实际上隐含着维护自身绅权的功能。东南士绅坚持议和的背后,有清末"中等社会"的身份认同的影响。① "中等社会"之说盛行于清末,它是士绅的身份认同在近代的延续,1920年代"阶级"话语盛行后,士绅亦多以"中等阶级"(亦谓之"中间""中产")自命。在他们的潜意识中,中国民族国家的再造,民主政治的发展,必定由中等阶级主导。他们主张采用温和渐进的手段,由中等阶级代表民众联合各省组织国民大会,商定国是,促成国家统一。对于他们而言,联省自治是国家统一的诸多路径中最便捷、代价最小、变革程度最低的一种,故他们才不遗余力地支持。② 他们尤不赞成以共产主义学说发动激进的工农运动,进行自下而上的国民革命。不过,他们也意识到"辛亥革命之目的至今犹未得达",实在于"中等阶级未能自动的将军阀政治推翻改造"。③ 但共产党人认为,

---

① 相关讨论参见陈旭麓:《近代中国社会的新陈代谢》,生活・读书・新知三联书店,2018年,第239—255页。桑兵:《拒俄运动与中等社会的自觉》,《近代史研究》2004年第4期。徐佳贵:《组织演变与文教革新——晚清与五四之间的江苏省教育会》,《史林》2021年第3期。
② 褚辅成即称,对于联省自治,国内的中产阶级"表同情此说者居多"。褚辅成:《地方自治与国民革命》,《浙江》第1卷第1期,1926年9月1日。
③ (俞)颂华:《中国之中等阶级》,《太平导报》第2卷第6期,1927年5月15日。

中等阶级之所以不能自动地推翻改造军阀政治，源自其与军阀之间的结构性依附。"故人民虽痛恨军阀而不能与之反抗者，皆此辈在其间作缓冲也。"①

苏社集团对中国未来国家道路的建构极为模糊。他们似乎刻意回避"公民"内部阶层的不平等性，对于贫富分化与阶级矛盾等民国时期极为普遍又严重的现象亦较少致力，因此也就无法吸引试图改变阶级不平等的知识青年。他们发起的公民教育运动既没有像共产主义那样清晰明确，也不像国民革命倡导的"打倒列强除军阀"那样直接彻底。它无法以确定的国家蓝图吸引知识青年，也难以解决笼罩在广大知识青年心中的烦闷感。苏社集团诸人延续着宋明以来士大夫觉民行道的理想，常以"先知先觉者的智识阶层"自居。②而此时的国共党人则宣称"我们革命，预先就要革自己的命。革了自家的命，才配革人家的命"，③要求党员"从下部工作做起"，"不要摆出高贵的架子"。④两者有着明显差异。此外，不同于江苏省教育会注重"公民"的训育，国共党人注重"同志"的训练。"同志"拥有主义、信仰、组织，立足阶级而又超越国家，组织动员力要强劲的多。因此尽管公民教育运动看似轰轰烈烈，但也陷入了有声无色、倏起倏灭的状态。

---

① 萧楚女：《显微镜下之醒狮派》(1925年10月)，中共中央党史文献研究院、中央档案馆编：《中国共产党重要文献汇编(第六卷)》(1925年7月—1925年12月)，人民出版社，2022年，第288页。
② 《本会二十周年纪念会纪》，《江苏省教育会月报》1925年第12期。
③ 《对黄埔军校第三期入伍生训话》(1925年8月下旬)，广东省社会科学院历史研究所编：《廖仲恺集》，中华书局，2011年，第244页。
④ 彭湃：《在第六届农民运动讲习所的讲演》(1926年6月)，《彭湃文集》，人民出版社，2013年，第207页。

附图

1926年上海县议会参加选举制宪会议代表时全体成员合影(《图画时报》1926年总第310期)

未参与贿选的二十名苏籍国会议员合影(《江苏》1924年第1期)

江苏自治学院院长张君劢(《国闻周报》1932年总第9卷第19期)

1926年4月江苏省教育会组织公民教育讲习会合影（《青年进步》1926年总第93期）

如皋县第六小学公民选举结果表（《中华教育界》1927年总第16卷第6期）

余音 走向"中间党派"

> 电文列名应以耆宿号列居前。
> ——《江恒源致韩国钧函》(1933年9月17日)①

1927年的春天,党军进入苏沪。江苏省教育会的会址,上海西门外林荫路上那栋高伟的洋楼大门,被贴上了"打倒学阀,打倒破靴党"等字条。②1927年4月18日,江苏省议会的大楼被南京国民政府征用为办公地,楼上正副议长、秘书长等室改为委员室,各处悬挂党国两旗。曾经的江苏省议会大楼前召开了盛大的"庆祝国民政府迁宁大会"。③此时"打倒学阀""打倒土豪劣绅"运动在苏沪地区全面展开,国共党人与左派青年对江苏省教育会的讨伐进入了实质层面。他们宣称江苏省教育会"历年依附军阀及帝国主义者,把持全国教育及文化事业,操纵江苏政治"。④这三条罪名虽蛮横专断,却直指江苏省教育会在国际、国内和省内三个层面的影响。不久,国民党中执委宣布将黄炎培、郭秉文、袁希涛、沈恩孚、蒋维乔这些"学

---

① 江苏省档案局编:《韩国钧朋僚函札史料选编》,第215页。
② 《中小学教职员联会接收省教育会》,《申报》1927年3月22日,第12版。
③ 《国民政府建都南京之盛典》,《申报》1927年4月22日,第6版。
④ 《大学阀倒矣》,《晨报》1927年8月19日,第6版。

阀"褫夺公权,并饬令各教育及其他机关永不延用。黄炎培、张謇不得不避居大连,沈恩孚、袁希涛、韩国钧、张一麐、王清穆等人亦退居乡里,曾经主导江苏政局的苏社集团一时风云流散。

此时,避居家乡海安的韩国钧见风声骤紧,遂经如皋避走上海。如皋县党部闻此消息后,控告韩国钧勾结军阀、荼毒苏民;助孙传芳军饷等罪状,因此提请由县政府将其扣留。① 韩国钧遭到如皋县政府扣留时,黄以霖、朱绍文、张一麐等人求援如皋人、江苏省政府主席钮永建,请其向县政府转圜疏通。② 韩国钧之子韩少石分别谒见黄以霖、沈恩孚、马士杰、方还等苏社同人。最后商定的对策是,对外界暂时不予回应置辩,暗中却直接向蒋介石致函辨明此种情形,"使其完全明了",然后"再将全案披露,俾众知其真相"。在向蒋介石上书时,他们特别安排江苏各县知交,应用"公民"名义发电以为声援。从中可见政权鼎革之际苏社集团的权势网络。③

北伐前后的打倒军阀、学阀与土豪劣绅运动,苏社集团虽受冲击,但同人网络并未瓦解,只是从台前隐退到了幕后。不过经此运

---

① 1925年韩国钧卸任省长后,因担心奉系对他有所不利,于是让自己一手提拔起来的亲信,江苏省防军第一旅旅长张中立驻守泰州。孙传芳入苏后,张中立附孙。但1927年初党军到来,张中立投诚党军,并在泰州开放党禁,于是国民党党部遂公开活动。不久孙传芳又回攻泰州,张中立苦撑不力,弃城败走。孙传芳军入城后,将城中党人捕杀殆尽。1927年5月党军再入泰州,一些对韩国钧不满之人遂将此次损失记在韩头上。参见王公羽:《记张中立》,《申报》1927年5月19日,第12版。
② 曾在韩国钧任上担任萧县知事的刘延祺致信韩国钧汇报称,黄以霖等人皆求援钮永建,"钮夙与我公道义相孚","必除一切之障碍也"。《刘延祺致韩国钧函》(1927年6月6日),江苏省档案局编:《韩国钧朋僚函札史料选编》,第188页。
③ 《孙新彦致韩国钧函》(1927年6月11日),江苏省档案局编:《韩国钧朋僚函札史料选编》,第230页。浙籍军官伍文渊在致韩信中表示,蒋介石"颇望先生到宁一谈,并嘱敝处派员护送",亦可见蒋介石等人对韩国钧的借重。参见《伍文渊致韩国钧函》(1927年6月8日),江苏省档案局编:《韩国钧朋僚函札史料选编》,第172—173页。

动,他们与国民政府之间始终有着强烈的疏离感,这在北伐之后的几年最为显著。1928年北伐结束,南京国民政府进入"训政"时期,北伐时期的激进政治逐渐消退,政治方向转而回归传统。时传闻称国民政府将对江苏省政府"有彻底改组之动机",为此张一麐、王清穆、黄以霖、马相伯四人向南京国民政府上呈《苏政意见书》,指出南京国民政府成立后,"以官吏为报酬、社会以暴民为领袖";官如传舍,民为牺牲,"甚至文字有狱,偶语有刑,逸人借以修怨,巧吏缘以为奸,社会恐怖,士类诛夷"。因此张、王、黄、马四人再次提出"苏人治苏",要求"省政府委员应尽本省人才选择也"。①

1931年"九一八事变"爆发后,外交紧迫,内政趋于宽松,苏社集团诸人逐渐又从幕后走到前台。此时期黄炎培、江恒源、史量才、赵正平、张嘉璈、余日章等仿照"五四"经验,组织抗日救国研究会等各种社团,发起职业学校义勇军、救国十人团等。通过抗日救亡运动,原本在政权鼎革之际受到冲击的集团网络不但被激活,而且再度显露在公众舆论中。1931年12月,马相伯、张一麐、赵凤昌、王清穆、唐文治、庄蕴宽、黄炎培、姚文枬、李根源、韩国钧、沈恩孚、徐鼎康、穆湘玥、冷遹、朱绍文等发起"江苏国难救济会"。②这一团体存在一年之久,是旧苏社集团在1930年代最大规模的一次联合行动。1932年"一·二八事变"后,民众"责望政府弥切,因而不满于国民党也亦弥甚"。为此,江苏国难救济会通电厉言称:"如有损害领土主权及妨碍

---

① 《马良等电陈苏政意见》,《申报》1928年10月23日,第16版。该意见书只署张一麐、王清穆、黄以霖、马相伯四人之名,是因此时许多人不便署名。虽然只署四人之名,实际上代表了苏社集团相当一部分人的看法。
② 《苏省耆老要电》,《申报》1931年12月5日,第13版。曾经组织新苏公会的王绍鏊后来称,"九一八事变发生,我又不安本分起来,先赴沪上邀约各方面爱国人士,共同发起了中华民国国难救济会"。参见王绍鏊撰稿,陈正卿整理:《王绍鏊自传》,上海市档案馆编:《上海档案史料研究》(第10辑),上海三联书店,2011年,第123页。

行政完整之文约,我国民誓不承认。"①

1932年4月,淞沪抗战期间,作为"北洋遗老"的苏社诸耆绅以"江苏国难救济会"名义痛批南京国民政府的党治之失。五年来,他们对国民党所积储的不满之言,淋漓毕现于此篇告文中。该文直斥"国民党只知有党,不知有民","贪官污吏,旧者未除,而新者加甚,土豪劣绅,老者犹在,而少者萌生";"人民组织团体,立案核准,必经党部,开会指导,必请党员,初中尚未毕业之学生,可以攘臂登坛,厉声叱责长老";"一县亲民长官,例受监督于本县党部,而县党部委员,则二三少年,实操其柄"等,揭露出国民党各级党部尤其是县党部的种种乱象,矛头直指国民党"以党治国""以党代政"的弊端。他们尤其是不满主持县党部的激进青年对县长、县政的干涉,造成党政歧见、党政抵牾的乱象。②

不过"九一八事变"后,国民政府的政治氛围较此前逐渐宽松,自此之后至抗战全面爆发、江苏沦陷之前,苏社集团开始逐渐与国民政府形成一种不亲不疏、若即若离的合作关系。此时期,庄蕴宽、黄以霖、方还等苏社集团中的部分重要耆绅相继去世,活跃在江苏省政的大致有两拨:一拨是韩国钧、马士杰、徐鼎康、陈陶遗、王宝槐、卢殿虎、武同举等苏社中江北耆绅,另一拨是黄炎培、沈恩孚、江恒源、

---

① 其署名者为马相伯、赵凤昌、韩国钧、黄以霖、姚文枏、王清穆、沈恩孚、唐文治、马士杰、张一麐、董康、庄蕴宽、李根源、徐鼎康、秦锡田、沈惟贤、穆湘玥、黄炎培、贾丰臻、袁希洛、朱绍文、江恒源、单毓华、瞿钺等。《江苏耆老等反对外交妥洽》,《申报》1932年1月7日,第17版。
② 参见[美]盖斯白著,许有威译,陈祖怀校:《从冲突到沉寂:1927～1937年间江苏省国民党党内宗派主义和地方名宿》,《史林》1993年第2期。沈洁在以奉化《张泰荣日记》为中心探讨地方社会如何走向国民革命时,亦指出"地方力量党化的完成则正式终结了传统中国的地方精英统治模式"。参见沈洁:《1920年代地方力量的党化、权力重组及向"国民革命"的引渡——以奉化〈张泰荣日记〉为中心》,《华东师范大学学报》2016年第6期。

冷遹、张一麐、张嘉璈、陈光甫等苏沪绅学商界。

就江北诸耆绅而言,他们退居乡里,致力盐垦、导淮、疏浚、保坍、赈灾等实业、水利、慈善事业。他们极力争取叶楚伧、顾祝同、陈果夫等江苏主政者的支持,不断向省府争取款项,致力于导淮入海等大规模水利工程,不但将江苏运河工程局这一同人群体的活动据点保留,而且有所发展。其中,韩国钧因其出任过两任省长身份,更为国民党人所重。无论是叶楚伧、顾祝同、陈果夫等主政江苏者,还是江苏省政要人沈百先、何玉书、王柏龄等均向其垂询。①

就上海绅商学界而言,1930年代,黄炎培与昔日同人不断调适和国民政府的关系,借助中华职业教育社这一"吾辈仅仅保持"的部分事业,"一瓢一勺,亦复涓滴有加",文教事业再度扩张。②除了上海的中华职业教育社,其他如南京的晓庄师范,安亭、无锡的职业学校,"都是他们的细胞",发展得很快。③此外,他们将1924年成立的文化图书机构"甲子社"改为"人文社",发行《人文》月刊,从事于现代史料之搜采与整理,成为上海不可多得之文化机关。④"一·二八事变"后,史量才发起的上海地方维持会(上海地方协会),"其实际力

---

① 1927年南京国民政府建立后,江苏运河工程局被改组,原本主持者被国民党人替代,1928年又缩编为江北运河工程处。但1931年底,江北人顾祝同担任江苏省政府主席,他较为支持江北水利事业发展,韩国钧被任命为江北运河水利工程委员会副主任委员。原本被缩编的江北水利工程局再度重组,苏社集团中的徐鼎康出任局长。苏社集团中的江北耆绅凭借水利事业再度兴起。《王清穆致韩国钧函》(1934年1月27日),江苏省档案局编:《韩国钧朋僚函札史料选编》,第95页。
② 中国社会科学院近代史研究所整理:《黄炎培日记》(第3卷),1929年9月9日,第178页。1929年江恒源、黄炎培在致韩国钧信中即称"源等服务职业虽未有特殊成绩,而精神尚无间断。最近集中力量于工商职业学校、职业指导所、农村改进事业及《生活周刊》,差幸有相当贡献"。参见《江恒源、黄炎培致韩国钧函》(1929年1月5日),江苏省档案局编:《韩国钧朋僚函札史料选编》,第218页。
③ 曹聚仁:《天一阁人物谭》,上海人民出版社,2000年,第246页。
④ 《人文创刊词》,《人文》第1卷第1期,1930年5月15日。

量则超越一切"。"七七事变"前后,代表上海各界的文电"大部分都是地方协会决定",其他团体如市商会、银行公会、钱业公会、航业公会等仅"画诺而已"。上海地方协会会长先后为史量才和杜月笙,而总秘书一直是黄炎培。①是故恽逸群即称,"谁是代表以上海为中心的中国新兴民族资本家从事政治活动的?那不是张公权,也不是陈光甫,而是史量才和黄炎培。史量才死后,黄炎培是硕果仅存的巨擘了"。②

1927—1937年"南京十年"时期,他们依靠旧有同人网络,仍然或明或暗地介入江苏省政。兹举两例以说明。第一例关涉1933年的江苏政府改组事宜。江苏省政府主席自1927年之后,分别为钮永建(1927年11月—1930年3月)、叶楚伧(1930年3月—1931年12月)、顾祝同(1931年12月—1933年10月)。此三人均为江苏人。1933年江苏省政府主席顾祝同面临去职危机。苏社集团闻此消息,颇有主张。当年9月,江恒源致函韩国钧称:

> 苏政府改组之说甚嚣尘上已非一日,继任人物内定某君,想尊处亦有所闻。此间同人讨论结果,一致主张挽留虎头而不妨局部改组。日昨御秋先生来沪,同人又加以一度缜细商量,觉得乘此时机应向最高当局有所表示,此亦比较利害不得已而出此,盖纯为全省利害计也。表示方式拟电庐山而不布之报纸,电文列名应以耆宿号列居前。③

---

① 叶君宜:《黄炎培的政治活动》,《杂志》第11卷第1期,1943年4月10日。
② 江苏省社科院《恽逸群文集》编写组:《恽逸群文集》,江苏人民出版社,1986年,第217—218页。
③ 《江恒源致韩国钧函》(1933年9月17日),江苏省档案局编:《韩国钧朋僚函札史料选编》,第215页。

从此函中可知，江恒源与在沪同人讨论决定，他们不同意内定的"某君"，而是一致主张挽留顾祝同，而对省政府进行"局部改组"，更换一些他们不满意的委员。次日冷遹来沪后与在沪江恒源等同人又"一度缜细商量"，决定应该向蒋介石等最高当局有所表示。目前虽未见到他们向最高当局的"电文稿及列名人清单"，但是函中所提及"电庐山而不布之报纸"，"以耆宿号列居前"，此两点最值玩味，从中可窥苏社同人的政治手腕和"耆宿"的政治资望。而"此间同人讨论结果"，"同人又加以一度缜细商量"，将苏社集团此时期的同人意识展露无遗。

第二例关涉1934年江苏省政府水利公债发行事件。1934年导淮委员会主任、江苏省政府主席陈果夫等决定开启导淮入海工程，因工程花费款项甚巨，八九月间江苏省政府决定发行公债两千万。① 是年10月27日，《申报》刊出《为省公债事苏绅通电省府》消息一则称，江苏省政府发行省公债千万，"苏绅对此事极为重视，昨由韩国钧、张一麐等联袂电府，请求公布存储及保管办法"，具名者为：韩国钧、张一麐、张一鹏、庞树森、黄炎培、赵正平、陈陶遗、杨寿楣、钱以振、金其堡、冷遹、陆锡庚、严敦和、马士杰、江恒源、张孝若、徐肇钧、苏宗辙、刘伯昌、罗会庄、吴培均、王宝槐、季龙图、朱绍文二十四人。② 这份二十四人名单大部分是苏社集团诸人。他们之所以发此通电，并非仅要求公布公债的"存储及保管办法"，主要目的是响应、支持江苏省政府发行公债这一举措。和1922年韩国钧长苏一样，面对财

---

① 对该年陈果夫、沈百先与导淮入海工程的讨论，参见［美］戴维·艾伦·佩兹著，姜智芹译：《工程国家：民国时期（1927—1937）的淮河治理及国家建设》，江苏人民出版社，2011年，第110—115页。李发根：《治水政治：20世纪30年代的"导黄入淮"纠纷》，《近代史研究》2021年第5期。
② 《为省公债事苏绅通电省府》，《申报》1934年10月27日，第9版。

政亏空，江苏省政府发行数千万公债，必须得到江苏诸耆绅响应。江苏诸耆绅也希望在水利建设中能够得到省政府的政策、经费支持。1934年9月底，冷遹、吴兆曾、黄炎培等苏社集团之人在沪上密谈，商议通电赞同事宜。吴兆曾致韩国钧函中即称：

> 来申时，御公交示尊函并拟电稿，当觅任之、陶遗、问渔诸兄洽谈，对于我公意旨均甚了解。任之兄斟酌稿件，廿八日已寄御公，日内想达。尊电，明日午后任之兄约公权、侯城、陶遗、问渔诸兄谈话，商定后即发。兆曾亦拟一电底录呈，不妥处乞指教。日内赵、沈二厅长适在申，今晚可以晤叙。政府既与人民合谋，自以融洽坦白为是。

此函中涉及的"同人"，有冷遹（御公）、黄炎培（任之）、陈陶遗（陶遗）、江恒源（问渔）、张嘉璈（公权）、金其堡（侯城），亦有江苏省财政厅厅长赵棣华、建设厅厅长沈百先"二厅长"。上述"同人"主要是江北耆绅与上海士绅。函末"政府既与人民合谋"一语将这一函电的内情明白指出。时无锡钱基厚明确通电反对发行公债，传闻常州耆绅钱以振亦不赞同。[1] 苏社集团诸人认为，"电稿宜与江南一致为妥"，"两钱处另设法疏通"。[2] 疏通两钱后，苏社集团诸人即将此前

---

[1] 《反对苏省发行公债》，《申报》1934年8月23日，第12版。时无锡商会会长钱基厚认为：近年苏省财政从未正式公开，究竟如何盈亏毫无闻见，省政府的核算公开，历任均未结束。"财政之紊乱，于此可见。""此项三千万元公债，年需利息二百十万元，期限至二十年之久，增加人民负担实堪惊人，以债易债，徒增其息。目下似应将以前旧账截清作一结束，以后一切公开，实行量入为出。"为此钱基厚还致函江苏省商联会主席于小川，及无锡旅京同乡会，并转江苏各县旅京同乡会，请即一致呈请中央制止，并令苏省当道实行财政公开。
[2] 《冷遹致韩国钧函》（1934年9月30日），江苏省档案局编：《韩国钧朋僚函札史料选编》，第299页。

拟定的电稿略加增删,这才有10月27日《申报》的通电消息。①不过苏社集团同人原本拟定通电标题为《苏绅为公债事通电省府》,但正式见报时,被调换主次,易之为"为省公债事苏绅通电省府",以强调公债事,而淡化"苏绅"力量,可见诸耆绅与国民政府之间微妙而又敏感的关系。②这一案例,一方面显示出1930年代,以苏社集团为主的江苏士绅逐渐和国民政府之间达成一种有条件的"合作"状态;另一方面,精心策划"同意电文",斡旋署名人的过程,显示出1930年代的江苏耆绅其旧有的集团网络仍在运行。

1937年全面抗战爆发,次年江苏大部沦陷,国府内迁。在此八年抗战期间,部分退居川渝的东南士绅依靠国民参政会,发展民主团体,逐渐演化成国共之间的第三势力。浙江褚辅成、沈钧儒,江苏黄炎培、江恒源、冷遹以及张君劢等都成为"三党三派"之中的核心人物。③1938年、1940年、1942年三届重庆国民参政会中,苏社集团中的黄炎培、张一麐、冷遹、江恒源始终是连选连任。黄炎培后来在悼念张一麐文中亦坦言,无论是"奔走地方军阀间弭战谋和,既而对日抗战服役后方,最后国民参政会上下论议,炎培盖无役不与先生共朝

---

① 参见《吴兆曾致韩国钧函》(1934年10月3日、4日、15日、25日),江苏省档案局编:《韩国钧朋僚函札史料选编》,第291—292页。吴兆曾向韩国钧汇称:"列名者,江南北共二十四位,均经分头征得同意,由公领衔,并代刊尊章一方加盖,以资郑重。""各报馆亦照印分送,明后日当可披露。"由于镇江是江苏省署所在地,担心江南人过多引起当局侧目,为此公电奔走斡旋的镇江人吴兆曾并未署名。
② 《苏省水利建设公债抵押借款签字》,《大公报》1934年12月9日,第10版。1934年12月,陈果夫复函韩国钧等苏绅,向其保证水利公债悉数支配于此项军需;公布的江苏建设公债监督用途保管委员会九名委员中,有韩国钧、冷遹、张一麐、陈陶遗四位。
③ 萧小红:《黄炎培与30年代民国政治——兼论民间精英的社会动员方式(1927~1937)》,朱宗震、徐汇言主编:《黄炎培研究文集》(3),四川人民出版社,2009年,第1—37页。

夕"。① 1941年邹韬奋撰写《抗战以来》时,将其称之为"职教派"。②他们创办《国讯》《宪政月刊》等杂志,造成一大势力。抗战胜利以后,"职教派"这一名称更广为人知。1946年有报人指出,"职教派中江南的名流特多","首要者当推黄炎培、张公权、宋汉章等"。③"该派分子有加入其他政党者,有加入民主同盟者","率皆不满国民党"。④可以说,"江南名流"与"率皆不满国民党"是他们最显著的特征。

抗战前后的职教派积极投入抗日救亡与组建第三党派的政治活动中,成为国共党争的中间人。⑤1945年6月,黄炎培、冷遹、褚辅成与傅斯年、左舜生、章伯钧六位国民参政员赴延安访问。六人中,除黄炎培、冷遹两人之外,褚辅成与黄炎培关系颇密。曹聚仁认为"这是江苏省教育派决定和中共合作的起点"。"后来,内战时期统一战线中的民主建国会,一方面看起来是民族资本人士,一方面看起来,又是江苏省教育会派的老人,而黄氏正是他们的领导人。"⑥不过这一中间势力在1947年前后开始左右分化。⑦

---

① 《国府明令公布第二届参政员名单》,《申报》1940年12月24日,第4版。参见黄炎培:《张仲仁先生传》,《人文》复刊第1卷第3期,1947年10月31日。
② 邹韬奋即称,"职教派是指中华职业教育社以及和该社接近的诸位先生们。该社被请的有黄炎培、江恒源及冷御秋诸先生"。参见邹韬奋:《抗战以来》,生活·读书·新知三联书店,2018年,第49页。
③ 辛辛:《从职教派说到黄炎培与潘仰尧》,《吉普》1946年第26期。
④ 卓希陶:《中国现有党派概况:职教派》,《胜流》1946年第3卷第7期。不过职教派内部也有少壮派与元老派之分。参见《职教派内部之分裂》,《新潮》1947年第5卷第1、2期。
⑤ 参见邓野:《联合政府与一党训政》,社会科学文献出版社,2011年;闻黎明:《第三种力量与抗战时期的中国政治》,上海书店出版社,2004年。
⑥ 曹聚仁:《天一阁人物谭》,上海人民出版社,2000年,第246页。
⑦ 参见吕迅:《大棋局中的国共关系》,社会科学文献出版社,2015年,第245—251页。亦参见罗隆基:《从参加旧政协到参加南京和谈的一些回忆》,全国政协文史资料研究委员会编:《文史资料选辑·合订本》(第6卷),中国文史出版社,1986年,第193—208页。

抗战胜利国民政府还都南京，就此时期的江苏省政而言，冷遹、蒋维乔、鲍贵藻、张宏业、庞树森等活跃在1920年代的部分苏社集团诸人，仍是此时期江苏省临时参议会的重要成员，冷遹更是长期出任议长一职。① 当时省临时参议会分左、中、右三派，左派以冷遹为首，庞树森、钱基厚、荣德生为代表。时江苏省政府主席为王懋功，与冷遹有旧交，对其颇尊重；江苏省建设厅厅长董赞尧亦与冷遹为忘年交，"遇有重大省政辄先商于冷老，因之冷老对江苏省政亦可作适当控制"。董赞尧在恢复江北运河工程局，组建江南塘工委员会等水利事务中，冷遹、庞树森、袁希洛等人均有参与。② 1948年丁治磐出任江苏省政府主席时称，资格甚老的省参议长冷遹同情中共，"与省政府强烈对立"，"以致政治上一筹莫展"。后来丁治磐向蒋介石汇报时，蒋示意将"这些人一起换掉"。③ 自此之后，冷遹避居沪上，直至中华人民共和国成立。中华人民共和国成立后，黄炎培出任政务院副总理、轻工业部部长等职；冷遹出任华东军政委员会水利部长、江苏省副省长等职。1955年中华人民共和国成立六周年之际，毛泽东在同意袁希涛之弟袁希洛来京参加国庆观礼的批语中称，"此人是江苏教育会派要人之一，似可考虑给以某种名义"。④ 从中可见这一派人士半个世纪的影响力。

---

① 时CC系与三青团在江苏省内颇有势力，出身黄埔系统的王懋功敦请冷遹出任议长，主要是为遏制这两方势力。当时苏北为共产党控制，国民党只控制苏南半壁。故省临时参议会中亦有本地苏南士绅与流亡苏南的苏北士绅之分。"因为整个省政开支完全由苏南负担"，苏南士绅领袖以庞树森与钱基厚为代表，"二人上下呼应，在苏南造成一种势力，和省政府演出讨价还价之戏"。参见刘平江：《江苏省政府主席王懋功二三事》，镇江市政协文史资料委员会编：《镇江文史资料》（第13辑），内部发行，1987年，第29—38页。
② 江苏省政协文史委员会等编：《冷遹先生纪念文集》（江苏文史资料第27辑），江苏文史资料编辑部，1989年，第92页。
③ 刘凤翰、张力访问：《丁治磐先生口述历史》，九州岛出版社，2013年，第118页。
④ 《同意袁希洛来京参加国庆观礼的批语》（1955年8月17日），中共中央文献研究室：《建国以来毛泽东文稿》（第5册），中央文献出版社，1991年，第306页。

附图

江苏淮安民众欢迎东路军总指挥何应钦及庆祝北伐成功大会(《新闻报》1927年6月18日,第3张第1版)

1930年担任江苏省志局长的庄蕴宽与王清穆、蒋维乔、孟森、沙彦楷、赵尊岳等在上海一枝香为马相伯祝寿(《图画时报》第636期,1930年1月1日,第3版)

1931年末上海各界史量才、王云五、虞洽卿、刘湛恩、穆藕初、刘鸿生、余日章、黄炎培、钱新之等领袖赴南京与蒋介石讨论外交问题(《新闻报·图画附刊》1931年11月18日,第1版)

结　语

　　惟兴学,惟地方自治,可以基本救国;以地方政权掩护绅权,以绅权孕育民权。

——黄炎培:《沈信卿先生传》(1944年)①

　　费孝通在《乡土中国》中特别揭出传统中国政治中存在着"长老统治"的现象。它是"社会继替"中的一种"教化权力"。②它与"社会变迁"中的军阀势力共同构成了近代中国的双螺旋结构。陈独秀曾认为近代中国政象纷乱的源泉,是中外人所同恶的"督军政治"。因为"大小军阀各霸一方,全国兵马财政大权都操在各省督军总司令手里,中央政府的命令等于废纸,省长是督军的附属品,省议会是他们的留声机器;法律舆论都随着他们的枪柄俯仰转移"。③这种以"督军政治"来综括北洋政治的看法深深影响了几代人的认

---

① 黄炎培:《沈信卿先生传》,《国讯》第369期,1944年6月1日。
② 费孝通:《乡土中国》,北京大学出版社,2012年,第107—112页。
③ 陈独秀:《联省自治与中国政象》,《向导》第1期,1922年9月。

知。①本书以苏社集团为中心,集中探讨1920年代这一集团与江苏政局的互动过程。从苏社集团谋求"苏人治苏",开展省治运动的过程可以看出,"督军政治"之论,远不足以涵盖整个北洋政治的面相。1920年代在中国近代史上所具有的独特转折性,使此时的江苏"绅军政权"更具多重色彩。

一、绅军政权

"绅军政权"是1920年代江苏省政的基本特质。这一政权形态有两个维度,一是苏人治苏,一是军民分治。首先,就苏人治苏而言,它绝非是一种泛泛而谈的口号,而是苏社集团的核心政治诉求。即如他们所言,"必先达到苏人治苏,然后自治法案可以次第实施"。②军民分治是苏人治苏的制度保障,它从制度层面强化了本省官绅与北洋督军分享省权的局面。是故张謇即称,"军民分治,是民国根本百年、千年之法"。③军民分治针对的是军阀,强调的是士绅的自治权力;苏人治苏针对的是"外省人",强调的是江苏本省人对江苏的自治权力。这两大理念的结合造就了苏社集团对江苏省权的主导,

---

① 戴安娜·拉里即称,"虽然我们假设许多军阀在其统治区都是手执大权,但他们究竟受到多少绅士和商人力量的限制,这问题还很少有人研究"。[加]戴纳·拉莉著,李恩民译:《军阀研究》,《南开史学》1980年第1期。英文本参见Diana Lary. "Warlord Studies", *Modern China*, Oct., 1980, Vol.6, No.4.
② 《苏社秋季理事会纪事》,《民国日报》(上海)1920年9月16日,第3张第10版。蔡容在致韩国钧信中称"不违反'苏人治苏'本旨",从中亦可见"苏人治苏"这一理念的共识性。《蔡容致韩国钧函》(1923年),江苏省档案局编:《韩国钧朋僚函札史料选编》,第726页。
③ 《致韩国钧函》(1923年12月1日),李明勋、尤世玮主编:《张謇全集》(第4卷),第1228页。

它成为耆绅政治的理论支持,也是"绅军政权"的直接体现。

苏社集团虽力求"苏人治苏",但仍然坚持"军民分治",背后隐含着让督军"保境安民"的政治要求。这一要求为军绅两方共同认可。对地方士绅来说,保境安民是向军阀提供财税的利益交换。对各省督军而言,保境安民是驻防本地的合法性来源。如此督军与士绅间会达成一种默契的平衡。但军阀深受全国政局、中央派系牵连,一旦发生战端,难以"安民",地方士绅会立即与之切割关系,寻求新的"保境安民"人选。可以说,从齐燮元到孙传芳,相较于"保境安民之人是谁",苏社诸人实际更在意"谁能保境安民"。也正是源于此,他们才直言,"任何方面,绝对无可依赖,惟内饬吏治,外避党争,差可自卫而卫国"。①

1920年代的"省人治省"运动,旅京苏人扮演了相当重要的角色。但正是因为旅京苏人既代表"中央",又代表"地方",故在涉及江苏地方问题上时常会与地方耆绅产生抵牾。这在1920年、1922年两次省长更易中就已体现,韩国钧长苏后更为明显。七百万公债发行、议教之争、恢复旧县制以及由此引发的"倒韩风潮"中,旅京苏人尤其是苏籍国会议员,成为"倒韩"势力的支持者和参与者。1923年底,未参与贿选的苏籍国会议员发起的"全社",更是直接针对韩国钧政府。② 1925年奉系入苏,所启用的大多是亲北洋的旅外苏人,而非在辛亥前后成长起来的本地苏人。这使苏社集团主导的"苏人治苏"局面受到冲击,军民分治制度亦遭到极大破坏。北方苏人纷纷南下,在江苏政坛上形成除苏社耆绅之外的另一拨势力,这使得南北苏人之间的隔阂加深。因此,如果忽视旅京同乡团体在北洋政局中

---

① 《苏社致齐燮元函》,《申报》1923年6月20日,第13版。
② 《黄炎培致韩国钧函》(1924年12月13日),江苏省档案局编:《韩国钧朋僚函札史料选编》,第666页。

的行动与作用,将难以透彻地理解整个北洋政治史的运转。

江苏"绅军政权"的稳定深受北洋财政的影响。北洋时期,是从传统王朝以田赋为主的财政税收制度向现代国家以工商为主的财政税收制度转变的时期。这一转型时期的财税制度并不健全,对全国政局也产生了诸多影响。纵览北洋十六年,财政税收是最紧要、最关键,也是最现实、最直接的难题。它甚至超过了宪法、法统等较为高远的问题。这一问题贯穿于中央、省、县各个层面,成为北京中央权势衰微,府院更迭的重要因素。① 具体到江苏而言,更是如此。

江苏财权相当程度上由苏社集团操控,1922年七百万公债遭到各方阻遏后,韩国钧组织财政委员会以求整理调试,未达预期效果。② 1923年底韩国钧政府又改组财政委员会,但改组后的核心成员仍以苏社及亲苏社之人为主。③ 韩国钧任上的财政委员会难以触动督军利益,无法大规模削减军政费用;此外,财政委员会诸位委员,也须兼顾自身所属的官绅系统利益。是故如何统筹协调苏社集

---

① 曾担任国务总理的孙慕韩之子即称,北洋末期,"所有每次组阁全看财政总长个人周转向银行借款或发公债维持"。参见杨恺龄辑:《孙慕韩(宝琦)先生碑铭手札集》,沈云龙主编:《近代中国史料丛刊续编》(第45辑),文海出版社,1977年,第217页。北洋政府的财税来源主要是关税和盐税,但自1921年就丧失了关税收入。整个1920年代的种种变局,背后都与财政税收系统的紊乱失序有关。因财政经费短缺,北洋政府不得不对外借债,对内放债,1925年债务支出占财政支出的32%。外债导致西方列强深入介入中国朝局,内债导致市场波动极大。此外,军费支出更是在袁世凯去世后逐渐增长,1925年竟占财政支出的46.9%。段祺瑞执政府难以为继。北洋政府的覆灭,无不与这一问题相关。参见林美莉:《西洋税制在近代中国的发展》,"中研院"近代史研究所专刊(88),2005年,第93页。[日]岩井茂树:《中国近世财政史研究》,江苏人民出版社,2020年,第387—397页。
② 正因为财政问题迫在眉睫,故苏社诸人将1923年的《苏社特刊》专题定为"财政",张一麐为之作序,刊登有贾士毅、傅鸿钧、杨寿祺、蒋公智、冯家麟、瞿钺、朱绍文等人的论述。参见《苏社特刊》第3期,1923年3月。
③ 改组后财政正式委员为黄以霖、史量才、李锡纯、黄炎培、钱崇固、许仲衡、张一鹏、沈惟贤、苏民生;候补委员为沈恩孚、袁希涛、马士杰、盛炳纪、刘伯昌、张君劢、王汝圻、郝心源、仇继恒。参见《苏省财政会议纪(二)》,《申报》1923年12月13日,第10版。

团内部利益,亦是一大问题。① 江浙战争更是将以前整理财政的种种计划全部推翻。故战事结束后,财政委员联袂辞职。② 1925年奉系入苏,郑韩交替,与苏社集团较为疏远的旅京苏人又组织"清理江苏财政委员会",对江苏财政再度展开大规模清查,颇有成效。但此后又遭逢浙奉战争等一系列战事阻碍。1925年底孙传芳入苏后,财政厅长李锡纯向韩国钧汇报,即称江苏"各县十室十空",各大钱庄、银行等"凡有机关,无往不亏"。③ 直至1927年南京国民政府成立,全国政局稳定后,才再度大规模开展整理工作。是故韩国钧即称"必有政而后有财"。"政权既不能统一,更何财政之可言。"④

江浙战争冲击了江苏原有的"绅军政权"模式,苏社士绅深觉各路督军无可依赖,在赶制省宪缓不济急的情况下,又试图"以绅控军",将"苏人治苏"军事化。这在1925年初韩国钧兼任督军时,尤为明显。苏社集团诸人试图扩大省防军,培植江苏自卫力量;同时"控制财源,减少军阀扩张势力的机会"。⑤ 1925年3月,董康在敦促郑谦履任之际,即主张江苏省应该"仿瑞士先例,永远作为中立区

---

① 如韩国钧、张謇主导的督办江苏运河工程局,张謇主导的吴淞商埠局,王清穆、彭子嘉主导的太湖水利工程局,黄炎培、袁希涛、沈恩孚主导的江苏省教育会与中华职业学校、东南大学等在苏的国立四校,在在均需大批款项。沈惟贤即直言,"所谓整顿收入者,议定方法,当局不尽实施;所谓监察支出者,因借垫划拨种种纠纷,支付不由金库,委员会无从过问"。沈惟贤:《江苏清理财政委员会报告书叙言》,江苏清理财政委员会印:《江苏清理财政委员会报告书》,1925年,第1—2页。
② 《江苏财政委员之辞职函》,《申报》1924年11月29日,第13版。
③ 《李锡纯致韩国钧函》(1925年12月×日),江苏省档案局编:《韩国钧朋僚函札史料选编》,第283页。
④ 《蒋汝中致韩国钧函》(1925年11月19日),江苏省档案局编:《韩国钧朋僚函札史料选编》,第699页。
⑤ 曾虚白:《先父孟朴公的生平与其对江苏的贡献》,《江苏文献》第2卷第3期,1967年9月30日。韩国钧设置"省防军"一事,苏社同人相当看重。1935年《江苏省鉴》出版后,赵正平在致韩国钧函中即称,"虽于政史一点未能详尽,然如公之省防军一举,亦曾加入一二语也"。参见《赵正平致韩国钧函》(1935年7月15日),江苏省档案局编:《韩国钧朋僚函札史料选编》,第513页。

域。除生国际纠纷及对外斗争外,不论何省军队,不得经由或侵入","其余地方,责成警察商团分担保卫,并倡设大规模之警备学堂,教练人才,巩固中立"。①但这一构想被奉系入苏打破。卢永祥、张宗昌、杨宇霆入苏后,将韩国钧等人苦心筹划的省防军裁撤。不过"以绅控军"的构想在此后的江苏政局变动中仍时隐时现。苏社士绅何以不能有效建立起自身的军事防御力量?这或许与北洋势力浸入江苏较深有关,但也正是不能建立起支撑省治的军事力量,其省治构想也就难以实现。

苏社集团试图借助军阀来拱卫政权,"掩护绅权",又想通过"军民分治"来限制军阀的权力来达到绅权主导地方政权的目的。但在北洋末期,伴随着国民革命的兴起,苏社士绅面临着军阀与政党对地方"绅权"的双重挤轧,"以绅权孕育民权"的构想也就成了乌托邦。1927年南京国民政府成立后,开始有意识地破除长期以来的"苏人治苏"原则。当时江苏省政府委员会十七名委员中,只有三位是江苏人。②因此,有报人即指出,"'X人治X,Y人治Y'这一套腔调,直到民十五以后党治兴,十七以后党权统一,才声消气索……拒绝外省人参加的所谓'省门罗主义',则早已打破"。③

二、省治场域

1920年代的江苏省政,省督军、省政府、省议会形成了互相制衡

---

① 《江苏永是中立区域》,《大公报》(天津)1925年3月23日,第1张第4版。1927年三省联合会的外交委员马相伯认为此时应该"以办理团练保甲为首务",如此则不至于借助他力。
② 《危疑震撼中之党政新讯》,《益世报》1927年10月2日,第1张第3版。
③ 《地方制度今昔变迁》,《夜报》1933年9月8日,第2版。

的三角权力结构,省议会内部又有正社与仁社等派别。苏社集团隐匿在这三角权力结构的幕后;此外,旅京苏人群体与县域士绅,一在国,一在乡,也深度参与三角权力结构中。这几拨势力围绕江苏省政建设,彼此互动,共同构成了一个对流的"场域"。本书将其称之为"省治场域"。在江苏省治场域中,就纵向层面而言,有作为省际士绅的苏社集团,有以省议员为主体的省域士绅,介于这两者之间的旅外苏人群体,和以县联会为代表的县域士绅。就横向层面而言,有教育界、实业界、议会界等的业界对立。他们彼此之间乃至内部之间的利益与目标并不一致。

就苏社集团而言,他们既无法做到江苏省政的集中化,也无法做到苏人政治权力的平等化,其存在的合法性就成为问题。① 1920年苏社成立之际,有报人即告诫苏社称,"自来团体之结合,每不能持久而涣散者",原因有三:一是"组织之始即有政党意味参涉其间";二是"不能抱同一之主张";三是"所悬目的非最急要,而利益又非普及于全省者"。② 纵观苏社的历年活动,此三点可谓切中肯綮。尤其是"有政党意味参涉其间""利益又非普及于全省""不能号召全省之人协力奋进"最为中肯。这仅以"苏人治苏"这一口号即可窥见一斑。自苏社集团揭出这一口号后,批评、责难、质疑声便从未断绝。1920年有苏人即指出,那些想"苏人治苏"的,很多是掠夺阶级的"绅阀""财阀"。③ 1922年韩国钧长苏,苏人治苏的目标达成。但有苏人即指责此乃"苏绅治苏"而非"苏人治苏","要实现自治,须把全

---

① 中国现代国家建构在理论上大致同时接受了两个原则:"一是政治、经济、文化乃至国民心理和情感的一体化";"二是国民身份和权利的平等化"。王东杰:《声入心通:国语运动与现代中国》,北京师范大学出版社,2019年,第300页。
② 默(张蕴和):《说苏社》,《申报》1920年5月12日,第10版。
③ 《"苏人治苏"怎么讲》,《民国日报》(上海)1920年10月16日,第2张第7版。

部政权,交回苏人的全体"。①之所以遭到如此多批评,即是因为苏社集团推动江苏省治建设的过程中,热衷于从中央获得自治权力,"却拒绝向地方权力结构让步","它们都倾向于维护各自的领域"。②

在"苏人治苏"的省是下,省治场域中的县域士绅往往以此来向省政府争权,增加和扩大县域士绅权力。1923年方家珍、李味青等上海县议员领导的县联会极力主张恢复县议会与旧县制,即是为了增扩县域自治的空间。此后随着省议会议事功能的弱化,县联会部分替代了省议会的功能,在推动省宪自治运动中扮演了重要角色。起初的"苏人治苏"还只是在省层面排除外省人,尚未到府县层面排除外府县人的程度。再到后来有省议员认为"县为自治策源之地",呼吁应将"苏人治苏"理念贯彻到县一层面,各县知事等行政职官亦须用本府县人,从而就加剧了省治场域的内部纷争。③江浙战争后,原本极力倡导苏人治苏的苏社士绅,也意识到"苏人治苏"在县域层面的弊端。1925年冯煦建议陈陶遗,县知事必须回避本道属,以此来防止"不肖者因缘为奸","贤者转多所牵率而不得行其志也"。④旅川苏人李大均亦主张"以苏人为知事,而为规定须距原籍若干里",⑤均可说是对"苏人治苏"的反思。

在省治场域,除不同层级的士绅引发的"纵向竞争"之外,地域分野和职业对立是场域中引发"横向竞争"的关键因素。从地域分属上来看,江苏省向来有江南(宁属)与江北(苏属)之争。尽管无论

---

① 《高唱苏人治苏》,《锡报》1922年5月29日,第3版。
② [澳]费约翰著,李恭忠等译:《唤醒中国:国民革命中的政治、文化与阶级》,生活·读书·新知三联书店,2004年,第246—247页。
③ 《苏议员提议苏人治苏》,《民国日报》(上海)1922年11月15日,第2张第7版。
④ 《冯煦致陈陶遗论政书》,《申报》1925年12月23日,第13版。
⑤ 《李大钧致韩国钧函》(1924年12月20日),江苏省档案局编:《韩国钧朋僚函札史料选编》,第255页。

省议会正副议长分配,还是苏社举办年会,均会照顾到这一地域分属。这一地域深刻影响了江苏政局。1925年韩国钧去职前后,有报人即称韩国钧长苏期间,因其江北人身份,"江苏势力中心,虽表面不以桑梓关系,侧重江北,但韩所依为心腹及能操纵势力之议员士绅,江北人竟占十之六七"。因此"江南人士,每引为不平,发生种种意见,界域显分"。①宁属人郑谦长苏后,该报亦评论称,"现在江苏之省长与政务厅长皆为南京人,外间已有大南京主义之目"。②陈陶遗长苏,有报纸指出"省行政一切大权,悉操诸其同乡沈惟贤一人之手,大权旁落,政出多门,且署内重要人员,悉为苏松人士把持",故时人称之为"大松江主义"。③

从业界来看,1905年科举废除后,传统中的"士绅"群体开始分化成不同的社会和职业群体,诸如商界、报界、政界等。这些界别的分野使社会和政治中潜在的共识更难形成。④在江苏省治场域中,有水利、教育、议会、实业等各界士绅。每个行业领域均有各自的利益范围和组织网络,但往往在省财政预算分配等事宜上形成竞逐。这其中,省议会与省教育会的势力最大。就省议会而言,清末立宪之后,随着地方自治运动的展开,谘议局的创设,议会政治成为士绅集

---

① 左齐:《江苏军政界之最近现象》,《益世报》1925年3月7日,第6版。
② 《苏省当局均将就职》,《申报》1925年4月21日,第5版。
③ 《陈陶遗辞职》,《晨报》1926年1月20日,第5版。省内府属地域观念对省政的影响,仍有待进一步讨论。曾就读于江苏省立第七师范学校的仝菊圃即回忆称:"关于传统的地域观念,徐州旧属八县,在辛亥革命以前各式学校或集体中,地域界限很严,除各县都有同乡会组织外,还有上四县与下四县之分。即丰、沛、肖、砀四县与邳、宿、睢、铜四县之分,有时萧山独树一帜。这虽没有组织形式,但遇事总是对立的,互相指责与口角,甚至武斗。"仝菊圃:《江苏省立第七师范学校历程纪要》,徐州市政协文史资料委员编:《徐州文史资料》(第8辑),1987年,第29页。
④ 参见[美]萧邦奇著,周武彪译:《血路:革命中国中的沈定一(玄庐)传奇》,江苏人民出版社,2010年,第16页。章清:《省界、业界与阶级:近代中国集团力量的兴起及其难局》,《中国社会科学》2003年第2期。

团的上升途径。辛亥鼎革又进一步促使地方士绅权力的扩张。民元时期江苏省议会有共和党和国民党这两大党派。但自袁世凯废除议会制,后经黎元洪恢复后,国民党与共和党的区分不再,地域分野与业界对立成为形塑党派的新因素。江苏省教育会在省议会中拥有亲信势力,朱绍文、张福增、陈大猷等"仁社"即属此。他们在省议会中为省政府帮腔解难,为省教育会争取预算,扩张经费,与省议会中一些非教育会系统的士绅产生激烈的冲突。

"金陵俱乐部"与此后的"正社"等省议会派别,均是在此中形塑出来的。金陵俱乐部的核心成员出身较低,鲜有科考功名,清末新政期间主要投身实业、商业等领域。他们在辛亥鼎革中获得各种资源,此后千方百计当选省议员,进入省治场域,1921年议长之争因支持张孝若汇聚成"金陵俱乐部"。此后他们与省政府的关系逐渐紧张对立。1922年韩国钧长苏,苏社集团全面主导江苏政局后,金陵俱乐部诸人挟省议会与韩国钧政府对峙。不过他们内部仍有分歧。正是源于此,"金陵俱乐部"逐渐一分为三。① 他们的核心成员另组"正社",成为1923年议教之争中的倒韩主力。② 1924年闸北水电厂案中,曾一分为三的"金陵俱乐部"又形成一次大联合,集矢于仁社诸人。不仅如此,他们还试图操纵江苏省教育会、江苏水利协会的选举,进而取得这些机构的控制权。时有报人即直言:"前年省议会场上争选议长,幕中之文武名角,移于今日水利协会会场上,又演拿手好戏矣!"③

县域士绅的党派分野往往与城乡区隔、南北政党分野紧密相关。

---

① 《苏议会纪事》,《申报》1922年6月30日,第11版。
② 《南京来电》,《申报》1923年4月14日,第6版。
③ 水利协会中的两派势力中,一派为朱绍文、赵雪、陈亚轩,一派为刘文铬、王景常、吴辅勋。这实际上仍是省议会正社与仁社之争的延伸。参见《南京来电》,《申报》1923年11月6日,第4版。《苏水利协会开会纪事》,《申报》1923年11月5日,第10版。

常州士绅界,分城乡两派,钱以振领导的城区士绅多入国民党(后演变为"市派"),在1921年议长之争中支持张孝若;而陈大猷、奚九如等乡区士绅以国民党为帜相结合(后演变为"农会派")在议长之争中支持张一麐。①在嘉定县士绅界亦分城乡两党派:乡派代表人物为国民党系的省议员黄守孚、黄守恒家族,他们以县议会为场域;城派代表人物为共和党系的省议员戴思恭,他们以县署为场域。第二届省议会,黄守孚为亲黄炎培、朱绍文一派,戴思恭则反之。②在徐属丰县,自辛亥以来至北伐结束就有"南北党之争",北党深受北洋旧官僚影响,南党深受南方同盟会影响。北党人物主要有"地主、商户和官绅",南党主要在教育界。两党在省议会、省教育会等重要政治舞台上常常产生激烈竞逐。如省议员、北党领袖孙基士、孙建国即为金陵俱乐部之人。而南党领袖董仙衢亦为省议员,但又是省教育会会员。③在山东沂水县,国民党派士绅以新学界为主,则通过教育局、教育会等组织日益壮大,而共和党派士绅有绅商化的趋势,依靠"财政管理局"、商会等组织在县内发挥影响力。④在浙江平阳县,国民党派士绅借助兴办学堂、经营慈善和修纂县志等文化教育领域展开权力扩张。⑤

这一党派分野上延到省治场域,亦是省议会派系分野的一大因素。且这一现象并非江苏省所特有。浙江、江西、直隶等省均是如

---

① 万灵:《常州的近代化道路:江南非条约口岸城市近代化的个案研究》,安徽教育出版社,2002年,第108页。
② [日] 佐藤仁史:《近代中国的乡土意识:清末民初江南的地方精英与地域社会》,北京师范大学出版社,2017年,第72—127页。
③ 参见郁觉明:《丰县"南北党"斗争始末》,丰县政协文史资料委员会编:《丰县文史资料》(第10辑),内部出版,1992年,第15—27页。江苏省教育会:《江苏省教育会年鉴》第5期,1920年7月,第61页。
④ 刘宝吉:《士绅演变与地域权力更迭:刘一梦小说〈斗〉文史互证》,《近代史研究》2019年第2期,第65页。
⑤ 王才友:《代际传递与党部再起:浙江平阳乡绅与国民党"党治"的推行(1926—1928)》,《开放时代》2019年第4期。

此。浙江省和江西省议会议员在民元省议会成立之后亦有共和党与国民党两大党派,1917年第二届议会复会之后,这两大党派虽然有分化,但大体仍在。在江西省,共和议员蜕变成"谠言社",以黄大埙、宋育德为首领,而国民党议员一分为二,蜕变为"合群社"与"群治社",其中合群社以任寿祺为首,而群治社以欧阳莘为首。此三派议员在二届议会的议长之争中积怨甚多。在浙江省,由于浙西与浙东这一地域社会区隔,民元时期的国民党议员多是浙西之人。第二届议会复会后,省议会逐渐形成以阮性存为首的浙西"良社"和以周继漾为首的浙东"澄庐俱乐部"两大派。其中良社势力较大,控制着议会走向。第二届省议会,周继漾获得议长席位,澄庐俱乐部势力大增,而阮性存所在的良社选举失利。两派此后纷争不已。① 民元临时省议会与第一届省议会议员是"国家主义政治家",但第二、三界省议员,"则是省域主义的政治家","他们沉浸在省内纵横捭阖的政治斗争之中"。② 正因如此,大致到1924年国民革命兴起后,对代议制的失望与恶感已成时人的一大共识。

三、耆绅政治

对于近代中国的士绅问题,张仲礼、何炳棣、瞿同祖等人主要是

---

① 参见沈晓敏:《处常与求变:清末民初的浙江谘议局与省议会》,生活·读书·新知三联书店,2005年,第305—306页。吕芳上:《民国初年的江西省议会(1912—1924)》,《"中研院"近代史研究所集刊》第18期,1989年6月。李平亮:《卷入大变局:晚清至民国时期南昌的士绅与地方政治》第6章,经济日报出版社,2009年。李嘉燕:《南北政争与江西时局:以变动中的督军、省长、议长为中心的探讨》,华中师范大学硕士学位论文,2020年。
② [美]萧邦奇著,徐立望等译:《中国精英与政治变迁:20世纪初的浙江》,江苏人民出版社,2021年,第246页。

整体性地探讨"士绅是谁？人数有多少？社会流动率又为多少？"而孔飞力、周锡瑞、萧邦齐等北美学者以"地方精英"为概念工具，将问题转移到"精英分子如何在不同的地域环境中发挥其影响力"。①在这几种范式的影响下，一些学者将"士绅"与"地方社会"联系起来，考察近代中国的国家政权建设，国家与社会的关系。此中的"地方社会"或以某一地理单元为对象，或以政制建制为对象，其中自然包括省、府、县等不同区域。本书即是将"士绅"与"省治"的问题联系起来，考察苏社集团与1920年代江苏省治运动的互动过程。将"省治"与"士绅"结合，可以揭示出一省内部不同地域的权力格局之间的差异；②也会展现出一省内部不同士绅群体的差异性。本书将省内士绅群体划分为省际、省域和县域三类（亦即上、中、下三级），将苏社集团视作省治场域内的省际士绅，将其在1920年代江苏省治运动中的种种活动视作"耆绅政治"。

苏社集团所体现出的"耆绅政治"的特征有以下几点：

第一，北洋时期的耆绅群体的年龄构成大多集中在1850—1880年代，他们拥有较高的科举功名（或留洋经历）和为官履历，或较显赫的世家门第。耆绅成员之间有由血缘姻亲、科举学缘、乡谊地缘、师生僚属等组建起来的多重关系纽带。这些关系纽带在东南互保、立宪运动及辛亥鼎革中进一步得到洗练，从而形成了较为稳定的进行决策执行的关系网络，在民初政治舞台中发挥着重要作用。这一关系网络的人物具有核心、中心、边缘等差异性，且随着世

---

① 黄克武：《从"士大夫""士绅"到"地方精英"：二十世纪西方汉学界对清末民初中国社会领导阶层之研究》，《反思现代：近代中国历史书写的重构》，四川人民出版社，2020年，第70—84页。
② 如[美]萧邦奇著，徐立望等译：《中国精英与政治变迁：20世纪的浙江》，江苏人民出版社，2021年。

殊时移迭有进出,但中心人物基本稳定。耆绅群体多各有所长,各有领域,如黄炎培、沈恩孚致力于教育事业;黄以霖、马士杰等致力于江北水利工程;王清穆致力于太湖水利工程;张謇、赵厚生等致力于实业金融等;庄蕴宽、赵椿年常年驻守京城;韩国钧长于吏治,张一麐等善于斡旋和议,史量才以《申报》为业等,他们之间往往互通有无,形成合力。

第二,耆绅政治依赖正式的功能性的机构与团体,与非正式的关系网络互相配合。这其中教育会、商会、议会等法定团体是最重要的平台。就苏社集团而言,除苏社本身之外,就有江苏省教育会、江苏水利协会、江苏运河工程局、教育实业联合会、江浙和平协会、江浙皖三省联合会等。这些机构与团体具有较为清晰的架构和明确的职能分工,不同机构与团体的职能虽有侧重,人员往往交叉重合,或互派代表加入。这些机构内部大致会形成董事会、理事会等核心决策群,干事员(执行)、评议员(监督)等中层职员群与普通成员群,职能分配往往会照顾地域分布。无论是核心决策群还是整体的机构团体均会定期开会,强化凝聚力,商讨重大问题。每一团体机构均会创办刊物,宣传宗旨。这些机构团体的运行经费相当程度上依赖耆绅所经营的实业、金融。这些团体已内嵌于地方政权中,使"绅权"与"政权"交错重合。时人即称苏社集团诸人"先抓住了一块教育家的牌子,顶着教育界的牌子混进一部分社团里去,于是就有什么九团体……等等之类的名称,这时,教育家就钻进资本团体里去了。因此种种勾搭,于是江苏的教育家、资本团、官僚、军阀,黏成一片,大有从此如'长山蛇节节起'的雄心"。①

---

① 《江苏政局的第一幕》,《民国日报》(上海)1924年1月3日,第7版。

第三，"地方自治"是耆绅群体赖以生存发展的根基。① 这其中，"惟兴学，惟地方自治，可以基本救国"，是他们的政治理念；"以地方政权掩护绅权，以绅权孕育民权"，是他们的政治手段。② 就政治理念而言，清末他们"以日为师"，政教理念取法日本；一战至北伐时期则是"以美为师"，效仿欧美联邦制解决国是。他们信奉的是代议制民主政治。即如曾朴所言，"欲整顿中国，惟有由省选出代议士，组织省议会，制定省宪法；各各独立的施行使它尽量发挥爱省的精神"，然后"组织强有力的中央政府"。③ 就政治手段而言，耆绅群体一方面控制地方政权、财权，并且适时地与各路军阀展开联合，以维护地方秩序的稳定；一方面则着力发展教育，开展教化。"兴学"与"自治"双管齐下，互相孳乳。因此《中国青年》的一位作者颇为辛辣地称："他们昨天捧了齐抚帅的场子，今天又在孙馨帅面前讨好，不关你是萧耀南、唐继尧，都可以和他亲昵，只要军阀们开销点来办吃饭教育。"言虽尖刻，却是实情。④

第四，耆绅群体虽立足地方，但亦具有全国野心与世界眼光。

---

① 1944年，黄炎培称，清末他们"没有加入当时革命秘密团体——同盟会，却也绝对不和康有为等一气，可以说是地方性的立宪派"，此一语点出江苏立宪党人的特性。黄炎培：《我所身亲之中国最初期及最近期宪政运动》，《宪政》创刊号，1944年1月1日。1925年，黄炎培在江苏省教育会成立二十周年纪念会上谈起该会历史时称，"辛亥革命之后，议决用此五色旗为国旗之场所，即在本会，此实可为本会之特色"。此言一方面强调江苏省教育会实为辛亥光复的重要参与者，另一方面此言也点出它不同于国共政党的政治立场。《本会二十周年纪念会纪》，《江苏省教育会月报》1925年第12期。

② 1944年沈恩孚去世，黄炎培在悼念这位一生的挚友文中，追忆他们在清末的前尘往事时揭出此义。黄炎培：《沈信卿先生传》，《国讯》第369期，1944年6月1日。

③ 曾朴亦称，"中国人不知爱国，只知爱地方"，"本省，实际就是他的本国；爱省心，实际便是爱国心的缩本"，"政治集团里，呼号最盛的，只有自治"；"有的便是些苏人治苏，浙人治浙，赣人治赣，湘人治湘等的奔走传宣"。曾朴：《鲁男子》，叶黎依主编：《曾朴全集》（第10卷），广陵书社，2018年，第248—249页。

④ 友三：《江苏反动教育家——学阀》，《中国青年》第131、132期合刊。

他们往往会与省外乃至中央其他势力有意寻求联合。如苏社集团与研究系（如熊希龄、汪大燮、梁启超）、部分国民党人（如汪精卫）、其他各省军阀（如阎锡山、唐继尧等）、基督教青年会（如余日章）、美国政商界等形成联谊乃至在一些具体活动上形成联合。最明显的是在教育领域，他们合组中华教育改进社，策动全国教育联合会的轮替召开，促成全国学制转换等。在一些重要但不能主导的机构团体中，他们会尽可能安插人选，进行布局，不断发展势力，从而编织出一张笼罩政、商、军、学、报等各大领域的关系网络。1924年深知内情的邓中夏即称，"他们现在是眼光四射的利用各方势力以自培植长成，一俟羽毛丰满，他们不仅止称霸江苏为已足，还要问鼎北京呢"。①

第五，耆绅政治的运作中，斡旋协商与舆论宣传相表里。他们喜和厌争，在政治上讲求平和稳健，对战争和激进的民众运动素有抵触之心。当遇到难解之事时，斡旋协商在幕后，利用报刊舆论在台前。幕后的斡旋协商往往会寻求各方势力的"中间人"作为纽带。而熟练的掌控和操纵舆论，又是极重要的手段。1922年苏沪关系紧张时，黄以霖致韩国钧函中即称，"我无武器尚有舆论，但刻不敢轻用，恐一发难收，致激成不可转之势"。②在造成舆论过程中，往往将原本一体的集团网络溶解，化成多种民意团体，形成"僭民政治"。③也正是源于此，张彭春评价苏社集团诸人称"他们的本领：在能利用时局，能知人，组织还巧活，工于宣传"，其弱点在于"用美国入口货！""没

---

① 邓中夏：《北游杂记》（1924年），《邓中夏全集》，人民出版社，2014年，第358—359页。
② 《黄以霖致韩国钧函》（1922年11月7日），江苏省档案局编：《韩国钧朋僚函札史料选编》，第652—653页。
③ 冯筱才：《近代中国的"僭民政治"》，《近代史研究》2014年第1期。

有真正的见识"。①

"耆绅政治"的现象展现出清末士绅权势网络在民初的延续性。北洋时期的耆绅群体孕育于甲午、庚子时期的危机剧变中,壮大于辛亥鼎革的各省独立中。庚子东南互保与辛亥革命,对他们的政治理念有相当大的形塑作用。自此之后,江浙士绅均意识到省际联合以抗中央的政治潜力。他们深刻地意识到,"庚子东南自保,以全中国",乃是"联省之力";武昌起义,倾覆清室,亦是"联省之力"。这为北洋时期"联省自治"运动的兴起埋下了种子。正是辛亥革命依赖各省独立进而全国议和成功的"典范",为1920年代苏社集团的省治运动提供了一种在战争手段之外再造民国的温和渐进模式。这使得他们相信,是可以通过"一省自治",进而"各省联治",最终达到国家统一的。因此"省宪自治"与"联省会议"(或国民会议)就是他们在省内和省外同时致力的两大板块。当时局和缓时期,他们的关注点在内部,致力于"省宪自治";当全国政局处在剧变之中时,他们又将关注点放置在外部,致力于召开全国性的"国民会议",以促成南北统一,而召集的方式多倾向于职业代表制。

耆绅政治之所以有效,是因为他们所依赖的是稳定渐变年代中所积累的资望与经验。但到1920年代激变的文化与政治中,耆绅群体以往的资望与经验已不能有效应对。尽管他们也受到五四新文化运动的影响,但其思想底色仍是传统儒学,所接受的西学也大多是与儒学互通的部分。他们与五四青年之间有着明显的代际差异。1924年陈独秀即讽刺称沈恩孚等苏社耆绅都是"二十年前的老维新党",他们现在"像从桃花源里来的人物","因此,我觉得现在各种事业都

---

① 张彭春:《张彭春清华日记》(1923—1924),1923年3月5日,开源书局,2020年,第22页。

应该让青年们来干,老先生们歇歇吧"。①此一语最能体现出国民革命兴起后的代际冲突。而这在1927年之后国民党政权中仍然有着明显体现。

北洋时期的其他一些省,也有类似于苏社集团这样的省际士绅群体。如本书涉及的全浙公会等浙江士绅群体。在民初河南,也有以王锡彤为代表的"文学社"这一依附袁世凯而形成的省际士绅集团。②四川亦有五老七贤群体。③民初贵州亦有"耆老会"操控省政。在湖北有蒋作宾、李书城、孔庚与周树模、胡鄂公、夏寿康等士绅群体。此外,围绕在湖南的熊希龄、江西的李盛铎、直隶的边守靖等耆绅周围所形成的士绅集团,对本省政治均有较大的操控。不过相较于苏社集团,他们的组织与动员力稍逊一筹。"耆绅政治"并非仅在省一层面,北洋时期县域中更是如此。如宜兴县,"一切权力,操于极少数之大先生之手",所谓的"大先生"大概不出两种:"曾做官吏者。""曾入学者。"④在江阴县,共产党人声称,"我们在政治上要与大先生、劣绅竞争"。⑤耆绅政治的模式在1927年之后依然存在,抗战前后的第三党派即是明显的表征。⑥

纵观苏社集团的历史命运,亦可反思近代中国的士绅社会。甲

---

① 独秀:《寸铁:老先生们歇歇罢!》,《向导》第73期,1924年。
② 参见[美]张信著,岳谦厚、张玮译:《二十世纪初期中国社会之演变——国家与河南地方精英1900—1937》,中华书局,2004年。
③ 参见许丽梅:《民国时期四川"五老七贤"述略》,四川大学硕士学位论文,2003年。
④ 《宜兴县委工作报告——关于政治状况、团体、政府与党团工作》(1927年9月),中央档案馆、江苏省档案局编印:《江苏革命历史文件汇集·特委县委文件》(1926年1月—1934年7月),1989年,第388页。
⑤ 在苏北盐城,"中央党"领袖、县商会会长黄立三把持全县金融,"任何政治机关的领袖非与黄варic,则财政无办法,故县政府、公安队、公安局均乐与勾结"。参见中央档案馆、江苏省档案局编印:《江苏革命历史文件汇集·特委县委文件》(1926年—1934年11月),1989年,第8页。
⑥ 参见瞿骏:《在1911年"延长线"上思考辛亥革命》,《社会科学研究》2023年第1期。

午至北伐期间,是中国近代史上极为关键的转轨期,①曾受益于科举功名的"耆绅"群体仍是这一时期社会重心的一部分。科举制的废除,并没有让这一群人迅速边缘化,受科举余荫的这一代士绅,在此后的政治社会舞台中仍有着强劲的力量。他们既接续着"地方士绅"的传统身份,又拥有"中等社会"的自我认同。因长期浸淫在文风鼎盛的东南地区,拥有稳定的经济来源,形成了稳健的政治倾向。他们并不认为"暴力"是革命的唯一方式,也并不认为"战争"是统一的不二法门,他们对于激烈的、全面的革命十分抵触。

正因如此,随着主义时代的来临,国民革命的展开,苏社集团这种通过渐进的、温和的、局部的手段推动民族国家构建的方式开始被怀疑、否定乃至遗弃。半个世纪的沉浮中,尽管苏社集团诸人喜言和平,对中国现代民族国家的构建有着许许多多未必切实的构想,但其种种努力,仍应该放置在近世以降的中国大变局中去衡量。他们在历次政治运动中,"舍无量数血汗","以争生死于俄顷",试图"揭开五千年古国的新幕",只为求古国能"与世界相见",能"获厕于新世纪有国者之林"而已,此血此汗,一涓一滴,尤可纪也!②

---

① 张灏:《中国近代思想史上的转型时代》,《二十一世纪》1999年4月号。
② 《人文创刊词》,《人文》第1卷第1期,1930年5月15日。

附录1 1920—1927年江苏军政人物更迭表

职务	1920年	1921年	1922年	1923年	1924年	1925年	1926年	1927年3月
督军	李 纯 齐燮元 (10.15)	齐燮元				卢永祥 (1.16) 杨宇霆 (8.29) 孙传芳 (11.25)	孙传芳	孙传芳
省长	齐耀琳 王 瑚 (9.18)	王 瑚	王 瑚 韩国钧 (6.15)	韩国钧		郑 谦 (2.14) 陈陶遗 (12.1)	徐鼎康 (12.24)	徐鼎康

续　表

职务	1920年	1921年	1922年	1923年	1924年	1925年	1926年	1927年3月
淞沪护军使	何丰林(7.2)		何丰林			张允明(1.15)		
江宁镇守使	齐燮元	宫邦铎(12.19)		宫邦铎		朱熙(6.22)	朱熙	
苏常镇守使		朱熙						
徐海镇守使	张文生	陈调元(9.25)	陈调元			金寿良		
通海镇守使					张仁奎	孙铭林		
淮扬镇守使					马玉仁（1925年1月改为护军使）			
海州镇守使					白宝山（1925年1月改为护军使）			
政务厅长	蔡宝善	朱文劭(3.22)	傅疆(11.4)		傅疆	邓邦造(4.10)		
财政厅长	胡翔林 严家炽(10.23)				严家炽	王其康(4.10)		

续　表

职务	1920年	1921年	1922年	1923年	1924年	1925年	1926年	1927年3月
教育厅长	胡家祺		蒋维乔(7.15)	蒋维乔		沈彭年(2.7) 胡庶华(9.7)		
实业厅长			张轶欧			徐兰墅(2.11)		
警察厅长					王桂林			
金陵道尹	俞纪琦	蔡宝善(3.22)	朱文劭(11.4)	朱文劭		徐鼎康(1.10)		
沪海道尹			王庚廷		张寿镛	张寿镛(3.5)		
苏常道尹	王莘林		蔡宝善(11.4)	蔡宝善	李维源			
淮扬道尹	王曜	胡翔林(3.22)		胡翔林		蒋凤梧(2.16)		
徐海道尹	段毋怠 赵曾䇅(4.13)			赵曾䇅		于书云(3.4)		

续 表

职 务	1920年	1921年	1922年	1923年	1924年	1925年	1926年	1927年3月
省议长	钱崇固		徐果人					
副议长	鲍贵藻							
副议长	孙 儆							
江海关监督	姚 煜	陶 瑗(9.3)	姚 煜(10.26)	姚 煜	温世珍(10.8) 陈世光(11.12)	朱有济(2.5)		
金陵海关监督	曹豫谦 温世珍(10.18)		温世珍		姚 煜(10.8)	廖恩焘(1.23)		
苏州海关监督	周嗣培 杨士成(4.15)		陈瑞章(10.26)	刘钟麟(2.22)	刘钟麟	杨士晟(2.16)		
镇江海关监督	冒广生 贾士毅(10.28)		贾士毅					

续 表

职 务	1920年	1921年	1922年	1923年	1924年	1925年	1926年	1927年3月
淮海关监督	陶思澄 冒广生 (10.28)	冒广生	李湛田 (2.18)	李湛田	高巨源 (7.22)	艾庆镛 (2.5)		
扬由海关监督	谢宗华 陶瑗 (7.13)	谢宗华 (9.3)	谢宗华	刘同春 (3.7)	刘同春	孙多提 (2.26)		
两淮盐运使	段永彬 赵毓植 (10.8)	丁乃扬 (3.12)	丁乃扬	丁乃扬	丁乃扬			
高等审判庭长	林棨 朱献文 (7.24)	朱献文	朱献文	李维翰 (3.22)	朱献文			
高等检查厅长	王树荣	许受衡 (6.3)	许受衡	周诒铜 (2.3)	周诒铜			

注：表中下标为职官就任日期。该表资料主要来源于刘寿林编：《辛亥以后十七年职官年表》，中华书局，1966年，第309—321页。

附录2　苏社历届理事（候补理事）一览表（1920—1924年）

1920年	1921年	1922年	1923年	1924年
张　謇$_{138}$	张　謇$_{159}$	黄炎培$_{133}$	黄以霖	（徐）黄以霖$_{305}$
黄炎培$_{119}$	荣宗铨$_{156}$	张一麐$_{130}$	张　謇	（扬）佘　恒$_{373}$
王清穆$_{116}$	韩国钧$_{155}$	张　謇$_{123}$	韩国钧	（松）黄炎培$_{265}$
沈恩孚$_{116}$	方　还$_{153}$	沈恩孚$_{119}$	张孝若	（海）武同举$_{233}$
黄以霖$_{108}$	沈恩孚$_{143}$	黄以霖$_{117}$	钱崇固	（通）张　謇$_{230}$
韩国钧$_{105}$	钱崇固$_{138}$	方　还$_{108}$	黄炎培	（苏）张一麐$_{230}$
张孝若$_{95}$	黄以霖$_{132}$	韩国钧$_{103}$	王清穆	（淮）朱绍文$_{194}$
唐文治$_{90}$	黄炎培$_{132}$	王清穆$_{98}$	马士杰	（太）王清穆$_{192}$
马士杰$_{90}$	张一麐$_{130}$	钱崇固$_{98}$	张一麐	（宁）邓邦述$_{169}$
张一麐$_{89}$	张孝若$_{126}$	张孝若$_{97}$	穆湘瑶	（常）荣宗铨$_{142}$
孙　儆$_{83}$	王清穆$_{109}$	荣宗铨$_{95}$	冒景玮	（镇）朱兆芝$_{97}$
仇继恒$_{80}$	马士杰$_{98}$	马士杰$_{94}$	沈恩孚	马士杰$_{250}$
方　还$_{76}$	穆湘瑶$_{97}$	储南强$_{93}$	陈　琛	卢殿虎$_{250}$

续表

1920年	1921年	1922年	1923年	1924年
穆湘瑶$_{72}$	唐文治$_{77}$	朱绍文$_{89}$	陈　坚	韩国钧$_{245}$
钱崇固$_{71}$	储南强$_{70}$	穆湘瑶$_{63}$	卢殿虎	周树年$_{235}$
吴兆曾$_{67}$	吴兆曾$_{69}$	吴兆曾$_{63}$	朱绍文	冒景玮$_{208}$
荣宗铨$_{66}$	孙　儆$_{65}$	唐文治$_{58}$	沙元炳	张孝若$_{190}$
刘　垣$_{66}$	朱绍文$_{60}$	徐果人$_{57}$	段书云	李曾麟$_{184}$
张　謇$_{48}$	张　謇$_{52}$	张福增$_{52}$	宋铭勋	王鸿藻$_{159}$
以下为候补理事				
武同举$_{44}$		张　謇$_{40}$	唐国华	钱崇固
朱绍文$_{43}$		陈　琛$_{39}$	方　还	陶　达
沙元炳$_{42}$		郑立三$_{34}$	唐文治	唐国华
储南强$_{42}$		郭秉文$_{30}$	吴兆曾	沈恩孚
鲍贵藻$_{42}$		穆湘玥$_{26}$	荣宗铨	单毓华
孟　森$_{39}$		贾丰臻$_{26}$	周树年	林文钧
王宝槐$_{36}$		朱叔源$_{25}$	蔡钧枢	周征尊
段书云$_{35}$		张志鹤$_{23}$	徐　瀛	段书云
于振声$_{31}$		卢殿虎$_{22}$	李味青	
		段书云$_{21}$	方家珍	

注：表中下标数字为各理事当选票数。资料主要来源于《苏社在南通开成立会之沪闻》，《申报》1920年5月15日，第10版。《苏社第二届大会纪》，《申报》1921年3月13日，第8版。《苏社年会选举理事之结果》，《申报》1923年3月20日，第10版。《苏社扬州大会三日记》，《申报》1924年3月27日，第7版。

附录3 苏社集团核心人物小传[①]

一、张謇（附张孝若、张詧）

张謇（1853—1926），字季直，号啬庵，江苏南通人。1894年中状元，授翰林院修撰。1895年在南通开始筹建大生纱厂。1900年参与东南互保。1906年与汤寿潜、郑孝胥等在上海成立预备立宪公会，任会长，为立宪派著名领袖。1911年被选为江苏谘议局议长。武昌起义后，促袁世凯主持清帝逊位，肇建民国，出力尤巨。1912年任南京临时政府实业总长。1913年任熊希龄内阁农商总长兼全国水利局总裁等。1915年袁世凯推行帝制，辞归故里。1921年出任吴淞商埠督办。1922年推为交通银行总理。1926年辞世。

张孝若（1898—1935），张謇独子，1919年任淮海实业银行经理。此后游移于政治与实业之间，1921年竞选省议长失败，1922年奉派为考察欧美日本各国实业专使，1924年任驻智利公使，1925年一度出任吴佩孚的参赞。1926年全面接手南通事业。1928年撰写有《南通张季直先生传记》，凡三十万言，胡适作序；后又整理张謇生平撰

---

① 小传依年齿为序。

述,出版《张季子九录》。1935年被仆役枪击于上海寓所。

张謇兄张詧,是张謇的得力助手。张謇曾有言"謇无詧无以致其深,詧无謇无以致其大"。张詧(1851—1939),字叔俨,号退庵、退翁。1883年随张謇入汉城庆军幕。1889年起任江西南昌县帮审、贵溪知县。后弃官协助张謇办实业,创办大有晋公司、大豫公司、南通交易所。1927年党军到达苏沪,张詧避居大连,1931年归上海。1920年代,因南通实业开始走向下坡路,张謇与张詧在南通交易所、南通师范职员任命,以及张孝若事宜上并不一致。

二、仇继恒

仇继恒(1855—1935),字涞之,江苏上元人。1886年进士,授庶吉士。1889年任户部主事,后长期游宦陕西。1904年,调西安总督衙门学务处,创办陕西省第一所高等学堂,任监督。1908年,入江苏教育总会,当选江苏谘议局议员。1909年,谘议局第一次选举议长,仇继恒得四十七票,张謇得四十六票;第二次选举,张謇以五十一票当选议长,仇当选副议长。1911年南京光复,作为宁属名士,仇继恒与魏家骅、许民生均是重要的推动者。1912年民国成立后,曾任农会会长、地方公会会长、南京马路工程局局长等职。1913年被委为江苏省马路工程处处长、南京地方工会会长、江苏省农会会长等职。二次革命时,黄兴在南京起义,程德全、冯国璋、张勋攻南京,黄兴不支,夜半离沪,南京城内人心惶惶,有军队哗变,仇继恒与魏家骅敦促卫戍团长王文英控制局面,乱始平。其子仇埰,字亮卿,长期任江苏省立第四师范学校校长。

三、段书云

段书云(1856—?),字少沧,江苏萧县人。段家三代官宦,是萧县豪族,其父段广瀛曾任河南按察使、布政使,受恩于袁世凯的叔祖父袁甲三。1885年,段书云与宿迁黄以霖同科拔贡。是年,在段书云与黄以霖倡议下,徐属八县的官绅集资在北京创建徐州会馆。1908年为江苏教育总会会员。1909年担任津浦铁路北段总办,并创办有淮南大通煤矿。辛亥年间是徐州光复的主导者之一,任徐州军政府政务总长。1912年任津浦铁路南局总办。1913年任湖北巡按使,时段芝贵、王占元先后督理湖北军务。1916年袁世凯复辟,滇、湘护国讨袁声四起,"独立风潮侵及腹省,鄂城军心摇摇",遂辞职。时人评论称,其治鄂年余,虽无赫赫之功,但亦算"平和临民"。1918年当选为安福国会参议员。1919年前后,皖系主政,段书云一度为安徽、湖南、湖北的省长人选。1921年为海州商埠督办,1922年为徐州商埠督办,1924年江苏财政会议决议停拨徐州商埠局经费,遂解散辞职。因皖系灵魂人物徐树铮亦为萧县人,与段同乡之故,段书云与段祺瑞等皖系渊源颇深。

四、韩国钧

韩国钧(1857—1942),字紫石,江苏泰州海安人。1879年中举人,1889年得大挑,分发河南,遂以知县起家,颇著政声,时有"韩青天"之名。1902年任江苏交涉局会办。1905年秋东渡日本考察。从日本回国后,长期在东北任职。1907年赴奉天任交涉局、开埠局局长。1910年调任奉天劝业道,兼任奉天交涉司、葫芦岛商埠会办。日俄战争之后的东北,内政外交相绞缠,情形极复杂。任内东三省鼠疫流行,日、俄借口防疫,企图乘机扩张事权,韩国钧不卑不亢,斡旋于日、俄之间,生命屡频危险,终使鼠疫日退。1911年长吉林民政司。1912年任吉林省民政使。1913年初辞职返回故里。1913年9月,在张謇等人的力举下,出任江苏民政长。袁世凯颇重其才,称赞韩国钧为"河南良吏之有声者"。但与督军冯国璋不和,次年袁世凯遂改任其为安徽巡按使,与督军倪嗣冲亦不和。1915年辞职归里,离皖时,"焚香跪者满途,穷民顶香者不下两千人"。"九一八事变"后力主抗日,1940年曾会见陈毅等新四军领导人,书信往还,论议国是。1941年海安沦陷,拒绝出任伪省长职,1942年在软禁中忧愤而逝。陈毅誉其为"民族抗战之楷模"。

五、黄以霖

黄以霖(1857—1932),字伯雨,江苏宿迁人。黄氏家族自祖父黄勤修以来,累世三代举人,为宿迁大族。1891年举人,应选内阁中书,纂修会典,与梁鼎芬、王清穆等结交。时甲午战败,朝野震动,黄以霖注重时局变化,精研外交军事。马关条约签订前夕,曾参与"公车上书"。1898年,由出使日本国大臣李盛铎奏调出洋,后任日本大阪、神户领事,留日学生监督,考察日本的教育、军事、实业等。湖广总督张之洞,见其论议文章颇赞赏,遂奏调回国,协理湖北学务、警务、矿物。后任湖北武备学堂提调、学堂监督。湖北武备学堂是培养湖北新军军官的重要机构。辛亥时期,两湖新军多毕业于此。后历任湖北武昌、汉阳知府,湖南提学使、布政使等职,"勤能清正,不为亲贵所屈","两湖官方整饬,得君之力甚多"。1905年张之洞委派其督办粤汉铁路。1911年任湖南提学使,后兼布政使,10月武昌新军起义,22日长沙新军响应,湖南巡抚余诚格弃城逃走,黄以霖"誓以死殉",后在新军学生劝说下顺应时势。湖南耆绅叶德辉赞其"为人雍容儒雅,静镇有度"。黄以霖在晚清就投身实业、慈善、教育事业,民国后更是专心于此。当地民众感其德,在兴国寺前为其建造有纪功碑。

六、王清穆

王清穆(1860—1941),字希林,号丹揆,晚号农隐老人,江苏崇明人,1890年恩科进士,授户部主事,1903年擢商部参议,创办上海商会,1904年考察东南七省商务。1905年与许鼎霖等在上海发起江苏学会。1906年任商部右丞,因见疑于袁世凯,弃官返乡。次年任江苏铁路有限公司总理,筹建沪杭甬铁路,主持收回江浙路权;同年入预备立宪公会,为公会协理,并筹划成立省谘议局事宜。1907年创建崇明首家轮船公司,投资大生纱厂一、二两厂,后又投资大通、富安两纱厂。1909年监理浙江财政。1912年4月,任江苏省财政司司长,1920年出任太湖水利局督办等职。1924年任南通长江下游治江会副会长(会长张謇,另一副会长为韩国钧)。1926年退居乡里。"八一三事变"后,避居上海法租界,拒绝与日伪合作,1941年去世。

七、魏家骅(附冯煦)

魏家骅(1862—1933),字梅荪,晚号贞士,江苏江宁人。1898

年、1903年两为进士。清末曾为翰林编修、山东东昌府知府；1910年简放至云南，1911年任云南提法使，9月滇省革命军起义，遂去职回乡。民初曾担任西南地区法院院长、南京商会会长、宁垣华洋委员会副会长。其家经营丝织业，牌号为"魏广兴"，有织机数千架，为南京的丝织业龙头。魏家骅、张謇与陈惟彦三家有姻亲关系。魏家骅侄女魏训彤，因其父早逝，自幼长在魏家骅家，后嫁与陈惟彦之子陈范有；陈惟彦之女陈开诚嫁张謇之子张孝若。魏家骅与晚清遗老冯煦有师弟之谊。

冯煦（1842—1927），字梦华，号蒿庵，江苏金坛人，"江东世家科第"。1886年进士。后历任四川按察使、安徽布政使，官至安徽巡抚。晚年冯煦与张謇、韩国钧、陈陶遗、魏家骅等人交往密切，对于江苏省政亦多有谋划。冯煦善治赈，一生"与荒政相始终"。辛亥后退隐上海，与魏家骅等创办义赈协会等。魏家骅在《行状》中言及冯煦的抚赈事业，称"此十数年，筹人筹款，于天荆地棘中用心尤苦，几自忘为八十余岁老人"，"而其孤怀隐痛，则又非当世所能尽窥者"。

八、马士杰

马士杰（1863—1946），字隽卿，江苏高邮人。清末举人，授内阁中书，荐为御史，派赴日本考察。1900年与扬州李和甫、镇江陶彭先等人合股，开设三垛同泰昌，独占高邮三垛市场。辛亥革命时与黄兴相识，倾向革命；曾与时任清政府山西巡抚的淮安人丁衡甫电请宣统皇帝退位。1912年民国成立后，历任江苏都督府民政司司长、内务司司长。1914年任江苏筹浚江北运河工程局总办，从事运河治理，并在高邮创办江苏河海工程测绘养成所，培养水利工程人才。1924年

3月,与黄炎培、史量才等发起成立甲子社,后改名人文社,编辑出版《人文》月刊,筹办人文图书馆。抗日战争爆发后,积极主张抗日,携家辗转上海。殷汝耕曾两度邀其出任伪职,均遭拒绝。1944年返回高邮,闭门养病。在苏北与韩国钧、张謇等创办泰源盐垦公司,开垦苏北沿海滩涂,组织盐场灶民生产食盐;并在高邮、扬州等地设有若干商铺。

九、沈恩孚

沈恩孚(1864—1944),字信卿,亦署心磬,江苏吴县人,随父母寄居嘉定外家。肄业于上海龙门书院。甲午战争后,无意仕进,以躬行教育为职志,被宝山县学堂聘为总教习。1904年与袁希涛等倡议改上海龙门书院为师范学堂。东渡日本考察教育,为龙门师范学堂首任监督,锐意改革。张謇闻沈恩孚之办学成绩,敦请其出任中国图书公司总编辑。1905年,参与创建江苏学务总会,任评议员,先后十余年。1909年参与江浙保路运动,倡立江苏铁路公司,被选为董事,主持修建沪杭甬铁路江苏段。武昌起义爆发后,沈恩孚进言江苏巡抚程德全,于促成和平光复有功,任江苏都督府民政司次长。又充江苏民政长应德闳首席秘书,省单行法规皆出其手。1913年二次革命后弃政从教。1915年任南京河海工程专门学校筹备副主任。兼任东南大学、同济大学等校董事。1917年拒任湖南省教育厅厅长。与黄炎培等发起中华职业教育社于上海,致力推广、改良职业教育。1924年参与创设甲子社,1930年甲子社改名为人文社。沈恩孚搜辑近代史料,广罗报章杂志,以供学人研讨。1933年叶鸿英参观人文社,出资筹建图书馆,定名为鸿英图书馆,由沈恩孚主持馆务。全面抗日战争期间沈恩孚隐居上海,闭门读书,晚年殚力研究《春秋》《左传》及舆地之学。1944年病逝于上海。沈恩孚诗文书史俱精,后人辑刊《沈信卿先生文集》。

十、袁希涛(附袁希洛)

袁希涛(1866—1930),字观澜,江苏宝山人,生于杭州。早年就读于上海龙门书院。1897年中举人。1898年任上海广方言馆教习。1901年任宝山学务工所总理。1904年秋赴日考察教育。1905年任上海龙门师范学堂堂长,复旦公学教员、监督。辛亥后,与黄炎培一起参与江苏省教育设置事宜。1912年,应教育总长蔡元培邀,赴京任教育部普通教育司司长。1914年任教育部次长,1917年以次长代理教育部事务,1919年代理教育总长,旋辞职。袁希涛主持教育部凡7年,亲自整理制订教育制度、法令课程,草订全国义务教育计划。一战结束后,组织"欧美教育参观团",出洋考察,在欧美考察十余国,尤关注义务教育。1923年当选江苏省教育会会长。袁希涛倾心义务教育,曾创办"义务教育期成会",任会长。此外,对宝山交通、农业发展以及修理海塘、编纂县志等事宜都热心参与,竭尽全力。

其弟袁希洛(1876—1962),字叔畬。早年就读于龙门书院,后赴日留学。1906年,入同盟会。1910年,毕业于私立日本大学高等师范科。回国后历任江苏省立第二中学校长、江苏公立法政专门学校教授、国立同济大学附属中学主任等职。1911年,沪军都督陈其美根据同盟会要求,发起组织各省代表团商议组织中华民国临时政府。袁希洛被推举为江苏代表。1928年起先后任启东、太仓、南汇县县长。1946年,袁希洛被选任宝山县参议会议长。次年,被选为第一届国民大会江苏省代表。1951年,袁希洛被聘为上海市人民政府参事。1955年应邀国庆观礼,受到毛泽东接见。毛泽东曾评价称"此人书生气很重,人是好人"。1956年被聘为上海市文史馆第一批馆员,著有《日本侵略中国战争史》等,凡十余万字。

十一、庄蕴宽

庄蕴宽(1866—1932),字思缄,其家是江南大族,祖上为有名的常州今文学派。1885年入南菁书院,所识多知名士,与唐文治订交。1891年中江南乡试副贡。后赴广西浔州知府幕。期间又两次进京,甲午北闱乡试未中,但在京城结识不少维新人士,与文廷式等人过从甚密。1896年入广西巡抚幕。1898年署百色直隶厅,1900年任广西善后局总文案,深得布政使李兴锐赏识。1903年被两广总督陶模调赴广东,在广州办武备学堂。1905年擢升广西梧州知府,龙州边防督办(前任为郑孝胥)。时革命党人策划反清起义,往返于广西、越南,龙州适为要道,庄蕴宽因南菁旧知交吴稚晖、钮永建等关系,给予黄兴等革命党人极大方便。1908年充广西督练公所参议,与钮永建、蔡锷等协力筹练新军。秋,派赴日本考察,招收留日士官李书城、陈之骥等数十人赴广西武备学堂和边防军任职。1909年回国赴广西,因与广西巡抚等政见不合,辞归。庄蕴宽在广西任官凡十三年,"以文人知兵","肇建粤西武功","桂军名将接踵负天下盛名",庄"筚路蓝缕,实有以启之也"。1910年应上海商船学校校长唐文治之邀,任该校教务长。1911年武昌起义,庄蕴宽积极参与上海光复、江苏独立的活动,并为江浙两省代表,赴鄂接黄兴回沪。民国元年被举为江苏都督,但仅三月,即辞职。1913年入京任平政院肃政厅都肃政史。1915年筹安会鼓吹帝制,庄蕴宽致袁世凯"复手书密札数千言，苦口规劝"。1916年出任审计院院长，1927年南京国民政府成立，遂辞归。时江苏省主席为故友钮永建，应邀任江苏通志局编纂委员会总纂。1932年逝世于常州。

十二、张一麐

张一麐（1867—1943），字仲仁，江苏吴县人。1885年进士，1903年录经济特科后，入袁世凯幕府，从此成为袁世凯的幕僚。1912年袁世凯就任临时大总统，张一麐出任政事堂机要局局长等职，后改任教育总长。1917年冯国璋北上进京，张一麐为总统府秘书。1919年曾谋划南北议和事宜。任教育总长期间，积极支持注音字母统一运动，不遗余力。1917年任中华民国国语研究会副会长。1919年4月任国语统筹备会会长。1920年代多奔走和平，然鲜有成效。此后长期留居南中。居乡期间，热心于地方公益事业。为改善地方交通，倡议修建苏邓洞公路。积极支持筹建苏州图书馆和大公园。为保护苏州文物古迹，与吴荫培、李根源等发起成立吴中保墓会，发动地方绅士捐资修缮古寺。1931年接任吴县修志局主席，完成《吴县志》出版工作。与李根源等人和中华职业教育社等合作，在苏州兴办教育，改良农事，倡导善行。"九一八事变"后，创办《斗报周刊》，呼吁抗日。1932年"一·二八"淞沪抗战，出面组织抗日治安会，慰问将士，救护伤兵，赈济难民。1937年淞沪会战时，与其子亲赴前线慰问将士，作诗著文，大呼杀敌救国，更与李根源等人通电全国并呈国民政府，组织"老子军"，动员六十岁以上老者效命疆场。事虽被阻，然民气为之大张。苏州沦陷后，经香港辗转抵达重庆，任国民参政会参政员。1943年病逝于重庆。著有《心太平室集》等。

十三、方还

方还（1867—1932），字惟一，江苏昆山人。1886年补博士弟子员。1905年参与创办江苏学会总会。1906年昆新教育会、商会成立，被推选为会长。1906年与张謇、王丹揆等江苏乡绅一同发起招股筹建江苏铁路。又当选为江苏省谘议局议员、资政院民选议员。辛亥年间，昆山光复，被公推为昆山民政分府民政长。后历任北京女子师范学校校长、上海招商局公学校长、南通女子师范学校校长。1922年韩国钧出任省长后，任省长公署机要秘书，是韩国钧的重要秘书。1923年主持疏浚常熟白茆河。方还素受张謇提携，但对张謇支持齐燮元发动江浙战争，颇有责言。1927年党军到沪，昆山少年多与之，方还以为"不可以理喻，拂然走沪，刊卖文鬻字例于《申报》"。1928年任南京国民政府交通部秘书。1932年4月卒于南京寓所。

十四、董康

董康（1867—1947），字绶经，号涌芬室主人，江苏武进人。早年就读于江阴南菁书院，1889年中举人，1890年恩科进士，授刑部主事。1902年任法律馆总纂，兼京师法律学堂教务提调，为沈家本所赏识，1905年赴日本考察司法。次年任大理院推事，参与起草《钦定宪法大纲》。1902年至1911年，是晚清法律改革的十年，沈家本为主持者之一，董康在此期间，"乃沈氏股肱之一，推手之功，尤为显著"。民国元年沈家本归隐，遂赴日留学。1914年归国任法律编查会副会长、大理院院长。1918年与王宠惠同任修订法律馆总裁。1920年任靳云鹏内阁司法总长。1921年底,梁士诒组阁,代理司法总长,时因审查财政总长张弧贪污案,声名大噪。1922年颜惠庆组阁,任财政总长,时发生部员索薪风潮,被殴伤,即辞职,与周自齐赴欧美考察。1923年回国后长居上海,主持收回上海会审公廨。1925年任上海法政大学副校长、校长。因反对孙传芳被通缉,1926年底再度赴日。1929年与章太炎同被推为上海法科大学校长。1933年任北京大学法科教授,多次赴日讲授中国法学史,被目为当代隋律、唐律权威。1937年后,任日伪"华北政务委员会"委员、"最高法院"院长等。抗战胜利后,董康被国民政府通缉,1948年在北平去世。

十五、赵椿年

赵椿年(1868—1942),字剑秋,江苏武进人。赵家为江南大族,据云赵椿年为赵翼五代孙,其母为常州今文学家刘逢禄曾孙女。赵椿年与赵烈文、赵凤昌同宗,与盛宣怀同乡。早年入上海求志书院师从俞樾。1888年中举人,嗣后留在北京考取内阁中书。1898年中进士,同年五月,授内阁中书,后以知府分发江西,入江西巡抚松寿幕府,助推新政,起草政令规章。1902年商部初设,时同窗好友唐文治为商部尚书,遂将赵椿年奏调至北京,后历任农工商部参议、度支部币制局庶务处帮办提调等职。1909年任资政院钦选议员。辛亥革命时,在惜阴堂和族叔赵凤昌"对南北和议多所赞划",时同学于南菁书院的钮永建亦为南方议和代表。民元任农商部参事。时与赵椿年同年中举的周学海,其弟周学熙为袁世凯亲信,故受周学海引荐1913年任财政次长。1916年任税务处会办,再任财政次长。1917年,任崇文门税务总监督。1919年任审计院副院长,时密友庄蕴宽为院长。二人"少时同学,交谊最笃"。1928年辞职隐退。赵椿年"贞不绝俗,隐不忘世","凡民生国计之大者",当局"顾问所及,多所献替"。赵椿年工于书法及诗歌,1942年病逝于北京。

十六、蒋维乔

蒋维乔(1873—1958),字竹庄,精通佛法,别号因是子,江苏武进人。1895年考入江阴南菁书院。1902年到上海,参加蔡元培等组织的中国教育会。1903年春应蔡元培之约,在蔡元培创办的爱国学社任教,并为《苏报》撰稿。他认为"救国之根本在于教育",以此理想,进入商务印书馆编译所。1907年接任爱国女学校长。1912年,南京临时政府成立,蔡元培出任教育总长,蒋维乔任教育部秘书长。1922年7月,任江苏省教育厅厅长,1925年接任国立东南大学校长一职,1929年,蒋维乔应上海光华大学之聘,任该校哲学教授,后又历任中文系教授、系主任、教务长兼文学院院长等职,前后执教二十余年。任教期间,还先后兼任过上海正风文学院院长、上海鸿英图书馆馆长、上海人文月刊社社长等职,他的许多佛学和哲学著作,都完成于这段时间。1949年蒋维乔以特邀代表身份出席苏南人民代表大会,被选为主席团主席及常任副主席。1958年3月逝于上海。

十七、刘厚生

刘垣(1873—1962),字厚生,以字行,江苏武进人。南洋公学首任总办何嗣煜的女婿，其父刘凤书、其兄刘柏生均长于经商，有造纸厂、纱厂数家，其兄刘树屏为光绪年间进士。刘厚生为清末秀才，毕业于南洋公学师范部。1905年与黄炎培等创办江苏学务总会（江苏省教育会前身），1910年任张謇在南通创办的大生第二纺织厂经理。1913年，任熊希龄内阁工商农林部次长，时张謇任该部总长，梁启超任司法总长。梁启超誉之为"张季直手下第一健将"。先后任北票煤矿公司董事长、大生纱厂监察。1925年入孙传芳幕府，北伐战争后离开孙传芳。1958年任上海文史馆馆员。晚年曾撰写有《张謇传记》。刘厚生与江谦、吴兆曾均为张謇的心腹。

十八、于宝轩

于宝轩（1875—?），字子昂、志昂，江苏江都人，韩国钧之侄。因其父在川省为官，幼年在四川度过。清末附监生。曾赴日本留学。后历任巡警部警法司主事，民政部警政司主事，承政厅员外郎。1912年后任参议院议员。1914年至1916年任内务部民治司司长。1917年任交通部秘书，同年底升为内务部次长。辅佐内务部总长钱能训。1918年2月，负责安福国会选举事务。1919年6月龚心湛临时内阁中一度代理内务总长。不久即去职。于宝轩五四运动前后颇受钱能训、徐世昌重用。此后历任经济调查局总裁、财政整理委员会委员、北京古学院哲理研究会研究员。1938年4月，参加梁鸿志组织的中华民国维新政府，任交通部次长。1941年5月，在汪精卫的南京国民政府中任高等考试典试委员会监试委员。

十九、徐鼎康

徐鼎康(1876—1938),字锡丞,江苏嘉定人。徐家累世官宦,其父徐致祥曾任内阁学士兼礼部侍郎,其叔祖父徐郙曾任礼部尚书兼协办大学士,其兄徐鼎襄曾任芜湖海关监督等职。徐鼎康"才气恢张,明敏善辩,狂直有父风"。清末历任北洋巡警学堂总办、吉林巡警道等职,1910年任吉林度支使,时韩国钧亦在吉林任职,两人颇相知。1912年继任韩国钧,为吉林民政使(内务司司长)。1914年转到安徽任职,担任安庆道尹,时韩国钧又为安徽巡按使。1919年张謇、韩国钧受命督办江苏运河工程事宜,借调徐鼎康为参赞,自此之后,运河工程局日常事务,悉归其负责。1925年出任金陵道尹,1926年继陈陶遗之后短暂地担任江苏省长。南京国民政府成立后,仍致力于水利、导淮、运河工程建设。徐鼎康一生致力于运河水利建设。1938年江北已近抗日前线,徐鼎康仍奔走于防汛事宜,10月底,病殁于任上,身后萧然无以殓。韩国钧得知噩耗,至为哀痛。

二十、黄炎培

黄炎培(1878—1965),字任之,号楚南,江苏川沙人,清末举人。1905年入同盟会。辛亥革命后任江苏都督府民政司教育科科长。1912年任江苏省教育司长等职。1917年在上海创办中华职业教育社,任理事长。"九一八事变"后投入抗日救亡运动,创办《救国通讯》,1941年与张澜等发起组织中国民主政团同盟。1945年7月访问延安,同年发起成立中国民主建国会。1949年出席中国人民政治协商会议。后历任中央人民政府委员、政务院副总理兼轻工业部长、全国人大常委会副委员长。1935年2月,黄炎培召集张君劢、沈恩孚、陈陶遗等人会餐,临行谈及国家前途,沈恩孚、陈陶遗"竟以谈笑出之"。事后黄炎培遂向诸人"分函切责",且在日记中厉言道:"今人以预测国亡为先见,以漠视亡国为达观,童骏不足责,乃出之信卿、陶遗。犹忆锦州失守之耗至,余奔至量才家,愤极。量才、膺白竟出以淡笑,嗤我为愚,谓我辈早已料到,表示他们先见与达观。士大夫丧心病狂,复何言!"其所忧心于国事者,有如此;其所殷殷责望于同人者,亦有如此。

二十一、史量才

史量才(1880—1934),名家修,字量才,中年以后以字行。原籍江苏江宁,生于江苏松江。1899年中秀才,与黄炎培同年。1905年参加苏沪两地立宪运动,与黄炎培等发起江苏学务总会。1907年,参加江浙两省绅商拒借外资保护路权运动,被举为江苏铁路公司董事。1908年,被聘为《时报》主笔,期间与陈冷及张謇、程德全、应德闳等江苏士绅相交好。辛亥革命时参加江苏独立运动。1912年参与南北议和事宜。辛亥后,与张謇、程德全等人收购《申报》,以为言论工具。1927年收购《时事新报》,1929年收购《新闻报》大部股权,成为中国报业资本巨头。"九一八事变"后,批评不抵抗主义,支持宋庆龄、蔡元培、杨杏佛等所发起的"民权保障同盟"运动,引起蒋介石敌视。为支援十九路军抗战,与黄炎培、王晓籁等发起组织上海市民地方维持会,举为会长。淞沪会战结束后,尝与陶行知、黄炎培、戈公振、李公朴等共商《申报》发展大计。"用申报馆名义创办许多职业学校";副刊《自由谈》刊登大批左翼作家文章,使《自由谈》一度成为反文化围剿的重要阵地。1934年乘汽车从杭州回上海,途中被国民党特务暗杀。黄炎培在挽联痛悼道:"风雨漏舟中,领袖群秀,抗敌矢无他,愿本会与君同终始耳;沪杭公路上,人天一霎,忌才嗟太酷,奈国家如此艰危何!"

二十二、卢殿虎

卢殿虎(1880—1936),字绍刘(一作"浏"),江苏宝应人。1910年毕业于江南高等学堂预科,奖拔贡生。曾任江苏巡按使署教育科长、海洲中学校长。1912年任江苏省教育司第三科科长,司长为黄炎培。1913年出任江苏省立图书馆馆长。1916年建立江苏省教育团公有林,任林场管理机构总理,为江苏省教育经费的重要来源之一。1918年任甘肃省教育厅厅长,1921年去职。1924年初任安徽省教育厅厅长,同年12月去职。在担任安徽省教育厅厅长期间,"对于地方教育,积极筹划改进之方,设置省视学,并举行全省教育行政会议,于筹划国民学校发达之方法,及小学实施事项,探讨綦详,一时地方教育之推进,效率颇速"。卢殿虎亦是江苏省教育会的重要成员,常年出任干事员、评议员。卢殿虎乃扬州名士,1918年与朱绍文、黄以霖等倡议集资修建扬州至瓜州、淮安等地的长途公路,创办长途汽车公司,以沟通长江南北的交通,费力尤巨。

二十三、陈陶遗

陈陶遗(1881—1946),江苏金山人。清末留学日本早稻田大学,入同盟会,1907年任同盟会江苏分会会长,此后长期为同盟会江苏分部负责人。曾策划暗杀端方行动,事泄被捕。1909年参与创办南社,为南社骨干。1910年赴南洋募捐,筹划广州起义。1911年武昌起义,携款赶回上海,接济沪军都督陈其美。此后,与马君武代表沪军到武昌联络;其时苏州光复,拥戴程德全为都督,"完全出于陈陶遗之主张"。1912年南京临时政府成立,被选为南京临时参议院副议长。二次革命失败,回乡隐居,并掩护讨袁军第三师师长冷遹避难。1914年弃政转向实业,和黄炎培、沈恩孚等人组织东井垦殖公司,任经理。1916年在哈尔滨创办新盛恒粮栈,兼戊通航运公司董事。后因实业进展不顺归乡。1924年江浙战争参与驱齐善后活动。1926年初任江苏省长。1928年在东三省特区行政长官朱庆澜处任职。"九一八事变"后,愤而返乡。1933年应上海市临时参议会会长史量才之请,担任秘书长。1937年因病留沪,汪伪政府成立后,汪精卫曾写信请其出任伪江苏省长,被拒绝。抗战胜利后次年病故。

二十四、冷遹

冷遹(1882—1959),字御秋,江苏丹徒人。早年毕业于安徽武备学堂,曾任南京新军第九镇第三十三标第三营管带。1906年参加同盟会。1907年任督练公所教练处提调。1908年在岳王会发动起义,被推为总指挥,后因事泄被捕。1909年赴广西,任陆军小学提调。1910年8月参加创建同盟会广西支部。1911年任广西新军督办协统。武昌起义后,任同盟会广西支部副支部长、代理支部长;11月广西光复,任广西民军混成协帮统。南京临时政府成立,任第一军第三师师长;后任安徽军政府参谋部部长,1912年改任第九师师长。

1913年第九师改为江苏陆军第三师,仍任师长。二次革命失败后出走日本,与李根源创设欧事研究会。1915年袁世凯复辟帝制,投入护国讨袁运动。1916年随章士钊赴粤。1917年任护法军政府总参议,代理内政部部长。1920年回乡,在镇江创办江北丰台公司、镇江女子职业学校。1925年秋任江苏省水陆警备司令。1928年任山东省政府委员兼民政厅厅长。1936年任镇江商会主席、江苏省商会执委会委员。1938年至1945年,任第一、二、三、四届国民参政会参政员。1945年参与创立中国民主建国会。1946年任江苏省临时参议院议长、"制宪国大"代表。中华人民共和国成立后,历任江苏省副省长、第一届全国人民代表大会代表、全国政协委员、江苏省政协副主席、华东军政委员会委员兼水利部长等职。

二十五、严家炽

严家炽(1885—?),字孟繁,江苏吴县人,擅理财。为晚清上海广方言馆首批学生严良勋之子,与国民党要人严家淦为同乡宗族。严氏家族自元明之际世居洞庭东山,明清时期科第繁盛,属吴地望族,亦是近代洞庭商帮主力之一。严家炽清末曾任广州知府兼巡警道。适同盟会发动黄花岗起义。辛亥革命后,历任广东财政司长,广东、湖南、江苏等省财政厅长,热河官产总处副处长等职。他亦曾出任东南大学校董,洞庭东山旅沪同乡会首任会长。抗日战争中,任汪精卫南京伪政府财政部常务次长。因投靠汪伪而在抗战胜利后获刑,中华人民共和国成立后刑满释放。

参考文献

（一）报刊史料

《晨报》

《督办江苏运河工程局季刊》

《江苏》

《江苏教育公报》

《江苏省教育会年鉴》

《江苏省教育会月报》

《江苏省临时参议会会刊》

《江苏省政府公报》

《江苏水利协会杂志》

《江苏文献》

《教育与职业》

《民国日报》（上海）

《人文》

《申报》

《时报》

《时事新报》

《顺天时报》

《大公报》(天津)
《国闻周报》
《东方杂志》
《苏社特刊》
《太平导报》
《宪政》
《新教育》
《新闻报》
《益世报》
《浙江》
《中国青年》
《教育与人生》
《国家与教育》
《全浙公会汇刊》
《中华教育界》

(二) 档案
台北"国史馆"藏:《蒋中正总统文物》
南通市档案馆藏:大生档

(三) 基本史料
包天笑:《钏影楼回忆录　钏影楼回忆录续编》,三晋出版社,2014年。
北京图书馆编:《北京图书馆藏珍本年谱丛刊》(第192册),北京图书馆出版社,
　　2010年。
卞孝萱、唐文权编著:《辛亥人物碑传集》,凤凰出版社,2011年。
沧水编:《内国公债史》,商务印书馆,1926年。
曹金濂编著:《民国江苏权力机关史略》(江苏文史资料第67辑),江苏文史资料
　　编辑部,1994年。

曹聚仁:《天一阁人物谭》,上海人民出版社,2000年。
常熟市政协文史资料研究委员会编:《文史资料辑存》(第3、4、5辑),内部发行,1962、1963、1964年。
陈独秀:《陈独秀文集》,人民出版社,2013年。
《陈仪生平及被害内幕》编写组编:《陈仪生平及被害内幕》,中国文史出版社,1985年。
陈颖选编:《贞毅先生陈陶遗诗文集》,上海科学技术文献出版社,2015年。
邓中夏:《邓中夏全集》,人民出版社,2014年。
丁文江、赵丰田编:《梁启超年谱长编》,上海人民出版社,1983年。
方兆麟编:《卞白眉日记》,天津古籍出版社,2008年。
高拜石:《古春风楼琐记》,作家出版社,2003年。
高平叔编:《蔡元培全集》,中华书局,1988年。
耿有权:《郭秉文教育文集》,东南大学出版社,2018年。
共和书局编辑所编辑:《江浙大战记》,共和书局,1924年。
古蓨孙:《甲子内乱始末纪实》,中华书局,2007年。
郭双林、高波编:《中国近代思想家文库·高一涵卷》,中国人民大学出版社,2015年。
国家图书馆分馆编:《中华历史人物别传集》(第79册),线装书局,2003年。
韩国钧等:《江苏省单行法令初编》(出版社不详),1924年。
胡适:《丁文江的传记》,北京师范大学出版社,2014年。
黄炎培:《八十年来》,文史资料出版社,1982年。
嘉兴市政协文史资料委员会编:《嘉兴市文史资料·褚辅成专辑》(第3辑),浙江人民出版社,1991年。
江门市政协文史资料研究委员会编:《江门文史》(第23辑),内部发行,1991年。
江苏教育总会编:《江苏教育总会文牍》(四编),中国图书公司,1909年。
江苏内务司:《江苏省内务行政报告书》,江苏省行政公署内务司,1914年。
江苏清理财政委员会编印:《江苏清理财政委员会报告书》,1925年。
江苏省财政志编辑办公室编:《江苏财政史料丛书》(第2辑),方志出版社,

1999年。

江苏省档案局编:《韩国钧朋僚函札史料选编》,江苏人民出版社,2012年。

江苏省教育实业联合会编印:《江苏省教育实业联合会会议录》,1923年。

江苏省社会科学院《恽逸群文集》编写组:《恽逸群文集》,江苏人民出版社,1986年。

江苏省长公署第四科编:《江苏省实业视察报告书》,商务印书馆,1918年。

江苏省长公署统计处:《江苏省政治年鉴》,江苏省长公署统计处,1924年。

江苏省政协文史资料委员会编:《江苏文史资料选辑》(第10辑),江苏人民出版社,1982年。

江苏省政协文史资料委员会编:《冷遹先生纪念文集》(江苏文史资料第27辑),江苏文史资料编辑部,1989年。

江苏省政协文史资料委员会:《民国江苏的督军和省长(1911—1949)》(江苏文史资料第49辑),《江苏文史资料》编辑部,1993年。

蒋维乔:《江苏教育行政概况》,商务印书馆,1924年。

竞智图书馆编辑:《齐燮元全传》,竞智图书馆,1924年。

来新夏主编:《中国近代史资料丛刊·北洋军阀》,上海人民出版社,1993年。

李大钊:《李大钊文集》,人民出版社,2013年。

李明勋、尤世玮主编:《张謇全集》,上海辞书出版社,2012年。

林开明、陈瑞芳、陈克、王会娟编:《北洋军阀史料·徐世昌》,天津古籍出版社,1996年。

林盼、胡欣轩、王卫东整理:《蒋维乔日记》(第3、4册),上海人民出版社,2021年。

刘绍唐:《民国人物小传》,上海三联书店,2015年。

陆炳炎主编:《恽逸群同志纪念文集》,生活·读书·新知三联书店,2005年。

罗亦农:《罗亦农文集》,人民出版社,2011年。

南京大学校史研究室:《南京大学校史资料选编》(第2卷),南京大学出版社,2018年。

南通市政协文史资料研究委员会编:《南通文史资料选辑》(第3辑),内部发行,

1983年。

欧阳哲生编:《丁文江文集》,湖南教育出版社,2008年。

钱端升、萨师炯等:《民国政制史》,商务印书馆,2018年。

钱基博:《近百年湖南学风·经学通志》,湖南师范大学出版社,2018年。

全国政协文史资料委员会编:《文史资料存稿选编·晚清、北洋》,中国文史出版社,2002年。

全国政协文史资料委员会编:《文史资料选辑》(第8辑),中华书局,1960年。

全国政协文史资料委员会编:《辛亥革命回忆录》,文史资料出版社,1961年。

上海社会科学院历史研究所编:《辛亥革命在上海史料选辑》,上海人民出版社,1996年。

上海市档案馆编:《上海档案史料研究》(第10辑),上海三联书店,2011年。

上海图书馆编:《上海图书馆藏唐绍仪中文档案》(25—27),上海人民出版社,2020年。

沈钧儒:《沈钧儒文集》,群言出版社,2014年。

沈同芳编:《江苏学务总会文牍初编》,商务印书馆,1906年。

沈云龙主编:《近代中国史料丛刊》(第1辑),文海出版社,1973年。

沈云龙主编:《近代中国史料丛刊续编》(第17辑),文海出版社,1975年。

沈云龙主编:《近代中国史料丛刊三编》(第53辑),文海出版社,1988年。

舒新城:《近代中国教育思想史》,安徽人民出版社,2019年。

苏州市档案馆编:《苏州商会档案丛编》(第1辑),华中师范大学出版社,1991年。

孙家红编:《孟森政论文集刊》,中华书局,2008年。

泰州市政协文史资料研究委员会:《泰州文史资料》(第1辑),内部发行,1983年。

谭徐锋主编:《蒋百里全集》(第6卷),北京工业大学出版社,2015年。

王清穆研究会编注:《农隐庐日记》,东洋文库近代中国研究委员会:《近代中国研究汇报》,东洋文库。

翁斌孙著,张剑整理:《翁斌孙日记》,凤凰出版社,2015年。

吴汉民主编:《20世纪上海文史资料文库》(第1辑),上海书店出版社,1999年。

吴江县政协文史资料研究委员会编:《吴江文史资料》(第4辑),内部发行,1985年。

吴虬、张一麐:《北洋派之起源及其崩溃·直皖密史》,中华书局,2007年。
徐兆玮著,李向东等标点:《徐兆玮日记》,黄山书社,2013年。
薛冰整理:《沈信卿先生文集》,凤凰出版社,2015年。
盐城市政协文史资料委员会编:《盐城县文史资料》(第1—2辑),内部发行,1984年。
杨绛整理:《杨荫杭集》,中华书局,2014年。
姚鹓雏:《姚鹓雏文集》,上海古籍出版社,2012年。
叶惠芬编著:《阎锡山档案·要电存录》,台北"国史馆",2003年。
叶圣陶:《倪焕之》,四川文艺出版社,2018年。
喻血轮著,眉睫编:《绮情楼杂记》,九州岛出版社,2017年。
袁希洛:《袁观澜先生手编年谱》,《新中华》第4卷第9、10、11期,1946年。
恽代英:《恽代英文集》,人民出版社,2014年。
曾虚白:《曾虚白自传》,联经出版事业公司,1988年。
张一麐:《古红梅阁笔记》,上海书店出版社,1998年。
张一麐:《心太平室集》,上海书店出版社,1990年。
章士钊:《章士钊全集》,文汇出版社,2000年。
赵世炎:《赵世炎文集》,人民出版社,2013年。
赵尊岳著,陈水云、黎晓莲整理:《赵尊岳集》,凤凰出版社,2016年。
浙江省政协文史资料研究委员会编:《浙江文史资料选辑》(第15辑),浙江人民出版社,1980年。
中共中央文献研究室:《建国以来毛泽东文稿》(5),中央文献出版社,1991年。
中国第二历史档案馆编:《蒋介石年谱初稿》,档案出版社,1992年。
中国第二历史档案馆编:《中华民国史档案资料汇编(三)·军事》,凤凰出版社,2015年。
中国社会科学院近代史研究所中华民国史研究室编:《胡适来往书信选》(上),社会科学文献出版社,2013年。
中国社会科学院近代史研究所近代史资料编辑部编:《近代史资料》(1963年第4期),知识产权出版社,2006年。

中国社会科学院近代史研究所整理:《黄炎培日记》,华文出版社,2008年。

中国社会科学院近代史研究所编,杜春和、耿来金整理:《白坚武日记》,江苏古籍出版社,1988年。

中华职业教育社编:《黄炎培教育文集》,中国文史出版社,1994年。

中央档案馆、江苏省档案局编印:《江苏革命历史文件汇集》,内部发行,1988年。

中央档案馆、上海市档案馆编印:《上海革命历史文件汇集》,内部发行,1990年。

中央档案馆、浙江省档案馆编印:《浙江革命历史文件汇集》,内部发行,1986年。

周学熙:《周学熙自述》,安徽文艺出版社,2013年。

朱沛莲:《江苏省及六十四县志略》,台北"国史馆",1987年。

庄安正编著:《张謇年谱长编·民国篇》,上海交通大学出版社,2018年。

庄建平主编:《近代史资料文库》,上海书店出版社,2009年。

(四)专著、论著

[澳]费约翰著,李恭忠等译:《唤醒中国:国民革命中的政治、文化与阶级》,生活·读书·新知三联书店,2004年。

[法]白吉尔著,张富强、许世芬译:《中国资产阶级的黄金时代》,上海人民出版社,1994年。

[加]季家珍著,王樊一婧译:《印刷与政治:〈时报〉与晚清中国的改革文化》,广西师范大学出版社,2015年。

[美]白思奇著,秦兰珺、李新德译:《地方在中央:晚期帝都内的同乡会馆、空间和权力》,中国社会科学出版社,2018年。

[美]戴维·杜鲁门著,陈尧译:《政治过程:政治利益与公共舆论》,天津人民出版社,2005年。

[美]杜赞奇著,王宪明等译:《从民族国家拯救历史:民族主义话语与中国现代史研究》,江苏人民出版社,2009年。

[美]费正清编,杨品泉等译:《剑桥中华民国史(1912—1949年)》(上、下卷),中国社会科学出版社,1994年。

[美]顾德曼著,宋钻友译:《家乡、城市和国家——上海的地缘网络和认同》,上

海古籍出版社,2004年。

[美]吉尔伯特·罗兹曼编:《中国的现代化》,江苏人民出版社,2018年。

[美]裴士锋著,黄中宪译:《湖南人与现代中国》,社会科学文献出版社,2015年。

[美]齐锡生著,杨云若、萧延中译:《中国的军阀政治(1916—1928)》,中国人民出版社,1991年。

[美]萧邦奇著,周武彪译:《血路:革命中国中的沈定一(玄庐)传奇》,江苏人民出版社,2010年。

[美]萧邦奇著,徐立望等译:《中国精英与政治变迁:20世纪初的浙江》,江苏人民出版社,2021年。

[美]周锡瑞:《改良与革命:辛亥革命在两湖》,江苏人民出版社,2007年。

[日]高柳信夫编,唐利国译:《中国"近代知识"的生成》,商务印书馆,2016年。

[日]沟口雄三著,乔志航等译:《中国的历史脉动》,生活·读书·新知三联书店,2014年。

[日]深町英夫:《近代广东的政党·社会·国家——中国国民党及其党国体制的形成过程》,社会科学文献出版社,2003年。

[日]岩井茂树:《中国近世财政史研究》,江苏人民出版社,2020年。

[美]张信著,岳谦厚、张玮译:《二十世纪初期中国社会之演变——国家与河南地方精英1900—1937》,中华书局,2004年。

[日]佐藤仁史:《近代中国的乡土意识:清末民初江南的地方精英与地域社会》,北京师范大学出版社,2017年。

陈明胜:《晚清民国时期地方自治的内在困境及其现代启示研究》,合肥工业大学出版社,2018年。

陈以爱:《动员的力量:上海学潮的起源》,民国历史文化学社,2021年。

陈志让:《军绅政权:近代中国的军阀时期》,广西师范大学出版社,2008年。

程美宝:《地域文化与国家认同:晚清以来"广东文化"观的形成》,生活·读书·新知三联书店,2006年。

邓野:《联合政府与一党训政》,社会科学文献出版社,2011年。

董玥主编:《走出区域研究:西方中国近代史论集粹》,社会科学文献出版社,2013年。

方平:《晚清上海的公共领域(1895—1911)》,上海人民出版社,2007年。

费孝通:《乡土中国》,北京大学出版社,2012年。

冯筱才:《在商言商:政治变局中的江浙商人》,上海教育出版社,2019年。

冯志阳:《庚子救援研究》,北京师范大学出版社,2018年。

高波:《追寻新共和:张东荪早期思想与活动研究(1886—1932)》,生活·读书·新知三联书店,2018年。

谷小水:《"少数人"的责任——丁文江的思想与实践》,天津古籍出版社,2005年。

谷秀青:《清末民初江苏省教育会研究》,广西师范大学出版社,2009年。

关晓红:《科举停废与近代中国社会》(修订版),社会科学文献出版社,2017年。

韩策:《科举改制与最后的进士》,社会科学文献出版社,2017年。

胡春惠:《民初的地方主义与联省自治》,中国社会科学出版社,2011年。

黄克武:《反思现代:近代中国历史书写的重构》,四川人民出版社,2020年。

蒋宝麟:《清末学堂与近代中国教育财政的起源》,社会科学文献出版社,2021年。

来新夏等:《北洋军阀史》(上、下),东方出版社,2016年。

李达嘉:《民国初年的联省自治运动》,弘文馆出版社,1986年。

李平亮:《卷入大变局:晚清至民国时期南昌的士绅与地方政治》,经济日报出版社,2009年。

李世众:《晚清士绅与地方政治——以温州为中心的考察》,上海人民出版社,2006年。

李藻麟:《我的北洋军旅生涯》,团结出版社,2017年。

林美莉:《西洋税制在近代中国的发展》,台北"中研院"近代史研究所专刊(88),2005年。

罗志田:《激变时代的文化与政治:从新文化运动到北伐》,北京大学出版社,2006年。

罗志田:《乱世潜流:民族主义与民国政治》,中国人民出版社,2013年。

瞿骏:《花落春仍在:20世纪前期中国的困境与新路》,生活·读书·新知三联书店,2017年。

瞿骏:《天下为学说裂:清末民初的思想革命与文化运动》,社会科学文献出版社,2017年。

瞿骏:《辛亥前后上海城市公共空间研究》,上海辞书出版社,2009年。

尚小明:《留日学生与清末新政》,江西教育出版社,2003年。

沈晓敏:《处常与求变:清末民初的浙江谘议局与省议会》,生活·读书·新知三联书店,2005年。

唐仕春:《近代中国的乡谊与政治》,四川人民出版社,2020年。

王东杰:《国家与学术的地方互动:四川大学国立化进程(1925—1939)》,生活·读书·新知三联书店,2005年。

王东杰:《国中的"异乡":近代四川的文化、社会与地方认同》,北京师范大学出版社,2016年。

王东杰:《声入心通:国语运动与现代中国》,北京师范大学出版社,2019年。

王树槐:《中国现代化的区域研究:江苏省(1860—1916)》,"中央研究院"近代史研究所专刊,1991年。

魏光奇:《官治与自治:20世纪上半期的中国县制》,商务印书馆,2004年。

闻黎明:《第三种力量与抗战时期的中国政治》,上海书店出版社,2004年。

徐佳贵:《乡国之际:晚清温州府士人与地方知识转型》,复旦大学出版社,2018年。

徐茂明:《江南士绅与江南社会(1368—1911年)》,商务印书馆,2004年。

许纪霖:《无穷的困惑:黄炎培、张君劢与现代中国》,生活·读书·新知三联书店,2018年。

许小青:《政局与学府:从东南大学到中央大学》,中国社会科学出版社,2009年。

谢长法:《教育家黄炎培研究》,山东人民出版社,2016年。

谢静:《韩国钧》,苏州大学出版社,2014年。

杨天宏:《革故鼎新:民国前期的法律与政治》,生活·读书·新知三联书店,2018年。

张朋园:《立宪派与辛亥革命》,生活·读书·新知三联书店,1997年。

张玉法:《清季的立宪团体》,北京大学出版社,1995年。

张玉法主编:《中国现代史论集》,联经出版事业公司,1980年。

章开沅:《章开沅文集》,华中师范大学出版社,2015年。

章永乐:《此疆尔界:"门罗主义"与近代空间政治》,生活·读书·新知三联书店,2021年。

中国社会科学院近代史研究所民国史研究室、四川师范大学历史文化学院编:《1920年代的中国》,社会科学文献出版社,2005年。

周青松:《上海地方自治研究:1905—1927》,上海社会科学院出版社,2005年。

朱宗震、徐汇言主编:《黄炎培研究文集》(3),四川人民出版社,2009年。

(五)期刊论文

敖光旭:《1920—1930年代国家主义派之内在文化理路》,《近代史研究》2006年第2期。

陈明:《集权与分权:民国元年的军民分治之争》,《学术研究》2011年第9期。

陈明胜:《民初地方士绅与军阀政府的矛盾共生——以江苏"省自治"运动为中心》,《民国档案》2018年第4期。

陈世荣:《国家与地方社会的互动:近代社会菁英的研究典范与未来的研究趋势》,《"中研院"近代史研究所集刊》第54期,2006年12月。

陈以爱:《五四时期东南集团"商战"舆论和抵制运动》,《中山大学学报》2019年第5期。

陈以爱:《五四运动初期江苏省教育会的南北策略》,《国史馆馆刊》2015年总第43期。

陈志霞、苏智良:《批判与改良:非基督运动的爆发与基督徒知识分子的选择——以刘湛恩为考察》,《都市文化研究》2019年第1期。

车人杰:《地方自治中的统一诉求——北洋时期四川"省自治运动"研究》,《四川大学学报》2023年第1期。

戴海斌:《"大革命"前后的孟森》,《中华文史论丛》2021年第2期。

邱宏霆:《北洋政府时期米禁政策研究——以苏米弛禁案为中心(1918—1920

年)》,《安徽史学》2020年第5期。

丁乙:《1927年政权鼎革之际沪苏教育界的革命实践——以"打倒学阀"为中心的考察》,《史林》2019年第2期。

杜佩红:《"革命"是否"革官"? 辛亥革命前后的县官人事变动》,《史学月刊》2022年第5期。

杜佩红:《民国初年地方政府的权力变动——以江苏县官人事嬗递为例的考察》,《江海学刊》2019年第3期。

冯国安:《韩国钧第二次长苏始末》,《档案与建设》2013年第2期。

冯筱才:《"军阀政治"的个案考察:卢永祥与一九二〇年代的浙江废督裁兵运动》,《政治大学历史学报》第19期,2002年5月。

冯筱才:《江浙商人与齐卢之战》,《"中研院"近代史研究所集刊》第33期,2000年6月。

冯筱才:《江浙战争与民初国内政局之转化》,《浙江大学学报》2004年第1期。

[美]盖斯白著,许有威译,陈祖怀校:《从冲突到沉寂:1927～1937年间江苏省国民党党内宗派主义和地方名宿》,《史林》1993年第2期。

谷秀青:《1925年江苏教育厅长易职风潮》,《理论月刊》2014年第12期。

关晓红:《清季外官改制的"地方"困扰》,《近代史研究》2010年第5期。

胡勇军:《"与水争地"抑或"与民争利":民国初期太湖水域浚垦纠纷及其背后利益诉求研究》,《中国农史》2018年第6期。

黄文治:《中华基督教青年会与公民教育运动(1923—1930)》,《甘肃社会科学》2010年第6期。

季剑青:《地方精英、学生与新文化的再生产——以"五四"前后的山东为例》,《现代中国文化与文学》2009年第2期。

蒋宝麟:《中央大学建校与"后革命"氛围中的校园政治》,《中山大学学报》2012年第1期。

靳帅:《"打倒学阀":北伐前后苏沪学界的权势嬗递》,《史林》2019年第3期。

李达嘉:《上海商会领导层更迭问题的再思考》,《"中研院"近代史研究所集刊》第49期,2005年9月。

李发根:《治水政治:20世纪30年代的"导黄入淮"纠纷》,《近代史研究》2021年第5期。

李坤睿:《北洋时期的地方军政关系与军绅博弈——以1920—1921年湖北政潮为例》,《安徽史学》2019年第4期。

李细珠:《北洋政治史研究应更进一境》,《北京日报》2017年6月26日,第19版。

刘宝吉:《士绅演变与地域权力更迭:刘一梦小说〈斗〉文史互证》,《近代史研究》2019年第2期。

刘志伟:《地域社会与文化的结构过程——珠江三角洲研究的历史学与人类学对话》,《历史研究》2003年第1期。

娄岙菲:《权威重塑与派系博弈:章士钊与北京教育界》,《北京大学教育评论》2020年第2期。

罗志田:《道出于三:西方在中国的再次分裂及其影响》,《南京大学学报》2018年第6期。

罗志田:《国进民退:清季兴起的一个持续倾向》,《四川大学学报》2012年第5期。

吕芳上:《民国初年的江西省议会(1912—1924)》,《"中研院"近代史研究所集刊》第18期,1989年6月。

马建标:《民族主义旗号下的多方政争:华盛顿会议期间的国民外交运动》,《历史研究》2012年第5期。

马思宇:《五卅运动前后中国共产党对反帝话语的宣传及其影响》,《马克思主义理论学科研究》2019年第2期。

牛力:《分裂的校园:1920—1927年东南大学治理结构的演变》,《中山大学学报》2017年第1期。

牛力:《江苏省教育会与东南大学权力格局的兴替(1914—1927)》,《史林》2019年第2期。

彭剑:《一省之议会:谘议局性质发微》,《安徽史学》2015年第6期。

彭南生、何亚丽:《江浙战争前后的上海马路商界联合会——兼论近代民间商人组织的自我建构》,《江西社会科学》2014年第12期。

彭姗姗:《教育人还是教育公民:1916—1926年教育宗旨的演变》,《北京大学教育评论》2022年第2期。

瞿骏:《勾画在"地方"的五四运动》,《中共党史研究》2019年第11期。

瞿骏:《老新党与新文化:五四大风笼罩下的地方读书人》,《南京大学学报》2017年第1期。

瞿骏:《觅路的小镇青年——钱穆与五四运动再探》,《近代史研究》2019年第2期。

瞿骏:《在1911年"延长线"上思考辛亥革命》,《社会科学研究》2023年第1期。

桑兵:《"北洋军阀"词语再检讨与民国北京政府》,《学术研究》2014年第9期。

尚季芳、靳帅:《师生冲突与南北博弈——1926年同济大学"誓约书"风潮再探讨》,《历史教学》(下半月)2017年第9期。

沈洁:《1920年代地方力量的党化、权力重组及向"国民革命"的引渡——以奉化〈张泰荣日记〉为中心》,《华东师范大学学报》2016年第6期。

苏智良、姚霏:《近代中国社会转型期的贩毒巨擘——旧上海三鑫公司研究》,《上海师范大学学报》2005年第1期。

唐启华:《北洋视角与近代史研究》,《南京大学学报》2014年第3期。

陶飞亚:《共产国际代表与中国非基督教运动》,《近代史研究》2003年第5期。

汪朝光:《北京政治的常态和异态——关于黎元洪与段祺瑞府院之争的研究》,《近代史研究》2007年第3期。

王才友:《代际传递与党部再起:浙江平阳乡绅与国民党"党治"的推行(1926—1928)》,《开放时代》2019年第4期。

王东杰:《从内部看历史与回到列文森》,《读书》2020年第2期。

王汎森:《跨学科的思想史——以"废科举"的讨论为例》,《复旦学报》2021年第2期。

王先明:《士绅构成要素的变异与乡村权力——以20世纪三四十年代的晋西北、晋中为例》,《近代史研究》2005年第2期。

王续添:《从"国家"到"地方":中国现代国家改造中的"战略退却"——对五四运动和联省自治运动关系的一种考察》,《中共党史研究》2019年第5期。

夏林:《南京图书馆藏韩国钧〈朋僚手札〉及其史料价值》,《档案与建设》2022年第3期。

夏林:《省际矛盾、治运分歧与制度演进——民初督办江苏运河工程总局的成立》,《档案与建设》2021年第2期。

肖小红:《新文化运动时期的中国省际精英——江苏省教育会的案例研究》,《国际汉学》(第18辑),大象出版社,2009年。

许纪霖:《近代上海城市"权力的文化网络"中的文化精英(1900—1937年)》,《复旦学报》2012年第6期。

徐佳贵:《组织演变与文教革新——晚清与五四之间的江苏省教育会》,《史林》2021年第3期。

徐杨:《"旧邦新造"的制度逻辑:西式话语中的近代省制言说》,《浙江社会科学》2019年第6期。

严泉:《"联省自治"运动中的省宪研究——民国初年"联省自治"的制度探析》,《学术界》2005年第6期。

杨天宏:《地方自治与统一国家的建构——北洋时期"联省自治"运动再研究》,《四川大学学报》2012年第5期。

湛晓白、景凡芮:《清末民国时期有关"东南互保"的历史记忆与现实政治》,《杭州师范大学学报》2022年第1期。

张仰亮:《1921—1927年中国共产党发展党员政策研究——以上海党组织为中心》,《党的文献》2021年第3期。

章清:《省界、业界与阶级:近代中国集团力量的兴起及其难局》,《中国社会科学》2003年第2期。

赵埜均:《地方精英与中央政局的另类互动——以1923年国会移沪事件为中心》,《学术研究》2020年第3期。

朱英:《民国时期省议会与省长之间的冲突——以江苏省议会弹劾省长案为例》,《社会科学研究》2007年第1期。

周海建:《内阁政制与北京政变后的北洋政权代谢》,《清华大学学报》2022年第4期。

[美]周锡瑞(J. W. Esherick)、兰京(Mary. Backus. Rankin):《中国地方精英支配模式导论》,《中国社会科学季刊》(香港)1998年夏季卷。

(六)学位论文

陈明:《民国初年的政体选择:省制构建及其问题(1912—1928)》,中山大学博士学位论文,2012年。

陈亚杰:《转型时代的中国精英:张一麐研究》,苏州科技大学硕士学位论文,2019年。

陈昀秀:《清末江苏教育总会研究(1905—1911)》,台湾大学硕士学位论文,2015年。

李嘉燕:《南北政争与江西时局:以变动中的督军、省长、议长为中心的探讨》,华中师范大学硕士学位论文,2020年。

梁俊平:《军阀之死——李纯督苏(1917—1920)与民初的军人政治》,复旦大学硕士学位论文,2014年。

许丽梅:《民国时期四川"五老七贤"述略》,四川大学硕士学位论文,2003年。

杨德志:《从晚清能臣到抗战楷模——韩国钧研究》,扬州大学博士学位论文,2012年。

(七)英文文献

Andrew J. Nathan. *Peking Politics: 1918–1923*, University of California Press, 1976.

Arthur Waldron. *From War to Nationalism: China's Turning Point, 1924–1925*, Cambridge University Press, 1995.

David D. Buck. "The Provincial Elite in Shantung During the Republican Period: Their Successes and Failures", *Modern China*, Vol.1, No.4, October, 1975.

Ernst P. Schwintzer. "Education to Save the Nation: Huang Yanpei and the Educational Reform Movement in Early Twentieth Century China", Ph. D. diss, University of Washington, 1992.

John H. Fincher. *Chinese Democracy: The Self-Government Movement in Local, Provincial and National Politics, 1905–1914*, Australian National University Press, 1981.

Philip A. Kuhn. *Rebellion and Its Enemies in Late Imperial China: Militarization and Social Structure, 1796–1864*, Harvard University Press, 1980.

R. Keith Schoppa. "Local Self-Government in Zhejiang, 1909–1927", *Modern China*, Vol.2, No.4 (Oct., 1976).

（八）日文文献

［日］大野三德:《国民革命时期所见江浙地区的军阀统治——军阀孙传芳与以大上海计划》,《名古屋大学东洋史研究报告》1980年第6辑。

［日］大野三德:《江浙地区にみの国民革命の开展过程——军阀孙传芳统治的崩溃》,《信大史学》1982年第6辑。

［日］高田幸男:《江苏教育总会の诞生—教育界に见る清末中国の地方政治と地域エリート—》,《骏台史学》第103号,1998年3月。

［日］高田幸男:《近代中国地域社会と教育团体—江苏教育会の会员构成分析》,《明治大学人文科学研究所纪要》第73册,2013年3月31日。

［日］田中比吕志:《北京政府期の江苏省における地方自治运动と地域エリート:苏社に关する觉书》,东京学芸大学纪要出版委员会:《东京学芸大学纪要·人文社会科学系》,2009年1月30日,II 60。

后　　记

时间过得很快，转眼已是硕士毕业的第四个年头了。2020年我在瞿骏师的指导下完成了硕士学位论文《耆绅政治：苏社集团与1920年代的江苏政局》，呈现在读者面前的这本小书，就是在此基础上修改而来的。

1920年代在中国近代史上别具特色，本科阶段我正是在阅读罗志田教授的相关论著中获此认识；后在尚季芳师的指导下完成了探讨知识青年与国民大革命的习作。2017年硕士入学后，我比较关注的是北伐前后苏沪地区江苏省教育会与国共政党相竞逐的问题。此时江苏省教育会的政治面相随着诸位前辈学者的研究已浮出水面。而探讨江苏这批士绅群体与江苏省政之间的关系，则是我的兴趣所在。我将这个想法汇报给瞿师后，他在鼓励我的同时也提醒我选题的难度所在。最终能够确定以苏社为对象，仍是瞿师允许我不断试错的结果。

而在论文写作和书稿修改过程中，我时常会想起他平日里的种种教诲。尤记得入学之初，瞿师即提醒我，应趁着硕博期间的充足时间，贯通性地阅读大宗史料，从而建立起对研究时段的整体性看法，提出一些新问题，避免过度依赖数据库；也应放眼读书，尤是要阅读一些社会经济与思想文化等兴趣以外的论著。此外，他还告诫我，要放下一些主题、写法同质性的题目，关注一些与中国近代史基本议题相关的论题，避免对研究路径的依赖；对于史料尤要细读细绎。这些教导我始终铭记在心，虽不能至，然竭力以求。而在平日里，他的言传身教，犹如春风化雨融入我的成长；所取得的点滴进步，也都离不开他的关怀。

2020年博士入学不久，得知硕论入选"光华中国史学研究丛刊"，我开始对硕论进行大幅修改与重写。2022年书稿草成后，又呈请博士生导师王东杰教授审阅。王师从章节体例到字词史料，皆给出切中肯綮的意见，他还组织师门读书会，与诸同门一起批评讨论，他们的许多建议都已融入其中；在书稿修改过程中，台湾东海大学陈以爱教授时常赐予种种提示，使我获益良多，也正是在阅读她的宏著中，给我诸多启迪；2022年夏赴南通与会，得到海门张謇研究会、南通市张謇研究中心、南通市档案馆诸位老师的协助；书稿还交与几位学友纠谬；均深致谢忱！

书中部分章节曾修改成论文，发表于《中国国家博物馆馆刊》《北京史学》《民国档案》《史林》《近代中国》《民国文献研究》等刊物，期间投稿、参会亦得到诸多编辑与学者的指教，皆令我难以忘怀；唯因体例不同，与书稿内容略有出入，祈请读者明察。书稿出版得益于华东师范大学历史学系的培养和资助，亦有赖于上海古籍出版社盛洁编辑的联络；师妹黄芬编辑细致耐心、业务精湛，容忍我反复拖稿修改，令我感激。

这么多年来一直保持着学生身份，求学路上，有幸蒙获太多师友的帮助鼓励，纸短情长，虽不能一一致谢，但我感念不已，届时也将奉上拙作，以表谢意。

从兰州到上海/武汉、北京/西安，嘉燕始终鼓励和支持我。书稿付梓之时，我们也步入了婚姻的殿堂，开始了人生新的旅途；未来的日子，愿我们永远赤诚而又勇敢地面对生活。

  我将这本小书献给我的父母，我的爷爷，感恩他们含辛茹苦，抚育我们兄姊三人成人成学。

2023年深秋于清华园

图书在版编目(CIP)数据

耆绅政治：苏社集团与江苏省治运动：1920—1927／华东师范大学历史学系主编；靳帅著.—上海：上海古籍出版社，2024.1
（光华中国史学研究丛刊）
ISBN 978-7-5732-0918-4

Ⅰ.①耆… Ⅱ.①华… ②靳… Ⅲ.①政治-研究-江苏-1920-1927 Ⅳ.①D693

中国国家版本馆CIP数据核字（2023）第200970号

光华中国史学研究丛刊
耆绅政治：苏社集团与江苏省治运动（1920—1927）
华东师范大学历史学系　主编
靳　帅　著
上海古籍出版社出版发行
（上海市闵行区号景路159弄1-5号A座5F　邮政编码201101）
（1）网址：www.guji.com.cn
（2）E-mail：guji1@guji.com.cn
（3）易文网网址：www.ewen.co
启东市人民印刷有限公司印刷
开本890×1240　1/32　印张14.375　插页3　字数347,000
2024年1月第1版　2024年1月第1次印刷
ISBN 978-7-5732-0918-4
K·3493　定价：98.00元
如有质量问题，请与承印公司联系